L'ACADEMIE
DE L'ART POETIQVE.

Où par amples raisons, demonstrations, nouuelles recherches, examinations & authoritez d'exemples, sont viuement esclaircis & deduicts les moyens par où l'on peut paruenir à la vraye & parfaicte connoissance de la Poësie Françoise.

Oeuure non moins exacte & requise pour les reigles & obseruations du bien dire, comme pour l'intelligence de l'Art Poetique François.

Dediee à la ROYNE MARGVERITE.

Par le Sieur DE DEIMIER.

A PARIS,
Chez IEAN DE BORDEAVLX, ruë S. Iean de Beauuais, vis à vis la porte de l'Eglise.

M. DC. X.

AVEC PRIVILEGE DV ROY.

A LA ROYNE
MARGVERITE.

MADAME,
Les obligations dont les Muses sont redeuables à vostre Majesté, & la gloire que les ames vertueuses s'aquierent de vous rendre tout humble seruice, m'ont occasionné de vous offrir ce liure, & d'honorer son frontispice de la splendeur de vostre nom tres-auguste. Mais en m'employant de la sorte en ces deuoirs qui sont si iustes & glorieux, ie satis-fait infiniement aux desirs des mesmes vertus, puis que comme à l'enuy de ces diuines sœurs d'Apollon, & comme rauies des supremes graces dont le Ciel & la Nature ont si parfaictement enrichy vostre Maiesté, elles vous admirent & vous seruent comme leur Royne, ou plustost vous reuerent & vous adorent comme le seul Astre & la seule Deesse qui entretient leur estre & leur gloire au monde. Et bien que pour le regard des subjects que mon esprit à formez en ceste Oeuure, elle soit comme vn rien pour meriter d'estre esclairee du Soleil de

ã ij

vostre veuë; toutes-fois pour le merite de cest Art Poëtique dont elle traitte, ie dois auoir quelque bon espoir qu'elle vous sera agreable, & que par ce moyen les honneurs que ces escrits receuront d'estre auouëz de vostre Majesté, feront que le premier iour de leur naissance leur sera le commencement d'vne gloire immortelle. Car comme vous estes la Princesse la plus sçauante & plus iudicieuse de ce Siecle, vous auez cela de particulier entre les plus doctes, que la Poësie vous plaist esgalement pour deux raisons : l'vne pour son merite, & l'autre parce que vous en auez vne connoissance non moins parfaicte que du tout admirable. Ainsi puis que c'est auec tant de bon droict que ce mien Labeur voye le monde sous l'adueu de vostre Maiesté, elle augmentera extremément en mon ame les deuoirs dont les Muses luy sont obligees, si suyuant la coustume dont la Diuinité reçoit volontiers les plus petites offrandes quand elles sont portees d'vn vray cœur, elle acepte fauorablement le don de ce Liure; veu que c'est auec des vœux les plus humbles & ardants que ie le presente à ses royales mains, & que ie m'estimeray tousiours tres-heureux de me faire voir à iamais,

MADAME,   De vostre Maiesté.
Le tres-humble & tres-obeyssant seruiteur
DE DEIMIER.

A SA MAIESTÉ.
ODE.

SI par vne Muse immortelle
Les vertus vont au rãg des Dieux
Qui fera que ma voix soit telle,
Pour vous honorer iusque aux Cieux?
O ROYNE de qui les Carites
Ioignans la grandeur aux merites,
Luisent parmy les Royautez,
Comme sous les nocturnes voiles
Diane au milieu des Estoiles
Estale en pompe ses beautez.

Mais ô diuine MARGVERITE!
O parfaict subject de mes vers!
Voy-ie pas que vostre merite
Plus ample que cest Vniuers,
Estonnant la Seine & le Gange
Fait admirer vostre loüange
Et sur la terre & sur la Mer?
Et que d'vn los tres-manifeste,
Vous faisant voir du tout celeste
Aux Cieux il vous faict renommer.

ã iij

C'eſt pourquoy ce n'eſt qu'à vo' meſme
Que pour vos honneurs faire voir,
Le labeur ſi cher & ſupreme
Doit eſtre laiſſé par deuoir:
Auſſi la Muſe plus ſçauante
Vous cedant la gloire vous vante
D'vn eſprit ſi grand ſur le ſien,
Que treuuant en vous ſon Parnaſſe,
Sa main en vos vertus amaſſe
Les fleurs de ſon ſouuerain bien.

 Auſſi rien ne paroit au monde
Pour contenter l'ame & les yeux,
Qui comme vous en gloire abonde
Comme ſans pareille en tous lieux:
Les vertus les plus reuerees,
Les beautez les plus admirees,
Vous honorent ſupremement:
Et vous ornans d'heur, & de grace,
Elles font luire en voſtre face
Leur Soleil, & leur firmament.

 Mais ſoit que le Soleil deffere
A ſa ſœur la charge des Cieux,
Ou ſoit lors qu'en noſtre Hemiſphere
Il vient rallumer ſes beaux yeux,
Soit que dans la diuine preſſe
Son œil ſur l'Olympe s'adreſſe,
Rien ne paroit à ſon flambeau-

De si grand, si rare, & si digne,
Que vous qui d'vn iour plus insigne
Nous estes vn Soleil plus beau.
 Aussi ceste belle Planete
Courant sur ses pas infinis,
Voyant la lumiere si nette
Dont vos yeux sont si bien fournis,
S'estonne en vos beautez rauie,
Soit de ialousie ou d'enuie:
Tant les biens de l'ame, & de l'œil,
Vous rendant Soleil, & Carite,
Luy font perdre tout le merite
D'auoir plus le nom de Soleil.
 Mais si l'on croyoit que ce Monde
Suiuant vn antique discours,
Receut sa belle forme ronde
Par les mains du Dieu des Amours:
Deuroit-on pas croire de mesmes,
Que vos mains en beautez extremes
Estoient les mains de ce grand Dieu,
Lors que d'vn Art qui tout surpasse
Du Caos il ouurit la masse,
Et mit toute chose en son lieu.
 Vous estes l'vnique merueille
Où tous honneurs sont fleurissans
Et c'est de gloire nompareille
Que vos Lauriers sont verdissans:

ã iiij

Vous estes vn Ciel tout de gloire,
Où les Muses pour leur victoire
Tendent leurs regards & leurs mains:
Et d'vne vertu sans seconde,
Par vous leur Montagne & leur onde
Sont vn Paradis aux humains.
  C'est par vous que l'on voit en France
Que ce docte Chœur des neuf Sœurs,
Hors de toute peine & souffrance
Voy ses Destins pleins de douceurs:
Et que vostre main admirable.
Non moins belle que fauorable
Luy despart la manne du Ciel,
Enrichissant de Poësie
La fureur de sa fantaisie,
Et sucrant sa bouche de miel.
  C'est ainsi que ce bel Empire
Ayant tant de thresors par vous,
Pour vous à toute heure souspire
Les vœux plus heureux & plus dous:
Et que publiant iusque aux Anges
Le merite de vos loüanges,
Il ne recelle pas aux Cieux,
Que ce qu'il doit à vostre gloire
Sera tousiours en sa memoire
Pour vous celebrer en tous lieux.
  Ainsi ceste race Diuine,

A qui Parnasse est vn autel,
A vos mains ce Liure destine
Afin de le rendre immortel:
Et que ce bel Art Poëtique
Volant de nous à l'Antartique
Sur les ailes d'vn Aquilon,
Tesmoigne qu'en vous se conserue
La gloire & l'esprit de Minerue,
Et ce diuin Art d'Apollon.

  Mais où vas-tu volant ma Muse?
Connoy tu point ta vanité?
Ne voy-tu pas que tu t'amuse
A mesurer l'infinité?
Croy-tu bien d'estre assez idoyne
A raconter de ceste ROYNE
Les honneurs qui sont des Phenis?
Et qui sans deffaut, & sans ombre,
Par le merite ou par le nombre
Sont parfaictement infinis.

  Cesse donc ô fille celeste!
De tendre tes ailes si haut,
Puis qu'enuers tes forces, moleste,
Ton object cause ton deffaut:
Que ton audace plus ne grimpe
Vers le sainct mont de cest Olympe:
Mais en espandant tes cheueux
Sur les plus saincts degrez d'vn temple,

Fay que l'Vniuers t'y contemple
Iusque au Ciel faire ainsi tes vœux.
  O Royne du tout admirable
Entre les plus rares esprits!
Et qui d'vn rang incomparable
Des grandeurs emportez le pris!
Que tousiours l'heureuse fortune
A vos souhaits soit opportune,
Et que sur le cours inconstans
Du temps qui borne toute chose,
Vostre beauté soit vne rose,
Viue d'vn eternel Printemps!

AD ELEGANTISSIMI PE-
RITISSIMIQVE POETÆ GAL-
lici Petri Deimerij Artis Poë-
ticæ Academiam.
CARMEN.

Quid mirũ, si omnis, DEIMERI, turba peritũ,
Mirandũ hoc miretur opus, Mirãdóq; laudet:
Cùm Dea perfectum Natura, ac arte politum
Ingenium comitata tuum sit nocte dieque
Virtus, & vero te semper amârit amore:
Quid mirum, si omnis, DEIMERI, turba peritum,
Hoc opus affirmet Diuinitus esse peractum,
Et velut inter aues Aquila, inter sydera Phœbus,
Atque inter pisces Delphinus, primus habetur,
Sic merito primas ferre inter cœtera partes:
Cùm Phœbus, Phœbique comes Tertrina caterua,
Huic operi artificem te præferere, quod vno
Ore probant, magnáque ferunt ad sydera laude:
Atque equidem tibi se socios, comitesque dedere,
Diuinóque tuum spirarunt pneumate pectus.
Cùm ergò Mortales Immortalésque probare,
Atque tuum dignentur opus celebrare per orbem:
Gloria magna tibi est. Est ergo Auenio fœlix
Quæ te te peperit Natura ac arte Poëtam:
At fœlicior est fons Vallisclausa: Sororum
Námque Heliconiadum nunc sedes altera per te
Dicitur: iccircò nunc alter Apollo per illas
Diceris: Illarum reuirescunt nomina per te,
Et tua semper erunt lauro redimita per illas

Tempora: Dúmque fluent fluuij, dum lumina Phœbus,
Dum mare habebit aquas, semper tua fama per illas
Viuet, & in toto semper cantabitur Orbe.
 Gratia magna tibi est à Galla debita gente,
Cùm sacra Pegasidum hoc arcana volumine pandis,
Atque iter ad Pindum, fontē quoque Vallem-clausam
Et teris & monstras. Per te florebit in æuum,
Per te edet fructus, ac per te nomen habebit,
Supra alias gentes Gallorum sola Poësis:
Tantis pro meritis, meritas persoluere grates
Haud possunt Galli: At semper tua fama per illos
Viuet, & in toto semper cantabitur Orbe.
Ergò age, DEIMERI, virtutis macte, viamque
Persequere in cœptam: licet hæc ingrata recusent
Sæcula, ne virtus tua sit comitata Maronis
Fortuna : sed opes pereunt, virtusque manebit:
Census mortalis, non est mortale quod audes.
Aude igitur, cùm liuor edax, nec parca, nec anni,
Nec fortuna queant, æternum demere Censum,
Virtutis, quam tu coluisti, ac semper amasti:
At capies fructum, ac semper tua fama per illam
Viuet, & in toto semper cantabitur Orbe.

AD EAMDEM.
EPIGRAMMA.

IAm sacra Pieridum superaram tecta sororum,
 Castalio ut potus fonte Poëta forem.
Cùm mihi Calliope præsto est, ac talia fatur:
 Non opus est posthàc Culmina nostra petas.
Nā quòd habere cupis, DEIMERI habet omne libellus:
 Illum igitur voluas, Carmine doctus eris.

  A. Portalis Bellicadrensis.

SVR L'ACADEMIE DE L'ART
Poëtique du Sieur de DEIMIER

STANCES.

Vous esprits curieux
Des sciences que les Muses
Par vn destin glorieux
Ont dans leurs vertus infuses,
Admirez ce beau liure, & vous y pourrez voir
Comme on peut arriuer à sçauoir leur sçauoir.

Tout ainsi qu'vn beau Palmier
Est beau de fruicts, & de branches,
Ce beau liure de DEIMIER,
Riche des vertus plus franches
Est plein heureusemēt du sçauoir des neuf Sœurs,
Et faict gouster en luy leurs celestes douceurs.

G. HENNVYER Valenciennois.

SVR LADITE ACADEMIE.
EPIGRAMME.

Qve l'on ne tienne plus pour vn conte inuenté
Tout ce que les Gregeois nous ont si bien chanté,
Car les mesmes vertus du plus grand Ciel infuses:
Et l'art & le sçauoir des plus diuins esprits
Sont si bien en DEIMIER *diuinement compris,*
Que ses escrits si beaux sont de celestes Muses.

ESTIVAL.

SVR L'ACADEMIE DE L'ART
Poëtique du Sieur de DEIMIER.

ODE.

V'au iour de ce liure admirable
Se resiouyssent les neuf Sœurs,
Puis que leur art incomparable
Y tient sa reigle & ses douceurs.
O vous dont l'ame est douce amie
Du sçauoir du chœur Aonin:
Venez en ceste Academie
Adorer ce sçauoir diuin.
Mais vous qui tourmentez d'enuie
Vous faschez du lustre des Cieux:
Changez des-ormais vostre vie,
Ou bien tournez ailleurs vos yeux.
Car ce liure dont les merueilles
Rendent d'amour les Dieux espris:
N'est produict des plus douces veilles
Qu'en faueur des nobles esprits.
Aussi comme le Ciel embrasse
Tout le plus beau de l'vniuers:
Ce liure nouueau Mont-Parnasse
Comprend l'honneur des plus beaux vers.
Ainsi l'Art auec la Nature
En DEIMIER comblans leur pouuoir:
Ont parfaict icy la peincture
D'Apollon, & de son sçauoir.

E. GREFFET. L.

SVR L'ACADEMIE DE L'ART POETIQVE.

ODE.

AFin que l'honneur des beaux vers,
En fin parut par l'vniuers
Par la plus belle experience:
Les Sœurs dont les Cieux t'ont espris,
T'aymant entre les beaux espris
T'enrichirent de leur science.

De là vient qu'en diuins effaicts,
Tes escrits tousiours plus parfaicts
Naissent d'audace & de prudence:
Et que d'vn atour nompareil,
Ils portent comme le Soleil
La merueille auec l'abondance.

DEIMIER, qui d'vn amour diuin
Les vertus courtises sans fin,
Poursuis au beau Ciel Poëtique:
A faire voir par l'vniuers
Qu'en tes escrits les plus beaux vers
Ont leur science & leur pratique.

I. RVFFI. A.

A L'ACADEMIE DE L'ART POETIQVE.
ODE.

D'Vn cours où la gloire abonde
O beau liure de DEIMIER!
Venez faire voir au monde
L'honneur de vostre Laurier.

Fauorisé de victoire,
Comme de valeur sans fin:
Allez au Ciel de la gloire
Establir vostre destin.

Que les supposts de l'enuie
N'estonnent pas vostre cours:
Car la gloire auec la vie
Se marie en vos beaux iours.

Puis Apollon vous auoüe,
Et dit par tout l'vniuers:
Qu'en vous son Parnasse voüe
L'art & l'honneur de ses vers.

Suyuez donc vostre victoire,
O liure aimable entre tous!
Et triomphez en la gloire,
Puis qu'elle s'ayme auec vous.

Non piu felice que firma.

Preface

PREFACE.

'AFFECTION, qui m'a tousiours animé au seruice de la vertu, à esté l'occasion que i'ay employé les veilles de quelque mois à construire ceste Academie : car voyant qu'vn Liure de la sorte estoit si requis, & qu'il ne s'en treuuoit point, & que d'ailleurs plusieurs pour ignorer la bonne façon d'escrire, faisoyent tousiours à l'antique, suyuant quelques fautes des Poetes du passé, plustost que d'estre exactement curieux d'imiter tant de beaux & admirables traicts dont leurs œuures sont enrichies, il me sembla que ie ne seroy que iustement si suyuant le pouuoir de l'esprit que le Ciel m'a donné, i'edifiois vn Liure sur les reigles de ceste diuine science de Poesie. Ceste affection gouuernant ainsi mes desirs, & les subiects que i'ay nommez estans ainsi en ma connoissance, ie n'ay pas espargné ny mes peines, ny le temps à me trauailler à faire ce Liure, & mesmes en consideration de ce que ie voy, qu'il est purement à l'honneur & contentement du peuple François, & à la gloire de nostre langage. C'est à ce but où i'ay visé au dessein de ce Liure, & non point à la recherche de mes loüanges, pour l'espoir d'en acquerir le bruict de grand maistre, en voulant enseigner le monde, & mesmes en contemplation des remarques que i'ay faictes sur quelque deffaut des œuures d'autruy : car le desir que i'ay à la vertu, & à l'honneur de la Poesie Françoise m'a destiné d'y proceder ainsi.

Ie sçay bien qu'il se treuuera quelques vns qui ne se plaisans qu'en leurs humeurs suranees, m'allegueront

PREFACE.

que puis que Ronsard, Peletier, & Charles Fontaine auoyent faict des Arts Poetiques, que c'estoit assez, & qu'il s'en failloit rapporter a ceux là, sans se peiner d'en faire au iourd'huy vn autre, & mesme vn si grand volume comme est cestuy-cy à comparaison d'iceux : Mais en m'alleguans ces raisons, ils feront voir leurs propos bien des-raisonnables ; Car comme toute personne de iugement sera de mon opinion, on sçait bien que l'on escrit au iourd'huy en Poesie, d'vne façon infiniement plus exacte & reiglee que la plus grande partie de ce que ces trois Autheurs nous en ont laissé par escrit à ce subject: Outre ce qu'ils sont bien esloignez d'auoir assez dit & enseigné pour l'intelligeuce de cest Art qui est si ample en la diuersité des parties qui sont requises à sa perfection, & que si l'on se reigloit a tout ce que ces escriuains en ont dit, ce seroit reuenir à la foiblesse de l'enfance, & & ramener les Saturnales, où les maistres deuenoient seruiteurs. Et sur la consideration de ce que l'on pourroit dire que ceste Academie est trop grande pour le subject, ie diray au contraire qu'elle ne l'est pas assez : bien que suiuant ce que propose Ronsard au commencement de son Art Poëtique, il semble que la Poësie ne deuroit point estre enseignee par aucun discours que ce soit, & qu'ainsi, il soit fort different à ce que i'en croy, d'autant qu'il dit que cest Art ne se peut par preceptes comprendre ny enseigner, pour estre plus mental que traditif, & que toutefois il en a voulu donner quelques reigles. A ceste occasion i'ay bien subject d'auancer icy, que si ce dire estoit fondé sur la raison, i'aurois esté fort superflu en cest ouurage, Mais quoy? ce Poëte offence en deux façons l'Equité: car si cest Art ne se pouuoit comprendre ny enseigner par preceptes, luy mesme auroit esté du tout superflu, & auroit procedé vainement d'en auoir escrit apres, & d'auoir voulu enseigner vne chose, que luy mesme iugeoit impossible d'estre enseignee. Mais on voit bien que la Poesie consiste en partie aux vers, lesquels peuuent estre enseignez. C'est pourquoy puis que c'est vne chose tres-manifeste que la Poesie se peut enseigner & comprendre par quelques Preceptes, ie ne sçau-

PRÉFACE.

fois auoir commis aucune abfurdité d'auoir entrepris la conftruction de ce Liure, & de l'auoir conduict au poinct du volume qu'il eft; veu que c'eft la verité que chaque fcience a vne eftẽdue comme infinie au regard des hommes, & que touſiours on y peut treuuer quelque nouueau ſubject pour en traicter; & que meſme la beauté de la Poëſie conſiſte en partie en la bonté des vers & du langage. A ceſte occaſion ceſte œuure ne ſera pas eſtimé trop copieux, ny moins quelques parties de ceſt Art, ne ſeront pas hors de priſe de pouuoir eſtre enſeignees & compriſes. Auſſi tant s'en faut que i'eſtime que ce Liure ſoit prolixe, que i'eſpere de l'augmenter de beaucoup: car ie n'y ay pas mis tout ce que i'en ſçay: mais au moins tel qu'il eſt, il eſt aſſez ſuffiſant de montrer naïuement que c'eſt que de Poëſie, & comme les François s'en doiuent meſler pour en vſer parfaictement: Les huict derniers Chapitres feront foy de ce que ie dis: car i'y traicte fort clairement que la perfection de la Poëſie conſiſte en ſept parties. Ce pendant ie prieray aux Lecteurs de treuuer bon, de ce que ie propoſe en ce liure tant d'obſeruations pour la perfection de la Poëſie: car ſi l'on y regarde de bien pres, on treuuera que toutes ces reigles ſont requiſes aux qualitez d'vne excellente œuure Poëtique, & que d'ailleurs on ne ſçauroit toucher en peude paroles tout ce qui eſt requis à la dignité d'vn art ſi excellent, & qu'ainſi par ces raiſons la beauté ou naturel de la Poëſie a beſoin de l'Art, quoy qu'en diſe Platon, lors que ſur vn autre ſubiect il propoſe, que toutes choſes ſont produictes ou par la nature, ou par la fortune, ou par l'art: Les plus grandes & plus belles par l'vne, ou l'autre des deux premieres, & les moindres & imparfaictes par la derniere: Mais il y a beaucoup d'erreur en ſon dire, car on voit bien qu'en vne infinité de belle choſes la fortune n'a point de partage, & que le plus ſouuent l'art apporte la perfection aux parties où la nature manquoit; tout de meſme que la nature eſt vne choſe de tres-grande vertu pour ayder à la gloire où toute l'induſtrie de l'art ſçauroit atteindre, & tout ainſi que pour les qualitez d'vn parfaict Poëte la nature & l'art ſont également neceſſaires; mais aux vrays

ẽ ij

PREFACE.

effaicts de la vertu qui est la chose la plus noble du monde, la fortune n'a rien à partir.

Or ie veux bien que l'on sçache que comme ce n'est pas mon humeur de flatter aucun, aussi elle n'est pas pour me faire aucunement receler l'honneur d'autruy: Car au labeur de ce liure, ie me suis seruy de ces trois Poetes susnommez: soit en refutant quelques vnes de leurs opinions qui ne me sembloyent point equitables, & en alleguant d'autres, qui pour estre bonnes ont seruy de fondement & d'authorité aux miennes. A ce dessein i'ay leu aussi tous les celebres Autheurs estrangers qui ont escrit de l'Art Poetique, & me suis enrichy & augmenté les biens de la lecture, en ce que i'ay apris en la conuersation des plus doctes personnages dont la France est aujourd'huy fleurissante, & desquels admirant les vertus, i'en ay tissu en ces discours vne guirlande des fleurs de leurs opinions. Mais d'autant que ie suis asseuré que deux ou trois bouffis & ambitieux pedans que ie connoy fort ennemis du deuoir, oseront auoir l'arrogance de blasmer impudement la louable entreprise de mon cœur & ensemble le trauail de mon esprit: ie puis bien dire auec raison & pour les fascher, que la plus grande partie de ce Liure est recueillie par les douces mains des Muses dans le fonds de mes conceptions particullieres: & que ainsi ils ne sçauroient me reprocher auec verité, que l'on pourroit notter en ces escrits ce qui fut remarqué en ceux de Chrisipe & de Corneille Celse, desquels on disoit, que si les biens d'autruy estoient ostez, & retranchez de leurs œuures, il n'y demeureroit autre chose que le papier blanc, & iceluy sans plume comme la Corneille d'Horace. Et par ce que ie voy que c'est vne coustume aujourd'huy en ce pays, que celuy qui ne se vante point n'est pas estimé du monde, ie veux suiure vn peu ceste vanité: non pour dessein d'en aquerir du bruit: mais bien pour faire despit à ces pedans: Car ie veux & doy bien croire que sans me fantaisier d'aucune chimere de brauades, mes effects s'aquierent brauement vne reputation qui vole au gré de la vertu, & que l'Aigle de mon esprit est du tout suffisant de luy mesme d'admirer

PREFACE.

& de regarder viuement le Soleil, & de ne se rendre seruy que de ses plumes pour voler heureusement iusques au plus haut des Cieux.

Mais en laissant à part toutes matieres de Rodomontades, ie veux bien prier à tous Lecteurs amis d'equité, de ne treuuer point estrange si ie m'entremets à contredire icy en quelques passages mes bons maistres ces diuins Poetes Ronsard, Des-Portes, Garnier, & Du Bartas: car le subject de ce Liure m'a porté à leur estre ainsi different en ces contredisances; afin qu'en la connoissance que les nouueaux Poetes auront des fautes que i'y remarque, ils ne les imitent point en cela: mais bien en tant de beaux & tres-excellens vers dont leurs Poesies sont si amplement illustrees. Car comme i'ay dit en quelque endroit de ce Liure, plusieurs font des fautes en leurs escrits, & puis en s'excusans & se deffendans vainement, ils disent que Ronsard a fait ainsi: Au lieu que la raison oblige toute personne a imiter le bien seulement, & non point à suiure l'erreur, & s'en excuser apres sur l'exemple d'autruy. Aussi mon intention n'est pas en aucune sorte du monde de vouloir aquerir de la gloire en contredisant ainsi à ces diuins esprits, & à quelques autres des anciens tant estrangers que François: ains c'est tout mon cœur & ma deuotion de m'estimer leur tres-humble & tres-affectionné disciple; mais quoy? c'est la seule affection que ie porte à la vertu, & à l'vtilité & contentement de mon prochain, qui m'a ouuert le passage de ces nottes & corrections. Et pour tesmoinage de l'honneur que ie deffere à ces grands Poetes, c'est la verité que ie les prise tant, que ie ne sçaurois demeurer vne sepmaine de seiour en vn lieu sans auoir leurs œuures aupres de moy; & ainsi c'est mon train indiuisible, & mes compagnons tres-aimez & inseparables, les Liures d'Homere, de Virgile, d'Ouide, de Petrarque, de l'Ariofte, de Ronsard, de Garnier, de Du-Bartas & de Des-Portes: Ce sont les neuf Muses qui m'accompagnent par tout, & vn autre bon Demon qui m'assiste & me recree incessamment. Que si parauenture il se treuue quelque personne qui soit d'vn esprit si aigre & difficile qu'elle ne vueille auouër

PREFACE.

ainsi la sincerité de mes intentions, & qu'en se despitant de cest ouurage, elle me regarde d'vn œil plein de rudesse pareil à celuy d'vn ialoux, ie n'entreray pas en colere pour cela, & n'en auray pas aucune craincte : car à quel propos auroy-ie peur d'vn Comete de la terre, puis que ceux du Ciel ne m'ont iamais estonné? & qu'ainsi les ames bien nettes & magnanimes sont de celles dont vn grand Astronome a dit, qu'elles ont domination sur les Astres. Que si par vne maladie d'erreur, cette ame ainsi desreiglee, continuoit à me voir ainsi desdaigneusement, ie luy dirois vn iour ce que Mandricidas Ambassadeur Lacedemonien dit à Pyrrhe l'Epyrote : Si tu es vn Dieu, tu ne nous feras point de mal, parce que nous ne t'auons point offencé : & si tu és vn homme, tu en treuueras vn autre qui vaudra mieux que toy. Mais quoy ? ie doy bien dire pour la deffence de mon droict, qu'il n'est rien de plus certain, que lors qu'en ce Liure ie suis d'opinion contraire à quelques autheurs, & que i'y treuue à corriger pour quelque subject, ie ne fay pas cela pour aucun desir ou contentement que i'aye à contredire : mais c'est tant seulement pour le respect que i'ay dit cy dessus, aussi ce n'est pas à la volee que i'y oppose mon auis : car on voit bien que i'en deduis fort amplement les raisons. D'autre part, on doit penser que la fortune n'a iamais esté si fauorable à personne que plusieurs n'ayent contrarié à ses opinions : & c'est ainsi que Platon a repris Socrates, Aristote Platon, & qu'Aristote bien que reputé Prince des Philosophes, a esté assailly & repris d'vn siecle à l'autre par plusieurs grands personnages. Aussi luy mesme disoit en reprenant son maistre, qu'il estoit amy de Platon & de Socrates, mais plus encore de la verité ; & pour moy, ie suis extremement de son opinion. On voit aussi que Platon produict la harangue de Lysias pour manifester les fautes d'icelles, & qu'Aristote allegue les opinions de plusieurs pour les reprendre : & enfin, c'est l'apanage des Liures d'estre repris des vns, & louez des autres : car ou à tort, ou à droit cela se peut facilement.

Toutefois en me deffendant contre ceux qui me voudront reprendre de ce que ie reprens autruy, i'imiteray

PREFACE.

Platon, qui voyant qu'Antisthenes l'inuitoit d'aller entendre quelques escrits de son inuention, qui estoient sur le subject qu'il ne faut point contredire; il luy dit, s'il ne faut point contredire, pourquoy escriuez-vous en contredisant aux autres sur ce subject? Car ie leur diray, Pourquoy ne treuuez-vous pas bon que ie reprenne autruy, puis que vous treuuez bon de me reprendre? Aussi ie veux bien auertir ceux qui trop aigrement voudront censurer ceste Academie, que possible ie ne manqueray pas d'auoir les moyens de les bien censurer eux mesmes, & leur donner vn bon auis, lors que ie leur diray, qu'ils aillent faire ces traicts de reformation en leurs œuures, tout ainsi que Lycurgue en sçeut auertir vn Lacedemonien qui luy conseilloit d'establir le gouuernement populaire; en luy disant, qu'il commençast luy mesme à establir ce gouuernement en sa maison. Quelques repreneurs me peuuent alleguer ainsi, que i'auroy plus de raison à corriger mes œuures que celles d'vn autre: & ie leur respondray que la correction que ie fais icy, est sur les Poësies des autheurs qui ne sont plus en ceste vie, & qui par ce moyen ont laissé leurs ouurages pour demeurer tousiours en l'estat que l'on les voit à present, & que mesmes, ils ont esté imprimez ainsi plusieurs fois despuis leurs decez: & qu'outre cela, & principalement pour l'occasion alleguee cy deuant c'est iustement le subject de ce Liure d'auoir faict ainsi en sa construction ces remarques sur les Poëtes plus renommez du passé, & que ie m'y suis gouuerné de la sorte, non pour le plaisir ny pour la vaine gloire de monstrer qu'ils auoient failly, mais bien pour la raison & la charité d'enseigner qu'il ne les faut pas suiure en ce qu'ils ont erré. Et sur ceste consideration ie veux bien auouer que ie ne suis pas si peu auisé, ny si peu charitable en mon endroit, qu'entre cy à quelque temps ie ne censure & corrige fort exactement les œuures que i'ay fait imprimer par le passé: veu que i'ay laissé en icelles quelque nombre de fautes; soit pour m'estre fondé sur les opinions des anciens, ou pour la foiblesse de mon age qui ne me permettoit pas plus de force. Mais quoy? ie suis heureux & louable en ce de-

PRÉFACE.

ſtin! car en premier lieu, ie blaſme & condamne librement tous les paſſages où i'ay failly, & pour l'autre i'ay le pouuoir auſſi bien que le deſir de les corriger, & rendre parfaicts ſuiuant toutes les reigles que i'apporte en ceſte Academie. Auſſi tout ainſi qu'autrefois ce m'a eſté vn grand plaiſir de mettre mes œuures au iour, de meſme ce me ſera vn grand contentement de les cenſurer & polir à preſent, ſuiuant la bonté qui eſt requiſe à la Poëſie, afin que pour l'auenir tout ce que ie mettray en lumiere ſoit taillé a la meſure que i'eſpecifie en ce Liure.

Mais ſi quelques vns par trop tourmentez d'enuie, ou d'autre vice autant meſpriſable, s'irritent de telle façon contre moy, qu'en deſdaignans mes raiſons, veulent cenſurer ouuertement ce mien labeur, ie les prieray de m'obliger, à n'oublier pas à mettre leurs noms comme Autheurs en quelque page de leurs Cayers, afin que le voile des cachettes, ou d'vn nom deſguiſé, ne leur donnant aucun auantage ſur moy, i'aye la raiſon, & le contentement de faire voir comme ils pourront auoir erré en leurs eſcrits du paſſé, ou bien en ceux dont ils me ſeront venu aſſaillir ſur quelques paſſages de ceſte Academie.

Or ie ne veux pas faire refus d'auoüer franchement que ie puis auoir erré en quelques paroles de ce volume: mais au moins il me doit eſtre pardonnable, puis que i'ay ceſte bonté, que lors que ie connoiſtray d'auoir failly, ie ne me feray pas requerir à m'en corriger. Auſſi ie ſçay bien qu'en ceſte premiere impreſſion quelques lignes de mes eſcrits ont eſté obmiſes par oubly aux IV. XV. XVI. & dernier Chapitres: mais ie remedieray à cela vne autrefois, car i'y feray mettre ce qui a eſté eſgaré, & enſemble ie deſchargeray ces diſcours de toutes les fautes que l'Imprimerie y a laiſſees de ſa main. Ie veux bien faire ſçauoir auſſi que de tout mon cœur ie m'oblige d'obſeruer tout au long les preceptes que ie mets en ce Liure: car ie procederois en Tyran ſi ie faiſoy des loix, & que ie vins à les violer: ie ſuis bien aſſeuré auſſi, que s'il m'auenoit de les enfraindre en quelques poincts, ce ſeroit par oubly, & non pour aucun mouuement de malice ou d'impuiſ-

PREFACE.

sance. Mais pour conclusion de ceste Preface, ie diray que le temps qui est pere de la verité, à descouuert peu à peu aux hommes la parfaicte connoissance des arts & des Sciences, & que comme cest vne chose naturelle aux humains de faillir, c'est aussi leur proprieté de se perfectionner sur la piste d'autruy, & de rechercher la perfection des choses; & qu'ainsi en ceste generale estendue des Siecles, la Nature n'a pas esté si prodigue de tant de biens à ses enfans du passé, que ceux du present & de l'auenir ne puissent encore auoir bonne part en ses faueurs, & en la possession de ses plus cheres richesses.

APPROBATION DES Docteurs.

IE Frere Arnaud Iourdain de Cyuaud Docteur en Theologie de l'Vniuersité de Paris, Predicateur du Roy & Prieur de Vallery, certifie auoir veu & leu le present Liure intitulé, *l'Academie de l'Art Poétique*, dans lequel Liure n'y a rien qui traitte contre la foy Catholique, Apostolique & Romaine, ny contre les bonnes mœurs, ains toutes choses honnestes & vtiles, dignes d'obseruation à tous Poetes, & autres qui escriuent. C'est pourquoy ie l'ay iugé digne d'estre mis en lumiere. Faict à Paris ce 14. d'Octobre 1609.

      Fr. A. Iourdain de Cyuaud.

IE Frere Iean Iournee de l'Ordre des Freres Prescheurs Docteur en Theologie de l'Vniuersité de Paris, Prouincial de la Prouince de Tholose, certifie auoir veu & leu le present Liure intitulé, *l'Academie de l'Art Poétique*, dans lequel ie n'ay rien treuué qui soit contraire à la foy Catholique, Apostolique & Romaine, ny contre les bonnes mœurs, ains des preceptes & discours non moins doctes que requis pour la perfection de la Poesie. A ceste occasion ie l'estime digne d'estre mis en lumiere. Faict à Paris ce 14. d'Octobre 1609.

      F. Iean Iournee.

TABLE DES ARGVMENS
DES CHAPITRES CONTENVS en ce present Liure de l'Academie de l'Art Poëtique.

Efinition de la Poësie, l'explication d'icelle: les trente deux sortes de Poëmes qui ont esté, ou sont auiourd'huy pratiquees par les François. Et combien de qualitez sont requises à l'vnique perfectiõ d'vn œuure Poëtique. Chap. I. page I.

Des vers Alexandrins, Communs & Lyriques. Diuision d'iceux en six sortes, dans lesquelles sont comprises toutes les façons des vers que les François ont en vsage. Du nombre des Sylabes dont les vers sont formez. Distinction des vers masculins & des feminins. De quelques vers François mesurez comme les Latins. Et qu'il faut que les François escriuent suiuans leur vsage. Chap. II. p. 23.

De l'elision, ou cessation de (l'e) feminin lors que finissant vn mot dans les vers il est suiuy d'vn autre qui commence par vne voyelle. Qu'il faut euiter de laisser passer à plain (l'e) feminin quand vne voyelle le suit. Que la fin du premier Hemistiche des vers Alexandrins & des Communs doit auoir l'accent masculin. Et l'exemple de bien voir dans les vers la lettre susnommee. Chap. III. p. 42.

Continuation du repos des vers Alexandrins, & des

TABLE.

Communs. Qu'il n'est point necessaire que le premier Hemistiche des vers Lyriques soit terminé par vn accent masculin. D'vne certaine imperfection qui doit estre euitee au premier Hemistiche des Communs & des Alexandrins. Et qu'il ne faut point enclorre deux rimes dans vn vers. Chap. IV. p. 56.

Qu'il faut que les vers ne soient point diuisez en leurs sens. Comme les vers sont mauuais, lors que le premier Hemistiche est finy par vn mot qui sert d'adiectif au premier du suiuant, comme aussi lors que la fin d'vn vers sert d'adiectif, ou de substantif au premier mot de l'autre qui le suict. L'imperfection dont les vers sont chargez lors que le sens est diuisé à l'abord des deux Hemistiches. Esclaircissemens & plusieurs exemples là dessus. Chap. V. p. 71.

Du grand abus qui s'est introduict entre les Poëtes touchant l'vsage de la licence Poëtique. Raisons tres-amples par lesquelles il est montré qu'il n'en faut point vser. Ignorance & bestise de ceux qui ne veulent pas estre repris, & à ce propos vne histoire de Denis l'aisné, Tyran de Syracuse mauuais Poëte. Propos memorable de Ronsard pour refuter la raison de ceux qui alleguent les fautes d'autruy pour excuser leurs erreurs. Chap. VI. p. 99.

Continuation sur la refutation de la Licence Poëtique. Viues raisons contre vn mauuais Poëte qui disoit d'auoir esté contrainct d'escrire mal. Exemple de quelques Arts, & Sciences où l'on ne permet aucune Licence de faillir. Plusieurs vers de quelques Autheurs celebres où les fautes de la Licence sont verifiees, excuses & raisons sur ceste censure. Chap. VII. p. 121.

TABLE.

De quelques mots qui sont enlaidis par les erreurs de la licence Poëtique. De plusieurs termes François qui se varient en la prononciation, & comme par bien-seance on en peut vser de mesme en escriuant. Exemple de quelques vocables qui differans d'orthographe & non de prononciation peuuent rimer ensemble, Chap. VIII. p. 170.

De l'Inuention premier ornement de Poësie, & de la Disposition & Elocution dont l'Inuention est perfectionnee. De la dignité des œuures d'Homere. De l'imitation, & de la diuision d'icelle en deux sortes. De la Paraphrase & traduction. Chap. IX. p. 209.

De la clairté ou claire intelligence dont la Poësie doit estre ornee. Chap. X. p. 258.

De la mesure, ou iuste quantité des Sylabes qui sont deuës aux vers. Chap. XI. p. 283.

De la beauté & richesse des Rimes. Que les Rimes sont extremement requises à la Poësie des François. Diuerses & belles considerations & obseruations d'icelles. Chap. XII. p. 289.

De l'Elegance, & de la douceur & fluidité des paroles dont les vers doiuent estre formez. Chap. XIII. p. 346.

De la bonté du langage dont les Poëmes doiuent estre remplis. Et diuers exemples de plusieurs Poëtes où ceste partie n'a point esté employee. Chap. XIV. p. 364.

Continuation sur le subiect de la bonté du langage, & des remarques du deffaut d'icelle sur quelques vers des Poëtes du passé. Chap. XV. p. 399.

De la raison qui doit reluire en toute Poësie, & des traicts qui sont remarquez aux œuures de plusieurs ex-

TABLE.

cellents Poëtes sur la priuation de ceste partie. Chap. XVI.
p. 488.

Continuation de la raison qui est requise à la Poësie. Et de la priuation d'icelle en quelques vers de l'Arioste & de quelques Poëtes François. Chap. XVII. & dernier, p. 540.

Fin de la Table.

Extraict du Priuilege du Roy.

PAr grace & Priuilege du Roy il est permis au Sieur DE DEIMIER, de faire imprimer par tel Imprimeur que bon luy semblera vn Liure intitulé: L'Academie de l'Art Poëtique, Par luy faict & composé. Et ce iusques au terme de six ans finis & accomplis à conter du iour que ledit Liure sera acheué d'imprimer. Pendant lequel temps defences sont faictes à tous Imprimeurs, Libraires & autres de quelque estat, qualité, ou condition qu'ils soient d'imprimer, ledit Liure sans le congé & permission dudit Deimier, comme aussi de contrefaire ou alterer ledit Liure, n'y d'en extraire aucune partie d'icelluy pour en faire vn abregé ou autre chose, sur peine de six cents liures d'amende applicables moitié à nous & moitié aux pauures de l'Hostel-Dieu de ceste ville de Paris, despens dommages & interest. Nonobstant toute Clameur de Haro, Chartre Normande, Priuileges, lettres ou autres appellations & oppositions formees à ce contraire fait ou à faire. Et veut en outre ledit Seigneur qu'en mettant vn extraict dudit Priuilege au commencement ou à la fin dudit Liure, il soit tenu pour deuement signifié comme plus amplement est declaré par les patentes de sa Majesté. Donné à Paris le 20. d'Octobre mil six cens neuf Par le Roy en son Conseil.

Signé BRIGARD.

LEdit Deimier suiuant sa permission à permis à Iean de Bordeaulx Imprimeur en l'Vniuersité de Paris d'imprimer ledit Liure de l'Academie de l'Art Poëtique. Faict à Paris aux estudes des Notaires le 18. de Nouembre 1609.

AVX MVSES.

PRincesses de Parnasse, ô celestes Esprits!
Puis que de vos vertus vous m'auez tãt espris
Que toute en vos amours loge ma fantaisie.
Faictes qu'en mes pensers coule vostre sçauoir,
Afin qu'en ces escrits ie puisse faire voir
L'Art, & les qualitez de l'alme Poësie.
 Puis que par vos faueurs dés mes plus tendres ans
Les rais de vos beautez mes desirs embrasans,
M'enrichirent l'esprit d'vne fureur diuine:
Continuez icy l'effect de vos amours,
Afin que vostre esprit m'inspirant le discours
En la gloire sans fin ces escrits i'achemine.
 Que parmy les thresors qui chargent vos autels
Ce liure soit brillant de rayons immortels,
Et que par vostre main ces trois vers on y lise:
C'est pour aymer sans fin les vertus en tous lieux,
Que DEIMIER par ce Liure à mis son nom aux Cieux,
Et que par nous ce Liure aux Cieux s'immortalise.

L'ACADEMIE DE L'ART POETIQVE.

Où par amples raisons, demonstrations, nouuelles recherches, examinations & authoritez d'exemples ; sont viuement esclaircis & deduits les moyens par où l'on peut paruenir à la vraye & parfaicte connoissance de la Poësie Françoise.

Definition de la Poësie, l'explication d'icelle : les trente deux sortes de Poëmes qui ont esté, ou sont auiourd'huy pratiquées par les François : Et combien de qualitez sont requises à vnique perfection d'vne œuure Poëtique.

CHAPITRE I.

POESIE est vn don de Nature, perfectionné de l'Art, par lequel auec la plus grande bonté du langage, on chante les affections & les loüanges des Dieux & des hommes. I'ay treuué bon d'auoir mis cette definition aux premieres lignes de ce liure, afin que

A

me seruant d'icelle comme de fondemēt & de guide en ceste Academie que ie me suis proposé de faire, i'y edifie & conduise suiuant mon pouuoir la demōstration & pure intelligence de l'Art Poëtique.

C'est ainsi que i'ay mis en premier lieu que la Poësie est vn don de Nature: puis que c'est vne opinion non moins generalle que tres-antique, que la Poësie se treuue naturellemēt en l'esprit des hommes, sans auoir esté apprise ny recherchee par les enseignemens, conseil ou commandement d'autruy. De ceste raison sont tesmoins ceux qui se treuuans dés leur plus tendre ieunesse l'ame accompagnee de ce don, ont plustost commencé à faire de bōs vers que veu la portee de leur âge, ils n'auoient le courage de s'en auoüer l'autheur, & de preuuer ou dire la cause, & les moyens par lesquels ils les auoient cōposez. Aussi c'est vne opinion indubitable en la creance des doctes, que les Poëtes naissēt, & que les Orateurs se font. Bien qu'il est vray aussi, que tout homme est né à vne science, qui luy est du tout propre & naturelle, comme ce subtil Philosophe Iean Huart Medecin de Portugal l'a doctement esclarcy en son examen des esprits. Toutes fois ie puis bien dire auec raison que par accident on peut se treuuer quelques fois à faire des vers: mais c'est au moyen de quelques passions qui agitent viuement l'Esprit, car on voit que les transports de l'amour, ou de l'ire, ou de l'ennuy, occasionnent que ceux qui iamais n'auoient faict des vers en composent tout à coup, & deuiennent comme Poëtes. Et ceste raison est appuyee de l'authorité des anciens Latins, qui disoiët que celuy qui est en colere fait des vers bien que la Nature luy en ait desnié la vertu. Aussi l'on voit ordinairement que les Poëtes naturels, commencent à escrire grande quantité de vers par la passion dont Amour resueille & renflame en leur ieunesse leur naturel Poëtique. Mais d'autant que l'esprit humain est tres-infiniment esloigné des conditions de la Nature diuine, à pouuoir faire sans peine & sans artifice quelque chose de parfaict, i'ay adiousté que ce don de Nature est perfectionné de l'Art. Puis que ce seroit en vain, que le plus beau naturel du monde, oseroit entreprendre de faire quelque œuure parfaicte, en quelle science ou discipline que ce soit, s'il vouloit mespriser & negliger toutes les raisons & les exemples de ceux qui ont aquis de la reputation en l'exercice ou science qu'il auroit fait dessein de pratiquer & d'aquerir. Comme si l'on voyoit vn homme qui eut l'esprit du tout encliné à la Medecine, & vn autre qui l'eut à l'Architecture & à la peinture: & que le premier ne fit aucune estime de lire les Liures d'Hipocrates & de Galien, & qu'il ne daignast aussi d'apprédre sous les Medecins de son siecle : & que l'autre mesprisast toutes les reigles de Victruue & d'Albert Duret, & qu'il ne voulut se cóformer aux meilleures leçons des plus excellens Maistres de son temps. Certainement on pourroit croire auec le vray, que pour aucun bon naturel qui fust en eux, iamais le premier ne seroit bon Medecin, ny l'autre bon peinctre & grand Architecte. Tout de mesme il faut dire par ces raisons, qu'il ne suffit pas d'auoir seulement vn beau naturel en la Poësie, & de se contenter de cela en espoir de faire quelque ouurage de recommanda-

DE L'ART POETIQVE. 5

tion immortelle: mais il est necessaire de
conjoindre les reigles & l'industrie de
l'artifice aux biens que la Nature a donnez, & perfectionner l'esprit & la vertu
en iceux, les recherchant auec amour &
labeur. Veu que c'est ainsi que la destinee
a submis la gloire des hommes, que leur
palmes & leurs plus heureuses fortunes
ne peuuent estre aquises sans beaucoup
de trauaux & d'amour: puis que la gloire
ne peut estre gaignee que par la peine, &
qu'on ne sçauroit atteindre à la perfection de quelque chose excellente, que
par le moyen du labeur, & des effets rares & difficiles. Il est donc besoing d'apporter les obseruations de l'Art au don
naturel de la Poësie, si l'on veut aquerir le
vray honneur qui se peut rencontrer au
merite des beaux escrits. Car il ne faut
pas estre comme on a veu deux ou trois
certains Poëtes de nostre tẽps, qui ayant
l'esprit autant naturalisé de Poësie qu'autre que l'on ait veu: neantmoins comme
ayant l'Art à mespris, & n'affectans que
ce que leur boutade Poëtique leur failoit
dire, ils n'ont aimé à faire des vers qu'à
nombres desmesurez, & non auec la ba-

A iij

lance de la bonté, & du merite. Aussi veu la mauuaise façon de leurs escrits, on pouuoit bien dire qu'ils auoient beu, non des eaux de Parnasse & d'Helicon, mais bien des flots accroupis de ce lac d'Ethiopie, dont les ondes causent la rage, ou l'assoupissement à ceux qui en boiuent. Aussi le diuin Ronsard se plaignant de tant d'erreurs qui formilloiēt aux œuures de l'vn de ces Poëtes, disoit qu'il luy auoit gasté la Poësie. Comme encore vn Poëte Dauphinois parlant des amours d'vn autre de ces trois-là, souloit dire qu'au pris de celles de Ronsard, il n'auoit fait que broüiller du papier, & couru la poste sur des asnes. Mais i'ay mis en suite en la troisiesme & derniere particule de ceste definition, ces mots: Par lequel auec la plus grande bonté du langage on chante les affections & les loüanges des Dieux & des hommes. Car en escriuant vn subject Poëtique, il n'est pas requis seulement d'auoir l'esprit arresté aux inuentions, & à la beauté de ce que l'on traicte: mais il se faut soigner égallement à la perfection de ce que l'on veut dire, obseruant par ce moyen en ces discours la plus grande bōté du langage: tant s'en faut qu'on si doiue desborder en licences de paroles impertinentes. Et ne faut pas estre de l'opinion de quelques vns de ce siecle, qui disent qu'ils aymeroient mieux loger vne mauuaise phrase en vn vers, que se despartir aucunement du subject d'vne belle inuention: Ains il est raisonnable de se trauailler en sorte que les erres de cette inuention ne soyent point separees du bien dire. Car vne belle inuention qui est portee par des paroles de mauuaise grace ne pert pas moins de lustre & de valeur, qu'vn bon Escuyer lors que se treuuant couuert d'vn habit mal fait, se voit monté sur vn mauuais cheual encloüé. Du-Bartas a esté de ceste opinion erronnee, lors qu'il a dict en la preface de ses œuures, que ceux là ont tort de le blasmer de ce qu'il vse de ces mots composez: cóme, *ba-battant, flot-flottant, bou-bourdonnant, porte-flambeaux*, & autres de pareille estofe, disant qu'ils ne se donnent pas garde que ces verbes ainsi doubles, luy espargnent des vers. Toutes-fois sa raison est rejectable par deux autres qui sont inuincibles: la premiere est, que le vray & bon langage du peuple n'est point marqué de ces dictions doubles, fardees & languissantes: Car tout bon François iugera bien que telle sorte de mots n'est aucunemēt propre à la naiueté de nostre langue, à cause de l'empouleure dont ils sont enflez, & que iamais ils ne seront receuz en la communauté des vrays termes François, veu le fard & l'estrangeté qui les accompagne. L'autre raison est, qu'il paroist bien infiniment plus raisonnable de prendre la peine à faire dix bons vers dauantage, qu'au lieu d'espargner le temps, loger en vn discours vne parole impropre, & illegitime. Et mesme que puis que c'est pour nostre plaisir que nous faisons des vers, il n'y faut pas aller à l'espargne comme s'ils coustoient des Angelots, ou des portuguaises à quantité, mais il est requis de les faire tousbōs, ou autrement ne s'en mesler pas. Il est necessaire donc que les vers soient formez du meilleur langage, puis mesme que Platon ce diuin Philosophe, l'enseigne si clairemēt, lors qu'il dit: Que les vers sont le langage des Dieux, & que la Prose est celuy des hommes: Car si les vers ne sont comme animez & brillans des paroles de la meilleure condition, seroit-il bien fait de dire que c'est en ceste façon que parlent les Dieux? Or quand ie dis en ceste derniere particule: Qu'auec la plus grande bōté du langage on chante, &c. Ie veux dire que c'est le propre de la Poësie d'estre discourue en vers: Comme de tout temps les celebres Poëtes ont escrit en lignes, ou paroles mesurees d'vne certaine quantité & qualité de sylabes: les Grecs les appellants, metres, les Latins, carmes & vers, & les anciens François rimes. Ayans ainsi tracé leurs Poësies en vers, afin qu'elles fussent d'autant plus delicieuses aux Lecteurs: Veu que l'esprit humain se delecte par simpathie en ce qui est mesuré, orné & harmonieux: Et qu'aussi elles eussent la proprieté d'estre embelies & animées des Airs que la Musique y donneroit, pour en louer plus illustrement auec la voix, & auec la Lyre & autres instrumēs ceux à l'honneur desquels ces compositions auroient esté faictes. A ceste occasiō aussi, l'on ne peint iamais les Muses que cōme Musiciennes, les vnes auec des instrumens musicaux, & les autres auec des Liures. Les Anciens aussi attribuent à chacune d'icelles, l'inuétion d'autant de ces formes musicales, & de subjets de chansons. Et il est bien vray sē-blable, que le nom des Muses deriue de Musique ou biē que pour le moins la Musique refere son ethimologie aux Muses. Mais touchant les Amadis, Palmerin d'Oliue, Primaleon de Grece, Gerileon d'Angleterre, & les Romans des Cheualiers de la table ronde, ce sont bien des Poësies, toutesfois par deux raisons ils ne sont pas parfaictement Poëtiques: veu qu'ils sont trop semblables à l'Histoire, & quils ne sont pas composez en vers: Aussi à bien qualifier ces Romans, on peut dire que ce sont des Poësies en façon d'Histoire. En fin la conclusion de ceste definition porte que la Poësie chante les affectiōs & les loüanges des Dieux & des hommes: Surquoy i'enten en ce terme de Dieux, les Saincts, les Anges, & l'Eternel tout puissant, tout glorieux & inenarrable, & par lequel toutes choses ayāt esté creees; cōme vray, & seul Dieu qu'il est, il faict que par sa grace, & bonté immense, les Anges & les Saincts sont reluisans au Ciel, comme des Soleils, & des Dieux, les faisans participans de sa beatitude infinie. En consideration dequoy, ie les ay voulu comprendre icy en ce terme diuin, pour les gloires duquel les Muses doiuent employer leurs plus beaux thresors auec vn desir inuiolable qu'aucunes de leurs œuures ne soient iamais esloignees de l'amour & du respect qui sont deubs à ce diuin Monarque, & à ces heureux esprits qui possedent le Ciel. Mais en ce terme des hommes, i'enten les Roys & les Princes vertueux, & toute autre personnage qui est accompagné d'honneur & de vertu: Car la Poësie pour estre vn present celeste, n'est point donnee aux humains pour chanter le nom des vicieux, & les desirs deprauez: mais bien les loüanges de ceux qui reluisent au monde par la gloire de leur esprit & de leur valeur, & les douces affections amoureuses qui sont accompagnees du deuoir que l'on doit à la vertu, & de l'amour que l'on porte à la beauté des Sciences.

Or sur le subjet de l'artifice dont le Poëte naturel doit estre doüé, on pourroit faire vne demande: assauoir quel de deux Poëtes peut estre le meilleur: ou celuy qui l'est naturellement, & qui est despourueu de l'embellissemēt qui s'aquiert en la possession de l'artifice. Ou l'autre qui n'ayant aucun naturel à la Poësie, est seulement conduict & porté d'Art & de science en la composition de ses Poëmes. Chacun peut iuger là dessus comme il luy semblera bon, & de ma part ie donneray aussi mon aduis sur ce qu'il m'en semble. Et ainsi ie feray cōparaison du Poëte despourueu d'art, à vn nauire qui est tresbien equipé pour voyager, mais qui se treuuant vuide de bons mariniers, & de patrons pour estendre & gouuerner ses voilles & son gouuernail & auoir l'œil à la boussole, demeure sans faire chemin, & s'il en faict soit peu, ou beaucoup, c'est tousiours par vne voye fort errante & mal adressee, bien qu'aussi le vent luy soit fauorable. Par la mesme raison i'acompareray le Poëte qui n'est fourny que d'artifice, au nauire qui est poussé d'vn bon vent & qui est garny de tres-experts mariniers & patrons : mais qui pour estre despourueu de bons arbres, & de bonnes voilles, & mesme de timon, ne peut pas aller longuement en pleine mer, ny flotter gailhardement vers le port fouhaité. Toutesfois fuiuant mon aduis, il me femble que c'eſt la verité, que le Poëte qui n'eſcrit que par art, compoſera d'ouurages beaucoup plus propres & agreables que ceux de l'autre qui ne ſera riche que de ce que la Nature aura decoré ſon eſprit: Car en la perfection d'vn œuure Poëtique, il faut obſeruer tant de reigles, que ſi l'on eſt priué de la connoiſſance d'icelles, on peut faire en vn Poëme plus de fautes que de vers. Mais par vne autre opiniõ bien auoüable, ie tiẽ que les eſcrits d'vn Poëte naturel, qui ſera eſclairé de quelque lumiere de ſcience & d'induſtrie, ſeront touſiours de plus grande eſtime que ceux d'vn eſprit qui n'eſtant Poëte que par le ſeul art, compoſera des vers exactement elabourez à la reigle. Parce que ce Poëte-cy eſcrira peu, veu qui ſera touſiours fort ſterile de conceptiõs, & parmy ce peu d'ouurage, il n'aura pas la ſplendeur & la grace des inuentions & des fureurs Poëtiques, dont vn Poëte naturel enrichy ſes eſcrits. Mais veu que ie mets icy dans ce Liure tant de nouuelles & difficilles obſeruations pour les parties d'vn parfaict

Poëme, il semble que ie vueille blasmer & banir la forme dont vn Poëte de nature compose des vers par vne ardeur & fureur Poëtique: Mais pourtant ce n'est pas mon but en aucune sorte: car en nulle façon que ce soit, ie ne veux, ny dois rejecter, ny offencer ceste diuine fureur d'Apollon, ains ie la prise & l'honore comme vn don des Cieux qu'elle est. Toutesfois ie conseilleray à ces diuins esprits qui escriuent ainsi, qu'apres qu'ils auront cōposé des vers, durant & suiuant le temps que ceste fureur les agitoit, qu'ils laissent reposer cest ouurage, & qu'apres qu'en y passant vne iuste correction, ils viennent à perfectionner par art & par iugement, ce que le naturel leur aura faict escrire ainsi en abondance. Mais à ce propos ie diray qu'au-jourd'huy on voit qu'vne opinion est agitee entre quelques esprits à croire & souftenir le subjet en quoy la Poësie consiste: Car les vns disent qu'elle ne doit point estre entenduë aux vers, ny aux belles paroles qui les doiuent orner, ny moins estre aucunement obligee aux formes de l'elegance: ains qu'elle reside seulement en ce qui est traicté aux Poëmes, & que c'est en ce lieu où la Poësie demeure, soit que les vers soient bons ou mauuais. Les autres disent que la vraye & parfaite Poësie, consiste essentielement aux subjets qui sont descrits aux Poëmes, & en la perfection dont les vers qui la manifeste doiuent estre formez. Or pour en dire ce qu'il m'en semble, i'auoüe franchement que ie suis de l'opinion de ceux-cy: Car si la vraye Poësie consistoit seulement aux subjets des fables & autres imaginations & traictez Poëtiques, vn païsan qui seroit ignorant des lettres, pourroit faire vn Poëme suiuant sa lourde fantaisie tout embroüillé de narration & de conceptiós, où les vers & le langage seroient extremement defectueux, qui neantmoins il voudroit faire reconnoistre pour vne excellente & parfaicte Poësie. Parce qu'il allegueroit que la Poësie consisteroit vniquemét au subjet qui seroit conté au poëme, & non point en la beauté des vers, & des autres industries & ornemens de l'art, & diroit ainsi que les conceptiós qu'on y treuueroit seroient des mysteres: Ainsi l'ignorance & l'erreur iroient du pair auec la vertu au temple de la gloire;

ce qui seroit trop contre la raison. C'est pourquoy pour reuenir à ce que i'ay dict icy, ie croy que le don de Nature a besoin de l'artifice pour l'exprimer dignement, & qu'ainsi la vraye Poësie est formee de la beauté du subject, & de l'excellence & disposition dont les vers doiuent reluire.

Toutefois en m'eslargissant dauantage sur le subject de la poësie, & des vers dont elle tire son lustre aussi bien que son explication plus conuenante, ie proposeray, que comme l'art a besoing de la nature pour employer les beautez de son industrie, la nature a besoin aussi d'estre fortifiee & illustree de l'art, quoy qu'en dise Monsieur Richelet en ses Commentaires des Odes de Ronsard, disant sur ceste Strophe de l'Ode x. du premier liure d'icelles, où Iupiter parle ainsi aux Muses:

>   *Lors que la mienne rauissante*
>   *Vous viendra troubler viuement,*
>   *D'vne poictrine obeissante,*
>   *Tremblez dessous son mouuement,*
>   *Et souffrez qu'elle vous secoüe*
>   *Le corps & l'esprit agité.*
>   *Afin que Dame elle se ioüe*

Au Temple de sa Deïté.
Elle de toutes vertus pleines,
De mes secrets vous remplira,
Et en vous les accomplira,
Sans art, sans sueur, & sans peine.

Que c'est pour montrer que le Poëte n'a besoin que de ce transport diuin, meslé du naturel sans autre science : D'autant (dict il) que ceste inspiration luy fournit toute connoissance, & mesmes parce que plus plainement & plus librement elle se iouë dans vn esprit libre & non preuenu de sciences aquises par l'art. Mais vn peu au parauant au mesme Poëme, Iupiter parle aussi en ceste sorte,

Par art le Nauigateur
En la Mer manie, & vire
La bride de son nauire,
Par art plaide l'Orateur:
Par art les Roys sont guerriers:
Part art se font les Ouuriers:
Telle humaine experience
Des autres soit le labeur,
Sans plus ma saincte faueur
Polira vostre science.

B

Neant-moins quoy que chantent ces vers & leur commentaire, & Socrates mesmes qui dit que la Poësie procede purement du Ciel, & du destin, & que selon Strabon, ceste saincte fureur soit vn enthousiasme diuin : si est-ce pourtant que ce sera tousiours mon opinion, que l'art & la connoissance des sciences est tres-necessaire à celuy qui doit escrire quelque Poësie parfaicte, & que ce seroit vne chose la plus rare du mõde, si l'on voyoit qu'vn homme qui n'auroit aucune intelligence des lettres sceut parfaictement composer en Poësie. Ie dois, & veux bien aduouër aussi, que Dieu cõme tout-puissant qu'il est, peut influer de sa grace tous les dõs des sciéces en vn esprit qui les auroit totallemẽt ignorees au parauãt: mais on ne voit pas que cela se fasse, bienqu'vn Salomon, & vn Albert le grand ayent eu la science par vne particuliere faueur diuine: aussi puis que ces faueurs si grãdes n'arriuent pas ordinairemẽt, on n'en doit pas fonder vn argument general. Ainsi bien que l'on ait du Ciel vn tres-parfaict & diuin naturel pour la Poësie, neant-moins ce naturel si excellent a besoin d'estre accompagné & seruy de l'art qui est aquis auec soin & labeur, ausquels la Loy diuine a obligé tous les hommes. Mais tout ainsi que le royal Psalmiste dict que le commencement de Sapience est la crainte du Seigneur, ie diray que celuy qui se treuue enrichy de ce celeste naturel Poëtique, doit tascher d'entretenir & d'augmenter vne si noble qualité, par quatre moyés qu'il doit auoir, & lesquels sont ceux-cy, La viue Foy enuers Dieu, & Les bonnes mœurs: La connoissance des Histoires & de la Philosophie, & l'Intelligence des fables Poëtiques, & de l'art, par lesquels la Poësie doit estre manice & embelie.

Ayant ainsi donné vne explication assez ample à ceste definitiõ de la Poësie, & declaré mon opinion de la qualité de ces deux sortes de Poëtes: I'estime qu'il est bien à propos de dire que la Poësie Françoise est traictee en trente-deux sortes de Poëmes, qui sont nommez ainsi, & en premier lieu comme le plus excellent de tous: le Poëme Heroïque, Discours, Hymne, Confession, Priere, Auanture, Elegie, Stances, Ode, Sonnet, Madrigal, Plainte, Chansõ, Prosopopee, Lamentations ou Regrets, Epigrãme, Cartel, Echo, Satyre, Eglogue, Epithalame, Tragedie, Tragi-comedie, Chant Royal, Epitaphe, Moralité, Farce, Rondeau, Balade, Vire-lay & Triolet. Lesquels à mon auis, sont, ou comprennent toutes les formes & manieres dont les Poëtes ont d'escrit, ou peuuent d'escrire leurs imaginations. Aussi les six derniers de ces Poëmes ont esté fort pratiquez entre les anciens Poëtes François, mais à present on n'en fait plus d'estat. Mais touchant la Comedie, elle n'a iamais esté guere veuë en France, veu qu'elle semble estre accompagnee d'vn subjet trop bas & populaire pour meriter les veilles d'vn esprit excellent. Or en la suite de ce liure ie feray vn discours particulier sur vn chacun de tous ces Poëmes, afin de faire cõgnoistre au vray la nature & la iuste regle qui se peuuent remarquer & desirer en eux. Et pour finir ce chapitre, ie diray que tout Poëme pour estre parfaict de tout poinct, doit auoir les sept qualitez suiuantes, qui sont: l'Inuẽtion, la Clairté, la Mesure ou iuste quantité des sylabes qui sont deuës aux vers, la Richesse des rimes, l'Elegance & douceur des paroles, la Bonté du langage, & la Valeur & Proprieté des raisons. De chacune desquelles qualitez i'en formeray vn discours à part, & pour y venir mieux d'vn degré à l'autre, i'escriray premierement sur quelques autres particularitez qui seruiront comme de preparation & d'ornement à celles-là. Mais i'ajousteray ces lignes icy, pour le subjet de ceste susdite inuention, & diray qu'vn Poëme ne laissera pas d'estre excellent & parfaict lors que n'estant illustré de cette qualité, les autres six l'embelliront par tout, moyennant qu'il ne soit edifié tout au long sur les mesmes inuentions d'autruy, & principalement s'il est de la mesme nation. Car il y a tousiours de la gloire d'imiter les bons escriuains, sans vsurper leurs propres conceptions & manieres de discours: Mais il y en a d'auantage en l'imitation des estrangers, ainsi que Ronsard, Des-Portes, & autres Poëtes François ont faict heureusement en imitans les Poëtes des nations estrangeres, comme aussi l'Arioste en son Roland furieux à l'imitation des anciens Poëtes & des Romans d'Amadis & d'Artus de Bretagne. Et comme a fait entre les Latins Virgile, qui a esté doüé d'vn esprit riche & courageux extremement, & qui se fiant à ses forces qu'il voyoit estre fort grandes, osa entreprendre de faire ce que trois Poëtes auoient fait chacun de plus excellent en son genre : Hesiode, Theocrite, & Homere : Surquoy il surmonta les deux en ses Buccoliques & Eglogues, & en sõ Eneïde il suiuit si heureusement le troisieme, qu'en ces formes d'imitation il fit si bien que la gloire d'vn Poëme heroïque respledira tousiours en l'ouurage qu'il a fait à l'honneur d'Enee.

Pour conclusion doncques ie tiendray qu'vn Poëme ne manquera pas d'estre du tout bon, combien qu'il soit faict à l'imitation d'vn autre : pourueu qu'il soit formé auec les conditions que i'ay dictes cy dessus. Parce qu'outre l'Inuention, les autres six parties ont tant de beautez & de perfections lors qu'elles se treuuent en vn ouurage, que par leur merite vne Poësie bien que faite par imitation, en demeure neantmoins toute resplendissante de valeur & de grace.

Des vers Alexandrins, Communs & Lyriques: Diuision d'iceux en six sortes, dans lesquelles sont comprises toutes les façons des vers que les François ont en vsage. Du nombre des sylabes dont les vers sont formez. Distinction des vers masculins & des feminins. De quelques vers François mesurez comme les Latins. Et qu'il faut que les François escriuent suyuant leur vsage.

Chapitre II.

La Poësie Françoise comprend les façons de tous ses Poëmes en ces trois formes de vers, desquels les premiers sont nommez Alexandrins, les seconds Communs, & les derniers Lyriques. Or les Alexandrins sont tousiours bastis d'vne mesme sorte & mesure, comme aussi les Communs en celles qui leur sont affectees ; horsmis pour les cituations diuerses des rimes, qui estans entrelassees aux Stances, & autres Poëmes de rime croisee, les font differer aux Elegies, & autres pieces de qui les rimes sont accouplees sans intermission, veu qu'elles s'entresuy-uent de deux en deux. Mais touchant les Lyriques dont toutes les Odes sont formees, il y en a de quatre sortes, comme ie diray cy apres; montrant premierement que les vers feminins des Alexandrins sont de treize sylabes, & les masculins de douze, comme il se peut voir en ces quatre premiers vers de l'Hymne de l'Eternité de Ronsard.

Tourmenté d'Apollon, qui m'a l'ame eschauffee,
Ie veux plein de fureur suiuant le pas d'Orphee,
Rechercher les thresors de nature, & des Cieux,
Ouurage d'vn esprit qui n'est point ocieux.

Mais auant que de passer outre à representer icy la façon des autres vers, ie treuue bon d'expliquer à quelle raison il y a des vers qui sont appellez masculins, & d'autres feminins. C'est pourquoy ie diray que ces deux nominations auiennent à cause de la rime qui termine le vers. Ainsi donques la rime feminine qui fait nommer les vers de son nom est celle qui est tousiours limitee par la lettre (e) qui se prononce non comme en l'Alpha-

DE L'ART POETIQVE. 25

bet, mais bien ainsi qu'vne lettre qui tient de la nature de ce mot *ou*, & de ceste mesme lettre *e*: Comme on le peut connoistre en la prononciation de ces mots suiuants, par qui la rime est faicte feminine, *Astrolabe, herbe, grace, espece, sacrifice, enfance, embuscade, demande, monde, estude, Cytheree, cosmographe, courage, fatale, eternelle, facile, parole, meule, ame, extreme, estime, hymne, royne, emperiere, seigneurie, riche, puissante, prouësse, admirable, fleurie, sagittaire, guerre, homme, femme, victoire, interprete, parfaicte, prudente, braue, bonne, veuë, zephire, aise, ioye.* Et en tous les autres qui sont de semblable nature, ou terminaison, soit au plurier, ou bien au singulier. On voit aussi que la fin de ces mots, ne rend qu'vn demy-son en les proferant suiuant leur naïueté, & que l'oreille en est fort doucement touchee. Il se treuue aussi vne autre sorte de feminins, mais qui toutesfois ne se rencontrent que fort rarement aux rimes. Ces feminins sont en tous ces mots qui sont terminez en *ent*, lors que lon parle de la troisiesme personne en plurier en ces façons, *Les Astres qui luisent, les glaces qui nuisent, Les beaux iours qui* s'approchent, Les archers qui deſcochent, Ces belles qui m'aiment, Ces beaux yeux qui m'enflament, Que ces ſoldats le gardent, Que ces gens s'en aillent, Les Eſtoilles brillent, &c. La rime qui eſt appellee maſculine, eſt celle qui ſe treuue en tous les mots qui ſe terminent par la lettre (e) graue, comme auſſi par les quatre autres voyelles, ſoient nuës ou ſuiuies d'autres lettres, comme en ces mots diuers on le peut connoiſtre, Aida, aima, beauté, chef, naïf, midy, mareſchal, colomnel, ciuil, flageol, ayeul, conſul, gouuernail, acceuil, deſtiné, vaillant, Ocean, deſcend, logicien, diuin, amant, fidellement, guerdon, affection, Or, abort, port, aimer, deſir, humain, vniuers, feux, refus, vaincueur, lieu, Dieux, glorieux, laurier, exaltez, hipocras, amis, auoir, amour, habit, attraicts, tournois, eſpoux, delicat, delié, tribut, muguet, aſſaut, receu, atteint, beau, amy, &c.

Et ainſi en tous les autres mots, dictions & noms qui ſont enclos en la cathegorie de ceſte terminaiſon releuee: Car à cauſe du ſon vif, & ferme que rendent ces termes ſur la fin de leur prolation, ils font qu'à bon droict la rime eſt appellee maſculine. Or touchant la meſure des vers Communs, elle eſt de vnze ſylabes au feminin, & de dix au masculin, comme il se voit en ceste premiere Stance des Bergerie de Des-Portes.

O bien heureux qui peut passer sa vie,
Entre les siens franc de haine & d'enuie!
Parmy les champs, les forests, & les bois:
Loin du tumulte, & du bruit populaire,
Et qui ne vent sa liberté pour plaire,
Aux fous desirs des Princes, & des Roys.

Mais on n'a point en vsage d'auoir des vers masculins à neuf sylabes, & des autres à dix, & celuy perdroit sa peine, qui les voudroit introduire, veu que les graces du langage François, repugnent à ceste forme de vers: parce qu'ils ressemblēt trop à la cadence des Latins, & par ce moyen, ils ne peuuent conuenir proprement à nostre Poësie, comme on peut iuger par ces deux vers.

Ha! que les yeux de ma belle Dame,
Par vn regard tourmentent mon ame.

Ronsard a faict des vers de neuf & dix sylabes, qui sont ainsi au commencemēt de l'Ode, XVII. du quatriesme Liure.

Brune Vesper, lumiere d'oree,
De la belle Royne Cytheree,
Vesper dont la belle clairté luit,
Autant sur les Astres de la nuict,
Que reluit par dessus toy la Lune:
O claire Image de la nuict brune!
En lieu du beau Croissant tout ce soir
Donne lumiere & te laisse choir
Bien tard dans la marine source.

Mais ces vers ont si peu de grace à comparaison de ceux que nous vions ordinairement, qu'ils semblent la desmarche d'vn maigre roussin entraué, à la comparoir au libre & gaillard trot d'vn Genet d'Espagne. Toutes-fois puis que la difference qui se treuue d'vne chose à l'autre, faict que bien souuent celle qui est bien receuë & familiere, en paroit plus belle, il ne sera que bien à propos de faire quelque fois des vers suiuant ceste mesure estrangere: car outre quelque subject particulier qui pourroit les rendre desirables, ce seroit au moins que par leur contrarieté opposee les vers ordinaires en paroiſtroient touſiours plus beaux & plus doux. Mais pourtant c'eſt la raiſon qu'vne telle ſorte de vers accommodez à l'eſtrangere ſoit employee tant ſeulement en quelque Chanſon: D'autant que pour le reſpect du bel air que ces vers pourroyent auoir ils ſeroient admirables lors qu'ils ſeroyent chantez de quelque bonne voix. C'eſt pourquoy ie ne ſuis point d'auis que l'on en doyue faire pour aucun autre Poëme; & encore il faut que cela ne ſoit pas plus haut de deux ou trois fois en toutes les œuures qu'vn Poëte ſçauroit faire. Auſſi ſuyuant l'amitié ſacree qui eſt entre la Poëſie & la Muſique qui ſont ſœurs germaines, Monſieur Guedron qui eſt bon Poëte & tres-excellent Muſicien, fit dernierement à Fontaine-bleau deux Chanſons où l'on voit que la façon de la cadance des vers Latins eſt employee en quelques vers, comme on le peut voir au premier de ce couplet ſuyuant qui eſt le cōmencement de l'vne deſdictes Chanſons,

Belle, qui m'auez bleſſé d'vn traict ſi doux,
Helas! pourquoy me laiſſez vous?

Moy qui languis d'vn cruel deseſpoir
Quand ie suis sans vous voir.

Cest autre couplet suyuant est de l'autre Chanson, qu'il fit sur la mesure de ceux d'vne Chanson Espagnole qui auoit vn air du tout agreable: car l'esprit de cest air estant des plus beaux, il y fallu former & donner vn corps à la Françoise, afin que les paroles & la vie d'vn air si gaillard ne parussent plus comme estrangeres.

Le premier iour que ie vy
Celle en qui mon cœur rauy
Se treuue pris:
Bien qu'Amour d'vn autre obiect
Parauant m'eut fait subiect,
Il ne laiſſa pas de m'en rendre eſpris.

Le dernier de ces vers marche à la mode sus-dicte, & les rimes de ces deux Poëmes sont ainsi toutes masculines pour le seul respect de la Musique: car ce n'est pas la vraye & ordinaire façon d'en vser ainsi: Mais comme i'ay dit cy dessus, c'est pour la seule consideration d'vn bel air, que l'on peut faire quelque chanson en ces façons de vers mesurez à la Grecque & à la Romaine, & de rimes toutes d'vne couleur : Parce que la douceur d'vne belle voix peut animer en toutes chansons la grace & les charmes qui rauissent l'esprit par les delices de l'ouye.

Or pour reuenir à mon subiet de l'extraordinaire mesure des vers, ie diray que de vouloir faire des vers feminins à douze sylabes, ce seroit chercher la mesme rudesse qui se treuue en ces deux vers susescrits qui sont de dix sylabes feminines: Voicy l'exemple de ceux de douze.

C'est par les beautez d'vne alme Lucresse
Qu'Amour sans mercy me brusle & me blesse.

On voit assez clairement que telle façon de vers ne s'accorde pas à la nature de nostre langue, & partant il n'en faut point vser. Mais il faut employer tousiours les termes de nostre Poësie en la forme des Alexandrins & des Communs, comme aussi en ces quatre sortes de vers qui suyuent icy, & lesquels sont ceux qui forment le corps des Lyriques. En voicy donc qui tiennent le lieu des plus longs

& que i'ay pris aux œuures de Monsieur Bertaud;

Pour estre plus ieune & plus beau,
Et me passer en bonne grace,
O Phillis ! vn amant nouueau,
Ne deuoit point prendre ma place:
Ceux qui de vostre affection
Sçauront la nouuelle accointance,
S'ils prisent vostre election,
Ils blasmeront vostre inconstance.

Ces vers comme on voit sont de huict, & de neuf sylabes, & ceux-cy qui les suiuent sont de sept & de huict.

Puis que vous estes si belle,
Et que vos yeux sont si doux:
Pourquoy m'estes vous cruelle,
Veu que ie suis tout à vous?

Ces autres cy, sont de six & de sept sylables.

C'est vne belle gloire
D'estre en guerre vaincueur:
Mais c'est plus de victoire
De l'estre de son cœur.

Ceux-cy

Ceux-cy qui sont des plus petits que l'on doit faire, sont de cinq, & de six sylabes.

Doux est l'entretien
De voir ce qu'on aime:
Mais double est le bien
D'estre aimé de mesme.

Ces derniers vers sont de la plus petite sorte qui se treuue ordinairement en vsage pour le iourd'huy. Et suiuant ce qu'il m'en séble, ie ne suis point d'auis que les Poëtes s'empeschent d'en faire de moindre estenduë : Car estant plus petits que ceux-là, ils sembleront plustost vn vain caquet de quelque bouffon, que non pas les bien reiglees, & harmonieuses paroles d'vne Poësie. Marot en a fait de trois & de quatre sylabes, qui n'ont aucune grace, veu la brieueté de leur harmonie, & la trop frequente batterie qui se rencontre au son de leur terminaison. Mais ordinairement au temps du Caresme-prenant, les Musiciens ayans fait vn air sur quelque ballet, employent des Poëtes pour y faire des paroles, où le plus souuent il les faut composer à la mesure des susdits de Marot: En quoy vn bon Poëte ne deuroit iamais s'employer. Car en ces atomes de vers, qui pour bien faicts qu'ils soient, n'ont point de lustre & de grauité, l'Autheur en aquiert vne reputation de rimeur, & d'homme de peu d'industrie.

Ces quatre sortes de vers precedens, qui sont Lyriques, & les autres deux qui montrent l'exemple des Communs, & des Alexandrins, sont les six façōs de vers où la Poësie Françoise exprime toutes les viues couleurs de sō esprit. Et ne faut pas que le Poëte se trauaille d'en auoir d'autre mesure, veu qu'outre que ceux-cy se treuuent du tout naturels & propres au langage François, ils sont tres-suffisans de traicter elegamment de tous les subjects que la pensee Poëtique sçauroit conceuoir. Il est bien vray que ces vers s'entremeslent par fois en quelques Poëmes, ainsi que i'en mōtreray la façon cy apres: comme lors qu'apres deux ou trois vers Alexādrins ou Communs, on en loge vn ou deux des Lyriques; la varieté de cela estant fort ample & diuerse: car en certaines Stances, ou Chansons, &c. les vers Lyriques sont quelque fois en plusgrand nombre que les autres, & par fois, autrement: mais cela n'empesche pas que ce ne soient tousiours des vers du tout semblables à la reigle qui est specifiee cy deuant. Car c'est à la volonté des Autheurs de varier la cituatiõ des rimes & des vers aux Poëmes qui sont formez par couplets, pourueu qu'ils n'y mettent pas plus haut de deux vers feminins, ou masculins l'vn apres l'autre : veu que d'en mettre d'auantage c'est offenser la vraye & legitime façon, & le bon reiglement, lesquels tirent leur force, & leur authorité de l'vsage qui a esté introduict par la raison.

Mais il s'est treuué autre-fois quelques vns qui se sont meslez de faire des vers François, où l'on remarquoit les pieds & la mesure des Grecs, & des Latins: comme on voit en ce Distique d'vn Poëte qui estoit des compagnons de Ronsard,

Phebus, Amour, Cypris: veut sauuer, nourrir & orner,
Ton vers, cœur & chef, d'ombre, de flame & de fleurs.

Nicolas Denisot Comte d'Alcinois par anagramme, & qui estoit vn des bons Poëtes de son temps, a composé des vers semblables en cest Exastique, ou Sizain qu'il fit à la loüange des Oeuures amoureuses d'vn Poëte, de ses amys.

Voy derechef, ô alme Venus, Venus alme rethanter,
Ton los immortel par ce Poëte sacré.
Voy derechef vn vers animé, vers digne de ton nom,
Vers que la France reçoit, vers que la France lira:
Et fay qu'en resonnant ton los, il puisse de ces vers
Par ta benigne saueur vaincre la force d'Amour.

Ronsard a composé aussi des vers Sapphiques, l'Ode xxx. du cinquiesme Liure, laquelle commence ainsi.

Belle dont les yeux doucement m'ont tué.
Par vn dous regard qu'au cœur ils m'ont rué,
Et m'ont en vn roch insensible mué.

Mais voyons ce que ce Poëte en a dict pour iugement en teste de ce Poëme. Les vers Sapphiques (dict-il) ne sont, ny ne serōt iamais agreables, s'ils ne sont chantez de voix viues, où pour le moins accordez aux instrumens, qui sont la vie, &

l'ame de la Poësie. Car Sapphon chantant ces vers, ou accommodez à son Cystre, ou à quelque Rebec, estant toute rabuffee, à cheueux mal-agencez & negligez, auec vn contour d'yeux languissans & putaciers, leur donnoit plus de grace, que toutes les trompettes, fifres, & tabourins n'en donnoient aux vers masles & hardis d'Alcee son citoyen, & contemporain, faisant la guerre aux Tyrans. Toutes-fois ie diray de ma part qu'auec toute la force que sçauroit auoir ceste opinion si estrange de Ronsard, que les instrumens soient, la vie, & l'ame de la Poësie, qu'il ne faut iamais faire que bien peu de ces vers Sapphiques, quand mesmes on auroit pres que tous les iours aupres de soy, des Comediens pour les chanter, auec la dance de la Sarrabande: car ces vers n'approchent aucunement de la douceur de ceux que nous auons en vsage. Et dauantage, les vers ne sont pas moins destinez pour estre leus, & admirez par leurs beautez, que par le iuste nombre & harmonie de leurs sylabes estre decorez de la Musique.

De nostre temps, le Preuost Rapin s'est

souuent recreé en la composition de telle sorte de vers estrangers, comme entre autres en ceux-cy qui sont les premiers d'vne Chanson.

Lors que Leandre Amoureux passant à la nage l'Hellespont,
Dans le milieu des eaux presque se vit suffoqué:
On dit qu'en s'adressant à la mer, sa priere estoit ainsi,
Sauue Leandre en allant, & le noye en reuenant,

On voit bien qu'il y a quelque industrie en la façon de ces vers, qui sont ainsi formez à la cadence des Latins & des Grecs: mais on voit aussi fort clairement, que la franchise, & la douceur de la langue Françoise, ne s'accordent que le moins du monde auec des vers ainsi mesurez: veu qu'ils sont trop symbolizans à la desmarche de la Prose. Ainsi donc il n'y a que les six sortes de vers dõt i'ay parlé cy-dessus, qui soient du tout propres & aggreables au langage François. Et pourtant lorsque certains personnages ont voulu persuader que desormais les Poësies Françoises deuoient estre conduites par des vers cõposez à la reigle des Latins, ils ont veu tousiours que leur raison aussi bien que leur peine a esté vaine, & mal à propos: puis qu'ils n'ont esté suiuis, ny de ceux qui sçauoient autant, ou d'auantage qu'eux, ny des autres qui leur estoient inferieurs en doctrines. Mais ie diray bien plus, que i'ay veu par fois vn certain hōme estourdy, qui se tourmentoit à faire croire, que ceste façon de vers deuoit estre receuë au lieu de l'autre, qui estoit si basse & vulgaire, comme il disoit: lequel neant-moins comme incapable qu'il est à faire rien de bon, n'a pas l'esprit de pouuoir faire quatre bons vers de ceux qu'il appelloit communs & trop faciles. Aussi comme il est vray que chaque nation est gouuernee par des loix & coustumes qui luy sont propres & necessaires, & qu'vne sorte d'humeur & vne maniere de langage sont affectees en particulier à chaque Royaume, ou Republique, & que ce qui est impropre en vn Païs, est treuué honneste, & bien seant en vn autre : aussi chaque langage est proprietaire d'vne douceur & galanterie de parler qui luy sont naturelles & aggreables. Il faut donc laisser aux Grecs, & aux Latins les pieds & les mesures de leurs vers, puis que cela

C iiij

leur conuient par droit de nature, & de iugement: mais pour nous qui sommes François, il faut suiuant la nature & l'equité de l'vsage, retenir le iuste nombre des sylabes dont le vers doit estre formé, le iuste sens, & le vray repos des Hemistiches, & la rime qui sert aux vers d'vne couronne, & d'vne tres-douce harmonie, afin qu'en ces obseruations qui sont du tout belles & conuenables au langage François, nostre Poësie en demeure exactement accomplie de tous les ornemens de l'eloquence qui luy est deuë. Aussi par toute bône raison, la rime doit tousiours estre employee, en nos Poëmes : veu qu'outre qu'elle leur demeure si bien, elle est directement à nous, puis qu'elle a pris origine en France, lors qu'elle fut inuentee par les Druydes, qui estoient les Prestres des anciés Gaulois, ausquels les Loix & la religion estoient declarees & enseignees en vers, où la rime estoit côiointe. On ne sçauroit nier aussi que la rime ne doiue estre logee par tout nos vers; puis qu'en vsant à propos de ses richesses, on espreuue qu'elle est accompagnee d'vne certaine grace, dont vn Poëme bien tissu en rassasie d'aise & de douceur les esprits. Or tout ce que i'ay dit sur la fin de ce Chapitre, n'a pas esté pour donner à penser à quelques vns, que la difficulté que ie treuue en la façon des vers Latins, m'ait poussé à escrire ainsi en faueur de l'vsage que nous auons en la Poësie: Car moyennât la faueur celeste, i'espere de faire voir par les discours de ce liure, que par toute bonne cause & raison, il y a autant, ou plus d'obseruations à faire de bons vers François, comme pour les Grecs, & pour les Latins, on apprend aux escoles de poincts, & de reigles diuerses. Car encore que la connoissance parfaite du langage François fust aussi commune, comme pensét quelques vns, toutes-fois la perfection de vers ne laisseroit pas pour cela d'estre tout'autre, côme elle l'est en effet: Car tout ainsi qu'elle est connuë de bien peu de gens, la pratique en est de mesme fort difficile & rare: veu qu'ordinairement les choses parfaictes ne sont pas connuës de chacun, & que l'aquisition n'en peut estre faite que par beaucoup de soin, & d'industrie.

De l'elision, ou cessation de (l'e) feminin lors que finissant vn mot dans les vers il est suiuy d'vn autre qui commence par vne voyelle. Qu'il faut euiter de laisser passer à plain (l'e) feminin quand vne voyelle le suit. Que la fin du premier Hemistiche des vers Alexandrins & des Communs doit auoir l'accent masculin. Et l'exemple de bien vnir dans les vers la lettre sus-nommee.

Chapitre III.

IL semble que ce soit vne superfluité de paroles de vouloir escrire sur le subjet des mots qui estans finis par vn (e) feminin perdent le son de leur terminaison si le terme qui les suit est cōmencé par vne voyelle, veu qu'aujourd'huy cela est cōnu presques de tous ceux qui se meslent de la Poësie. Et que mesme cela est obserué au lāgage ordinaire quād on parle. Toutesfois voyant qu'il se treuue encore, que plusieurs qui escriuent en vers François ne pratiquent point vne obseruation si requise, & que cela leur auient non par vne volonté determinee par iugement, mais bien à faute de connoissance ; l'ay estimé qu'il seroit fort bon d'en traicter icy au long, afin qu'outre l'vtilité qu'il en aduiendra à ceux qui ont besoin de connoistre ceste reigle, ie ne laisse en arriere aucune chose de tout ce qui peut seruir à l'ornement de ceste Academie Poëtique. Doncques en tous ces mots qui sont finis d'vn (e) feminin, il faut que ceste derniere lettre soit couuerte par la prolation de l'autre voyelle qui la suit, comme il se peut voir en ces deux vers qui pourront seruir d'vn exemple tres-fidelle.

Madame estoit si belle entre les belles,
Que ses beautez sembloyent estre immortelles.

On voit que cest(e) feminin qui termine ces mots de *Madame*, de *belle* & d'*estre*, ne se profere pas, ains comme s'il estoit couuert au moyen de l'apostrophe, il fait place à la premiere sylabe de ces mots *estoit*, *entre*, & *immortelles*. Par ce moyen on peut voir que pour parler suiuant la bonté du langage & la proprieté des vers, on ne profere pas cinq sylabes en ce premier Hemistiche ou moitié de vers: mais tant seulement quatre, comme s'il estoit escrit en ceste façon, *Madame estoit*. La mesme elision se treuue comme i'ay dit cy dessus en ce terme, *Belle entre*, & en cest autre, *estre immortelles*. Mais entre les vers que i'ay veu, où le feminin n'estoit point couuert de la voyelle qui le suiuoit, en voicy deux qui seruiront pour exemple de ne deuoir iamais estre imité.

C'est ma belle dont l'œillade aymable
Rend ma vie en immortel soucy.

On connoist aisément la mauuaise grace qui se treuue en ces deux vers: car outre que la reigle du langage n'est pas obseruee en la prolation des (e) feminins de ces trois mots, *belle*, *l'œillade*, *vie*, auec les voyelles qui les suiuent, & qu'ainsi, il ne s'y treuue aucune liaison; Les vers y sont du tout imparfaits, & desagreables: outre l'erreur des premiers Hemistiches, qui sont du tout faux: car il est necessaire que le premier Hemistiche des vers Alexandrins & des Communs soit terminé par vn accent masculin, & ceux-cy le font contraire, dont il auient que ceste moitié de vers a vn son bas & languissant, au lieu que suiuant la raison des vers, il le deuroit auoir haut, vigoureux & resonnant. Ceste qualité se peut remarquer ainsi accomplie parmy tous les vers de ceux qui escriuant bien l'ont fait masculin, comme par exemple en ces quatre premiers vers de la Franciade de Ronsard.

Muse qui tiens les sommets de Parnasse,
Guide ma langue & me chante la race
Des Rois François issus de Francion,
Enfant d'Hector Troyen de nation.

On voit que la fin de tous ces premiers Hemistiches est de l'ordre masculin : car ces quatre sylabes, *tiens, lan, çois, ctor,* sont purement de ce genre: Comme aussi generalement tous les vers de ce Poëte sont de la façon en ceste forme de Communs, comme aussi par tous les Alexandrins, & de mesme en toutes les compositions des autres esprits qui se sont aquis quelque bruit par la Poësie ont voit que ceste propriete est obseruee en ces deux sortes de vers. Aussi de finir en ces vers le premier Hemistiche par vn (e) feminin c'est la faute la plus extraordinaire & absurde de toutes : Veu mesme que lors qu'vn Estranger qui n'auroit que bien peu de connoissance de nostre Poësie, & qu'il voudroit faire des vers, le naturel du langage luy montreroit d'euiter vne erreur si grande. Mais pour mettre en bon terme ces deux vers que i'ay censuré par cy dessus, il les faut escrire ainsi.

C'est mon Soleil dont l'œillade amoureuse
Range ma vie en immortel soucy.

Ainsi cest (e) feminin est coupé ou emporté toutes les fois qu'il est rencontré d'vne voyelle, comme il se connoist en ces six exemples suiuant, qui seruiront pour tous les termes & dictions que l'on sçauroit rencontrer, *Madame est belle. Madame aimoit l'amour, Ma vie heureusement amante. Ma vie aime incessamment. L'homme honorable aime ordinairement. Homere honore*

Ulisse *en sa muse admirable*. Aussi pour la plus grande perfection de nostre langage, on vse de quelques mots, comme s'ils estoient masculins, car on ne dit pas *ma ame, ny ma amour*, mais bien *mon ame & mon amour, ou m'amour* quelquefois. On ne dit point aussi *ma affection, ny ma ambition*, mais bien *mon affection, & mon ambition*. On ne dit pas aussi *la ame, la amour, la affection, & la ambition*, mais en oſtant par l'apoſtrophe la lettre (*a*) de l'article on dit *l'ame, l'amour, l'affection & l'ambition*. Tous les autres mots qui commencent par vne voyelle sont de ceſte reigle, soit qu'ils soient du genre masculin ou du feminin, comme par exemple en ces cinq mots suiuants, qui sont commencez par toutes les voyelles, *l'asseurance, l'eternité, l'infinité, l'ordre, & l'vniuers*. Par la raison que i'ay alleguee sur ces verbes de *l'ame & de l'amour*, &c. tous les feminins & les masculins se proferent auec ce pronom, (*son*) quant on parle de ce qui appartient à l'autruy : Car on dit *son homme, son honneur, son espoir, son esperance, son audace, son affection, & son ambition*, &c. Et aussi pour les mesmes & pour leurs semblables on oste la lettre (e) de l'article (le) car tout ainsi qu'on dit en plurier *les hommes, les honneurs, les espoirs, les esprits, & les esperances*: On dit au singulier *l'homme, l'honneur, l'espoir, l'esprit, & l'esperance.* Et toutefois aux verbes qui sont proferez auec aspiration on ne met point d'apostrophe à l'article (le) comme ceux-cy qui sont proferez ainsi, il faut les escrire tousiours en ceste sorte, *le Hardy, le haut, la halebarde, la Haquenee, la houssine. &c.* Et aussi de mesme en autre terme ainsi *son hasard, sa halebarde, sa Haquenee, sa houssine &c.* Ainsi ces deux voyelles (*a, e,*) se treuuans en ces articles (*la, de, le,* sont retranchees par l'apostrophe, & font place à la voyelle qui commence le verbe qui est en suite, comme ie vien de montrer cy dessus. Mais il faut noter qu'il n'y a point d'autre lettre que (*l'e*) feminin qui se treuuant dans vn vers puisse estre couuerte de la voyelle qui commence le verbe qui luy vient apres: car la voyelle (*é,*) masculin & ces autres quatre [*a, e, o, u*] qui par leur accent sont du mesme genre, doiuent demeurer tousiours entieres en leur prolation. Il est vray que la lettre (*i*) est couuerte nerte quelquefois: mais c'est tousiours par elle mesme, & en ce seul terme, *s'ils sont si braues, s'ils pensent d'estre si vaillans & si hardis.* Car il ne faut pas dire, *si ils sont si braues; si ils pensent d'estre* &c. veu qu'au rencontre de ces deux (i,i,) le langage y seroit fort rude. Ces deux exëples peuuent seruir pour toutes les autres phrases où ceste maniere de parler se treuue ; & se doit obseruer comme i'ay dict, & non ainsi que font encore quelques escriuains de ce temps, qui se licencient à faire mal en ce subiect : car au lieu de dire, *si elle estoit; si elle aymoit* &c. comme la bonté du langage le requiert, ils escriuent ainsi contre la raison, *s'elle estoit, s'elle aimoit, s'elle fond.* &c. Des-Portes s'est licencié par deux fois en cela, dont en voicy vne qui est ainsi sur la fin d'vn Sonnet de ses amours d'Hippolite.

Vostre beauté diuine ô celeste Hippolite!
Sera pres de mon cœur, s'elle est loing de mes
yeux.

Mais il ne doit pas estre suiuy en ceste maniere d'escrire, puis que ceste licence,

D

ny aucune autre ne doit point estre permise à ceux qui sont obligez de bien faire. C'est ainsi aussi que c'est la reigle des bons Poëtes, de ne faire iamais suiure deux voyelles, si la derniere du verbe où elles sont, estant feminine n'est emportee d'vne autre qui la faict, comme de mesme, il ne faut pas qu'vne voyelle masculine qui termine vn verbe soit suiuie d'vn autre qui commence par vne voyelle : en voicy l'exemple de ces deux;

Mon amy est le cœur où ma vie respire
Aussi en son amour iour & nuict ie souspire.

On peut remarquer ainsi qu'il y a trois fautes en ces deux vers: car en ces termes, *amy est*, *vie*, *aussi en*, deux voyelles se rencontrent auec vne mauuaise façon, cóme on le peut aisemēt conoistre en les lisant tout haut : veu que faisant ainsi, l'on esprueue vne rudesse & mal-aisance de voix lors que l'on profere ces trois mots que i'ay nottez. Les Poëtes du passé, & encore la plus grande partie de ceux qui font des vers auiourd'huy, ont tous failly en ces passages. Car ils ont semé leurs

DE L'ART POETIQVE.

Poëmes de toutes ces formes de parler, comme, *Tu auois, tu estois, tu es, tu as, tu aimes, Tu entens, tu esperes, Le Roy & la Royne, la foy & la loy, l'amy & l'amie, ou heureux, ou audacieux, y a t'il, ils y ont, il y ont, il y auoit, il parla & chanta, il ayma & seruit, i'ay esté, i'ay aimé, i'ay osé, ie prestay & comptay, qui aime, qui attend, qui espere, il y aime, il y aspire, l'eau & le feu, le feu & l'eau & la glace, ie l'ay aimé, ie l'ay engendré, tu y verras, tu y aimeras, où à peine, peu à peu, beauté & bonté, loyauté & honneur, luy & vous, foy & amour* &c. Et en toutes les autres dictions où les verbes se rencontrent en ceste façon auec vne voyelle apres celle qui les termine. Ce qui est vne rudesse qui contrarie extremement à l'elegance Poëtique, & qui par vne tresclaire raisõ doit estre rejectee de ceux qui escriuent en vers. Et comme i'ay dit en ce chapitre, sur le subject de ces voyelles, le bien auisé Poëte doit euiter en tous ses escrits de loger dans vn vers ces mots de rime feminine qui ont deux voyelles à la fin, comme sont ceux-cy *Destinee, vie, iouë, veuë.* Lesquels quatre verbes sont l'exemple de toutes les terminaisons des termes feminins qui ont deux voyelles au lieu surnommé. Mais pour monstrer clairement au futur Poëte vn parfaict exemple des vers où ces voyelles feminines sont posees proprement, & qu'ainsi pour en bien vser, il deura se trauailler à les obseruer de la sorte, i'ay voulu luy mettre ceste Stance icy.

Vostre veuë est vn ciel où ma vie est heureuse,
Aussi d'vn tel amour elle est aimee en moy.
Qu'vne infinie ardeur sur toute autre amoureuse
M'en voue à vos beaux yeux, & m'oblige à sa loy.

Toutefois il n'est pas messeant de faire que dans les vers il se rencontre vn verbe qui soit terminé de deux voyelles, pourueu qu'elles soient d'vn accent masculin comme ceux-cy par exemple de tous, *Pria, loüa, nia, auoua, ioua, enuoya, Prié, crié, enuoyé, Esiouy, ouy, fouy, esblouy,* &c. Car la terminaison de ces mots n'est pas moins masculine, que celles qui sont doubles d'autres lettres pour signifier vn autre temps: comme en ceux-cy, *priant,*

DE L'ART POETIQVE.

prioit, *niant*, *enuoyoit* &c. Il est vray qu'il ne faut pas que ces termes icy *Pria*, *prié*, *esiouy* &c. soient suiuis d'vn autre qui commence par vne voyelle, car cela rendroit le vers du tout desplaisant & defectueux, comme si l'on escriuoit, *Il a prié amour & sa maistresse*: mais pour faire bō ce vers, il le faut escrire ainsi, *Il a prié sa maistresse & l'Amour*. ou bien ainsi, *Il a prié l'Amour & sa maistresse*. Car ainsi la derniere voyelle de (*prié*) n'est pas suiuie de l'autre voyelle (*a*) qui commence le verbe de *l'Amour*, dont l'autre vers se treuue imparfaict. Mais i'en veux apporter encore vn exemple, afin de faire mieux voir la nature de cest accent masculin, comme, *Il a prié à l'Eternel d'auoir pitié de luy*. On voit la façon desagreable dont (*l'e*) de *prié* & la lettre (*a*) qui le suict se rencontrent: C'est pourquoy il faut dire, *Il pria l'Eternel d'auoir pitié de luy*. Aussi pour vne autre raison (*l'e*) feminin qui suit vne autre voyelle comme en ces verbes, *aimee*, *vie*, *veuë*, n'est pas reiectee des vers en la façon que i'ay dit cy dessus en ce chapitre, sinon d'autant qu'il est d'vn accent trop bas & lasche, dont il auient

D iij

que le vers qui s'en treuue chargé n'est pas coulant, dous & vigoureux, comme s'il estoit composé suiuant la reigle dont les vers marchent virilement, & remplis d'agreable harmonie. On connoist aisement aussi combien ce vers est gentil pour estre composé à ce reiglement, *Ie m'escrie apres vous, & vous prie en mon ame.* Au lieu que cest autre-cy, où la reigle n'est pas obseruee, est lasche & languissant, *Ie m'escrie, ie plains & vous prie sans cesse.*

Mais cest (e) feminin demeure comme nul, ou bien il faut dire qu'il se rend masculin, lors qu'on le faict suiure de quelque autre voyelle, comme en ce vers ainsi, *Il prie, & pleure, & crie à sa maistresse.* Car les (e) feminins *de prie*, & *de crie*, cedent leur accent à (*l'et*) & à (*l'à*) qui les suiuent, & qui par leur vertu, se treuuent qu'ils sont aussi bien d'vne terminaison masculine, pour l'accent, comme si leurs verbes estoient escrits simplement ainsi, *prie & cria*. Donques pour la fin de ce present traicté, ie diray qu'il est tres-bon de loger dans les vers ces termes qui sont terminez de deux voyelles masculines, pourueu que ce soit auec l'obseruation alleguee cy dessus, & comme l'exemple s'en voit en des Stances de Monsieur de Malherbe, où il dit ainsi sur la fin de la derniere, *Amour en soit loué, ie ne veux vn tombeau plus heureux ny plus beau.*

Ainsi puis qu'il me semble que i'ay assez dict sur le subiect des voyelles qui se rencontrent dans les vers, & que les exemples qui doiuent estre suiuis y sont assez clairement representez, ie treuue qu'il est temps de traicter sur le subiect du repos des premiers Hemistiches de chaque sorte de vers, & de certaines autres parties qui n'ont esté encore debatuës, ny discouruës d'aucun.

Continuation du repos des vers Alexandrins, & des Communs, qu'il n'est point necessaire que le premier Hemistiche des vers Lyriques soit terminé par vn accent masculin. D'vne certaine imperfection qui doit estre euitée au premier Hemistiche des Communs & des Alexandrins. Et qu'il ne faut point enclorre deux Rimes en vn vers.

Chapitre. IV.

Toutes sortes de vers ont vn certain repos, enuiron sur le milieu de leurs paroles, d'où il auient que le vers est diuisé en deux parties, que les Grecs ont nommees Hemistiches. Mais comme i'ay dit cy dessus au chapitre precedent, il n'y a que les Alexandrins & les Communs qui soiét obligez d'auoir leur repos, ou autrement la fin de leur premier Hemistiche en vne sylabe masculine. Or les Alexandrins l'ont en la sixiesme, & les Communs en la quatrieme, comme il se peut iuger en ces deux vers Alexandrins.

Ie veux chanter la vie & la mort de Roland,
Et comme en son trespas sa valeur fut extre-
me.

Il est tres-manifeste que le repos de ces premiers Hemistiches est en la sixieme sylabe, en la premiere de ce mot (vie) & en cest' autre en la derniere de *trespas*. Les Communs comme i'ay dict cy dessus ont leur repos en la quatrieme sylabe, côme il se peut voir icy, en ces quatre vers de Ronsard, comme aussi à ceux du mesme autheur qui sont au precedent chapitre.

Ton bon conseil, ta prudence, & ta vie,
Seront chantez du docte Outhenouie,
A qui la Muse a mis dedans la main
L'outil pour faire vn vers Grec & Ro-
main.

Le repos de chasque Hemistiche qui commence ces vers tombe à la quatrieme sylabe comme on voit, & ainsi on connoist que chacune de ces sylabes est d'vn accent masculin : Car *seil, tez, Mu,*

& fai, ne sõt point d'autre genre. Et touchant les autres vers qui sont cõpris en la bande des Lyriques, ils font bien remarquer vn repos en leur course; mais il n'est pas necessaire que leur premier Hemistiche soit qualifié en ce repos par vne sylabe masculine, ou feminine, soit plurielle, ou singuliere : Car pour la petitesse du vers & principalemẽt au moyen de la cadẽce du secõd Hemistiche, l'accent feminin ou masculin ny peut ĩteresser la grace du langage & du Poëme. Aussi toutes sortes d'accents indifferemẽt peuuent estre placez dans les vers Lyriques, cõme touchant le feminin on le peut iuger en quatre lieux de ces trois couplets de l'Ode dixieme du premier Liure de Ronsard.

Elles ouurant leur bouche pleine,
D'vne douce Arabe moisson,
Par l'esprit d'vne douce haleine
Donnerent l'ame à leur chanson :
Fredonnant sur la chanterelle
De la harpe du Delien,
La contentieuse querelle
De Minerue & du Cronien :
Comme elle du sein de la terre
Poussa son arbre paslissant,

Et luy son Cheual hannissant,
Futur augure de la guerre.
 Puis d'vne voix plus violente,
Chanterent l'enclume de fer,
Qui par neuf & neuf iours roulante
Mesura le Ciel & l'Enfer :
Qu'vn rampart d'airain enuironne
En rond s'allongeant à l'entour,
Auecque la nuict qui couronne
Sa muraille d'vn triple tour.
 Là tout debout deuant la porte
Le fils de Iapet fermement
Courbé dessous le firmament,
Le soustient d'vne eschine forte.

 Là de la terre, & là de l'onde,
Sont les racines iusque au fond
De l'abisme la plus profonde
De cest Orque le plus profond :
La nuict d'estoilles accoustree
Là saluë à son rang le iour,
D'ordre parmy la mesme entree
Se rencontrant de ce seiour,
Soit lors que sa noire carriere
Va tout le monde embrunissant,
Ou quand luy des eaux iallissant
Ouure des Indes la barriere.

Le repos de ces vers, est en la quatrieme sylabe aussi bien que des Communs: mais à cause de la brieueté du vers, & de la cadence du dernier Hemistiche, côme i'ay dict cy deuant, il n'est pas besoin d'y obseruer l'accent masculin comme aux Communs, & aux Alexandrins. Aussi l'on voit que la grace du bien dire, se treuue parfaictement aux vers vi. xx. xxii. & xxviii. de ces trois couplets. Car ces mots, *harpe, muraille, abisme, & Orque*, qui s'y rencontrent, ne rendent pas leurs vers moins agreables & beaux qu'aucun des autres. Mais il faut noter que les rimes du xxii. & xxviii. de ces vers ne sont pas bônes pour aller ensemble, d'autant que l'vne est composee de l'autre. La perfection du langage ne se treuue pas aussi au xxiv. de ces vers: par ce que ce terme (*le soustient*) ne s'accorde pas elegamment auec ce (*fils de Iapet*) qui se lit au xxii. vers, duquel il depend. Ce defaut n'est pas vn vice de transposition, mais bien vne petite erreur d'entre-suite discordante. Il y a manquement aussi au dernier de ces vers: car il faut dire ainsi. *Ou lors que des eaux iaillissant, Le iour vient ouurir sa barriere.* L'autre accent qui est masculin, se remarque diuersement aux autres vers, qui toutesfois sont esgallement bons auec ces differences. Et touchant les trois autres sortes de vers Lyriques, ils sõt de la nature de ceuxlà sur le subject de l'accent, qui se treuue au bout de leur premier Hemistiche, cõme on voit en ces quatre couplets qui sont de l'Ode vingt-iesme, du troisiesme liure dudict Poëte,

   Du haut du panier s'ouuroit
A longues tresses dorees
Vne Aurore qui couuroit
Le Ciel de fleurs coulorees:
Ses cheueux vaguoient errans
Souflez du vent des narines
Des prochains Cheuaux tirans
Le Soleil des eaux marines.

   Ainsi qu'au Ciel faict son tour
Par sa voye courbe & torte,
Il tourne tout à l'entour
De l'anse en semblable sorte:
Les nerfs s'enflent aux cheuaux,
Et leur puissance indomtee
Se roidit sous les trauaux
De la penible montee.

La mer est peinte plus bas
L'eau ride si bien sur elle
Qu'vn pescheur ne n'iroit pas,
Qu'elle ne fust naturelle:
Ce Soleil tombant au soir
Dedans l'onde voisine entre,
A chef bas se laissant choir
Iusque au fond de ce grand ventre.

L'vne arrache d'vn doy blanc,
Du beau Narcisse les larmes,
Et la lettre teinte au sang
Du Grec marry pour les armes:
De crainte l'œillet vermeil,
Pallist entre ces pillardes,
Et la fleur que toy Soleil,
Des Cieux encor tu regardes.

Le repos de ces vers, est en la troisieme sylabe, où l'on peut voir qu'aux II. XI. XVIII. & XXIX. vers ces mots, *longues, tourne, ride, & crainte*, qui ont l'accent feminin, ne rendent aucunement deffectueux l'Hemistiche. Pour les deux autres sortes de vers Lyriques, il n'est pas necessaire d'en apporter des exemples pour mon-

DE L'ART POETIQVE. 63

trer qui sont de la liberté de ceux-là sur le subject de leur repos, veu qu'il se connoist assez aisement qu'ils vont de ceste façon, bien que le premier Hemistiche des plus petis ne soit que de deux sylabes, mais pour les autres qui les precedent, c'est tout de mesme que ceux de ces quatre couplets precedans. Or au neufiesme de ces derniers vers la perfection du langage n'est pas obseruee, car à cest effect il faut dire ainsi, *Comme au Ciel il fait son tour.* Vne Licence est aussi au XIX. vers en ce verbe (*n'iroit*) au lieu de (*nieroit*) Ces fautes licencieuses ne sont plus pratiquees de ceux qui escriuent le mieux auiour-d'huy. Cest aduerbe (*encore*) ne doit iamais estre retranché dans vn vers, comme il est au dernier de ceux-là : mais de ceste Licence & de cest aduerbe i'en parle amplement cy apres. Ce mot de (*voye*) qui est au dixiesme vers n'est pas bon en ce lieu, à cause des deux voyelles : mais i'ay traicté au long de cela au Chapitre precedent.

Mais il est requis aussi pour l'entiere perfection d'vn Poëme que iamais la fin du premier Hemistiche d'vn vers Alexandrin ou Commun, ou des plus grands des Lyriques, soit d'vne terminaison semblable à la rime qui termine l'autre, comme en cest Alexandrin, on peut clairement connoistre ce deffaut, *C'est par vostre beauté que i'ayme en loyauté.* Et en ce commun, *Ce sont vos yeux qui me guident aux Cieux.* Et aussi en ce premier des Lyriques. *Vos yeux vainceurs blessent les cœurs,* D'autant que la rencontre (*de beauté & de loyauté*) ainsi dans vn vers, faict sembler qu'il y en a deux au lieu d'vn, comme aussi, *yeux & Cieux*, *vaincueurs & cœurs*, font le mesme aux autres deux vers. C'est pourquoy il ne faut pas faire ainsi, afin de ne faire en apparence deux vers hors de propos, au lieu qu'en effect, il n'y en doit auoir qu'vn accomply en toutes ses parties. Or le mesme sens de ce premier vers, est bien de meilleure façon ainsi, *C'est par vos yeux si beaux que i'ayme en loyauté.* Car toute la douceur du vers y est comprise aussi bien que la raison que l'on y veut faire entendre. Par l'exemple du changement de ce vers, on peut iuger de la bonté qui pourroit auenir aux autres deux,

pour

DE L'ART POETIQUE. 65

pour les changer ainsi en mieux. Mais pour la forme des trois autres sortes de vers qui sont Lyriques, il n'est pas necessaire d'y obseruer ceste reigle: parce que pour le peu de quantité de leurs sylabes, le repos de leur premier Hemistiche est comme imperceptible.

Sur le mesme subject aussi, l'on doit obseruer de ne faire iamais en vers Alexandrins, ou Communs ou des premiers Lyriques, que la fin du premier Hemistiche soit d'vne voix pareille à celuy qui luy est superieur, non plus que comme ie vien de dire sur leurs exemples, ils ne doiuent point auoir vn Hemistiche qui entre en esgalité d'harmonie auec leur rime. Or voicy vn exemple qui seruira pour ces trois sortes de premiers vers, où l'on verra ces deux rencontres qui doiuent estre euitees, & vne autre qui va d'vn port à peu pres semblable à celle-là,

Soit la nuict, soit le iour i'espreuue incessamment,
Que la flame d'Amour me donne vn grief tourment,
Et que trop constamment ie connoy que ma vie

Au iour de vos beautez est du tout asservie:
Aussi c'est par vos yeux qu'vn desir tout des
 Cieux
S'establit dans mon cœur vne place eternelle,
Et qu'ainsi cōme aux Cieux mon amour si fidelle
Admire en vos beautez vne gloire des Dieux.

On ne sçauroit dire auec bon droit que ces vers ne soient bien dous : mais pourtant suiuant les raisons susdictes, ils ont quelque chose qui les empesche d'estre parfaicts : car les deux premiers Hemistiches des deux premiers vers, ayans ces mots (*iour* & *d'amour*) en leur terminaison, semblent faire trois vers, au lieu qu'il n'en faut entendre qu'vn & demy en tout leur tenant. Le cinquiesme vers est impertinent, comme i'en ay des-ja parlé cy deuant, car (*yeux* & *cieux*) riment en ses deux Hemistiches : A ceste occasion il ne faut iamais construire vn vers de la sorte, non plus que de celle dont les deux premiers vers ont leurs premiers Hemistiches. Mais il faut noter qu'outre cela il se treuue vn defaut dans les deuxieme & troisieme de ces vers : car cest auerbe (*constamment*) contrecarre vn peu l'harmonie du verbe (*comment*) qui est la rime du vers qui le precede. Et bien que ces deux mots soient plus pres l'vn de l'autre que ne sõt aux deux autres vers ces mots, (*iour & d'amour*) toute-fois il ne rendent pas leurs vers de si mauuaise façon, comme font ceux-là. Mais pourtant comme il ne faut iamais faire que ces deux premiers defauts se treuuent dans les vers, aussi i'estime que ce trosiesme doit estre tellement hors d'vsage, qu'vn Poëte ne le doit iamais pratiquer plus haut de deux ou trois fois au plus, pour aucune si grande abondance de vers qu'il sçauroit faire, bien que le manquement que l'on y peut remarquer ne soit pas grand; neantmoins pour bien faire, il en faut vser ainsi rarement s'il auient que l'on s'en doiue seruir, puis que pour petite que soit vne faute elle se treuue assez desplaisante lors qu'elle est multipliee. C'est aussi à peu pres que [*Cieux, & Dieux*] qui sont au premier Hemistiche du penultieme vers & en la rime du dernier, semblent estre de la trempe de ce dernier exemple : mais il n'est pas ainsi, parce que deux Hemistiches se treuuent entre ces deux mots, dõt au moyen de cela, ils sont assez esloignez l'vn de l'autre, pour estre ainsi logez en deux vers.

Donques touchant ce que iay dict sur l'exemple des trois defauts susdits, il est requis pour la perfection des vers, d'estre exacte à se garentir de ces récontres. Il est vray toute-fois qu'en certaine qualité les Odes, les Chansons, & les Stances ne sont point assubiecties à cela, sinon que touchant l'estenduë de chaque couplet en particulier, & non l'vn à l'autre, comme par exemple si le dernier vers d'vn couplet disoit en ceste façon, *Ainsi mon cœur brusle pour vous Clarice*, il ne seroit pas mal à propos que le premier vers de l'autre suiuant fust ainsi. *Bel œil vainqueur mon dous Astre propice*. Neant-moins c'est la verité que comme il y a bon & meilleur, aussi la varieté des rimes rēdra plus beaux deux couplets qui se suiuent ainsi. C'est pourquoy comme dans vn petit Poëme il n'est pas beau d'vser plusieurs fois d'vn mot à la rime, aussi ce dernier vers iroit mieux ainsi, *Bel œil vainqueur, dous Astre de ma vie*. Car c'est vne chose qui est ordinaire & connuë par tout, que la varieté rend la Nature belle.

DE L'ART POETIQVE

On peut treuuer encore vne autre chose digne d'obseruation en ces subjets susmentionnez, qui est d'euiter aux vers la recontre d'vn mot feminin aussi bien que d'vn masculin : Et c'est ainsi que ce n'est pas bien de faire qu'vn vers soit ainsi,

Pour vous Madame vne amoureuse flame.
Brusle sans fin au profond de mon ame.

Il semble qu'il n'y a point de manquement en ce vers, veu que ce nom de [Madame] n'est pas entierement au premier Hemistiche: mais puis qu'auec tout cela, il y paroit encore, tellement qu'on entend la rencontre de deux rimes en esgale distance dans vn vers : mon opinion est telle, qu'il est raisonnable de n'vser aucunement de ceste façon d'escrire, & pour moy, ie n'en vseray iamais en mes vers. Mais pour se distraire totalement de ces vices qui peuuent enlaidir les vers les plus coulans, il faut fuir aussi les repetitions où l'on parle de diuerses choses par de semblables entrees, comme il se voit en la Troade de Garnier, où Hecube parle ainsi à son mary.

E iij

Las! ô rigueur du Ciel! ô voute lumineuse,
O celestes cruels! ô Parque rigoureuse!
Il ne me fut permis de faire vn plus grand deuil,
Il ne me fut permis de le mettre au cerceuil,
Il ne me fut permis de clorre ses paupieres,
Et de dire sur luy les paroles dernieres,
On m'entraina de force en ces fatales Naus,
Auec ce peuple serf, pour y plorer mes maus.

Ces rencontres de [permis,] rendent les vers ennuieux pour les raisõs que i'en ay dites cy deuant : & pourtant ces repliques, & similitudes de rime ne sont point permises auiourd'huy à ceux qui desirent d'ecrire parfaictement.

Qu'il faut que les vers ne soient point divisez en leur sens. Comme les vers sont mauuais, lors que le premier Hemistiche est finy par vn mot qui sert d'adjectif au premier du suiuant, côme aussi lors que la fin d'vn vers sert d'adjectif, ou de substantif au premier terme de l'autre qui le suict. L'imperfection dont les vers sont chargez lors que le sens est diuisé à l'abord des deux Hemistiches. Esclaircissemens & plusieurs exemples la dessus.

CHAPITRE V.

IL est requis aussi pour vne Poësie parfaicte d'obseruer que les vers soient entiers & accomplis au sens de leurs paroles, & non pas diuisez & interrompus. Car ces diuisions ostent la grace que le flus & l'elegance d'vn Poëme apportent en eux. Ceste interruption se peut remarquer en ces vers de l'Hymne de l'Esté de Ronsard.

Nouueau Cygne emplumé ie veux voler,
 bien haut,
Et veux côme l'Esté auoir l'estomac chaud,
Des ardeurs d'Apollon, courant par la car-
 riere,
Des Muses, & ietter vne obscure poussiere,
Aux yeux de mes suiuans qui voudront
 comme moy,
Grimper sur Helicon, où des Muses ie boy.

On connoit assez comme les commencemens de ces III. & IV. vers, ne sont pas agreables, à cause qu'ils dependent par trop de leurs precedens. Aussi ceste rencontre d'*Esté*, & *d'auoir*, rend beaucoup rude ce deuxiesme vers. Mais pour escrire bien en ceste façon de sens acomply que requiert vn bon vers, il faut faire comme le mesme Autheur a escrit si parfaictemẽt en plusieurs endroits de ses œuures, & sur tout aux Hymnes, en celle de Pollus & de Castor, qu'il a commencee ainsi en ces diuins vers.

Il me plaist, Coligny, d'imiter le tonnerre,
Qui deuant que ruer sa fureur contre terre
Grõde premieremẽt d'vn petit bruit en l'air,
Et reluit dans la nuë auec vn peu d'esclair:

DE L'ART POETIQUE.

Puis soudain coup à coup redoublant sa tempeste,
Son bruit & son esclair vient saccager la teste
D'vn superbe rocher, & en fait sur les eaux,
Et sur les champs voisins esclatter ses morceaux.
Ainsi du premier coup, il ne faut que i'entonne,
Vos gestes ennoblis des trauaux de Bellonne,
Il faut sonder ma force, & m'esprouuer vn peu,
Mener vn petit bruit, luire d'vn petit feu,
Faisant mon coup d'essay sur les patrōs estranges
Auant que haut sonner dignement vos louäges,
D'vn son digne de vous, pour viuement semer,
De vostre beau renom les terres, & la mer.

Ces vers doiuent estre imitez : car ils sont conceuz parmy les ardeurs de la fureur d'Apollon, & remplis de mesme d'vne vraye elegance : Comme aussi ces vers de l'Angelique de Des-Portes.

Ie chante vne beauté des beautez la pemierre,
Le Paradis des yeux, & la viue lumiere
Qui comme vn beau Soleil icy bas s'espandoit,
Du temps que Charlemaigne aux François commandoit,
Celle qui recelloit les attraicts pour surprendre,
Les braues qui pensoient cōtre Amour se defēdre,
Qui surmonta Renaud, Ferragus, & Roland,
Mais sans auoir seruy de leur mal violent,

Ny de tant de cōbats qu'ils auoient euz pour elle,
Se fit tousiours cōnoistre aussi fiere que belle.

Le commencement aussi de son Rodomont est si viuement Poëtique, que la lecture d'iceluy peut faire deuenir bon Poëte vn esprit qui auroit quelque naturel de l'estre. C'est pourquoy ie treuue bon de les representer icy.

Ie sens d'vn feu diuin ma poictrine enflamée,
Qui ne m'eschaufe point d'ardeur accoustumée
Vne ardante fureur qui me vient agiter,
Me rauit hors de moy pour me faire chanter,
Ie ne sçay quoy d'estrange & difficille à croire,
Qui tant de Cupidon le triomphe, & la gloire,
Les larmes des Amās, leurs souspirs & leurs cris
Sentier trop rebatu des Poëtiques Esprits.

Toutes-fois il est vray qu'il y a vne faute en ce dernier vers, sur le subject d'vne licence prise en ce terme [Poëtiques.] Car il faut prononcer quatre sylabes, & non moins. Comme de mesme il y a faute de ce pronom [il] au sixieme de ces vers de Ronsard qui cōmence, Il me plaist, &c. Par ce que c'est la raisō de dire ainsi pour se bon langage, *Il vient saccager*, ou bien *Il vient briser*, &c. Il est necessaire aussi qu'en toutes sortes de vers, la fin de l'vn ne serue de verbe ny d'adjectif au premier terme du suiuant : Comme i'en dōneray icy les expres exemples du defaut qui se peut connoistre en telles rencontres, & en premier lieu cestuy-cy, que i'ay pris en la traduction des Pseaumes de la version de Marot,

O bien-heureux ! celuy dont les commises,
Transgressions sont par graces remises !

Ces *commises trans-gressions*, estans enfilees de la sorte ne font pas la parfaicte cōstruction qui est requise aux vers. Mais voicy vn exemple de l'autre manquement, lequel est tiré de l'vn des Sonnets des amours de Iodelle,

La riche & rare fleur qu'ō tout tō corps tu vois,
Ton embonpoint, ta grace & ta vigueur atteste
Que puis qu'vn autre Hymen à desnoüé tō ceste
Virginal en veuuage enuieillir tu ne dois.

On ne sçauroit colorer d'excuses la

mauuaise façon dont ce *Ceste virginal*, est icy enlassé : Outre deux autres fautes qui sont en ces vers: Car on n'a dit iamais en France ceste ceincture à la Grecque autremēt que Ceston, puis ce terme (*ensueillir*) qui commence le second Hemistiche rend le vers impropre.

Ronsard a failly aussi pour mettre ainsi l'adjectif au bout d'vn vers, & le substantif au commencement du vers qui le suit, comme il se peut voir en ces vers suiuans qui sont pris du Poëme qu'il appelle Orphee, lequel est le dernier de la seconde partie du Bocage Royal,

Le iour s'embrunissoit & Vesper qui venoit,
Desia le grand troupeau des Astres amenoit,
Quand le Pere d'Achille espoux de l'immortelle,
Thetis mit en auant vne parolle telle.

Ce terme de *l'immortelle Thetis*, ainsi diuisé n'est aucunement dous pour entrer en la Poësie Françoise, car outre que l'elegance sy treuue interrompuë & offusquee, il y a de l'equiuoque. Ce Poëte s'abuse aussi en deux endroits de sa Franciade en ceste sorte de manquement : car au

DE L'ART POETIQVE. 77

IIII. liure d'icelle, il dit ainsi, parlant des armoiries des premiers Roys de France,

 Et lors du Ciel luy seront enuoyez
Vne Oriflame, estandart pour la crainte,
De ses haineux, & l'Ampoule tres-saincte,
Huile sacree, onction de tes Rois;
Ses estandars deshonorez de trois
Crapaux prendront pour marques honorees,
En champ d'azur de Fleurs de Lis dorees,
Present du Ciel : Dieu qui le choisira,
De cœur, de force, & d'honneur l'emplira.

Et ainsi, lors qu'il parle du Roy Dagobert, fondateur de l'Abbaye de S. Denys,

 Puis par le temps venant son âge à croistre
De Prince fier deuiendra gracieux
Tant seulement en deux points vicieux,
L'vn de nourrir par trop de Concubines,
L'autre de faire excessiues rapines,
Sur mainte Eglise, afin d'enrichir vn
Moustier à part du reuenu commun.

Ce nom de (trois) qui termine le v. de ces vers, ne s'accorde pas bien auec l'autre de (Crapaux) qui commence le VI. comme aussi de la mesme imperfection ce nom de (vn) rend le xvi. vers enlaidy. Ce pronom [il] est necessaire au premier de ces vers, car il faudroit dire, *Lors il luy seront enuoyez. &c.* Ce pronom manque aussi au xi. vers, dans lequel il est besoin de dire ainsi, *De Prince fier il deuiendra, &c.* Pour la perfection d'vn Poëme, il est requis aussi qu'aux vers Communs & aux Alexandrins la fin du premier Hemistiche ne soit pas tousiours indifferement l'adiectif, ny le substantif du terme qui commence le second Hemistiche, comme on peut voir l'expresse image du defaut de cest adiectif en la conclusion d'vn Sonnet que ledict Iodelle adresse au Roy Charles ix. ainsi,

Poursuis Charles l'heureux instinct de ta nature,
Tant qu'en suiuāt tes ans, tes faits, telle structure
Aille par moy tous ans & tous faits surpassant.

Bien que ce terme [*l'heureux & instinct*] où le premier est adiectif, & l'autre substantif, soient si pres l'vn de l'autre que pour les escrire proprement en prose, il ne faudroit pas les renger autrement,

DE L'ART POETIQUE. 79

neantmoins à cause de la diuision de leurs Hemistiches ils ne sont point de bon voisinage pour faire entendre elegamment ce qu'ils veulent dire. Il ne faut iamais escrire en ceste façon ; mais il se voit encore quatre autres defauts en ces trois vers : Car pour parler auec elegance il faut dire, *tes ans, & tes faicts*, & non comme cy dessus. Puis *ans, & ans*, qui se rencontrent l'vn sur l'autre aux deux Hemistiches, rendent mal-agreables ces deux derniers vers. On ne doit pas aussi, *tous ans, & tous faicts*, mais bien, *tous les ans, & tous les faicts*, car ainsi ils ont les articles qui leur conuienent. Mais voicy encore trois autres vers du contre-Amours dudict Iodelle, où l'on treuue les deux imperfections qui arriuent à cause de l'adiectif & du substantif touchant la fin du premier Hemistiche, & le commencement du second,

Et côme ces Demons qui sont du rang plus haut,
Et qu'on croit dans le feu dernier element viure,
Mon esprit qui leur haut naturel semble suiure.

On voit clairement ces defauts en la

disposition de ces deux derniers vers. Or c'est en la mesme façon & nature de ces vers de Iodelle que les vers peuuent aller mal, selon les raisōs que i'en ay alleguees. Car vn adjectif ou epithete peut bien cōmencer le second Hemistiche, & faire que le vers sera tres-bon: mais c'est lors que cest epithete porte en suicte la raison d'vn autre sens qui depend d'iceluy epithete ou adjectif. Comme en ce mesme cas, on voit nettement la bonté de ce terme en ce vers de la Cleonice de Des-Portes, *Ha! ce sont des regards clairs d'ardantes lumieres!* Et ainsi on dira fort bien à propos en ceste façon.

Ce ne sont que vos yeux beaux Astres de ma vie
Qui me bruslant d'amour ont mon ame rauie.

Et en cest autre de mesme,
C'est par vostre beauté belle entre les plus belles
Que pour vous mes amours durerōt immortelles.

Mais à la maniere de Iodelle, c'est tresmal parlé de dire ainsi en ce premier vers.

C'est par vostre beauté parfaite que mon cœur,
Veut qu'eternellemēt Amour soit mō vaincueur

En ceste maniere aussi du mesme escriuain, c'est mauuaisement escrire de faire des vers des vers au niueau de ce premier icy.

(adore
Ce n'est qu'en vostre beau front que mon œil
Que ie voy les thresors & l'honeur de l'Aurore.

L'imperfection des deux premiers vers de ces deux exemples derniers est tres-manifeste, & pourtant il n'en faut iamais faire de la sorte. Les vers Alexandrins, & les Communs ne sont pas bons aussi, lors que le sens du premier Hemistiche est excessiuement imparfaict, & que de mesme par vne autre façon, le commencement du second le gouuerne entierement. Et bien que le plus souuent la fin & le commencement de l'vn & de l'autre Hemistiche donnent à vn mesme sens, comme ceux que i'ay alleguez de Iodelle, toutefois à cause que les termes sont si pres l'vn de l'autre, ils ne font pas entendre leurs sens par vne phrase qui soit douce & vnie : & ainsi ils sont mis trop pres l'vn de l'autre en ceste façon, aux moyens des deux extremitez des Hemistiches qui les portent : la premiere estant consideree à la fin du premier, & l'autre au commencement du second. C'est ainsi que pour

F

assembler ainsi deux termes, les parolles en sont mal conjointes, ceste imperfection arriuant ordinairement lors que le premier Hemistiche est finy par des termes tels que ceux-cy, *Qui, tenu, quel, duquel, lequel, reseruè, auiez, ait, auez, i'ay, veux, veut, eut, fut, est, sont, est, estè, a, t'à, l'a, m'a, verra, faira, auoit*, & autres de semblable energie. Comme aussi bien souuent vn vers est mauuais, lors que le second Hemistiche se commence par vn terme terminé en (er) ou en (ir) & de la nature de ceux-cy, *Consommer, trauailler, suer, veiller, aimer, seruir, choisir, guerir, fleurir, ternir, bastir, auertir. &c.*

Mais d'autant que cinq cens lignes de theorique ne peuuent pas enseigner autant que cinquante d'exemples: puis que l'intelligence & l'idée d'vn subject qui doit estre cuité ou pratiqué, se figurent & se representent mieux par les demonstratiõs exemplaires que par les discours les plus sentécieux; i'exposeray icy quelques vers que i'ay pris de plusieurs Autheurs, où ces fautes se pourront clairement apperceuoir, afin que desormais le Poëte futur soit auisé de ne faillir point en cela. Voicy donc des vers qui sont tirez du second acte de la Tragedie de Porcie de Garnier, où au second & dernier l'imperfection sus alleguee des Hemistiches est apparente,

Si de tels nourriçons inuincibles en guerre,
Vous auez eu tousiours chere l'authorité,
Si tousiours vous auez tenu pour leur costé.

Comme de mesme en ces deux autres vers d'vn Autheur qui m'est inconnu.
Vous souhaitez sans fin dure ma seruitude,
Et tousiours vous tenez rigoureux vos regards.

Il est tres-manifeste que ces termes de *chere, auez, tenu, dure, tenez, & rigoureux*, rendent ces quatre vers accompagnez de beaucoup de rudesse, & qu'ainsi on n'y treuue point de grace: bien que touchant ces deux termes (*auez*) & (*tenez*), les vers n'en sont pas rendus mauuais, sinon d'autant qu'ils sont suiuis à l'abord du second Hemistiche de leurs relatifs ces termes, *tenu, & rigoureux*, par lesquels, & de leurs semblables, les vers en demeurent non moins imparfaicts que desplaisans. Mais voicy vn exemple comme vn de ces vers peut estre bon auec la mesme terminaison du premier Hemistiche. Et *tousiours vous tenez vos regards rigoureux:* Car les fautes susdites arriuent tousiours en semblable sens pour commencer le secõd Hemistiche par vn adjectif, ou par vne proposition qui se refere du tout, & de trop pres au gouuernement du premier. Cela se peut voir encore en ces deux Stances de deux Cartels que Mont-gaillord fit à Paris en l'Annee, Mil cinq cens & cinq, pour le combat de la Barriere,

Aux combats, aux hazards, aux perils plus extremes,
Ils portent sur le frõt la mort de la mort mesmes,
Leur valeur est tousiours au Midy de son iour:
Leur gloire est la merueille & l'enuie du monde
Ils ont vaincu le Ciel, l'air, & la terre, & l'onde
Et n'ont iamais esté vaincus que de l'Amour.

C'est Roland, c'est Roger ceux dont la renõmee,
En l'Europe, en l'Affrique, en l'Asie semee,
Au milieu des perils a basty tant d'Autels:
Ce sont les mesmes cœurs soubs les mesmes Idoles
Qui reuiennent au mõde au bruit de vos Cartels,
Pour voir si vos bras sont pareils à vos paroles.

On voit de quelle mauuaise liaison ces deux termes [*esté*] & [*sont*] imperfectionnent les vi. & xii. vers de ces deux Stances, comme aussi le premier Hemistiche du iii. vers sonne mal, à cause qu'il rime auec *iour*, qui est la terminaison du secōd. En ce quatrieme vers aussi, les deux voyelles de [*l'enuie*] & au huictieme les autres deux de [*l'Asie*] font mal aller ces deux vers. Or afin que ces vi. & xii. vers soient de la qualité requise, il faut que ce terme *esté vaincus*, soit entierement dans vn Hemistiche, soit le premier ou le second, cōme aussi cest autre de [*sont pareils*] en ceste façon. Il faudroit ainsi que le premier vers pour estre bon fut en ceste sorte, les paroles precedentes estans disposees, *Iamais esté vaincus que des flames d'amour*. Et l'autre ainsi, *Si vos bras sont pareils au bruit de vos paroles*. Et touchant les susdits vers de Iodelle, ils peuuent estre rendus bons eu la mesme façon, logeant dans vn Hemistiche, ces termes. *l'heureux instinct, le feu dernier, & leur haut naturel*, comme aussi les autres deux, *Beauté parfaicte & beau front*, des autres deux exemples qui commencent, *C'est par vostre beauté parfaicte*, &c.

Ce n'est qu'en vostre beau, &c. sont de ceste reigle, & tous autres leurs semblables, si l'on les veut mettre au rang de ceux qui sont de merite.

Toutes-fois comme i'ay dict en ce present Chapitre en deux exemples qui sont au dessus de ces deux derniers alleguez, le vers est tres-bon, bien que le second Hemistiche soit commencé par vn adjectif: & ceste qualité aui ẽt, lors que le premier estant composé de paroles entieres, il fait que son sens se glisse, & se conclu gayement & de bonne liaison auec le suiuant, comme en cestuy-cy, *C'est vous qui me rendez bien-heureux en amour*. Et comme en cest autre aussi, *C'est par vous que ie suis si tourmenté d'Amour*. Et en cest autre, *C'est par vous que mõ cœur heureux en vous aymant, Ne peut aimer que vous*, &c. Et en c'est autre encore, *Ainsi pour vous aimer tres-heureuse est ma vie*. Car ces termes adjectifs sont naïuement gouuernez & embrassez par le subject proposé au premier Hemistiche. Voicy encore vne autre sorte de bonté de vers, lors qu'vn adjectif se rencontre en semblable lieu: C'est au douxiesme vers d'vn Sonnet de Des-Portes

DE L'ART POETIQVE. 87

en ses amours de Cleonice, où le Sisain le meine ainsi,

Vostre beauté divine adoucit tellement,
L'aigreur de mes ennuis que ie chante au tourmēt
Ie beny vos rigueurs, i'adore ma souffrance.
Ma Foy d'autre costé pure, & saincte à iamais,
Sert d'asseuré rampart à ma ferme esperance,
Et faict que vostre amour en fin ie me promets.

Vn vers est aussi de la mesme bonté, lors que le second Hemistiche est commencé par vn terme qui denote expressement l'action du premier: mais de ceste raison en voicy vn exemple qui se treuue aux deux premiers couplets des susdictes amours de Cleonice, où la consideration de laquelle i'ay parlé cy deuant aux vers precedens, se treuue aussi au cinquieme de ceux-cy,

A la beauté du Ciel, vostre beauté i'esgalle,
Le Ciel en sa rondeur toute forme contient:
Et par son mouuement cree, esmeut & maintiēt,
De semblables effets vous estes liberale.
Car vostre belle veuë admirable & fatale,
Cree en nous les amours, les garde & les soustiēt:

F iiij

Et tant de beaux pensers dont l'esprit s'entretiét,
Ont leur mouuement d'elle, & leur forme ideale.

On ne sçauroit contrarier raisonnablement qu'en ce premier exemple dudict Autheur, ce terme [*pure*] & en celuy cy, [*cree*] & [*admirable*] ne soyent de la meilleure forme que l'eloquence sçauroit desirer. Ces six exemples donques pourrốt seruir de reigle pour tous les subjects de qui les paroles requierent vne semblable façon.

Mais touchant les vers qui vont mal quand le second Hemistiche commence par vn mot qui est terminé en [*ir*] en voicy l'exemple au dernier vers de ceste Stance,

L'Amour sans le plaisir se nourrit d'esperance,
L'esperance de peur, la peur d'impatience,
L'impatience apres ameine vn changement:
Le changement soudain se suit d'incertitude,
Et puis de l'incertain se faict l'ingratitude,
Le plaisir luy doit donc seruir de fondement.

Il est aisé à connoistre que ce dernier vers est rude au moyen de ce verbe (*seruir*)

qui faict entrer le second Hemistiche, cōme de mesme au dernier vers de ces deux
suiuans, c'est autre (*ternir*) du semblable
Hemistiche rend le vers imparfaict,

Amour ne se repaist que d'ombre & de couleurs
Demain tes yeux verront ternir ce champ de
  fleurs.

Aussi i'ay pris dans les Oeuures de quelques Autheurs modernes ces cinq vers
qui suiuent, où l'on peut connoistre cinq
termes qui suiuant les raisons cy dessus
alleguees, enlaidissent beaucoup les vers
par l'imperfection excessiue du premier
Hemistiche,

I
O belles! contre qui rien ne vaut des'armer!
II
L'amour que ie vous ay gardé si longuement.
III
Non, non les iours tu veux consōmer vainemēt.
IV
Puis que la cause en fut si belle & si parfaitte.
V
Non, il ne sçauroit plus viure en seruāt Amour.

Qui ne iugera iustement que ces termes, *qui, ey, veux, fut, & plus*, qui terminent les premiers Hemistiches, ne rendent ces vers tres-impropres & peu gratieux ; Mais pour mieux esclaircir ces erreurs afin de les faire mieux euiter au moyen des exemples, voicy encore cinq vers qui appartiennent parmy d'autres semblables à certains escriuains d'auiourd'huy,

I

Le desespoir auoit mis vne espee en main.

II.

Mais vous m'auiez auant armé de ceste pique.

III

Hé! comment pourroy-ie former ceste esperance.

IV

Ce ioyau qui m'est seul & si beau venu d'elle,

V

Quel esprit n'eust esté facile à s'engager.

C'este façon de sens imparfaict qui se treuue en ces premiers Hemistiches, montre clairement que le vers n'est pas bon. Comme aussi tous les vers qui seront bastis à la structure de ces vingt & neuf qui suiuent icy ne seront pas de la race de ceux qui par nature & legitime

DE L'ART POETIQUE 91

ment sont mis & reconus au nombre des bons. C'est pourquoy ie les ay voulu poser icy, afin que par la connoissance que l'on aura de la faute qui les accompagne on euite d'en faire de semblables.

I
Si le Ciel qui t'auoit reserué pour sa gloire.
II
A l'Amour vous auiez fait vne dure guerre.
III
Ce sont vos yeux qui m'ont la liberté rauie.
IV
O belle! qui m'auez appris les Loix d'Amour.
V
Vostre bel œil duquel vne flame amoureuse.
VI
Vos yeux diuins de qui vient ma flame d'Amour.
VII
C'est pour vous que ie veux aymer fidellement.
VIII
O beauté l'on vous a diuersement seruie.
IX
Vostre beauté qui m'a blessé le cœur & l'ame.
X
Combien que l'Amour soit d'vne force infinie.
XI
Bien que le Soleil ait tant de viues lumieres.

XII.
Apres auoir aimé long-temps vne Lucresse.
XIII.
Las! vos beaux yeux estoient menteurs en leurs regards!
XIV.
C'est pour vous que l'on peut auoir vn bõ amour
XV.
Les rays de vos yeux sont les beaux iour de ma vie.
XVI.
Vos airs & vos yeux sont les delices d'Amour.
XVII.
Pour vous au Ciel ie veux choisir vne courõne.
XVIII
Que si mon amour n'est par eux bien peint encore.
XIX
Si tu voy tout ce qu'ont les Deitez supremes.
XX
Vostre bel œil qui n'eut son pareil en ce monde.
XXI
Deuant celuy de qui tu cheris la memoire.
XXII
Pour vaincre qui nous fait mespris de ta puissãce
XXIII
Car l'vniuers auoit essence auant son estre.
XXIV
Quel plaisir auez vous pris en seruant amour?
XXV

Il ne sçauroit auoir gagné son amitié.
XXVI.
Ceste belle pensoit estre la mieux aimee.
XXVII.
Elle croyoit d'auoir esté belle sur toutes.
XXVIII.
A vos yeux ie ferois mettre l'Astre d'Amour.
XXIX.
Qui pourroit plaire à tous ceux qu'il meine à la guerre.

Tous ceux qui connoissent exactement la bonté du langage François, seront de mon opinion que ces vingt & neuf vers, sont tous imparfaicts, à cause du sens qui est deffectueux au premier Hemistiche. Mais si quelques-vns vouloient debattre la dessus au contraire, ie les laisseray opiner à leur fātasie, me plaisant & me tenant tousiours fermement à l'opinion que i'en ay, puis qu'elle est de l'intelligence des plus rares esprits dont la France est decoree en ce siecle. Mais voicy trois exemples comme par des termes à peu pres semblables à ces precedens, les vers peuuēt estre bons. Ce premier est de Ronsard au commencement de l'Elegie qu'il adresse au

Roy Henry deuxiesme sur la dedication de ses Odes,

Apres auoir sué sous le faix du harnois,
Bornant plus loing ta France, & fait boire
aux François,
Aux creux de leurs Armets en lieu de l'eau (de Seine.
La Meuse Bourguignonne, &c.

Car en ceste façon le vers est tres-bon, & s'il eust escrit ainsi, *Apres auoir sué long temps sous le harnois*, il eust esté mauuais. Pour le deuxiesme on voit que le commencement des Elegies de Des-Portes va tresbien en ceste façon,

Apres auoir passé tant d'estranges trauerses,
Apres auoir seruy tant de beautez diuerses,
Auoir tant combatu, trauaillé, supporté,
Sous la charge d'Amour ce guerrier indomté.

Mais voicy pour l'autre exemple, deux vers qui sont proferez de Megere en la Porcie de Garnier, qui sont fort bons, bien qu'ils donnent quelque ressemblance au septiesme des vingt & neuf susdits.

Que le fer flãboyant dũs vostre poing nerueux
Fasse aux plus aguerris herisser les cheueux,
Puis serrez flanc à flanc sous les Aigles mou-
uantes
Repoussez vaillament les troupes menaçates,
Faictes dessus la plaine ondoyer vostre sang,
Coulant à gros bouillons de vostre noble flanc.

On voit qu'aux deuxieme & cinquieme de ces vers, ces verbes (*herisser*) & (*ondoyer*) ne font pas le vers imparfaicts en aucune sorte, veu que les termes imperatifs (*fasse*) & (*faictes*) qui les gouuernent, en estans elloignez à propos, encheinent dans les nœuds d'vn bon sens l'vn & l'autre Hemistiche. Aussi de mesme en ceste Stance de Monsieur Berthaud, le dernier vers est de bonne grace, bien qu'il ressemble en quelque façon au deuxiesme de ces vingt & neuf vers : Car en ce vers icy le (*faict*) du second Hemistiche est doucement meiné & commandé par la disposition du premier,

Quand ie reuis ce que i'ay tant aymé,
Peu s'en fallut que mon feu rallumé
N'en fit l'Amour en mon ame renaistre:

Et que mon cœur autrefois son captif,
Ne ressemblast l'esclaue fugitif,
A qui le sort fait rencontrer son maistre.

Or pour faire que ce xxix. vers sus alleguez, soient bons auec le sens qu'ils portent, il est de necessité de faire en sorte que les termes qui sont au deux Hemistiches soient logez en vn, soit au premier, ou à l'autre. Il faut ainsi que ces termes, [*t'auoit reserué*] du premier vers, ne soient point diuisez comme ils y sont: mais bien qu'ils soyent colloquez dans vn Hemistiche. Aussi [*auez faict à l'amour*] du second vers tout de mesme en vn Hemistiche. Au troisiesme aussi, [*m'ôt rauy ma liberté.*[Au quatriesme aussi, [*qui m'auez appris*] Et faut que le cinquiesme soit ainsi, *Vostre bel œil diuin dont la flame amoureuse.* Le sixieme ainsi. *Vos beaux yeux d'où prouient le feu de mon amour.* Et le septiesme ainsi, *Pour vous ie veux aimer tousiours fidellement.* Et ainsi de tous les autres, comme aussi les douze vers qui les precedent, & dans lesquels on remarque les mesmes defauts de ces autres seront rendus des meilleurs du monde, lors qu'on les disposera à la façon que i'ay que i'ay proposée icy. Ainsi au premier de ces douze vers, il est besoin que, (*donc servir,*) soit dans vn Hemistiche. Et à l'autre qui le suit, *verront ternir*, doit estre de mesme façon, comme aussi les autres neuf qui les suiuent doiuent estre formez ainsi si l'on desire qu'ils soient bons. Car ceste imperfection qui difforme les vers, n'arriue pour autre subiect que de ce que ces deux termes (*verront*) & *ternir* (*T'auoit*) & (*reserué*) & tout autres leurs semblables sont trop pres l'vn de l'autre, quand l'vn est à la fin du premier Hemistiche, & l'autre au commencement du second, veu qu'à l'occasion du repos qui est deub au premier, deux termes qui despendent si estroictement l'vn de l'autre comme ceux-là, ne s'y doiuent point rencontrer, parce qu'ils y sont trop diuisez par l'energie dudit repos. La preuue de la bonté qui touchant ce subiect est requise aux vers, se voit clairement en ces deux vers icy qui commencent des Stances de Monsieur de Malherbe,

En fin ceste beauté m'a la place renduë,
Qu'elle auoit si long teps côtre moy defendue:

G

Ou bien comme il a changé maintenant ce dernier vers ainsi, *Que d'vn siege si long elle auoit defenduë.* Car il ne dit pas à la façon du neuuiesme vers des XXIX. au premier Hemistiche, *En fin ma belle m'a* &c. mais en colloquant tres-proprement ce terme de (*m'a*) au second, il le conioint auec son subiect ainsi (*m'a la place renduë*, il ne dit pas aussi à l'autre vers, bien qu'il eust parlé pour vne rime masculine, ainsi, *Que sa rigueur auoit defédu si long temps.* mais en posant (*auoit*) au milieu du premier Hemistiche, & (*defenduë*) qui est son relatif à la fin de l'autre, le vers en demeure parfaictement bon. L'autre vers est de mesme tres-accomply par vne autre disposition des mesmes termes : Car *elle auoit defenduë*, est entierement au sesecond Hemistiche.

Mais d'autant qu'il me semble que les erres du mal & du bien vont comme en infiny, & que pour aller au bien escrire, les vers de ces cinq Autheurs precedens, & les raisons que i'y ay auancees, peuuent seruir de reigle en cecy, pour faire bien comme eux, & pour se distraire totallement des erreurs sus nommees, ie croy

DE L'ART POETIQVE. 99

que i'ay assez dict là dessus. Que donc le Poëte futur soit auisé à suiure la voye de la perfection, puis qu'il y est conduit par des exemples si iustes & manifestes.

Du grãd abus qui s'est introduit entre les Poëtes touchant l'vsage de la licence Poëtique. Raisons tres-amples par lesquelles il est monstré qu'il n'en faut point vser. Ignorance & bestise de ceux qui ne veulent pas estre repris, & à ce propos vne histoire de Denis l'aisné, Tyran de Syracuse mauuais Poëte. Propos memorable de Ronsard pour refuter la raison de ceux qui alleguent les fautes d'vn Autheur pour excuser leurs erreurs.

CHAPITRE V.

Entre toutes les vanitez qui sont supportees, & comme authorisees au monde, il n'y en a pas vne qui soit si mal à propos que celle que les Poëtes ont en vsage parmy les ouurages de leurs versifications, lors que pour s'accommoder à la rime, ou bien à la mesure & à la quantité

G ij

des Sylabes, ils se licencient de mettre vn terme vicieux : soit en allongeant, ou accourcissant les verbes, contre leur nature, ou les faisant d'autre genre qu'ils sont, ou transposant du tout la phrase contre l'ordre & la bonté du langage. Et faisant de la sorte, ils desguisent & appellent ce vice de ce tiltre specieux, *Licence Poëtique*, qui toutesfois par toute bône raison seroit mieux qualifié, & voire suiuant son merite s'il estoit appellé *Erreur affectee & lunatique* : Veu qu'en la pratique d'iceluy, on se faict voir tres-volontaire à faire mal, & fantasque & du tout variable d'esprit à se seruir d'vn mesme verbe, maintenant au lõg, & tantost au large, vne fois au feminin, & vne autre au masculin, ore au plurier, & tantost au singulier: & en fin pour espargner sa peine, & s'esgayer en sõ ignorance, entretenir vn langage en foiblesse, & en la barbarie qu'il peut auoir encore, & rẽdre barbare celuy qui est bõ. Ceste vanité de *Licence Poëtique*, est si ancienne que ie pẽse qu'elle n'est pas moins antique que la Poësie mesme. Car tous les Poëtes du passé ont pratiqué ceste ĩperfectiõ, qui plus, & qui moins, qui beaucoup

& qui biẽ peu. Et pource d'au-iourd'huy, ie n'en sçay pas plus haut de six ou sept en France qui parmy les œuures qu'ils composent en ce temps-icy, montrent par les perfections d'icelles, qu'ils ne se seruent aucunemẽt de ces lasches & faux moyens que ceste vaine *licence poëtique* permet aux Poëtes.

Or en l'escole des Sages on distingue en trois façons l'ignorance : La premiere est nommee inuincible, La seconde crasse, & l'autre affectee : L'inuincible est attribuee au petit enfant, qui estant encore en sa tendre puerilité, n'a pas de nature les facultez & les organes propres pour receuoir & entendre les preceptes de la science. La crasse est celle d'vn homme rustique & du tout champestre, lequel pour n'auoir iamais ouy parler des formes de la Ciuilité, & des axiomes de la Philosophie, en est ignorant par vne façon extremement rude & enracinee. L'autre sorte d'ignorance qui est appellee affectee, est celle de ces esprits qui ayant connoissance du bien, & du mal, de la deformité des vices, & de la beauté des vertus, neantmoins se plaisans à suiure les erreurs, laiſſent volontairement les claires voyes des ſciences & de l'honneur, & auec affection ils ſuiuent & embraſſent le party de l'abus & des vices. Donques il eſt ainſi vray que ceux qui pratiquent en leurs eſcrits les vanitez de la *Licence Poëtique*, ſont pour le moins entachez de ceſte ignorance affectee, s'ils ne le ſont de la craſſe tout enſemble: veu que d'vne pure volonté ils ſe licentient, ou pour mieux dire, ils ſe deſbordent à eſcrire contre les reigles de la raiſon, & qu'ils ſçauent bien que le defaut ſe treuue en ce qu'ils eſcriuent.

Ronſard ce diuin eſprit poëtique a bien eſté de l'opinion vulgaire du monde, quand il dit en ſon Abregé de l'art poëtique, que l'on doit ſe ſeruir de ceſte licence pour embellir vn vers, comme au lieu de dire, *Roland auoit deux eſpees en main*. Il faut dire ſuiuant ſon opinion antique, *Roland auoit deux eſpé's en la main*. Quand il dit auſſi qu'on peut eſcrire *Enè*, au lieu d'*Enee*, ainſi, *Contre la troupe Enê branla ſa pique*. Quand il dit auſſi qu'au lieu d'eſcrire *rouë, ioüe, nue, comme, fard, despart, effort, ſauteront, donnera, Calliope, troupe,* &

composé, pour la necessité de la rime auec qui on les peut ranger, on se pourra seruir de la *Licence poëtique*, en augmétant ou accourcissant ces termes en ceste sorte, *rou', iou', nu', comm', fur' despar', effor', suxtra', don'ra, Callioupe, trope*, & *compouse*. Mais quoy? ceste façon de faire a faict son temps comme les vieux habits d'vn vsurier qui pratique la lesine, veu que l'on connoist assez, que telle façon d'escrire est fort esloignee de la vraye forme du bien-dire. Car il n'y a point de iuste occasion de transfigurer ainsi les Dialectes d'vn langage, en syncopant & alterant de la sorte les vocables, quoy qu'il dise si la necessité y contrainct le Poëte: car on n'est iamais contrainct de faire mal, sinon lors que le sçauoir y manque: que s'il auient que les fautes soient commises à ceste occasion elles sont dignes d'estre pardonnees: Mais d'auoir les moyens de bien faire, & de faillir volontairemét & le connoistre c'est vne erreur irremissible.

C'est pourquoy il ne faut point se licencier à peruertir le langage & la beauté de la Poësie en l'vsage de ceste permission pretenduë legitime en vne con-

G iiij

ſtrainte qui n'a ny droit ny force, bien que Ronſard conteſtant fort en faueur d'icelle, eſcriue, que ſauf le iugement de nos Ariſtarques, & de tous nos maiſtres qui ſuiuant ſon dire, n'ont de ſi pres auiſé à la perfection de ce meſtier, il eſt bon de ſe rendre ſeruy de la Licence Poëtique: Mais ſauf l'honneur que ie dois à ce grand Poëte, i'eſtime qu'en cela, ces Ariſtarques & ces Maiſtres dont il parle, eſtoient mieux fondez que luy. Il s'abuſe beaucoup auſſi quand il dict, qu'à faute de telle hardieſſe de Licence, il void perdre mille beaux vers, & mille belles ſentences: Car c'eſt bien tout au contraire; D'autant que la beauté des vns & des autres ne peut faillir d'y eſtre ruinee, par la deformité & deſguiſement où les mots en ſont reduits: veu qu'outre que ceſte ruine n'y ſuruint, les vers ne ſçauroiēt eſtre des plus beaux, ny les ſentences des plus agreables, lors que le terme qui les porte s'y treuue alōgé ou racourcy contre le naturel du langage: Parce qu'eſtant alembiqué ainſi, il n'eſt pas en bon François, & n'y eſtant pas, les vers & les ſentences n'y ſçauroient eſtre

DE L'ART POETIQVE. 105

de bonne sorte. Il n'a point de raison aussi quand il conseille au mesme chapitre d'vser de la lettre ô, marquee ainsi, pour signifier *auecque*, à la façon des anciens, comme, ô *luy*, pour dire *auecque luy*, veu qu'il dit, que cest *auecque*, composé de trois sylabes donne grand empeschemẽt aux vers mesmes quand ils sont courts: Mais toutefois quoy qu'il en conseille, il n'en a iamais vsé en vne si grande quantité de vers qu'il a composez; Il ne le faut pas faire aussi, car ce terme est si vieux & decrepit, & voire tellement esloigné de la connoissance de ce siecle, que pour l'introduire, il ne le faudroit pas renoueller, mais bien le ressusciter ; veu qu'il est comme en cendre parmy d'autres despouilles du temps, qui gisent oubliees dans le tombeau de l'Antiquité. Ainsi touchãt ce que ce Poëte allegue à l'honneur de ceste *Licence Poëtique*. il n'est aucunement receuable, quelle reputation que ce soit que ce bel esprit ait aquise en la Poësie : Parce qu'horsmis en la doctrine de la foy, il est honneste & requis en toute science & discipline, de disputer & de croire par raisons & demonstrations, & non point par la seule force des authoritez.

C'est ainsi donques que ceste vanité de *Licence Poëtique*, a passé si auant en la fantasie des hommes, qu'au-iourd'huy encore, elle sert de refuge & d'ornement imaginaire à l'opinion d'vne tourbe d'ignorans, qui en despit des Muses & d'Apollon s'entremeslent de faire des vers, & pretendent d'y aquerir tout autant d'honneur que les plus iudicieux esprits en peuuent legitimement esperer. Car lors que ces ames desreiglees montrent aucuns de leurs Poëmes à quelque personne qui s'entend à connoistre vne parfaicte Poësie, & qu'ainsi treuuant vn courage qui est ennemy de ceste *Licence*, elles entendent aussi tost qu'on leur dict rondement, qu'au moyen de telle & telle raison leurs vers ne sont pas bons, ils s'excusent soudain, & disent, qu'en ce qu'il y a de reprendre en leurs vers, ils se sõt seruis de la *Licence Poëtique*, & qu'à ceste occasiõ leurs vers n'en sont pas moins parfaicts. Mais si par vne replique de raison on leur dict, que c'est vne chose mal à propos de se seruir de ceste *Licence*, veu que cela enlaidit le langage, & que le droit de l'Eloquence commande de n'en vser aucunement, veu qu'auec toute l'acoustumance & permission de cela, les vers en demeurêt tousiours fort mauuais: Ils repliquent allors en estourdis opiniastres, disant que celuy qui les reprend ainsi, ne treuue iamais rien de bien faict aux œuures d'autruy, & que tels vers qui sont censurez sont fort bõs: mais que l'enuie qu'on leur porte est cause qu'au lieu d'en receuillir de la louange, ils en reçoiuent du blasme & du mespris. C'est ainsi comme ces Poëtes seculiers ou licencieux, deffendent leurs erreurs, authorisent leur ignorance, & taschent de forcer vn homme de iugement à louër les imperfections de leurs ouurages, recherchans de le rendre flateur, & se rendans ainsi tyraniques imitateurs de la vanité de ce mauuais Poëte Denis l'aisné, Tyran de Syracuse, qui vouloit forcer tout le monde à priser ses Poësies, bien qu'elles fussent tres-impertinentes, & qui pour ajouster foy aux flateurs acheua de se perdre: Car ils appelloient sa cruauté, haine des meschans

& bonne iustice. Luy faisoient acroire qu'il estoit vn tres-habile homme en toutes choses : tellement aussi, qu'il s'estimoit le premier du monde, & vouloit paroistre & estre estimé tel. Mais touchant le mauuais estat de ses vers, Emilius Probus en faict vn plaisant conte en sa vie qui est imprimee auec celles de Plutarque, disant de la sorte, Que ce Tyran estant ainsi manié des flateurs, & se voyant de grand loisir, il reprit vn train qu'il auoit vn peu discontinué durant les guerres, c'estoit d'escrire des vers, & composer des Tragedies. Il s'y remit donc auec plus d'estude & de diligence qu'auparauant, enuoyant querir des Poëtes de tous costez, afin qu'ils luy dressassent & corrigeassent ses ouurages poëtiques. Iceux cherchans à le gratifier pour leur profit, ne disoient que ce qu'ils pensoient luy estre agreable ; de maniere que s'enflant de leurs flateries, il se glorifia plus de ses vers, que des victoires qu'il auoit obtenuës en guerre. Or il y auoit entre autres Poëtes de sa suitte, vn nommé Philoxenus, homme docte, & adroit à escrire des Hymnes à la louange des Dieux. Denis luy bailla vn iour, quelque sienne Tragedie pour la reuoir & corriger; Il la ratura toute depuis vn bout iusques à l'autre, & vn soir estant enquis de ce qu'il luy sembloit de certaines Poësies que le Tyran composoit alors, & qui ne valoient rien, il respondit si nettement, que Denis ne pouuant plus retenir sa colere, dict que c'estoit par enuie qu'il censuroit ainsi ses œuures, & l'enuoya tout de ce pas en la prison des quarrieres. Le lendemain ses amis prierent Denis de luy pardonner, ce qu'il fit: & derechef il le voulut auoir auec plusieurs autres de la sorte à souper. Et sur le milieu du festin, Denis qui se plaisoit plus en ses Poësies qu'en chose du monde, & qui ne demandoit qu'à les faire chanter, en recita quelques vers, mesmement de ceux qu'il estimoit les mieux faicts: Puis se tournant deuers son homme, il luy demanda son auis. Philoxenus ne luy respondit mot, ains regardant autour de luy, il appella vn des Satelites du Tyran, & luy dict, rameine moy aux quarrieres. Denis se sous-riant supporta ce traict, & tost apres, tirant Philoxenus à part, il l'exhorta de n'estre pas si aspre. Ses amis aussi luy remontrerent qu'il se pouuoit bien passer de parler ainsi librement sans propos. Allors Philoxenus leur fit vne responce toute nouuelle disant que desormais, il contrepeseroit si bien ses paroles, qu'il diroit verité, & si se maintiendroit aux bonnes graces du Tyran ; comme il fit. Car Denis ayant recité quelques vers, où il y auoit force lamentations pour esmouuoir les cœurs des escoutans à compassion, il pria Philoxenus d'en dire son auis, lequel respondit, que ces vers luy auoient faict grande pitié. C'estoit vn traict bien aspre de moquerie, que le Tyran ne sentit point, non plus que ce que disoit Melanthius d'vne Tragedie de mesme main, qu'il ne l'auoit peu voir, tant elle estoit offusquee de langage. Mais comme apres auoir demeuré quelque temps auec Platon, & qu'à l'occasion des sages discours, d'vn si grand Philosophe, il se fascha de luy, & le renuoya en Grece, sur vne Gallere de laquelle Pollis Lacedemonien estoit Capitaine, lequel fut prié du Tyran à tuer vn si diuin personnage, ou

DE L'ART POETIQVE. 111

pour le moins de le vendre, il se remit à la Poësie, & enuoya querir des meilleurs chantres qu'il peut recouurer en l'assemblee des ieux Olympiques, pour reciter & chanter ses vers deuant le peuple. Les chantres furent ouys du commencemēt auec admiration de chacun, pour la bonté & netteté de leurs voix : mais quand on vint à examiner leurs chansons, ils furent mesprisez, moquez & sifflez : dont le Tyran fut marry au possible, quand on luy en apporta les nouuelles. Et allant ce passionné desir tousiours augmentant en sa teste, il en vint iusques-là, qu'il estoit comme transporté, & disoit que ses plus feaux amis luy portoient enuie, commença à se desfier d'eux, comme s'ils luy eussent esté traistres. Bref : ceste fureur print tel accroissement en son ame, qu'il en fit mourir plusieurs sous des occasions fausses, & en bannit d'autres ; comme Philistus & Leptines son frere, tous deux vaillans hommes, & qui luy auoient faict de grands seruices en ses guerres. Mais il les r'appella despuis, & luy furent amis comme deuant. Il m'a semblé raisonnable d'auoir apporté ces exemples

icy au long, parce qu'au-iourd'huy presque tous ceux qui sont repris sur le sujet
de leur *Licence Poëtique*, sont de l'humeur
& de la sotte façon de ce Tyran : Car au
lieu de sçauoir bon gré à ceux qui leur
veulent enseigner les moyens du bien escrire, ils se rendent leurs ennemis, les re-
putans comme enuieux & calomniateurs
de leurs œuures. Mais il se treuue vn autre sorte de versificateurs, qui sont plus
modestes en la defense de leurs fautes, &
qui toutefois n'ont pas guere moins de
sotise en leurs allegations. Car pour excuser leur errreur, ils disent qu'ils ont
esté contraints d'escrire ainsi : soit pour
venir à l'harmonie où la premiere rime
les oblige, comme vn certain Poëte sauuage a fait dernierement, qui au lieu d'escrire *les espees*, il les met ainsi par la liberté desbordee, *les espe's*, afin de les faire rimer auec ce terme, *les escadrons espais*, qui
est au vers precedent. Et comme aussi Iodelle en a vsé mal à propos, lors qu'au lieu
de *Ceston*, il a mis *Ceste*, pour s'acommoder à la rime precedente qui estoit, *Celeste*,
Soit aussi comme ce mesme Autheur en
vn Sonnet du Contre-Amours, qui pour
ne faire

ne faire le vers trop long, s'abandonne à commettre vne autre faute, escriuant ainsi, *Heurant ainsi sa plus prochaine race*. Au lieu que la raison oblige d'escrire, *Bien heurant*, & non pas d'escorcher & diuiser ce mot comme il fait. Comme aussi pour ne passer la iuste mesure du vers, offencer les reigles de la Grammaire, mettant trop d'articles, ou de pronoms, ou bien en laissant en arriere, comme i'ay veu qu'vn Autheur moderne a failly au commencement d'vn Sonnet, & la faute duquel ie l'expliqueray au long pour l'vtilité de de ceux qui la doiuent connoistre, afin de ne faire pas le semblable, il dit donc ainsi,

Sont neige, albastre, ou bien christal,
Ces tertres du sein de ma belle?

Car il manque vn pronom au premier terme, pour rendre parfaicte ceste proposition interrogatoire *Sont*, C'est pourquoy il faut dire, *Sont-ce neige, albastre, ou christal. &c.* Comme Des-Portes l'a tresbien montré en ceste Stance des Amours de Cleonice, ainsi,

Sont-ce dards, ou regards que les traicts eslancez
De ces deux beaux Soleils Rois des ames plus
 fieres;
Ha! ce sont des regards clairs d'ardātes lumieres
Non ce sont dards cruels dont les cœurs sont per-
 cez!

Mais si le subject demontré estoit le premier, il faudroit vser de ce pronom *ils*, comme en cest exemple icy,

(mour
Ces yeux si dous & beaux des lumieres d'A-
Sont-ils le beau Soleil qui nous donne le iour?

Aussi pour la vraye elegance du langage François, quand on se treuue à parler d'vn homme, où d'vn Nauire, &c. d'vne femme, ou d'vne fleur, il ne faut pas vser des pronoms *ils*, & *elle*, pour commencer l'affirmatif de ce qu'on auroit des-ia dict, mais bien de cest autre (*le*,) qui est demonstratif. Et ainsi c'est la raison de dire en ceste façon, *C'est vn vaillant homme. C'est vn bon Nauire. &c. C'est vne belle femme, C'est vne belle fleur, &c.* Et non pas suiuant la façon de presque tous les François qui n'ont point veu comme l'on parle au seiour du royal horison de France, dire au commencement d'vn propos, ou bien en suite d'vn autre, *Il est vn vaillant homme, Il est vn bon Nauire.&c. Elle est vne belle femme.&c.* Car ce n'est pas faire suiuant la reigle. Et bien qu'il semble qu'en ce premier vers de Des-Portes y ait manquement de l'article *des*, comme s'il falloit dire, *Sont-ce des dards. &c.* Toutesfois il va tres-bien côme il est, car ce pronom, (*Ce,*) estant mis pour l'interrogat ocupé bien à propos le lieu de l'article *des*, & y sert iustemēt pour la force de tous deux. Ainsi c'est fort bon de dire, *Sont-ce neige, &c, Sont-ce dards. &c.* Aussi au troisielme vers de ceste Stance, la difference du sens faict varier la phrase : Car il y est dict, *Ha! sont des regards clairs d'ardantes lumieres,* Car s'il estoit autrement, il y auroit faute d'vn article en ceste façon, *Ha! ce sont regards clairs d'ardantes lumieres.* C'est pourquoy il ne seroit pas bien dict de la sorte. C'est ainsi doncques qu'en affirmant vne chose qui est demontree, il faut parler en ceste maniere, *Ce sont des Lyons, & des Rolands ces soldats si valeureux. Ce sont des Dieux ces hommes si sages. Ce sont des Cypris, & des Amours ces Dames si belles,* &c.

Voila ce que i'ay treuué bon de dire sur la faute de ces deux vers cy dessus, soit que l'Autheur y ait procedé par ignorance, ou par *Licence poëtique*. Mais quoy qu'il en soit, c'est bien vne coustume à ces *Poëtes licencieux* de s'eslargir à tout coup contre l'equité de la Grammaire, pour euiter la peine, & s'armer apres d'vne excuse sur le subject de la mesure du vers, ou de la rime, comme vn autre *Poete seculier* y a bronché en ceste façon,

C'est à vos yeux où ie suis destiné,
Qu'vniquement mes desirs iay donné.

Car il faut dire *i'ay donnez*, Dautant qu'en la vraye forme de nostre langage, le premier terme gouuerne tousiours le suiuant. C'est pourquoy il ne faut iamais dire *Les longs, & laborieux seruices que vous auez faict à la republique*, Mais bien ainsi: *Les longs, & laborieux seruices que vous auez faicts à &c.* C'est ainsi qu'vne partie des Poëtes irreguliers, s'excuse en ceste *Licence*, qui toutefois ne sert de rien pour les excuser suffisamment de ces vices, veu qu'il n'y à point de contrainte a faire mal,

& qu'il n'y a point de iuste loy qui le permette, puis que le Ciel & la nature ont obligé l'homme à faire bien, & tellement qu'en toutes ses actions agissant librement, il faut auoüer, que lors qu'il erre en quelque chose, c'est tousiours par volonté, & quelquefois par ignorance tout ensemble. Mais ces *Poetes Licencieux*, seroient extremement dignes d'estre excusez, s'ils confessoient librement que c'est au moyen de leur ignorance qu'ils ont failly ainsi, & qu'ils soubmettent la correction de leurs outrages aux censures de la raison. Mais on voit aussi vne fort grande troupe de ces *Poetes desreiglez*, qui s'imaginent d'auoir treuué l'Elixir & la pierre philosophale de la raison, lors que pour la defense de leurs erreurs, ils disent que Ronsard a escrit de la sorte. Car au lieu que ceste allegation les garantisse d'estre blasmables en ce qu'ils ont erré, elle ne sert d'autre chose que de les faire paroistre fort ignorans d'vne part, & de l'autre fort indignes disciples d'vn maistre dont ils se vantent. Car il est bien vray que Ronsard est vn des plus diuins esprits que les Muses ayent iamais honorez de leurs faueurs, & que parmy les ardeurs d'vne vraye fureur Poëtique, il a cōposé des vers du tout admirables: mais il est vray aussi que comme homme qu'il estoit, & suiuant la façon que l'on escriuoit de son temps, il a failli en plusieurs endroits de ses œuures. C'est pourquoy la deffence de ces *Poëtes irreguliers*, est inutile en ce qu'ils s'excusent ainsi sur autruy: Parce que la raison oblige toute personne, à suiure & imiter les vertus de son maistre, ou de son Prince, & non pas les imperfections qui se peuuent treuuer en iceluy. Ce que le mesme Ronsard a sçeu bien dire, parlant de luy mesme, sur le subject des œuures de du-Monin, & de du-Bartas: Car comme il estoit vne fois au logis de Baïf, à se recreer en la compagnie de plusieurs Poëtes & d'autres de ses amis, & qu'on vint à parler des vers de ces deux Autheurs, il dist ainsi. Ces deux nouueaux Poëtes du Bartas & du Monin, ont voulu escrire sur de graues subjects comme i'ay faict, & par vne façon nouuelle en m'imitant de loing, ils me veulent esgaller & surpasser en la majesté qui doit reluire en la Poësie: mais ils sont en

mon endroit, tels que les courtisans d'A-
lexandre enuers ce Monarque; car ceux-
cy voyant qu'Alexandre portoit de nature le col vn peu de trauers; comme flateurs & imitateurs de ce deffaut, ils se
peinoient à tenir leur teste mal droite cõme celle de ce Prince; mais pour imiter la
grandeur de son esprit, l'excellence de
son courage, & la beauté de ses paroles,
il ne s'en treuuoit pas vn qui en appro-
chast. Ces deux Poëtes sont ainsi; car en
toutes leurs œuures, ils sont biẽ mes imitateurs en ce que i'ay escrit d'impertri-
nent : mais pour imiter parfaictement ce
que i'ay faict d'admirable, ils ne peuuent,
& n'ont point l'esprit assez beau pour y
sçauoir iamais arriuer. Voila comme par
vne brauade iuste en quelque façon, &
par vne bonne raison tout ensemble,
Ronsard s'acuse, & se glorifie en telle sorte, que d'vne part il montre qu'on ne
le doit pas imiter en tout ce qu'il a fait,
& que de l'autre, il est vn exemple tres-
meritant d'estre suiuy. Ces raisons doncques pourrõt seruir desormais d'vn frein
assez roide, pour arrester ceste maniere
d'esprits effrenez qui peu soigneux de

H iiij

faire bien veulẽt rejeter la cause de leurs fautes à l'exemple de quelques manquemens qu'vn si grand Maistre a laissez parmy ses escrits. Il faut donc se trauailler curieusement à escrire si bien, qu'il n'y puisse auoir rien à redire au iugement de la raison: ce qu'vn homme d'esprit ne treuuera pas impossible, lors qu'il sera cõduit & enrichy de l'art & de la Nature, & qu'il ne sera aucunement flateur de ses ouurages. Car il ne faut point estre par trop partisan de ceste raisõ que Ronsard a posee à l'entree de sa Franciade.

Il est bien aisé de reprendre,
Mais mal aisé de faire mieux.

Veu qu'il faut permettre à chascun de faire mieux que nous quand il le pourra, & ne se tourmẽter pas lors que cela pourroit arriuer, ains il en faudroit donner de la gloire à l'autheur: mais il faut de sa part se rendre tellement soigneux d'escrire bien que raisonnablement on n'y puisse remarquer aucune erreur.

Continuation sur la refutation de la Licence Poëtique. Viues raisons contre vn mauuais Poëte qui disoit d'auoir esté contraint d'escrire mal. Exemple de quelques Arts & sciences où l'on ne permet aucune licence de faillir. Plusieurs vers de quelques Autheurs celebres où les fautes de la Licence sont verifiees. Excuses & raisons de l'Autheur sur le subject de ceste censure.

CHAPITRE VII.

Eluy qui peut arriuer à la perfection de la science qu'il s'est proposé d'aquerir, doit bien croire d'auoir aquis entre les hommes vne loüange immortelle. Or pour arriuer à ce comble d'honneur, en l'exercice de la Poësie, c'est vn des principaux moyens cestuy-cy, qu'il faut se distraire en tout, & par tout de ceste sottise qu'on nomme *Licence Poëtique*, & de n'auoir plus son recours à defendre ses fautes pour dire qu'vn tel, & vn tel ont escrit ainsi, ny moins d'alleguer sottement que l'on a esté contraint de faire de la sorte : car comme i'ay dit cy deuant, il n'y a point de contraincte en l'action des hommes, comme les droictes raisons de la Phisique le preuuent tresbien.

Ce que ie sçeu bien reprocher dernierement à l'endroict d'vn certain versificateur, vn Poëte sauuage, qui me fit voir enuiron cinquante vers de son inuention, afin que ie luy en donnast mon auis, pour y passer vne bonne correction. Mais apres que ie les eu veux, & que ie luy eu marqué vn tres-grand nombre de fautes extremes, il s'excusa soudain, & me dict, qu'il auoit esté contrainct d'escrire ainsi : soit pour venir à la rime, ou bien à la quantité des sylabes qui sont deuës aux vers. Ayant entendu vne si foible raison de cest homme, ie luy parlay en ceste maniere. Pourquoy dictes-vous, que vous auez esté contrainct d'escrire ainsi ? puis qu'il n'y a pas moins d'erreurs en vos paroles, qu'en ces vers que vous auez faicts ? Car comment est-ce que ceste contraincte de mal faire vous est auenuë ? Les Roys & les

Princes ne vous y ont pas reduict ; Car la liberalité & la reconnoissance qui honorent les Poëtes sont mortes en ce Siecle ; Et c'est en ceste saison deprauee que les Muses sont mesprisees de ceux qui leur sont infiniement obligez. Ce n'est pas aussi vostre maistresse qui vous a contrainct à commettre ces vices ; car suiuant la raison qui se lit en ces vers, vous dictes que vous luy estes fort odieux, qu'elle vous hait, & qu'elle se desplaist de toutes les actions dont vous la voulez rendre seruie. Confessez donc que rien autre chose que vostre ignorance ne vous a forcé d'escrire ainsi. Toutesfois pour en parler auec les mesmes termes de la raison, il n'est pas bon de dire que cela vous est arriué par contraincte que l'on vous ait faicte : Puis que de vostre plein gré, vous auez cherché la solitude en vostre cabinet, & que de vostre propre mouuement, vous auez esté curieux à composer ces vers suiuant que vostre fantaisie & vostre foiblesse vous l'ont permis. Il en faut donc rejecter la cause à vous seulement, & non point à la rime, ny à la mesure des vers ; veu que c'est vous qui de voſtre propre intelligence & pure inuention les auez ainſi compoſez ſi deffectueux.

C'eſt la reſponce que ie fis à ce *Poete irregulier*, laquelle peut iuſtement ſeruir pour reprimer & abatre toutes les raiſons dont les verſificateurs licencieux taſchent de s'excuſer par les argumens de leur *licence & liberté poëtique*, & de leur contrainćte, pretenduë legitime. Il ne faut donc plus alleguer les termes d'aucune contrainćte pour deſguiſer ſon vice, ny ſe ſeruir d'aucunes formes de ceſte licence, pour accommoder ſes vers; puis que telle façon de faire eſt du tout contraire & formellement ennemie de la Poëſie : veu qu'vne ſi diuine ſcience ſe vante de tenir en ſes diſcours la perfection & la gloire des plus beaux eſcrits, & d'eſtre le langage dont les Dieux parlent.

Mais ie m'eſtonne par quelles opinions ſi foibles & ſi fortes enſemble, ceſte impertinente *licence poetique* a eſté ainſi authoriſée & generalement introduicte en la Poëſie : puis qu'en aucune ſcience, diſcipline ou maiſtriſe, ce terme de *licence*, n'a iamais eſté receu, ny connu, pour y donner liberté d'effectuer vn vice au lieu d'vne chose vertueuse, & conuenable au subiect.

Voyez si pour la guerison d'vn malade le medecin ordonnera parmy les ingrediens d'vn remede l'Ellebore au lieu de la Rubarbe? Si vn Astronome imaginera en ses especulations la circonferance des Cieux de plus de trois cents & soixante degrez, les mois de vingt & sept iours, & de 32. l'ordinaire domination du Taureau au mois d'Aoust, & celle de la Vierge au mois d'Auril? Si lors qu'vn General d'Armee a quelques intelligences de surprendre vne place d'importance, il employera vn Capitaine de peu de cœur & d'experience pour y conduire les troupes & les soldats qui doiuent executer l'entreprise? Si vn Architecte se licenciera de faire de foibles & peu cimentez fondemens pour l'edifice d'vn chasteau Royal, & si parmy vn ranc de Colomnes de l'ordre composé, ou Ionique, il en posera deux ou trois de l'ordre Attique? Si vn peintre representera dans vn tableau six doigts en vne main, ou bien s'il n'en fera voir que quatre, lors que pour le subject de l'action il faudra que tous les cinq soient aparens, & s'il estendra les ombrages là où le iour donnera ? Et en fin si vn tailleur posera iamais trois manches en vn pourpoinct, ou bien vne seulement, ou s'il se licenciera d'en faire vne plus longue que l'autre? Que s'il auenoit que ces gens-là eussent erré ainsi, il ne faut pas croire qu'ils s'excusassent sur aucune licence: ains dés qu'on leur auroit fait reconnoistre leurs fautes, ils auoüeroient d'auoir failly. Or les Poëtes qui se seruent de ceste liberté susnommee, commettent toutes les erreurs que le Medecin, l'Astronome, le General d'Armee, l'Architecte, le Peintre & le Tailleur pourroient faire, s'ils erroient en ces cas que i'ay alleguez cy dessus: Car en se desbordans licencieusement à pleine voile à toutes sortes de vent, ils mettent par fois vn terme qui signifie le iour au lieu qu'il deuroit especifier la nuict, la mort au lieu de la vie, la ioye au lieu de l'ennuy, & la haine & la folie, au lieu de l'amour & de la sagesse, Escorchent & augmentent vn mot à leur apetit, le faisant ores de deux sylabes,

DE L'ART POETIQUE 127

& tantost de trois, transposent confusement les verbes & les phrases, colloquans les Cieux aux enfers & les enfers, aux Cieux, obscurcissans & confondans ainsi le sens, & la bonté du langage. Et pour venir à la quantité des sylabes, qui est requise aux vers, ils se licencient de poser vn mot dont la signification est nulle pour la raison des termes qu'il commande, & voire ils en posent quelque fois de si mauuais, qu'ils ruinent l'intelligence du subject dont il s'agit. Comme aussi pour s'accorder à la rime, ils en font quelques vnes qui n'ont aucune correspondance auec le sens de ce qu'ils traictent. Ne mettent point d'article là où il en faudroit, & en logent en vn endroit qui n'en a point besoing. Placent vn verbe masculin au rang d'vn feminin, & vn feminin au lieu d'vn masculin. Font passer le singulier pour le plurier, & le plurier pour le singulier. Cōfondent les substātifs auec les adiectifs, & brouïllēt en vn caos les genres, les temps & les actions. Et comme pauures en la connoissance du langage François, ils inuentent à tout propos des verbes du tout estranges &

barbares, & introduisent à tout coup des termes Gascons, Prouençaux, Bourguignons, Bretons, & autres idiomes Macaroniques parmy la richesse & la bonté d'vn si beau langage. Effectuans ainsi volontairement telles incongruitez sans auoir esgard aux raisons de la Geometrie, ny au nombre de l'Arimethique, ils s'excusent sur la susdite contraincte, ou sur la licence qu'ils s'imaginent si receuable & legitime ; & formans leurs escrits de la sorte, ils disent ce qu'ils ne veulent pas dire, & ne disent pas ce qu'ils veulent dire : & bien souuent ils ne disent rien que ce soit, tant la confusion de leurs erreurs, rend le sens de leurs paroles des-vny, broüillé & perdu.

Les plus rares esprits du passé aussi bien que les moindres, se seruoient librement des imperfections, & fausses teinctures que cette *licence poetique* leur permettoit: si bien vn abus si desguisé de valeur apparante, estoit auoué comme vne loy bien honorable & necessaire : bien que par fois comme il est vray semblable, quelques vns y pouuoient faillir par ignorance, ne sçachant faire mieux, & d'autres
pour

DE L'ART POETIQVE. 129

pour ne vouloir prendre la peine de le
faire, & ainsi pour espargner le temps &
le trauail, & si i'oze dire ainsi, laissant hors
de propos le seruice des Muses, ils se ser-
uoyent de gayeté de cœur des chetiues
commoditez de ceste Licence.

C'est ainsi que les plus excellens Poëtes Grecs & Latins ont vsé par fois des
moyens de la Licence, non pour aucune faute d'esprit qui fust en eux: car
pour l'excellence de la Poësie rien ne leur
estoit impossible ny recellé, mais c'estoit
seulement à cause de l'vsage qui estoit
entre les Poëtes à se licencier ainsi: bien
qu'à present quelques vns pour deffendre certains passages où ces Poëtes se
sont licenciez, disent qu'il leur estoit impossible d'euiter la Licence, sans abandonner la belle conception qu'ils auoient
en main, & qu'ainsi cela leur doit estre
admis comme receuable & digne de loüange. Mais bien que sur ces façons d'escrire ie n'aye pas en mespris ces Poëtes
anciens, i'estime neant-moins que ceste
deffense n'est pas assez forte pour soustenir & installer en honneur la vanité de
cest vsage pour l'entretenir chez nous:

I

Car i'ay veu quelques Poëtes qui se trou-uans contraints de pratiquer la Licence en certaines phrases de leurs Poëmes, toutefois en la laissant, & se trauaillant à faire exactement, rencontroient la bonté & l'excellence des vers & du langage auec la pure & entiere conseruation de leurs conceptions. Toutesfois s'il plaist à ceux qui escriuent encore en Poësie Grecque & Latine de se seruir tousiours de la Licence Poëtique, il leur faut laisser faire, soit qu'ils iugent que cela leur demeure bien ou non: Mais pour nous qui sommes François, qui deuons escrire nettement puis que nous le pouuons faire, & qui connoissons de quelle imperfection ceste Licence broüille la beauté & la franchise de nostre langue, il n'en faut vser nullement: bien qu'à ce subject Montagne dise en ses Essäis qu'il n'appartient qu'aux grands Poëtes de prendre des Licences. Mais ie dis au contraire, qu'aussi peu les grands que les petis n'en doiuent prendre iamais; les grands puis qu'ils ont la suffisance de faire bien, & les petis afin qu'ils s'acoustument à bië faire. A ceste occasion nous deuons trauailler soigneusemēt d'imiter Virgile, Homere & autres Poëtes de l'ātiquité en ce qu'ils ont chanté si diuinement : & non point les suiure en ce qu'ils se sont Licenciez. comme hommes subjects à faillir : car de les suiure en ce qu'ils ont escrit hors de raison, c'est vne chose qui est cōmune aux plus ignorans du monde : mais de les imiter en ce qui se voit de parfait & de diuin en leurs œuures, c'est faire suiuant les reigles du deuoir & de la vertu, & par vne merueille qui n'est pas rencōtree de plusieurs se rendre & paroistre vne perfection & vn Dieu entre les hommes.

Donques à quelle occasion que ce soit que ces Poëtes ayent failly à se Licencier ainsi, ils ne doiuēt pas estre suiuis en cela, comme aussi nul ne sçauroit dire auec raison, que telles façons d'escrire meritent d'estre totallement excusees ny tant soit peu imitees : Car ce sont tousiours des erreurs & des fautes assez grandes, qui difforment la raison & le langage des Poëmes : Cōme on voit cela en plusieurs passages de Rōsard, & mesmes en l'Hymne où ceste *Licence* est ainsi pratiquee en ce vers pour le subject de la rime.

I ij

O gentil Or, par tout tes forces tu descuures,
Plus claires que le iour, tu es vtile aux œuures,
Soit de guerre ou de Paix. &c.

Ce n'est pas bien dit, *descuures*, comme il est là, mais suiuant le vray vsage il faut dire *descouures*. Or en l'Hymne de Calays & Zethés du mesme Autheur, on lit ces deux vers,

Morions façonnez d'inuention gentile,
Sur le mesme portraict de l'Ouale coquille.

Ces deux rimes vont mal ensemble, parce qu'elles n'ont pas assez d'analogie l'vne enuers l'autre, à cause que celle de *Coquille* se prononce auec les deux (*ll*) qui ont la prolation doublee comme en ces verbes de *vaillant* & *assaillant*. & que l'autre de *Gentile*, n'ayant qu'vn *l*, a la prononciation simple comme ces verbes *excellent*, & *volant*.

On voit au mesme Poëme ceste Licence ainsi en ces deux vers.

DE L'ART POETIQUE.

Ainsi voloyent ces deux secoüans à la dextre,
L'espee, & le bouclier en l'autre main senestre.

Ces deux mots *dextre* & *senestre*, ne riment pas bien ensemble : Car la consonante *x*. de dextre se prononce, ce que ne faict pas le *s*, de *senestre*, si ce n'est à la façon du langage des Prouençaux. La raison aussi de ce dernier vers n'est pas bonne en ce terme. En *l'autre main senestre*. Car il semble par là, qu'vn homme a plus que d'vne main senestre, & partant il suffisoit de dire; En *l'autre main*, puis qu'il auoit des-ja parlé de la dextre. Où bien en n'vsant point de ce terme *l'autre*, escrire En *la main senestre*. Il est vray que la rime n'y auroit pas esté meilleure que deuant.

Ronsard a imité en ceste licence les Poëtes Grecs, lesquels s'esloignans vn peu du deuoir, employoiēt en leurs Poësies toutes sortes de Dialectes que les diuerses Prouinces de Grece auoyent en vsage, ne se rendans point subjects à n'vser que du langage des Atheniens qui estoit le plus pur & meilleur des Grecs, comme au-iourd'huy le Tuscan ou Florentin & celuy que l'on parle à la Cour de Rome, est le meilleur de tous ceux d'Italie. Parce qu'outre qu'il est estimé & receu comme le plus propre de tous, il n'est point meslé de vocables estranges & difformes comme sont le Milannois, le Piemontois, le Genois, le Venitien, & autres vulgaires dudit Païs. Mais ie mettray cecy par digression, qu'entre tous ceux qui ont escrit excellemment au vray langage des Grecs, Platon, Xenophon, & Demosthenes paroissent sur tous. Ce dernier desquels est reputé de tout le monde le Prince des Orateurs Grecs, & la reigle de tous ceux qui veulent parler elegamment & disertement. Mais touchant les deux autres: Xenophon docte Philosophe, Historien, & vaillant Capitaine Athenien, a esté surnommé des anciens, Muse Attique, en vertu de la merueilleuse facilité & richesse du plus beau langage Grec dont ses œuures sont tissuës: car il escriuoit purement en la langue des Atheniens, la ville desquels estoit la principale du Païs d'Attique. Ciceron qui tient le mesme rang entre les Latins que Demosthenes entre les Grecs a escrit de

Xenophon que ſõ langage eſt plus doux que miel. L'autre a eſté honoré d'vne ſi haute loüange, à cauſe de l'admirable douceur, & beauté de ſon eloquence en ceſte langue Grecque d'Athenes, qu'anciennement on diſoit de luy, Que ſi les Dieux vouloient parler aux hommes, ils parleroient comme Platon. Vne autre Licence eſt fort eſtrangement pratiquee audict Poëme en ces vers icy.

N'euſſent iamais atteint les Harpies volantes,
Qui de legereté les foudres eſgaloient,
Ou ſoit en retournant, ou ſoit quand ell' alloient.

Ce pronom *elles*, ainſi retranché n'eſt aucunement propre pour la vraye methode du langage, & tellement qu'il n'y a du tout point de raiſon d'en vſer ainſi.

Au meſme Poëme la *Licence* paroit en ces deux vers icy,

Iunon le veut ainſi i'en iure par les eaux,
(Qu'on ne doit pariurer) des mareſts infernaux.

Ceſte rime licentieuſe *d'infernaux*, auec *eaux* n'eſt pas bonne. Et d'ailleurs le pa-

I iiij

136   L'ACADEMIE

renthese qui contiẽt le premier Hemistiche du second vers, rend confus le sens.
 Au mesme vn peu apres on lit ces cinq
vers,

Ie crain de n'acheuer vn si fascheux labeur,
Pource ie te supli de m'amuser en l'issuë
De la charge que i'ay sous Pelias receuë. (hauts,
Apres auoir aux Dieux tant aux bas cõme aux
Sacrifié le sang de quatre grands Taureaux.

Il faut dire suplie, & puis hauts & To-
reaux, ne sont pas de bonne rimes ensemble.   Et vn peu apres le Roy Phinee parle ainsi aux Argonnautes,

Et à grand tour de bras forcez moy la marine,
Bandez vous au labeur, car si tost que serez,
Entre les deux rochers des-ja presque enserrez.

Il faut vn pronom en ce deuxieme vers.
Car il faut dire ainsi, Si tost que vous serez,
Et d'ailleurs enserrez & serrez, ne sont pas
des meilleures rimes pour aller ensemble, toutefois aussi, elles ne sont pas rejectables.
 Et apres au mesme Poëme Phinee continuant son discours, dit ainsi,

DE L'ART POETIQVE. 137

Semant en laboureux la fertile contree
Des dents d'vn grand Serpent, comme d'v-
ne ventree.
Les mottes enfantr'ōt au lieu de bleds germez
Vne fiere moisson de Cheualliers armez.

Il faut dire *enfanteront*, Et pour n'y vſer d'aucune licence, il pouuoit mettre en ceſte façon, *Les champs enfanteront* &c. ou bien ainſi, *Il naiſtra de la terre* &c. & ainſi la bonté du langage y euſt eſté conſeruee.

Et apres le Roy Phinee parlant encore de ces Cheualliers nez de la terre, dit ainſi,

Les autres manir'ont les iambes en à-bas,
Qui n'aurōt point encor d'eſpaules, ny de bras.

Il faut eſcrire touſiours *manieront*, &c. puis (*en à-bas*) n'eſt pas vn bon terme François: Car on dict ordinairement en ce ſens (*en bas, & en haut*. Ce terme *encor* du dernier vers eſt rude, & ne peut iamais conuenir proprement qu'en la fin d'vn vers, car en toute autre part il le faut eſcrire au long ainſi *encore*.

Au mesme Poëme encore on voit vne Licence ainsi en ce dernier vers,

Voguez heureusement aux Colchides riuages,
Vostre Hymne est acheué, ie ne vous lou'ray
plus.

Ce terme (*lou'ray*) est fort rude au moyen de la *Licence*, qui l'a rendu ainsi : & pourtant il est non seulement en son vray estre de l'escrire au long (*loueray*) mais encore tres-dous.

Des-Portes aussi s'accommodant des priuileges de la *Licence*, a faict vn nom propre vne fois de trois sylabes, & vne autre fois de quatre : Comme aux Stances du mariage on voit le nom de Promethee escrit ainsi en bon terme,

On dict que Iupiter ayant pour son peché
Sur le dos d'vn rocher Promethee attaché,
Qui seruoit de pasture à l'Aigle insatiable.

Il est vray aussi, qu'il y a vne faute en ces vers sur le subiect du sens. Car à cause de la transposition de ce terme *peché*, il s'y treuue de l'ambiguité, qui est vn vice

DE L'ART POETIQVE. 139

fort grand en vn Poëme. Ainsi ceste façon de parler, *Iupiter ayant pour son peché, &c.* faict que ce *peché*, se refere aussi bien à Iupiter, & voire plustost qu'à Promethée. Ces deux verbes *Iupiter & rocher*, qui font rimer les deux premiers Hemistiches vont mal pour les raisons que i'en ay dict cy deuant.

En l'Auanture de Cleophon du mesme Autheur ce nom de Promethee est ainsi reduict à trois sylabes,

Des malheurs que Pandore en la terre sema,
Quand contre Promethê Iupiter s'anima:

Et en ses amours d'Hippolite en vn Sonnet, il laisse en arriere vn pronom en se seruant de la Licence ainsi en ce deuxieme vers.

Ie le fortifiay pour les maux auenir,
Et pour mieux y penser Chassay le souuenir
De toute autre beauté que deuãt i'auoy veuë.

Il est necessaire de dire, *Ie chassay le souuenir*, & non pas comme cy dessus en ce deuxiéme vers,

La conclusion du cinquante-vnieme Sonnet des Amours de Cleonice est empeschee d'vn traict de la *Licence* en ceste façon,

 Le propre d'vn subject sans le subject ne faut,
 Le feu ne seroit feu s'il cessoit d'estre chaud,
 S'elle estoit sans rigueur ce ne seroit plus elle.

C'est la raison qu'il faut dire, *Si elle estoit* &c. Car comme i'ay montré cy deuant au troisieme chapitre, ceste voyelle (*i*) ne doit estre elidee que par elle mesme.

Au soixante vnieme Sonnet des Amours de Cleonice la Licence est excessiuement pratiquee en la fin de ceste conclusion ainsi,

 Mais ie me doute fort que ces vers & ceste
  ame
 Acoustumez au feu ne craignent point ta
  flame,
 Et que tous tes efforts n'y proffitent de rien.
 Brusle sans plus les vers & la main malheu-
  reuse
 Dieu Vulcan si tu peux: quand à l'ame amou-
  reuse
 Laisses en faire Amour, il la bruslera bien.

DE L'ART POETIQVE. 141

Car en ce dernier vers il manque cest aduerbe de proposition (a) qui denotte la personne, le temps, ou le lieu dequoy l'on parle, & y faut aussi l'article (la) C'est pourquoy il est requis de dire ainsi, *laisse en faire à l'Amour* &c. La raison n'est pas bonne aussi en ceste conclusion, Car il dit au commencement du sixain, qu'il est en doute que ces vers & ceste ame ne craignent point le feu de Vulcan, & que toute son ardeur y soit inutile, puis tout à coup, sans proposer aucune autre opinion comme il deuroit faire, il s'adresse à ce Dieu, & luy dit qu'il brusle seulement les vers & la main s'il en a le pouuoir.

Au quatorsieme Sonnet de ses diuerses Amours le dousieme vers est aussi rendu imparfaict au langage par la *Licence*, qui l'a voulu accoustrer ainsi pour l'apparier à la rime qui borde la fin de ce Poëme,

Voila ce que i'asseure, & que ie pense faire,
Mais voyant vos beautez ie croy tout le contraire,
Et cours aueuglement au malheur preparé.
Adieu donc liberté tu m'as assez suiuie,

Ie ne redoute plus le trauail enduré,
En si belle prison ie veux perdre la vie.

Dautant qu'il faut dire, *Tu m'as assez suiuy*, puis que c'est vn homme qui parle: Car vne action ne prend point la nomination de son genre sur celuy du subject qui l'effectuë : mais bien de l'autre où elle est effectuee. Ainsi l'on dict en bon langage François, *Ceste moisson est bruslee du Soleil. Cest prez sont arosez de la pluye. Ceste Damoiselle est seruie de ce Gentilhomme. Ce gentilhomme est fort aimé de ceste Damoiselle.* On ne dict point aussi pour la meilleure eloquence Françoise ainsi, *En si belle prison. En si beau penser. Et subject si diuin.* Mais bien en y adjoustant ce terme numeral (*vn*) qui sert d'article au subject singullier, il faut dire ainsi, *En vne si belle prison. En vn si beau penser. Et vn subject si diuin ou si beau. Et vne si belle cause. En vne maison si belle. &c.* Mais aux termes du plurier, il est necessaire de dire ainsi, *Ce sont des prisons si belles. Ce sont de si belles fleurs. Ce sont de si dous Amours. Ce sont de si vaillans Cheuailliers. Ce sont de si belles Dames. Ce sont des entreprises si grandes. Ce sont de si grandes en-*

reprises. Ce sont de si dignes subjects. Ce sont des subjects si dignes. Et les mesmes, doiuent estre ainsi disposez au singulier comme dessus, C'est vn si dous amour. C'est vn si vaillant Cheuallier. C'est vne si belle Dame. C'est vne si belle entreprise. C'est vne entreprise si grande. C'est vn si digne subject. C'est vn subiect si digne. &c. Bien est vray, que tout ainsi qu'il y a bon & meilleur, ce terme *en si belle prison &c.* est bon: mais il est meilleur comme i'ay dit ainsi, *En vne si belle, &c.* Tout ainsi que pour aller en vne ville il y a des chemins plus beaux les vns que les autres.

Garnier s'est seruy fort largement en ses Tragedies, des moyens que la *Licence Poëtique* permet à ceux qui l'estiment honneste pour euiter la peine qu'on auroit à vouloir faire mieux. Ce qui a esté cause qu'on remarque quelque nombre de laideurs en ses œuures. Et comme entre autres en la Tragedie d'Hippolite, où la Nourrice parle ainsi à Phedre,

Languirez vous tousiours race de Iupiter,
Sous ce monstre d'amour que vous deußiez
    domter?

Domtez-le ma maistresse, & par cest acte insigne
Montrez-vous ie vous pri' de vostre Thesé digne.
Thesée est renommé par tout cest vniuers,
Pour auoir combattu tant de monstres diuers.

Voila comme le nom de Thesée est iniustement racourcy au quatrieme vers, & comme il est en bonne forme au suiuant. En ce quatrieme vers aussi, vn terme est difformé par la *Licence*, en ceste façon, *Ie vous pri'*. Au lieu qu'il faut dire rondement ainsi, *Ie vous prie*. Au deuxieme vers aussi le droict de la Grammaire n'est pas obserué en ce terme, *Que vous deussiez domter*. Car il faut dire suiuant l'intention de la Nourrice, & le cas, & le temps dont elle parloit, *Que vous deurriez domter*. Aussi à conjuger ce terme il est raison de parler ainsi, *Ie deuroy faire, vous deurriez, il deuroit. Ie deuoy, vous deuiez, il deuoit. I'ay deub, vous auez deub, il a deub. Bien que ie deubs, que vous deussiez, qu'il deust. Nous deuons, vous deuez, ils doiuent. Bien que nous deussions, que vous deussiez, qu'ils deussent. Ie doy, vous deuez, il doit*, &c.

En l'acte

DE L'ART POETIQVE. 145

En l'acte troisieme de la mesme Tragedie la Nourrice parle ainsi à Phedre,

Madame esueillez vous, voicy vostre Hippolite
Voulez vous pas le voir vous n'aurez plus d'ennuy,
Sus, sus ouurez les yeux & deuisez à luy.

La fin de ce dernier vers est trop licencieuse : Car il faut dire en bon François, *Deuisez auec luy*, ou bien ainsi, *Parlez à luy*, Et encore en ceste façon, *Parlez auec luy*, *Allez parler auec elle*. De sorte que ce, *Duisez à luy*, est mal parlé.

En l'acte quatrieme de la mesme Tragedie, on voit vne Licence au commencement de ce deuzieme vers que Thesee profere contre son fils Hippolite.

Cour donque où tu voudras, tu ne sçauroy tant
Qu'euites de ton mal le merité salaire (faire,
Ie te suiuray par tout d'vn cœur plus animeux,
Que n'est pour ses petis le Sanglier escumeux.

Il y a faute d'vn pronom en ce vers susdict : Car il est raison de dire ainsi, *Que tu euites.&c.*

K

En l'acte cinquieme, où le messager & Thesee se parlent, ce dernier vers est ainsi fardé par la Licence,

Hippolite, ô regret! vient de perdre la vie,
I'estoy bien asseuré qu'ell' luy seroit ravie.

Au lieu de dire (*elle*) comme la raison le veut, on voit que ce pronom reduict ainsi en cest(*ell'*) est plustost Espagnol que François. En l'acte susdict Phedre ayant sçeu les nouuelles de la mort auenuë à Hippolite parle ainsi en le regrettant,

Belle ame si encor' vous habitez ce Corps,
Et que tout sentiment n'ayez tiré dehors,
S'il y demeure encor' de vous quelque partie,
Si vous n'estes encor' de luy toute partie?

En ce deuxiesme vers y a faute d'vn pronom & d'vne proposition: Car il faut dire suiuant la vraye methode du langage, *Et que tout sentiment vous n'en ayez tiré.* Car ceste proposition (*en*) faict remarquer le corps qui est le subject dequoy elle parle: & ce pronom (*vous*) la personne à qui elle adresse son propos. Ces trois[*encor'*] ainsi licentiez, rendent rudes ces trois vers, & mesme le premier au double, par les deux voyelles qui se rencontrent en ce terme [*si encor'*].

En cest acte mesme les rimes de ces deux vers que Phedre profere sont licencieuses & fort mauuaises, outre vne autre licence en ce verbe de *grand'*, au lieu de *grande*.

Il est temps de mourir sus que mon sang ondoye,
Sur ce corps trespassé, courât d'vne grand' playe.

Ce n'est pas bien dit aussi de dire vn *corps trespassé*. Car on ne parle iamais ainsi, mais bien en ceste sorte auec l'article, *le corps du trespassé*, ou *le corps du deffunct*, ou *du mort*, ou *de la deffuncte*, ou *de la morte*. Parce que ce verbe de [*trespassé*] se dict tant seulement pour le respect de l'ame raisonnable, qui laissant le corps a passé vn extreme passage estant passée de ce monde en l'autre. C'est la raison aussi pourquoy l'on ne dict iamais, *C'est vn Lyon trespassé*, *C'est vn Elephant trespassé.&c.* Mais bien ainsi, *C'est vn Lyon mort.&c.* Dautant que l'ame principale des animaux n'estant autre que la sensitiue, se treuue esteincte en la ruine & consommation de leur vigueur naturelle, où la vie qui consistoit totallement aux functiōs d'icelle, a esté destruicte quant & elle. A ceste occasion il ne faut pas dire que les animaux trespassent mais bien, qu'ils meurent, veu que leur ame cōme l'intellectuelle, ne passe point d'vn lieu à l'autre, & ne suruit point le corps, ains se pert auec la destruction d'iceluy. Mais l'ame raisonnable comme immortelle qu'elle est, dés le moment que la mort la separe du corps humain, est portee à l'autre partie du monde, pour y estre à iamais affligee si ses crimes sont si grands que de luy auoir aquis ces tourmens immortels. Ou bien de ce pas elle s'enuole au Ciel pour y viure eternellement en la beatitude diuine. Ou autrement elle va faire pour quelque temps sa demeure en vn lieu de peine, afin qu'au terme de la satisfaction de ses fautes elle soit conduicte par les Anges en ceste supreme felicité. C'est pourquoy l'Eglise en ses prieres faict mention des ames des Trespassez. Vne autre Licence se voit sur la fin de ceste Tragedie où Thesee parle ainsi à son Fils,

Or adieu mon enfant que bien toſt puiſſe-tu,
Voir les champs Elyzez loyer de ta vertu.

On les nomme les champs Elyſees & non autrement, horsmis comme en ce compoſé *Elyſien.*

Du-Bartas auſſi parmy tant d'admirables vers dont ſes œuures ſont ornees, a bronché maintefois pour auoir pratiqué les erreurs de ceſte *Licence*, s'eſloignant ainſi de la bonté du langage : Comme on le peut voir en liſant ſes Poëmes, & deſquels i'en ay extraict quelques exemples dont les dix premiers ſont cõpris au premier iour de ſa premiere Sepmaine ainſi,

Et toutesfois ce Tout ne vit enſemblement,
Paroiſtre ſa matiere en ſon riche ornement:
Car comme cil qui veut equiper ſes Galees,
Pour ſe faire Seigneur des Prouinces ſalees.

Ceſte ſorte de vaiſſeaux n'eſt point nommee [*Gallee*,] mais bien [*Galleres*] Et d'ailleurs ce verbe de [*Gallee*] eſt le nom d'vne petite table, ſur laquelle les Imprimeurs poſent leurs pages de leurs com-

K iij

positions, vne ligne apres l'autre quand le nombre requis des caracteres y est accomply. Il est bien vray que les Venitiens, & les Gennois appellent vne Gallere ainsi [Gallia] Mais ce n'est pas raison de leur vsurper ce terme, puis que nous auons vn qui est fort propre. Et bien que mesmes anciennemẽt, les François ayent nommez ces vaisseaux Gallee. Ce verbe [Cil] est vn vieux mot François qui n'est plus en vsage, parce que cestuy-cy [Celuy] qui est de la mesme valeur, est beaucoup plus dous. Ce Poëte en vse souuent, soit par Licence, ou par opinion, & mesmes en cinq autres parts dudict iour, en ces termes suiuant, & desquels le premier se treuue vn peu au deuant de ce precedẽt.

Car si les rays ardans que le clair Soleil darde,
Esbloüissent les yeux de cil qui les regarde.

Et parlant de la Resurrection.

Esueillez reprendront comme par inuentaire,
Leurs peaux, leur chair, leurs os, orront deuant la chaire,
De cil qui souuerain iuge en dernier ressort,
L'arrest diffinitif ou de vie ou de mort.

DE L'ART POETIQVE. 151

Et apres lors qu'il parle du merueilleux pouuoir des Demons.

Qui ne seroit trompé par cil qui transfigure,
En Couleuure vn rameau? qui du Nil l'onde pure
Conuertit en pur sang. &c.

Et puis sur la fin & cōclusion dudit iour.

Car i'estime que cil qui genereux desire,
Voir les murs & les mœurs de maint estrange
Sage se diligente assez le premier iour, (empire,
S'il passe seulement le suïl de son seiour.

On voit ces vers aussi au mesme iour, où pour le respect de la Licence vn article est retranché au dernier,

Si la vertu diuine
Esparse dans le corps de toute la machine,
N'eust seruy de mastic, pour ensemble coller,
Le vagueux Ocean, le Ciel, la terre, & l'air,
Qui çà, & là choquant l'vn l'autre à l'auanture,
Taschoient faire mourir la naissante nature.

Car il faut dire ainsi, *Taschoient de faire mourir. &c.* Et bien que ces deux verbes, *taschoient* & *vouloient*, tendent à vn mesme

K iiij

but, toutefois ils different en quelque sorte en leur disposition par la Loy de l'vsage: Veu qu'on dict ordinairement en bon langage; *Il vouloit faire cela,&c.* Mais quād on vse de l'autre verbe, on dit tousiours auec vn article ainsi, *Il taschoit de faire cela.&c.* Des-Portes a failly en vn subject à peu pres semblable à cestui-cy: Car aux amours de Cleonice il dist ainsi en des Stances.

Pour le moins tant de iours qu'au lict elle sera
Nonchalante de soy, ma frayeur cessera:
Car ceux qui me font crainctè,
D'approcher de son lict n'auront pas le pouuoir.

Veu que bien que la crainte & la peur soient vne mesme chose pour le sens, neant-moins à cause que les termes sont differens, on n'en vse pas tousiours à semblable phrase: Car on dit, *Cela faict que i'ay peur que telle chose n'arriue, Cela me donne crainte que.&c.* Et ainsi encore, *Vos discours me donnent crainte,* Il est donc necessaire de dire en ce passage de Du-Bartas pour suiure la nature du biē dire, *Vouloient faire mourir la naissante nature.* Et en celuy de Des-Pottes ainsi : *Car ceux de qui i'ay crainĉte*. Ainsi pour la diuersité de ce terme, on dict ellegamment en ces façons, *I'ay crainĉte que la liberalité soit comme du tout esteinĉte. I'ay beaucoup de crainĉte que la grele tombe auiourd'huy. Ie crain que l'Hyuer soit aussi grand que l'annee passee. I'ay beaucoup à craindre que ce soldat ne soit pas si vaillant lors que l'on viendra aux coups. Vos propos me font auoir crainĉte de ce que i'ay entendu ailleurs. Vous me faiĉtes craindre les hasars que vous m'auez nommez. C'est par vous que i'ay crainĉte que Madame soit inconstante. C'est par vous que ie crain que Madame ne me demeure tousiours loyale.* Ces mesmes subjects doiuent estre ainsi disposez sous le terme de la peur, *I'ay peur que la liberalité &c. I'ay beaucoup de peur que la, &c. Ie crain que l'Hyuer &c. I'ay beaucoup d'ocasion d'auoir peur que ce soldat &c. Vos propos me font auoir peur &c. Vous me faiĉtes auoir peur des hasars &c.* Ou bien ainsi, *Vous faiĉtes que ie redoute les hasars &c.* Et ainsi encore, *Vous faiĉtes que ie crain les hasars &c. C'est par vous que i'ay peur que Madame &c. C'est par vous que ie doute que Madame ne me demeure tousiours loyale.* Mais il y a faute d'vn pronom en ce penultieme vers de Du-Bartas : Veu que dautant qu'il parle d'vn terme plurier, il faut dire ainsi, *Qui cà, & là se choquant l'vn l'autre.* Que s'il entendoit que seulement vn de ces Elemens choquast les autres, il seroit bien dict en la façon qu'il l'a mis. Toutefois le verbe (*taschoient*) qui est au vers suiuant, montre clairement que c'est à tous les quatre que ce choquement appartient. Il y a de la rudesse aussi en ces termes, *Qui cà, & là*, veu la rencontre de ces deux voyelles (*a, e*)

Vn peu apres cest exemple, on voit au mesme iour ces quatre vers suiuant, où la vraye forme du langage n'est pas tenuë, à cause de la Licence qui a gouuerné la fantaisie,

Il faudroit d'autre part entre ces diuers modes
Imaginer vn vuide, où leurs machines rondes
Se peussent tournoyer, sans que l'vn mouuement
Au mouuement voisin donnast empeschemet.

L'article (*le*) y est superflu : Car il est necessaire de dire ainsi, *Sans qu'vn mouuement*, Ou bien en ceste autre façon, *Sans qu'vn monde en se mouuant empeschast le mou-*

gement d'vn autre.

Au mesme iour on voit vne Licence prise ainsi au dernier de ces deux vers icy,

L'autre expert Medecin redōne aux foibles yeux
Du fidelle Tobi' l'vsufruict clair des Cieux.

Car ce nom propre est ainsi de trois sylabes (*Tobie*) Il y a aussi vne rudesse en ce mesme vers, à cause de la transposition de l'epithete de *l'vsufruict* : Parce que pour la naïueté du langage les verbes adjectifs, & principalement ces monosylabes ne doiuent point aller apres les substantifs. C'est pourquoy il ne faut pas dire *l'vsufruict clair*, *le Ciel beau*, *les champs beaux*, *les prés vers*, *la maison belle*, *la Dame belle*, *le cœur beau*, *les sœurs doctes*, *les sœurs belles*, *le Soleil beau*, *le Soleil clair*, *ny les faicts beaux*, Comme a faict Ronsard en l'Hymne qu'il a composé sur la victoire que François de Bourbon Prince d'Anguien obtint à Cerisoles, où il parle ainsi en la troisieme Strophe,

La poudre des vieux tombeaux
N'engarde que les faicts beaux
Des fils ornez de merueilles

N'aillent là bas res-iouyr
De leurs peres les oreilles,
Essayez de les ouyr.

Bien que ces vers soient des plus dous du monde, que leurs rimes soient des plus riches, & leur raisõ des meilleures, neantmoins on espreuue bien que ce deuxiesme vers sonne mal à l'esprit, à cause de cest adjectif (beaux) qui suit son substantif. C'est pourquoy, il faut dire ainsi pour la mesme elegance Françoise, *les beaux faicts, le clair vsufruict, le beau Ciel, les verts prés, la belle maison, la belle Dame, le beau cœur, les belles sœurs, les doctes sœurs, les beaux champs, le beau Soleil* &c. Il est vray pourtãt que, *les prés verdoyans, la maison triomphante, le Soleil radieux, le cœur inconstant, les sœurs industrieuses, le Ciel flamboyant, l'vsufruict precieux, l'entreprise fidelle* &c. yront tresbien estans dicts ainsi, parce que les adjectifs y estans de plus que d'vne sylabe, font que ces termes coulent aux oreilles auec harmonie : En voicy vn exemple en ces vers,

On voit les prés verdoyans
En ceste Saison si belle,

Montrer aux Cieux flamboyans
Vne verdure nouuelle :
Et le Soleil radieux
En sa course triomphante,
Nous redonner precieux
L'œillet, le lis, l'amaranthe :
Mais par l'vsufruict diuin
Que les yeux ont de sa face,
Il montre au poinct du matin
Des Dieux la celeste grace.

Toutefois il ira bien aussi de dire, C'est vne entreprise belle, C'est vne maison riche, C'est vne chose belle, Comme Des-Portes l'a couché en vn Sonnet de ses Amours diuerses, ainsi,

I'ay iuré sainctement d'estre tousiours fidelle
Sous l'Empire d'Amour, ie luy veux faire
　　voir
Que ie puis pour ma foy mille morts receuoir,
Car mourir pour sa foy c'est vne chose belle.

D'autant que cest adjectif de (*belle*) estant composé de deux sylabes, est assez dous pour faire que la transposition soit receuable. Toutefois il faut noter que la façon de ce dernier exemple ne doit point estre pratiquee qu'aux versifications : car pour la prose, & pour le parler de viue voix, il en faut vser à l'ordinaire. Mais pourtant il y a vn moyen par lequel cest adjectif monosilabe peut estre bienseant apres son substantif, & c'est lors qu'il est accompagné d'vn auerbe ainsi, *Le Soleil est si beau, l'Amour est si bon, Ce sont les faicts les plus beaux, C'est la Dame la plus belle, Les prés les plus vers, Le Ciel le plus clair, Le cœur le plus beau, les fruicts sont si dous, &c.*

Au second iour de la mesme Sepmaine on lit ces quatre vers suiuant,

Les torrens escumeux, les fleuues, les ruisseaux,
S'enflent en vn moment. Ia leurs confuses eaux,
Perdēt leurs premiers bords, & dans la mer salee
Rauageant les moissons courent bride auallee.

On ne dict point, *Ils courent bride auallee*, Mais on y adiouste vn (*à*) propositif ainsi, *Ils courent bride auallee*. Et en ceste façon il se dict tousiours suiuant le vray vsage. Aussi ce mesme Poëte a mis ce traict en sa bōne forme au deuxieme liure du second iour de la seconde Semaine, quand il parle des exercices de Nemrot ainsi,

DE L'ART POETIQUE. 159

Quelque fois il s'esbat à vaincre d'vne haleine,
L'aspreté d'vn rocher qui domine vne plaine,
A fendre contre-mont vn torrent enragé,
Qui d'Hyades repeu cent ponts a rauagé,
Et d'vn flot bondissant court à bride aualleé,
A trauers les rochers d'vne estroicte valee.

La Licence est pratiquee en deux autres endroicts en ces quatre vers qui sont du troisieme iour de la premiere Sepmaine,

Mais comme le frisson, la chaleur, la froidure,
Le craquement des dents que le fieureux endure
Ne viennent à l'hasard : mais par ordre, & par temps,
Troublent d'vn fraisle corps les membres tremblottans.

C'est la façon des Prouençaux, & des Gascōs de dire ainsi, *Il le fit à l'hasard.* Mais ceux qui parlent bon François disent en ceste maniere, *le hasard, au hasard, du hasard.* Comme aussi par aspiration dont ce verbe est articulé, on profere tousiours ainsi ceux-cy, *La housse, la houssine, la halebarde, la hauteur.&c.* Il y a faute d'vn pronom au commencement de ce dernier vers: Car pour la parfaicte elegance du langage, il faut dire. *Ils troublent de ce corps.&c.*

On voit vne autre Licence au quatrieme iour de la Sepmaine en ces quatre vers icy.

Tout ainsi que ça bas d'vn bransleme͂t diuers,
Les Oyseaux peinturez nagent entre deux airs:
Ains plutost attachez à des rouantes voutes,
Suiuent & nuict & iour bon-gré mau-gré leurs routes.

Car il est raison de dire en ce dernier vers ainsi, *Ils suiuent, &c.* Et mesmes auec ce pronom (*Ils*) ce vers eust esté meilleur ainsi, *Ils suiuent nuict & iour.&c.*

Vne autre Licence est mise en lice au mesme iour au dernier de ces vers,

Phebé mere des mois, Phebus mere des ans,
Ha! vous me cachez donc vos visages luisans?
Quoy? vous ne voulez pas me montrer vos estoilles, (les
Qu'à trauers l'espaisseur de deux funebres voi-
Ostez moy ce bandeau, despoüillez moy ce deuil,
Tous tels qu'estes au Ciel montrez vous à mon œil,

Il manque

Il manque vn pronom en ce vers susnômé: Car il est requis de dire ainsi, *Tous tels que vous estes.&c.* Ce terme, *Qu'à travers.&c.* s'escrit par fois auec ceste autre proposition (*au*) mais i'estime que l'vn est aussi bon que l'autre. Mais touchant ce verbe de (*Phebé*) c'est vn terme assez mal à propos, veu qu'il est purement Latin: C'est pourquoy il n'est point en vsage chez aucun autre bon Autheur de ce Siecle. Aussi Du-Bartas sans latiniser de la sorte pouuoit bien dire plus dignement ainsi le mesme vers, *Lune mere des Mois, Soleil pere des Ans.*

En ce mesme iour on lict ces deux vers sur la fin, où l'on y voit vne fort rude façon de la Licence,

Et que pour abolir d'vn fer victorieux.
Tout ce qu'eschapperoit à la fureur des Cieux.

Il faut dire ainsi pour bien parler François *Qui eschapperoit.&c.* Car ceste voyelle (*i*) ne doit estre elidee, que par la rencontre d'elle mesme en ce seul terme (*s'ils*) comme i'ay dict cy deuant au troisieme chapitre.

L

En ces vers suiuants qui sont pris au sixieme iour de ladicte Sepmaine le manquement d'vn pronom s'y reconnoist ainsi,

Le tout puissant ternit de nostre ayeul la face,
Verse dedans ses os vne mortelle glace,
Sille ses yeux ardans d'vn froid bandeau de fer,
Guide presque ses pieds iusque au seuil de l'enfer,
Bref: si bien engourdit & son corps & son ame,
Que sa chair sans douleur par ses flames il entame.

C'est là raison qu'il faut dire, *Bref il engourdit si bien. &c.* Et touchant cest epithete [*ardans*] qui est donné aux yeux du premier pere, il n'est aucunement conuenable pour le subjet dont il est icy question: Car vn tel adjectif pour le respect d'vne chose qui est belle n'appartient qu'aux Astres, & aux beautez d'vne Dame, où d'vn Adonis, de qui l'on escriroit que les graces enflameroient d'amour les cœurs de quelques amans.

Mais les Metaphores sont trop rudes en ce deuxieme & troisieme vers: Car ceste (*mortelle glace*) represente par trop la mort mesme, & ce (*bandeau de fer*) dont il sille les yeux d'Adam n'est aucunement propre: car on ne faict point de bandeau de fer, bien que par ce fer il vueille faire entendre la force du sōmeil, & puis ce verbe [*sille*] signifie gaster & aueugler les yeux totalemēt, laquelle parole repugne directement à ce qui est porté par le texte de l'Escriture, où l'on voit ces propres termes au second chapitre de Genese, *Le Seigneur Dieu dōc fit tomber vn somme sur Adam: & quand il fut endormy, il print vne des costes d'iceluy & remplist son lieu de chair.* Du-Bartas se deuoit contenter de faire vne belle periphrase de cest endormissement du premier pere, sans l'en deguiser & amplifier tant par ces figures de *mortelle glace, de siller, de froid bandeau de fer, & de guider ses pieds iusques presque aux enfers:* Car soit peu ou beaucoup, il y a de la superfluité d'vne part & de l'autre vne assez grande imperfection pour le sens.

Vn autre effect de la Licence se remarque au dernier de ces vers suiuants qui sont du septieme iour de la mesme Semaine.

S'il auient que fortune en ton endroit farouche,
Te dresse nuict & iour mainte chaude escarmouche.

Souuienne-toy que l'air se corrompt vitement,
Si le vent ne le bat d'vn diuers souflement.

Pour s'acommoder au nombre des sylabes qui sont deuës aux vers, Du-Bartas n'a pas respecté les loix de la Grammaire: Car il faut dire, non *Souuienne-toy*, mais bien ainsi, *Souuien-toy*. Et c'est ainsi que pour le subject de ce terme on doit conjuguer en ceste façon, *Qu'il me souuienne de cela*, Ou bien pour la mesme personne ainsi aussi. *Que ie me souuienne de cela*. Et pour l'autre ainsi, *Qu'il te souuienne*, & ainsi aussi en cette seconde personne, *Souuien toy*. Et en la troisieme en ceste sorte. *Qu'il se souuienne. Ie me souuiendray, tu te souuiendras, il se souuiendra, Ie me souuien, tu te souuiens, il se souuient.&c.* Le mesme Autheur l'a bien approprié en vne autre part suiuant la bonne methode, & c'est au mesme iour vn peu apres les vers precedens, ainsi,

Toy qui broßant apres la couronne d'honneur
Pers au milieu du cours & la force, & le cœur,
Souuien-toy que l'honneur ressemble à la canelle
Autour de qui Nature epaißement dentelle,

DE L'ART POETIQVE. 165

Maints buissons espineux : afin que les humains
Ne iectent sans danger sur son tige leurs mains.

Au premier iour de la seconde Sepmaine, on peut voir aussi deux tours de Licence en ces vers suiuants qui sont de ceux qui peignent la description du Paradis terrestre,

Ains d'vn dous ventelet l'haleine musquetee
Coulant dans la forest par l'Eternel plantee
Donnoit vigueur au corps, à la terre verdeur,
A la verdure fleurs, aux fleurs vne alme odeur :
Qu'au iour la nuit prestoit son humeur nourricie-
Et le iour à la nuict moitié de sa lumiere. [re,

C'est vne chose qui est dicte bien à propos de parler ainsi Il donnoit vigueur, odeur, verdeur, & autres mots qui signifient des accidens, ou des qualitez. C'est pourquoy on dit ordinairement ainsi. Son courage estoit si grand, qu'il donnoit vigueur à ses bras, bien qu'ils fussent si cruellement naurez. La reuerberation de ce verre donnoit verdeur à la campagne. Les fleurs de ce beau iardin donnoyent vne tres-souëue odeur à tout le voisinage. &c. Mais à bien parler on ne di-

L iij

ra iamais, *Le Soleil donnoit fleurs, ou fruicts aux iardins. Mars donnoit armes aux Soldarts. &c.* Mais bien en cesteface, *Le Soleil donnoit des fleurs, où des fruicts aux iardins, Mars donnoit des armes aux Soldarts.* C'est ainsi donc que cest article[*des*]manque en ce quatrieme vers de Du-Bartas: Car il est raison de dire en ceste façõ, *A la verdure des fleurs,* Ou bien pour faire le vers du tout bon auec ceste obseruation ainsi, *Des fleurs a la verdure. &c.* Au dernier de ces vers l'article [*la*] y faut encore: Car on ne dict pas, *c'est homme a donné la moitié de son bien à son amy. &c.* mais bien aussi, *Cet homme a donné la moitie de son bien. &c.* Il falloit donc laisser les erreurs de la Licence, & dire ainsi en son bon terme. *Le iour donnoit à la nuict la moitié de sa lumiere.* La fin du premier Hemistiche du quatrieme vers n'est pas bonne pour la perfection du vers, suiuant la raison que i'en ay donnee cy deuant au quatrieme chapitre.

Il me fut montré dernierement vn Sonnet manuscrit, où la Licence estoit prise par deux fois au deuxieme vers ainsi,

Mon amy ne crain point le nom de cocuage,
Mary' toy si tu veux, ou ne te mary' pas,
Le destin ne se peut euiter icy bas, Vsage.
Car celuy qui s'en sauue est plus heureux que

Ce verbe de [*mary'*] repliqué est fort excessif en sa Licence: Car estant ainsi abregé au lieu de cestuy-cy [*marie-toy*] qui se dict en terme d,imperatif, est confondu auec le nom substantif de [*mary'*] qui se rapporte à l'homme lors qu'il est marié. Ie tien que celuy qui a composé ce Sonnet, n'a pas faict ces deux fautes par ignorance, mais bien suiuant ceste vulgaire façon des anciens; toutesfois on ne doit pas faire ainsi.

C'est pourquoy ie n'ay iamais prisé entierement les commoditez de ceste Licence: car c'est le vray recours de ceux qui manquent de pouuoir à bien faire, ou d'honorable patience en l'amour de la vertu & du labeur dont les vertueux effects sont acomplis de perfection & de gloire: A ceste occasion dés ma plus tendre ieunesse, ayant des-ja en quelque mespris ces Licenciemens Poëtiques i'en vsay fort rarement: comme on le peut voir en mes Liures des illustres auantures de la Nereïde ou victoire Nauale des Venitiens, & au premier qui se nomme de mes premieres Oeuures, qui ont esté imprimez à Paris, & à Lyon, dans lesquels liures sont compris enuiron trente mille vers, que i'auoy tous composez auant que i'eu atteinct l'âge de vingt ans. Mais on ne sçauroit pas voir vn traict de Licence en tous les vers qui sont aux Liures du Prin-teps des lettres amoureuses, & des Amoureuses destinees de Lysimond & de Clitye, que i'ay faict imprimer à Paris depuis vn an & demy en ça. Aussi i'ay tousiours detesté l'vsage de ces permissions Poëtiques, & n'estoit que du temps que i'estois en Prouence, on me disoit que cela se pratiquoit tousiours à la Cour, chez ceux qui escriuoyent de mieux, & que cest auis m'estoit comme confirmé par les termes Licencieux que ie lisois dans les œuures de Ronsard, & mesmes par les opinions de son Abregé de l'Art Poëtique, ie n'en eu iamais vsé ; non plus que ie ne m'en seruiray iamais plus, puis que ie connoy que c'est vne erreur trop grande de faire mal au lieu que l'on doit faire bien

& que l'on a la connoissance & le moyen de ce faire pour satis-faire à ce qui est du deuoir.

Voila donques ce qui m'a semblé bon d'alleguer en ce Chapitre les vers de quelques passages de ces quatre grāds Poëtes, où entre autres la *licence Poëtique* est pratiquee. Ce que ie n'ay pas fait pour aucune enuie que ie porte à leur honneur: Car i'admire & honore leurs œuures, pour tant de beaux vers & d'heureuses conceptions dont elles sont enrichies. Mais le seul desir que i'ay, que desormais la Poësie Françoise esleue sa perfection par dessus toutes les autres, m'a fait produire ainsi quelques exemples des fautes que de si bons maistres ont faites: & qu'ainsi par la connoissance des vnes, le nouueau Poëte apprenne à les euiter toutes, en lisant, & voulant imiter leurs ouurages. Car il est raison d'imiter Ronsard & les autres excellents Poëtes en ce qu'ils ont bien fait, & non pas alleguer inutilement l'imitation, la licence, ou la contraincte pour deffendre & faire valoir ses erreurs. Toutesfois ce chapitre n'est pas assez grand à pouuoir montrer au long tous les poincts où l'on peut errer en imitant les Poëtes qui ont escrit: Car il me semble qu'il y faudroit vn volume de tres-grande estenduë: mais i'ay esperance que ce liure sera orné de tant de raisons & d'exemples, que possible en le lisant du commencement iusques à la fin, on en pourra reconnoistre la plus grande partie & ensemble les plus importans & les plus recellez.

De quelques verbes qui sont enlaidis par les erreurs de la Licence Poëtique. De plusieurs termes François qui se varient en la prononciation, & comme par bien seance on en peut vser de mesme en escriuant. Exemples de quelques vocables qui differens d'orthographe & non de prononciation peuuent rimer ensemble.

CHAPITRE VIII.

CAR il est ainsi que pour escrire parfaictement il ne faut employer aucun traict de ceste *Licence*, puis que sans vser aucunement d'vne vanité si rejectable, vn bon esprit qui cherira la peine aura le bon heur d'arriuer en l'aquisi-

DE L'ART POETIQUE. 171

tion d'vn honneur si grand. Pour faire donc vn vers auec sa mesure requise, il ne faut pas escrire en ceste façon comme vn autre a fait ainsi.

C'est que tu voy d'Arg.and c'est la parti' muette,
Mais l'autre diue & bel' discourt en ses escrits.

Car il escorche ces deux verbes *partie* & *belle*, les acourcissant iniustement, & corrompant le Latin aussi, il met (*diue*) au lieu de diuine. I'ay remarqué dans les ouurages d'vn autre versificateur de ce temps, les Licences aussi frequentes quasi que les vers mesmes : mais, celle qui renuerse le plurier au singulier y tient sa partie en plusieurs endroits ainsi.

Ses flammes destinee' a luire toute' en vne
Tourmentoyent les amas d'vne peine importune.

Cest autre encore en a plusieurs de semblables aux ouurages susdits.

Ses yeux & ses propos en ta gloire animé'
Te font assez certain d'en estre fort aymé.

C'eſt vne erreur tres-grande d'eſcrire ainſi. Les Poëtes des ſiecles paſſez s'en ſeruoient auſſi, mais non pas ſi ſouuent cõme quelques vns d'auiourd'huy. Auſſi Guillaume de Lorrix & Iean de Meum, dont le premier fleuriſſoit en l'an M.CCX. & l'autre en l'an M.CCLXXX. & qui ont eſté les meilleurs Poëtes de tous ceux qui ont eſcrit auant l'annee M.D. ne ſe ſont guere licenciez en ces deſbords d'alonger ou d'accourcir les mots, & meſmes i'ay leu qu'aux mille premiers vers de leur Roman de la Roſe, il n'y a que ces quatre ou cinq vers ſuiuant, où l'on treuue que la licence ait lieu,

Enuie eſt de tel' cruauté,
Qu'elle ne porte loyauté
A compagnon n'amis expres,
Et n'a parent tant luy ſoit pres,
A qui ne ſoit fort ennemie.

Quelques Poëtes d'auiourd'huy qui font tant d'Eſtat de la Licence, deuroient ſe corriger de ce vice, puis que les Anciens par leurs exemples les enſeignent ne ſ'y fourrer pas ſi deſmeſurément com-

comme ils font. I'ay veu aussi dans les œuures d'vn pedant ces deux vers suyuant, parmy vn tres-grand nombre d'autres qui ne valoyent pas mieux,

Ell' pensoit que son cœur estoit ferme & fidelle,
Mais s'il estoit fidel' c'estoit pour autre qu'elle.

Voila comme l'impertinence de la *Licence Poëtique* trans-forme diuersement ces deux mots, *elle* & *fidelle*. Dans les escrits d'vn autre Pedant i'ay leu ces deux vers aussi.

Ma foy pour vous desire d'estre tel,
Que mon honneur en sera immortel.

Au lieu de (telle) il met (tel') qui est autant que de vestir vne femme des habits d'vn homme, & d'vne sottise courant à l'autre, il fait rencontrer deux voyelles masculines en ce terme *sera immortel*. Dans les escrits de plusieurs Poëtes seculiers i'ay veu la *Licence* employee estrangement au nom *de Poëte*. Car ce terme doit tousiours estre proferé à trois syllabes, & nom autrement. Aussi en se licencians outre mesure, on voit que certains versificateurs estourdis l'escriuent quelquefois ainsi en leurs œuures.

Pour vous il sera tel Poëte,
Que sa voix d'vne trompette.

Car ainsi ils font lire *Pete*, au lieu de *Poëte*, comme aussi vn autre Autheur a escrit ainsi lourdement,

Pour haut loüer vos faits victorieux,
Puis qu'on les voit sur tous autres victorieux,
Prenant en main comme clair interprete
De vos honneurs la Lyre du grand Poëte.

Il se licencie fort grossierement en la rime du second vers, veu qu'il ne fait que de deux silabes ce terme *de glorieux*. Et aussi en la rime du dernier, il porte sans raison à deux silabes ce nom de *Poëte*. Ils errent aussi bien souuent sur ce nom de *Poësie*: Car en ioingnant la prononciation qui luy est deuë, ils le font lire *Pesie*, comme s'il y auoit bien de la necessité à corrompre & changer ainsi le droit naturel des mots. Mais d'autant que les verificateurs irreguliers, se donnent la permission d'autant d'erreurs & de Licences que presques le langage peut auoir de termes, Ce n'est pas raison d'entreprendre à representer tous les passages où ils ont erré, veu que labeur y seroit de trop longue haleine, puis qu'ils s'y desbordent indifferemment au long & au large, d'vne façon ou d'autre. C'est pourquoy ie n'en rapporteray pas vne plus grande liste d'exemples pour faire detester vne si mauuaise façon d'escrire, veu mesme que ceux-cy peuuent suffire à faire connoistre ou d'escrier tous les autres, & par semblable moyen, les rendre odieux aux yeux de tous ceux qui veulent prendre la peine d'escrire bien.

Mais d'autant que pour arriuer à ceste perfection d'escrire, il ne faut pas se Licencier en aucune sorte du monde à laisser en arriere aucuns termes, ny d'en mettre plus qu'il n'en faut, ny moins aussi de racourcir ou d'allonger aucun verbe contre sa nature; & que pour se tenir exactament en ces regles, il faut escrire en la façon que parlent ordinairement ceux qui pratiquent naïuement en leurs discours, le bon & vray langage François, il est raisonnable que ie mette icy quelques termes qui reçoyuent de la varieté en la prononciation de ceste langue.

Ce sera donc pour la deffence de ceux qui escriuent proprement, & pour l'vtilité de ceux qui recherchent de le sçauoir, que ie rangeray icy quelques traits qui se varient suiuant la volonté de ceux qui parlent ou escriuent selon la vraye reigle, comme le subject de leurs paroles, ou la douce franchise du langage, leur en donne le chois par bien-seance.

On dit donc en bon terme François (*m'amie*) & quelque fois aussi (*mon amie*.) Mais le plus souuent comme le premier: & mesme on voit à Paris que lors qu'vne Damoiselle parle à quelque femme qui luy est inferieure, elle luy donne souuent de ce traict, *Madamoiselle m'amie*. Il ne sera donc que fort bon d'escrire, *mon amie*, ou *m'amie*.

On dit quelque fois aussi, *Vous estes vn valeureux Cheualier*, & d'autres fois ainsi, *Vous estes vne tres-belle Dame*. Il sera donc bien seant d'escrire par fois ce terme (*estes*) auec la lettre (*s*) au dernier, & par fois aussi de l'escrire autrement. C'est aussi vne chose ordinaire que lors que l'on profere ce nom de (*Dame*) auec l'adjectif (*grande*) pour euiter la Cacophanie ou rude rencontre

contre des deux lettres (d), & ainſi l'on dict: *C'eſt vne grand'Dame*: à ceſte occaſion on le peut eſcrire ainſi. Pour ce meſme reſpect on vſe de ceſte abreuiation en pluſieurs autres dictions dont le ſubſtantif commence par la lettre (d) & meſmes en quelques autres qui ne ſont pas commencez ainſi; entre leſquels ces trois ſuiuans ſont fort ordinaires, *La grand' Bretaigne*, *la grand' Mer Occeane*, *la grand' Salle*, comme de meſme on dit ſouuent ainſi, *C'eſt vne grand' beauté*. *C'eſt homme a de grand's richeſſes*. Toutefois ie ne ſuis point d'opinion que raiſonablement on puiſſe vſer de ceſt abregement en autre terme que celuy de [*Dame*] bien que ſi l'on y veut mettre c'eſt adjectif [*grande*] tout au long il n'iroit pas de mauuaiſe façon. On pourroit treuuer bon auſſi d'abreger ce [*grande*] en tous les mots qui ſont commencez par vn [D] comme ceux-cy, *Delie, Doire, Dorile, Dunide, Durance, Dictine*: mais ie ne voy pas que la rudeſſe des (dd) qui s'y rencontrent ſoit ſi dure que pour l'euiter on doiue amoindrir ce terme de (*grande*) en le proferant comme s'il ſeruoit à quelque diction maſculine. Auſſi ie ne

M

me seruiray iamais de l'abregement qui se prend en ces termes, sinon parauanture en celuy de (Dame) Car puis que le subject pourra forcer quelquefois à dire *roi de Durance*, pourquoy ne pourra on dire aussi, *grande Durance*, & ainsi de tous les autres? Aussi par vne semblable rencontre de lettre on est contraint bien souuent de passer par là, descrire & de dire ainsi ces mots *La Loy, la loüange, le laurier, le lustre, ce Soleil, ce sçauant, mon maistre, ma maistresse, mon mieux*, lesquels neantmoins ne sonnent pas trop mal à l'oreille. *Auec, & auecque*, se peuuent escrire librement: car l'vn & l'autre se dict, & ainsi l'on peut dire; *C'est auec vn regard de vos yeux qu'Amour brusle mon cœur auecque sa flâme immortelle.* On dict aussi. *Puis qu'Amour est si doux*, & de mesmes ainsi auec vn article, *Puis que l'Amour est si cruel & doux.* Pour remarquer vn temps preterit on dict, *Alors, Adonc, Lors, Ainsi, Adonc le Roy luy dict. Alors Amour tira sa flesche, Lors cette belle Dame luy parla.* On disoit anciennement, *Adoncques*, pour vn de ces trois verbes precedens, mais il n'est guere auiour-d'huy

DE L'ART POETIQVE. 179
en vsage. On dict aussi, *Donique & donc* qui sont deux verbes ou mots esgaux qui denotent vne conjonction, Ainsi l'on dict, *Donques en vous aymant.&c.* Ce sera donc vostre œil, &c. On dict aussi, *Encore, & Encores*, Mais d'autant que ces deux verbes different de sens, il ne faut iamais en escrire vn à la place de l'autre. Car [*encores*] denote vne proposition, & vaut tout autant comme qui voudroit dire [*bien que*] & [*combien que*] Ainsi donc c'est vne mesme chose de dire [*Encores que cela soit. &c.*] & [*Bien que cela soit. &c.*] *Combien que cela soit.&c* Mais l'autre verbe estant ainsi escrit [*encore*] signifie vne conjonction, & ainsi l'on dict, *l'Air, & la Mer, & le Soleil encore*. Car il est de la mesme efficace que (*aussi*) & que (*dauantage*) Ainsi c'est vne mesme chose que le vers precedent, cestuy-cy, *l'Air & la Mer, & le Soleil aussi*. A ceste occasion cest auerbe, *encore*, peut changer de nature & tenir proprement le lieu de *aussi & dauantage*. Mais ce terme (*encore*) est quelque fois vn auerbe qui signifie l'affirmation d'vne chose qui est en quelque façon au teps present, Mais voicy
M ij

l'exemple de cest (*encore*) qui signifie (aussi & de l'autre que ie vien de nommer, *Le Soleil, & tous les Astres encore, ont rendu l'Esté si ardant que les iours de l'Automne en sont encore enflamez*. Et en cestui-cy ce dernier terme est deux fois en sa façon, *Le Soleil faict encore vn si grand tour, que les iournees en sont encore fort grandes*. Et encore en ces deux-icy, *Le temps est encore si doux, qu'il semble que le mois de May dure encore. Ceste Dame est encore si belle, que ses beautez font croire à nos yeux qu'elle n'a pas encore atteinct l'âge de vingt cinq ans*. Mais ie diray icy outre ce que i'en ay parlé en vne autre part, que ces termes, *Ores, encores, bien-que, combien, & iaçoit*, sont d'vne mesme nature. Car c'est vn mesme sens de dire ainsi, *Ores que l'on soit riche, il ne faut pas pour cela estre prodigue. Encores que l'on soit riche, il. &c. Bien que l'on soit riche, il. &c. Combien que l'on soit riche. &c. Iaçoit que l'on soit riche. &c.* A ceste occasiõ on peut accommoder le discours d'vne Poësie de celuy de ces cinq termes que lon treuuera propre en semblable sens, pour la condition des vers où il faudra qu'il soit mis. On peut escrire ainsi diuersement ces termes, *Ie dis, ie dy, tu dis, tu* dy. On dit aussi, *Tu pense, & tu penses*, en ces deux sortes d'ortographe, comme de mesme, *Tu donne, & tu donnes, tu parle, & tu parles*, comme aussi en tout autre terme de pareille nature. Ainsi l'on dit. *Tu penses estre fort heureux d'aimer ceste Dame. Tu pense auoir aquis beaucoup de gloire en amour, Tu donnes abondamment de tes biens, Tu donne amoureusement tes adieux. Tu parle au Prince librement, Tu parles auec beaucoup d'amour.* On dit aussi *vrayment, & vrayement, Loyalement & loyaument.* Car les vns & les autres sont bons soit à la parole, ou à l'escriture : & ainsi ce ne sera que bien d'en vser indifferemment, comme aussi de tous les autres mots sus alleguez comme i'en ay dict. On peut escrire aussi, *il va courre, il va courir*, car l'vn & l'autre se dit ordinairement. Mais pour la plus grande proprieté du langage on ne doit point vser dans les vers de cest auerbe, *mesmement*, D'autant que la rencontre des trois, m, rend trop rude la prononciatiō. Aussi cest autre auerbe de, *mesmes*, est aussi fort pour le sens que cestuy-la : car comme l'on dict, *& mesmement il luy parla ainsi*, On peut dire auec le mesme sens & auec plus de facilité en ceste façon

& mesmes il parla ainsi, On dict aussi, Iusque, & iusque. Ainsi l'on peut escrire en ceste façon, Ie vay iusques à Paris, & de la iusque à Venise, Et comme on dit ordinairement, Et mesme, luy mesme, toy mesme, vous mesme, elle mesme, moy mesme, & soy mesme. Quelques fois aussi on les pronōce comme ces termes icy au plurier, Nous mesmes, vous mesmes, ou vous autres mesmes, eux mesmes, & les mesmes, des mesmes, ces mesmes, aux mesmes, Ainsi, Luy mesmes, Et mesmes, elle mesmes, moy mesmes, toy mesmes, vous mesmes, & soy mesmes. Car on dict ainsi par fois, Luy mesmes a veu le Royaume de la Chine, Vous mesmes auez esté à Samarcande la ville royale de Tamerlan. Il a fait le voiage de Tartare pour le respect de soy mesmes. &c. On les peut donc escrire ainsi diuersement, comme on voit aussi que cela a esté heureusement pratiqué par les excellens Poëtes, & entre autres par Des-Portes en ses amours d'Hippolite en vn Sonnet où la conclusion le montre ainsi en ces trois vers suiuants,

Craignez donc seulement qu'en voiant vostre
  image,   (traicts,
Vous ne puissiez souffrir tant d'amours & d'a-
Et ne fussiez vaincuë à vous mesmes hommage.

Il en a vsé aussi en vn autre part en ses diuerses Amours, dans le premier quatrain, d'vn Sonnet qui est faict en faueur du portraict d'vne Dame ainsi,

Ie ne veux m'enquerir desormais d'auantage,
Que tu peux auoir faict larron malicieux,
De tant de ieunes cœurs rauis en tant de lieux,
Laissant mesmes au Ciel marque de ton outrage.

Monsieur de Malherbe en vsé aussi dans le dixneufuieme couplet de l'Ode qu'il a faicte sur la bien-venuë de la Royne, en ces vers suiuants.

Mais doit-il vouloir que pour luy,
Ceux qui l'aiment soient tousiours blesmes,
Cependant qu'il tente luy mesmes,
Ce qu'il peut faire pour autruy.

Et tout ainsi que l'on dict par fois en allongeant le mot singulier ainsi, *vous mesmes, moy mesmes, toy mesmes, luy mesmes*: On abrege quelquefois aussi le plurier en le proferant sans la lettre (s) côme s'il estoit singulier ainsi, *Nous mesme, vous mesme, eux mesme, ces mesme, ces autres mesme, ceux-cy mesme, les mesme*, On s'en peut seruir diuersement ainsi en l'Escriture.

Du Bartas s'en est accommodé bien à propos en deux endroits de sa premiere Sepmaine, ainsi au quatrieme iour,

Veu que nos animaux deuorent en vn mois
Des mets plus grands qu'eux mesme & trois&
quatre fois.

Et au septieme iour ainsi, en ces deux vers,
Dieu faict que le Soleil, & les Astres de mesme
Bien qu'ils soyent tres-ardans ne se bruslent eux
mesme.

Toutesfois il faut estre auerty de n'escrire iamais ces termes-cy, *Le mesme, & la mesme, vn mesme,* qu'ainsi sans, s, comme ils sont escrits icy : car on ne profere iamais autrement ces trois pronoms.

Mais tout ainsi qu'en parlant on varie par fois ces termes de *nouueau & beau*, en *nouuel & bel*, quand ils sont suiuis d'vn mot qui commence par vne voyelle: aussi pour la fluidité qui est deuë aux vers on en peut vser de mesme en la Poësie, lors qu'ils se recontrent dans vn vers, ayans en suicte vne voyelle.

Ainsi lon peut dire, *Lors que ce bel esprit desployoit son sçauoir. Quand le nouuel Auril*

DE L'ART POETIQUE. 185
eſtalloit ſes fleurettes. Car d'eſcrire, *Beau eſprit & nouueau Auril*, ce ne ſeroit pas vn propos coulant auec la douceur requiſe. Neantmoins il faut eſtre auerty, que ce *bel, & nouuel*, ne doiuent pas eſtre employez en la fin des vers pour la rime, ains tant ſeulement dans l'eſtenduë d'iceux quand ils ſont ſuiuis comme i'ay dict.

On employe quelque fois en certain ſens, au lieu de c'eſt auerbe (*iamais*) c'eſt autre (*Onques*) & *Onc*, ainſi en deux façons. C'eſt pourquoy l'on peut eſcrire ainſi.

C'eſt ainſi que ie diray doncques,
Que Cypris ne ſe fit voir onques,
Auec tant de beautez aux Cieux:
Et qu'onc l'Amour auec ſes flames
N'euſt tant de gloires ſur les ames,
Que i'en vis reluire en vos yeux.

Toutesfois le (*onques*) eſt plus en vſage que l'autre qui n'eſt que d'vne ſylable, auſſi eſt-il le plus doux. Ce verbe de (*on*) eſt prononcé en trois façons lors qu'il ſe treuue enfilé dans vne Phraſe. Ainſi l'on dit par fois, *Que l'on aille à la guerre. Qu'on ſe conſeille bien ſur ceſt affaire.* Et pour faire que la prolation Françoise coule plus doucement au lieu de luy mettre l'article (le) au deuant, on y loge vn (t) en ceste façon (t-) Et ainsi l'on dit, *Pourquoy parle t'-on a ces gens là? Pratique-t'on la science d'Hippocrates, ou de Paracelce? A t'-on beaucoup attendu la venue du Roy?* Car tout ainsi que l'on met en ce premier exemple l'article (le) afin d'euiter la Cacophanie comme en ceste proposition d'affirmation par comparatif, *Ainsi l'on dit &c. Ainsi l'on pense, &c.* Ceste lettre (t) sert à mesme dessein en ceste façon de parler, *Pratique-t'on, &c. A t'-on beaucoup, &c.* Et ainsi l'on voit le second de ces exemples pratiqué au commencement de l'Ode susdicte, en ceste maniere,

Peuple qu'on mette sur la teste
Tout ce que la terre a de fleurs,
Peuple que ceste heureuse feste
A iamais tarisse nos pleurs &c.

Mais voicy comme en des Stances que Monsieur Bertaut adresse au Roy, ce terme precedent, & l'autre qui est auec l'article, & celuy qui est proferé en son entier sont acommodez en six vers,

Mais soit que l'on souhaite un Prince valeureux
Soit qu'ō le vueille iuste ou d'un cœur genereux,
Soit prudent à regir le frein de son Empire;
Soit clement, soit piteux, soit doux à commander,
Nous voyons en ces dons les autres vous ceder,
Et possedons en vous ce qu'en eux on desire.

Le pronom (il) est aussi approprié d'vn (t') en mesme sens. Car on dit, Puisse-t'il faire si bien qu'il en demeure agreable à Dieu. Donne-t'il si largement de ses richesses comme l'on chante? Pense-t'il estre si puissant que nul n'ayt le courage de luy contredire? Gelle-t'il si fort comme on dict? Baise-t'il les fleurs de ce iardin d'amour? &c. Ainsi l'Autheur dernier nommé a escrit aux Stances qu'il a faictes sur la prise d'Amiens,

Aussi d'un tel effect cueille-t'il un honneur
De qui la renommee est si loin estenduë:
Qu'il vaut mieux pour sa gloire & pour nostre
    bon-heur
L'auoir reprise ainsi que non iamais perduë.

Le pronom de (elle) est orné de la mesme forme de ceste bien-seance: Veu que ordinairement on dict, Puisse-t'elle viure si heureusement &c. Baise-t'elle si cherement son enfant? Pense-t'elle estre la plus belle du monde? Donne-t'elle si liberalemẽt de ses biens? Aime-telle si constamment que la Royne Arthemise? A-t'elle tant d'Amour pour estre si long temps passionnee de reuoir son mary? A t'elle beaucoup de science? A t'elle pensé à cela &c. Ainsi sur la mesme obseruation on dict, Y a-t'il de l'argent en ce Chasteau? Ce gentil'homme a t'il beaucoup de merites? Ce Philosophe a-t'il du sçauoir beaucoup? Y a-t'il du vin ou de l'eau dans ces coupes d'argent? Ce voyageur a t'il veu beaucoup de païs? C'est escollier a-t'il esté bien enseigné? Ainsi du Bartas s'en est bien seruy au troisiesme iour de sa premiere Sepmaine en ces vers,

Flots de Sole voisins, & toy Surgeon Andrin,
D'où pouuez-vous tirer & cest huile & ce vin,
Que chasque an vous versez? as-tu point si feO terre la poictrine? y a-t'il sous le monde (conde
Vignobles, & vergers? exerce t'-on là bas
Et l'Estat de Baccus, & l'estat de Palas?

Bien est-il vray que ce quatriesme vers est rude, à cause de la rencontre de ces deux voyelles (y, a,) On dict aussi Ores, Ore, Or. mais c'est en diuers sens: C'est pourquoy il ne faut iamais se licencier d'en escrire l'vn pour l'autre. Car, Ore, signie le temps present, comme de mesme ces aduerbes, *maintenant, & à present*, Ainsi l'on dict, *Ore que le beau Printēps est venu. Ore que le mois de May est si beau & si doux. Ore qu'il est temps d'acquerir de l'honneur.* Et ainsi pour la mesme valeur des paroles, *Maintenāt que nous sōmes en vne saison si belle. Maintenant que le beau Prin-temps &c. A present que nous sommes en nostre plus grand pouuoir. A present que le mois de May &c.* Et touchant ce terme premier [Ores] il est de la mesme force que, Encores, Bien, & Combien, qui sont tous des auerbes par proposition. Ainsi l'on dit, *Ores que l'ennemy vinst iusques icy, pour cela nous n'aurions pas moins de courage.* Et ainsi l'on peut voir que les autres auerbes propositifs sont de la mesme nature de ce premier, Car, *Encore que l'ennemy vinst iusques &c. Combien que l'ennemy vint iusques &c. Bien que l'ennemy vint iusques &c.* font entendre le mesme sens de, Ores. Il sera donc bien à propos de dire en ces quatre façons ce terme & tous autres ses semblables. *Combien que la guerre soit &c. Bien que la guerre soit &c. Encore que la guerre soit &c. Ores que la guerre soit &c.* Et pour le respect de l'autre terme, *Or*, qui est vn mot de conjoinction, il est de la mesme vertu de *Doncques* & de *Donc*. Car en disant, *Or il arriua que l'auanture fut si belle*, c'est de mesme que si l'on disoit, *Doncques il arriua que &c. Donc il arriua que l'auanture fust si belle*. Et disant ainsi, *Or il se resoulut si bien en ces amours qu'il se voulut marier*, C'est le mesme sens ainsi, *Doncques il se resoulut si bien en ces amours qu'il se voulut marier. Donc il se resolut si bien en ces amours &c*. Il est vray que *Donques* & *donc*, peuuent estre logez en quel endroit que ce soit de la phrase: mais il n'est pas ainsi de l'autre cōjoinction (*Or.*) Car il est requis que pour la perfection du langage, elle soit tousiours placee au commencement du discours ainsi, *Or on a esté auerty que la saison estant si belle & abondante &c*.

Mais il ne faut iamais oster la derniere lettre de ce terme (*Orc*,) & dire par Licence desbordee (*Or'*) auec ceste apostrophe ainsi en haut (') pour vouloir signifier le susdict temps present, veu qu'estant ainsi abregé, il denote vne autre chose, outre que les vers en sont extremement rudes, comme on le peut voir en cestuy-cy qui est pris du second liure de la Iudith de du Bartas.

*Les Rois depuis ce temps or' bons, or' vicieux,
Tindrent le gouuernail de la Nef des Hebrieux.*

Doncques il ne faut point descrire (Or') pour (Ore) veu qu'outre la rudesse qui s'en ensuyt, on dict autre chose que ce que porte l'intention. Aussi c'est la mesme loy de la raison de laisser tousiours en leur propres orthographes ces termes, *Encore, Encores, & Ores*: Comme aussi les autres deux, *Or & Ore*; puis qu'vn chacun d'eux est doué d'vne signification particuliere, & que si par les abus de la Licence on en retranche quelques lettres, ils signifient alors vn sens qui est bien esloigné de celuy pour lequel on les a placez au propos. Il est vray que par vn traict bien propre de bien-seance on peut abreger ce terme *Encore*, ainsi, *Encor'*, mais non pas dans vn vn vers, parce que se treuuant ainsi au milieu d'autres paroles, il le rend fort rude & raboteux, comme on le peut iuger par cestuy-cy, *Encor' le Ciel ardant brusle encor' la campagne*. Mais il est propre d'estre ainsi retranché lors que le sens du discours le conduict au bout d'vn vers, veu qu'estant logé en ce lieu, il n'est point de mauuaise prononciation, & qu'outre ce, qu'il ne rend pas le vers moins coulant, il sert pour rimer proprement auec les vocables terminez en, *Or*. Donques ce terme de *Encore*, qui par fois signifie, *aussi & dauantage*, peut estre racourcy en sa derniere lettre, afin de s'en acommoder ainsi tant seulement à la rime,

Amour, & la fortune & vos beaux yeux encor
Semblent me fauorir comme vn autre Medor.

Cest auerbe en similitude, *Presques*, se prononce aussi quelques fois, ainsi, *Presque*, Il ne sera donc de bien d'escrire ainsi,

O ma belle, & ma douce Maistresse!
Vous estes presque vne Deesse,
Comme presques vn Dieu d'Amour!

Et comme i'ay dit cy dessus en ce chapitre sur le subject de la *bien-seance des pensées &c.* on prononce aussi diuersement ces deux termes icy, *tu sembles, tu ressembles.* Car on dit de mesme, *Tu semble, Tu ressemble.* Il sera donc bien faict de les escrire à son chois, suiuant le subject que l'on rencontrera dans vn Poëme. Ces verbes qui representent vne action, & qui sont au preterit imparfaict de la premiere personne

sonne, *Ie pensoy, ie voyoy, ie disoy, ie faisoy, ie croyoy, i'adoroy &c. ie voy*, se prononcent par fois auec vn (s) à la fin, ainsi, *Ie pensois, ie voyois, ie disois, ie faisois &c. ie vois*, Donques on aura raison de les escrire ainsi diuersement à son plaisir pour assortir les vers de bonne rime, ou d'elegante fluïdité, Comme Ronsard en à faict en quelques endroicts, & desquels en voicy vn qui est pris en vne Ode Pindarique qu'il adresse à Ioachin du Bellay qui estoit fort bon Poëte,

>*Icy donc freres d'Heleine,*
>*Les Amycleans flambeaux*
>*Du Ciel monstrez-vous iumeaux,*
>*Et metrez but à ma peine:*
>*Faictes ancrer à ce bord*
>*Mon nauire en quelque port,*
>*Pour finir mon nauigage,*
>*Et destournez le langage*
>*Du mesdisant que ie voy,*
>*Qui tousiours sa dent trauaille,*
>*Pour me mordre afin qu'il aille*
>*Remordre vn autre que moy.*

Des-Portes represente ce verbe en l'autre façon ainsi au commencement de la de la premiere de ses Elegies au cinquieme ces vers,

Apres auoir passé tant d'estranges trauerses,
Apres auoir seruy tant de beautez diuerses,
Auoir tant combatu, trauaillé, supporté,
Sous la charge d'Amour ce guerrier indomté
Ie pensois à la fin, rompu de tant de peine,
Auoir eu mon congé de ce grand Capitaine.

Ainsi les vers iront bien lors qu'ils seront disposez comme ces deux suiuans,

Oyant ces propos ie croyoy,
Que son cœur estoit plein de foy.

Comme de mesme en ceste autre façon aussi,

Parmy tant de faueur fermement ie pensois,
Qu'elle auoit de l'amour, mais tout autant de fois
Qu'elle montroit d'aimer, son ame estoit masquee
D'vn fard où nuict & iour elle estoit appliquee.

Ronsard vse ainsi de ce traict en l'Ode seizieme de son quatrieme liure,

N'agueres chanter ie voulois,
Comme Francus au bord Gaulois,
Auec sa troupe vint descendre,

DE L'ART POETIQUE.

Mais mon Luth pincé de mon doy
Ne vouloit en despit de moy
Que chanter Amour & Cassandre.

Ces verbes de la seconde personne sont de la mesme obseruation de ceux là : Car on dict bien souuent ainsi, Tu pensoy, tu disoy, tu frisoy, tu croioy, tu adoroy, &c. Et aussi en ceste façon, Tu pensois, tu disois, tu frisois, tu croyois, tu adorois, tu conçois, tu connoissois, tu vois. &c. Comme Ronsard l'a pratiqué non moins diuersemét que proprement, Ainsi en l'Ode treizieme du cinquieme Liure qu'il adresse à vn sien amy,

A toutes les fois que l'enuie
Te prendra de boire reboy
Boy souuent, aussi bien la vie,
N'est pas si longue que le doy.

En la quatrieme de ses Elegies, il dict ainsi, introduisant Geneure qui luy parle de la mort de son amy.

Las auant que partir, parles encore à moy,
Desrobe du sommeil tes lumieres & voy,
En qu'elle passion tu mas icy laissee,
Qui meurs de cent trespas pour n'estre trespassee

N ij

En l'Ode cinquieme du cinquieme Liure qu'il a faicte sur le trespas de Marguerite de France Royne de Nauarre sœur du Roy François premier, en l'vsage de ceste autre façon des verbes terminé en [ois] il introduict l'Esprit qui parle ainsi à la chair.

Toy dict-il, apres auoir
Contre mon obeissance,
Sceu tant d'armes esmouuoir,
Fuiras-tu bien ma puissance?
Toy, qui as trahy mes lois,
Et l'honneur que tu me dois:
Que la volonté diuine, &c.

Au mesme Liure en l'Ode premiere qu'il adresse au Roy Henry second on lit ces vers,

O Prince, les sainctes polices
Et les grands faicts que tu conçois,
Te feront nommer des François
L'Hercule qui purge les vices,

En l'Ode sixieme qu'il vouë à Phebus pour la guerison du Roy Charles neufieme, il dict ainsi.

DE L'ART POETIQUE.

Vien Prince aux beaux cheueux,
Guerir son mal fieurux,
Que sain on le remette:
Tu l'aimeras cent fois
Plus fort si tu le vois,
Que tu ne fis Admete.

Au discours qui est adressé à vn Amoureux par son amy qui le console au premier Liure des Poëmes, l'autre forme s'y voit ainsi,

Entre les morts est morte l'esperance,
Entre les vifs ell' à sa demurance,
Espere donc & hardy ne reçoy
Le desespoir pour se loger chez toy.

L'autre est ainsi aussi en vsage en l'Elegie qu'il adresse à Geneure,

Ie ne te cognoissois pour la belle Geneure,
Qui depuis me brusla d'vne amoureuse fieure,
Aussi de ton costé tu ne me cognoissois (çois,
Pour Ronsard dont le nom a cours par les Fran-

Aussi Monsieur de Malherbe en a vsé ainsi en vne Ode qu'il a faicte sur le subjet d'vn attentat, s'adreſſant à l'Ange gardien de la France,

O bien heureuſe intelligence!
Puiſſance quiconque tu ſois
Dont la fatale diligence
Preſide à l'Empire François!

Il eſt donc raiſonnable de ſe ſeruir de la varieté de ces termes qui ſont finis en (ois) pourueu qu'ils ſoient de la nature de ceux que i'ay alleguez cy deſſus. Ces auerbes, *infiniement, loyalement, gayement.* ſont par fois proferez ainſi, *infiniment loyaumēt gayment*. Cōme auſſi ce nō de (*Roine*) ſe profere quelque fois ainſi, (*Reine*) C'eſt pourquoy l'vn & l'autre eſt bon, puis que l'vſage le veut ainſi. Ces nōs propres de *Achilles, Philippes, Palamedes, Alcibiades, Vlixes, Socrates, Demoſthenes, Ariſtides*, & autres qui ſont venus des Grecs, ſont par fois prononcez ſans (*s*) à la fin : Ainſi, *Achille, Philippe, Palamede, Alcibiade, Vlixe, Socrate*, &c. A ceſte cauſe on les pourra varier ainſi dans les vers. C'eſt ainſi donc que pour le merite des exemples & des reigles de l'vſage, on pourra iuſtement varier tous les termes ſuſdicts, ſuyuant ce que i'en ay dit & qu'il sera requis pour le respect de la rime, ou pour la douceur dont vn vers doit estre entier & coulant.

Mais touchant l'harmonie des rimes, il se treuue beaucoup de mots qui different d'ortographe, & qui neantmoins sont d'vne tres-douce analogie pour rimer ensemble, comme entre autres ceux-cy, *Front* auec *rond, Loups, coups, debouts*, auec *clous, genous, vous, tous, nous cous, Esclos, los* auec *mots, sots, flots, ou flos, fus* auec *feux Corps, desbords, acords,* auec *acorts, efforts, dehors, thresors, cors, mors. Inconstans & chants* auec *Printemps, & champs, Fils,* auec *Deffis, Memphis & Sophis, perils,* auec *Paris & maris & peris*. Car outre que par la rareté d'iceux on les doit employer ainsi leurs terminaisons ont assez de douceur & de correspondance pour estre appariees. C'est ainsi que Ronsard a escrit de la sorte en maintes parts de ses œuures, suiuant ces façons de rime, comme entre autres celle qui est terminee en deux façons d'escrire, *ont & ond*, se treuue en deux parts en l'Ode qu'il adresse à Michel de l'Hospiral, Chancelier de France, dont en voicy vn exemple.

En cent façons de mains ouuertes,
Et de pieds voutez en deux parts,
Sillonnoient les campagnes vertes
De leurs bras vaguement espars:
Comme le plomb dont la secousse
Traine le filet iusque au fond,
L'extreme desir qui les pousse
Auale contre bas leur front.

Pour la rime qui est en, ort, & ord, la disposition s'en voit aussi en l'Ode susdicte ainsi,

Ha! chere Muse quel Zephire
Souflant trop violentement,
A fait escarter mon Nauire,
Qui fendoit l'air si droictement?
Tourne à riue douce nourrice,
Ne voy-tu Morel sur le bord,
Lequel afin qu'il te cherisse,
T'œillade pour venir au port?

L'exemple de la rime de, *tans* & *Printemps*, se treuue aussi en ceste Ode, ainsi,

Aussi tost que leur petitesse
Courant auec les pas du temps,
Eut d'vne rampante vitesse
Touché la borne de sept ans.

DE L'ART POETIQUE. 201

La rime qui est en ceste façon (*chants & champs*) se voit en vne Ode que le mesme Autheur adresse à Catherine de Medicis Royne de France, ainsi parlant de la Muse,

Elle esprise de mes chants,
Loing me guide par les champs
Ou iadis sur le riuage
Apollon Florence aima,
Lors que ieune elle s'arma
Pour combattre vn loup sauuage.

L'accord ou assemblement de toutes ces rimes sus alleguees, se peut voir en plusieurs endroicts des œuures de ce Poëte, & des autres qui estoient de son temps. Mais pour le contentement des esprits qui se delectent ordinairement de nouueauté : i'auanceray encore quelques exemples des Poëtes d'aujourd'huy qui se sont seruis de ceste sorte de rime. Ainsi l'on voit la rime qui est en (*oups & ous*) dans vn couplet des Stances que Monsieur de Malherbe a faictes sur les larmes de sainct Pierre, à l'imitation du Tansille,

Ces beaux yeux souuerains qui trauersent la terre
Mieux que les yeux mortels ne trauersēt le verre
Et qui n'ont rien de clos à leur iuste courroux:
Entrent victorieux en son ame estonnee,
Comme dans vne place au pillage donnee,
Et luy font receuoir plus de morts que de coups.

Vn autre accord de ces rimes se voit au discours funebre que Monsieur le Cardinal du Perron a faict sur le trespas de l'Admiral de Ioyeuse, ainsi,

Mais en fin quād Daphnis, vaine idole sans corps,
Eut payé tous les droicts deubs aux ombres des
   morts:
Et que prest à franchir la riue Acherontee
Il voulut apparoistre à son cher Aristee.

Il s'en voit aussi vn autre dans vn discours funebre qui est de l'inuention de Monsieur Berthaud, sur le mesme subiect de l'autre susdict, ainsi,

Car quand vn Diamant eust armé tout autour
Celuy qui t'a priué de la clarté du iour,
Si l'eust outrepercé la douleur qui m'anime,
Et fait que ton meurtrier eust esté ta victime:
Puis reuenant à toy, de qui peut estre alors
L'ame n'eust point encore abandonné le corps.

C'est ainsi aussi que par toute bonne raison, on peut rimer librement *fils* auec

Memphis &c. Perils auec *fleuris &c. Gentils* auec *appetis &c.* veu que ceste consonante *l*, ne se prononce aucunement en ces verbes, ny moins en plusieurs autres qui sont d'vne pareille orthographe : Car c'est vne lettre qui n'est pas propre pour la douceur du langage François, lors qu'elle se treuue la derniere d'vn mot. C'est pourquoy on ne la profere pas en disant, *Ce sont des Gentils-hommes* : Mais comme si elle n'y estoit point on dict, *Gentis-hommes*. Et l'on dict aussi tousiours cest auerbe *Quelquefois* sans aucune apparence de ladicte lettre ainsi, *Quequefois*. On ne dict point aussi *Angels, Ciels, esgals, cheuals, mareschals, riuals, royals, loyals, corriuals, estiuals, nauals, œils, vals, quintals, orientals, occidentals, vassals, pastorals, generals, Admirals, mals, nuptials, seigneurials, sacerdotals, &c.* Comme on le pratiquoit anciennement, mais bien en ceste façon en laissant la lettre, *l*, pour y loger vn, *u*, voyelle auec vn, *x*, apres ainsi, *Cieux, esgaux, cheuaux, mareschaux, riuaux, royaux, yeux, loyaux &c.* Et au premier nom des susdicts, oster seulement la lettre, *l*, & dire ainsi, *Anges*. Afin d'auoir en la prononciation de ces termes vne parole plus douce & plus aisee pour la voix, & plus amiable pour l'ouye. On voit ainsi en l'Ode que Monsieur de Malherbe à faicte pour la bien-venuë de la Royne, ces termes, *fils & perils*, comme s'ils estoient sans la lettre, *l*, veu qu'on les prononce sans icelle. Doncques on les treuue ainsi audict Poëme,

O que Tyr, & Iaffe en leurs riues
Auront des Sultanes captiues!
Et que de meres à Memphis,
En pleurant diront la vaillance
De son courage & de sa lance
Aux funerailles de leurs fils!

Au dixseptiesme couplet du mesme Poëme, parlant d'Achilles il dit ainsi,

Bien que par les charmes d'vn fleuue
On le creut si bien à l'espreuue,
Que nulle sorte de perils
A sa peau ne peust faire bresche,
Ne cheut-il pas d'vn coup de flesche
Dans les embuches de Paris?

Et d'autant que Ronsard en à vsé en plusieurs endroicts, il ne sera que bien-seant d'en produire vn exemple de ses œuures, dans lesquelles on lict ces vers en la premiere de ses Odes, où il parle au Roy Henry second.

Dieu vueille encor' dessous toy
Domter l'Espagne affoiblie,
Grauant bien auant ta Loy
Dans le gras champ d'Italie.
Auienne aussi que ton fils
Suruiuant ton iour prefis,
Borne aux Indes sa victoire,
Riche de gloire & d'honneur:
Et que ie sois le sonneur
De l'vne & de l'autre gloire.

Toutesfois il faut bien se donner garde, que pour faire rimer quelques verbes terminez en, *is*, auec vn autre, on ne retranche non seulement la consonante, *l*, mais encore la voyelle, *e*, D'autant que faisant ainsi, ce seroit vn tour de Licence qui gasteroit la bonté du terme; Comme Ronsard a failly en cela, en vn couplet de l'Ode qu'il dedie au Chancelier, faisant que Iupiter parle ainsi aux Muses.

Celuy qui sans mon ardeur
Voudra chanter quelque chose,

Il verra ce qu'il compose
Veuf de grace & de grandeur:
Ses vers naistront inutils
Ainsi qu'enfans abortis
Qui ont forcé leur naissance:
Pour monstrer en chacun lieu
Que les vers viennent de Dieu,
Non de l'humaine puissance.

Car soit que l'on parle d'vn homme ou d'vne femme, on dict tousiours ainsi en semblable cas : *Cest homme est ytile à son Païs. Ceste femme n'est pas inutile à ses parens. Ceste montagne n'est pas sterile. Ce territoire est bien fertile. &c.* Ainsi ces adiectifs sont du genre neutre, parce qu'ils s'accommodent esgalement au verbe feminin & au masculin. Comme de mesme ces autres adiectifs suiuant, *Habile, debile, mobile, facile, imbecile, docile, agile, fragile, tranquile, volatile, subtile, ciuile, seruile, & virile.* Mais lors qu'ils deuoient estre apropriez au subiect masculin : On les escriuoit & prononçoit au plurier au temps iadis, à la façon des *Angels, Ciels, esgals, &c.* dont i'ay parlé cy dessus: Car on les couchoit ainsi, *ytils, inutils, sterils, fertils, habils, debils, &c*

Comme aussi au singulier, ainsi, vtil, inutil, steril, fertil, &c. Mais depuis en consideration de la proprieté qui est deuë au langage, on a fait qu'en ostant la lettre, *s*, pour y loger vn, *e*, feminin, & les rendant ainsi, *vtile, inutile, sterile, fertile &c.* Ils seruent tousiours en ceste sorte pour les verbes masculins aussi bien que pour les autres. C'est pourquoy cest adiectif, *inutils*, de Ronsard ne doit point estre imité : Car il falloit qu'il y eust, *inutiles*, suiuant la methode du bon vsage, par lequel le cours du langage est maistrisé. Mais touchant les autres termes qui sont terminez en, *aux*, ie n'en donneray point d'exemples, puis que la pratique & la connoissance en sont assez populaires.

Voila selon mon auis tous les termes François qui sont subiects d'estre prononcez diuersement, & lesquels doiuent estre pratiquez ainsi sans scrupule parmy la prose & les vers, lors qu'il en sera requis : Puis que ceux qui parlent bon François en vsent ainsi variablement en leurs propos ordinaires. Ainsi ce ne sera pas en consideration d'aucune Licence que cela se fera, mais bien en vertu d'vne tref-iufte bien-feance : Puis qu'en efcriuant ainfi, l'on ny procede que fuiuant le bon ftile du langage.

Toutefois il eft vray, qu'il y peut auoir quelques autres mots qui parmy la prononciation du langage, font variez, ores long, & ore courts : A cefte occafion il s'en faudra feruir ainfi en l'vne & en l'autre façon. Mais il fe faut donner garde là deffus, que ce foyent des mots qui foyent proferez ainfi par des perfonnes qui parlent bon François, & qui en les proferans, ne les rendent pas contraires aux reigles de la Grammaire. Car lors que l'on parle contre ce que la iufte Grammaire requiert, on ne fçauroit bien parler, & pourtant on n'auroit point de raifon de parler ny d'efcrire à la façon de celuy qui parleroit ainfi. C'eft pourquoy il faut eftre foigneux de fe feruir de la bien-feance en l'orthographe des mots qui parmy leurs prononciations diuerfes demeurent toufiours bons & naturels François.

De l'inuen-

De l'Inuention premier ornement de Poësie, & de la Disposition & Elocution dont l'inuention est perfectionee. De la dignité des Oeuures d'Homere. De l'imitation, & de la diuision d'icelle en deux sortes. De la Paraphrase & traduction.

Chapitre IX.

PVis que cest ancien prouerbe qui dict, Qu'il est facile d'ajouster aux choses inuentees, est receu de tout le monde comme vne tresclaire maxime de la raison, il doit estre vray que l'inuention sera tousiours plus estimée, que ce que l'on aura faict à l'imitation d'autruy. C'est ainsi donc qu'à ceste consideration, vn bon Poëte doit se trauailler de treuuer en son esprit quelque heureuse & nouuelle conception sur le subject qu'il s'est proposé d'escrire, & parmy le cours de ceste recherche si honorable, il ne doit point estimer receuable en toutes choses ceste autre opinion d'vn certain Poëte Latin, qui chante. Que rien ne se dict qu'il n'ait esté dit autrefois. Veu que si ceste opinion estoit fondee sur la verité, il faudroit par necessité conclure vne chose des plus absurdes & fabuleuses que les hommes ayent iamais pensees: Par ce qu'en proposant que les François n'ont rien dict que les Italiens & les Latins n'ayent dict auparauāt; par la mesme raison, il faudroit remettre ce droict aux Latins & aux Italiens, & de mesme consequence aux Grecs, & des Grecs aux Egyptiens & Arabes, & de ceux-cy aux Hebrieux & aux Caldees. Et en fin pour trenuer par l'equité de ceste proposition, l'origine & la propre nuention de tout ce qui a esté dict par les Poëtes, Philosophes, Orateurs, Historiens, Theologiens, Sybiles, Prophetes, & Patriarches, veu que toute chose à quelque principe, & que rien n'est d'eternel que Dieu, il seroit raison d'attribuer au premier homme le Patriarche Adam, la source, la façon & la mesme forme de tout ce que tant de diuers esprits on escrit ou discourut en tant de siecles diuers qui ont coulé depuis le iour que cōme pere des humains il fut creé auec le monde. Et ainſi il faudroit auouër que ce grand Patriarche Adam auroit dit & raconté à ſa femme & à toute ſa famille, tout ce qu'Eumolpe, Muſee, Heſiode, Orphee, Mercure Triſmegiſte, Homere, Line, Pindare, Euripide, Socrates, Platon, Ariſtote, Virgile, Saluſte, Ouide, Ciceron, Seneque, Tite-liue, Plutarque, & tout le reſte des Autheurs qui ſont en oubly, ou en renommee, on dict, ou laiſſé par eſcrit. Ce qui eſt vne choſe autant deſ-raiſonnnable à croire, comme elle eſt du tout impoſſible à preuuer. A ceſte occaſion ie diray que ie ne ſçay point en quoy auoit ſa penſee ce Poëte Latin qui mit dans ſes vers ceſte opinion, que rien ne ſe diſoit, qu'il n'euſt eſté dict auparauant : Car, qu'elle reputation que ce ſoit qu'il ait acquiſe, il n'eſt pas aſſez meritant pour eſtre auoüé en cela, mais ie croy que veu le bel eſprit qu'il monſtroit d'auoir, il le diſoit pluſtoſt par maniere de dire pour recreation, que par aucun ſubject de raiſon bien examinee, pour la vouloir introduire en la creance des hommes. C'eſt pourquoy il n'eſt rien de

O ij

plus contreuenant à la nature des esprits humains que la priuation de pouuoir imaginer quelque chose de nouueau, bien que cela semble estre presque impossible au iugement de quelques vns. Car il est bien vray que veu, que les raisons & les sentences de tant de diuers Autheurs de toutes nations sont en vn si grād nombre qu'elles sont comme infinies, & que si l'on se soit adonné attentiuement à la lecture & intelligence d'icelles, il est impossible d'escrire beaucoup en quelque subject que ce soit, sans se rendre semblable en plusieurs endroicts aux escrits des Poëtes, & des autres escriuains qui nous ont precedez. Mais puis que la Nature est tousiours tres-feconde & admirable en la diuersité des esprits, & que chasque esprit a ses humeurs, son destin & ses fantasies en particulier, ce n'est pas vne chose qui repugne au naturel des hommes, d'auoir & de treuuer par fois quelque nouuelle imagination pour exprimer l'image de ses desirs. A ceste occasion i'ay voulu engrauer les raisons de ce subject d'inuention parmy les traictez de ce liure, afin qu'au moyen dicelles ie fortifie le courage à ceux qui ont le cœur d'attenter à conceuoir quelques belles inuentions, & pour le mesme respect, de donner aux autres, qui comme encheinez de negligence, ne peuuent escrire que par maniere d'emprunt, & ne veillent iamais que pour s'approprier tout au long les ouurages d'autruy. Toutesfois c'est vne chose qui merite vne tres-grande loüange, lors que l'on prend les inuentions des Auteurs estrangers, & qu'en les accommodant à la façon de son langage, on leur donne vne vie nouuelle, & vne splendeur de paroles plus belles & plus claires que celles où elles estoyent nees. Comme Ronsard l'a sceut bien faire à l'endroict des Grecs & des Latins. Et Des-Portes aussi en certaines parts enuers les Latins, & fort au long enuers les Italiens & les Espagnols : Car ces deux grand Poëtes ont enrichy la plus grande partie de leurs œuures, sur la Paraphrase ou imitation des ouurages dont les Poëtes de ces quatre nations ont illustré par leurs vers le nom de leur païs. Ainsi c'est par vn larcin qui est si honneste & legitime, que ces deux Poëtes en l'exercice de leur industrie, nous

O iij

ont rendu propre & naturel ce que la nature, & le destin nous auoyent rendu estranger. C'est aussi en ceste façon qu'il faut s'approprier en la Poësie, les inuentions & les sentences des estrangers: mais d'en vser ainsi enuers ceux de sa nation : c'est vn vice que les Muses ne sçauroyent assez mespriser & punir, & celuy qui feroit estat d'escrire ainsi en vsurpant les inuentions & les raisons de son prochain, ne manqueroit pas en fin d'estre mocqué & blasmé de tous, comme la Corneille d'Horace, qui n'estoit paree d'autres plumes, que de celles qu'elle auoit des-robees aux autres Oyseaux. Or afin que ie ne commette vn vice que ie reprens en autruy : Ie diray que ce n'est pas moy seulement qui soit d'vne opinion si fierement opposee contre ces Versificateurs qui des-robent les inuentions de ceux de leur Païs : ains i'auoüe franchement que ie l'ay treuuee de la sorte en tout autant de doctes personnages que i'ay frequentez : Outre qu'on peut croire que tout homme d'estude, sçait que ces façons de larcin sont vn grand vice, puis que plusieurs escriuains du passé l'ont blasmee & que le Poëte Horace s'en mocque assez au large en la fable de sa Corneille.

Or en laissant ce propos qui est en recommandation de chercher d'inuenter, il faut prendre vne autre route pour declairer qu'est-ce qu'Inuention. Donques ie diray ainsi, que l'Inuention est vne nouuelle Idee que l'esprit se forme sur la contemplation & image de quelque chose soit spirituelle ou corporelle, pour apres la representer parfaictement soit au moyen de la parole, de l'escriture, de la peincture ou d'autres humains artifices. Mais aussi en ceste façon Ronsard l'a d'escrit ainsi en son abregé de l'art Poëtique. L'Inuention n'est autre chose que le bon naturel d'vne imagination conceuant les Idees & formes de toutes les choses, qui se peuuent imaginer tant terrestres que celestes, animees ou inanimees pour apres les representer, descrire ou imiter : car tout ainsi que le but de l'Orateur est de persuader, ainsi celuy du Poëte est d'imiter, inuenter & representer les choses qui sont, qui peuuent estre, ou que les anciens ont estimees comme veritables, & ne faut-pas doubter qu'apres auoir bien & hautement inuenté, la belle disposition des vers ne s'en ensuyue, d'autant que la disposition suict l'inuention mere de toutes choses comme l'ombre fait le corps.

Or en ce que ce Poëte dict icy, il me semble qu'il auroit mieux faict, si au lieu du premier traict de ceste inuention, il eust mis Conception ou Idee: Car lors que l'imagination se conçoit le siege de Troye & les nauigations d'Enee, ce n'est pas inuention puis qu'Homere & Virgile l'ont des-ja traicté en leurs Poëmes : ains c'est tant seulement vne conception formee sur ce qui a esté, ou qui pouuoit estre. Aussi quand il dict que l'inuention n'est autre chose que le bon naturel d'vne imagination : il ne montre pas le vray estre de l'inuention : parce qu'au lieu de la d'escrire comme vn effect de l'esprit, & vn suject qu'il a conceu, il la represente comme cause premiere qui forme & conçoit les Idees. Que si au lieu de ce bon nature il auoit mis les figures & les effets d'vne imagination, ce seroit suyuant la verité : d'autant que le bon naturel est vne chose & les effects d'iceluy vne autre. Ce que luy mesme en se contre disant le dit tresbien en vne autre part vn peu deuant, disant ainsi, Qu'il faut auoir les conceptions hautes, &c, & que le principal poinct est l'inuention laquelle vient tant de la bonne nature, que par la leçon des bons & anciens Autheurs.

Puis donc que suiuant qu'il escrit icy, & que c'est le vray que l'inuention vient de la bonne nature, elle n'est pas comme il dict cy dessus, le bon naturel d'vne imagination, veu qu'il y a trop de contrarieté en ces deux propositions affirmatiues : car il n'est rien en ce monde qui puisse estre la cause & l'effect de soy mesme. Mais Ronsard parle tresbien en ce qu'il dict apres, que c'est pour les representer, d'escrire & imiter : toutefois il s'abuse apres, quand il dict que le but du Poëte est d'imiter, inuenter & representer les choses qui sont, &c. Car vne bonne partie de son dire est fort raisonnable: mais non pas l'autre, dautant que cest vne chose impossible d'inuenter les choses qui font, mais bien eſt-il aiſé de les imiter & repreſenter comme il dict. Et c'eſt ainſi que particulierement il deuoit mettre pour ce terme d'inuenter ce mot: Sur les choſes qui ſont. Et ie diray cecy pour exemple : Le Taſſe n'a pas inuenté le Siege & la priſe de Hieruſalem : veu que puis que cela auoit eſté il ne pouuoit pas l'inuenter, Mais bien ſur ledict Siege & prinſe d'icelle, il inuenta les Amours de Clorinde & d'Armide & les preſtiges d'Iſmen l'Enchanteur, & autres deſſeins & auantures qui ſont deſcrites en ceſt excellent Poëme. Mais tout ainſi que ce terme d'Inuention de Ronſard ſera mieux s'il quicte la place à celuy de conception, auſſi ceſtuy-cy d'inuenter, à celuy de conceuoir & imaginer. A ceſte occaſion i'ay mis en ma definition de l'Inuention qu'elle eſt vne nouuelle Idee. &c. car ſi ce que l'eſprit ſe repreſente, ne ſe forme ſur quelque Idee ou repreſentation nouuelle il ne ſera point inuention : mais bien ſeulement vne conception commune & generale.

Or ce Poëte François eſt receuable & admirable enſemble, quand il dict qu'il faut auoir des conceptions hautes, grandes & belles, & non trainantes à terre? Disant comme i'en ay parlé cy dessus, que le principal est l'inuention, laquelle vient tant de la bonne nature que par la leçon des bons & anciens Auteurs, & que si l'on entreprend quelque grande œuure, il se faut montrer religieux & craignant Dieu, la commençant où par son nom, où par vne autre qui representera sa Majesté, à l'exemple du Poëte Grec qui sur l'entree de ses deux grands Poëmes Epiques dict ainsi, suiuant la traduction d'Hugues Salel en l'Iliade,

Ie tesuppli' Deesse gratieuse,
Vouloir chanter l'ire pernicieuse
Dont Achilles fut tellement espris,
Que par icelle vn grand nombre d'esprits,
Des Princes Grecs par dangereux encombres
Fit lors descente aux infernales ombres.

Et suiuant la version d'Amadis Iamin il dict ainsi en l'Odyssee,

Muse vien moy chanter ce rusé personnage,
Qui de beaucoup de mœurs & façons eut l'vsage

Qui voyagea beaucoup errant de toutes parts,
Apres qu'il eut destruict de Troye les rempars.

Et comme le Poëte Latin parle à l'entree de son Oeuure Heroïque en la traduction de Iean & Robert les Cheualiers freres, de Normandie ainsi,

Muse dy m'en le faict, pour qu'elle brauerie,
A sa Majesté saincte, & comme quoy marrie,
La Princesse des Dieux embarqua de sa part
A rouler tant d'ennuis, courir tant de hasard,
Vn homme en pieté si connu par ses gestes
Tant dire loge-telle aux courages celestes?

Et à la façon d'Ouide au premier des Metamorphoses ainsi,

Donc ô vous puissans Dieux! qui les auez changez,
Aidez à mes desseins, que vostre esprit m'inspire
Pour me faire arriuer au subject où i'aspire!

Ronsard est aussi extremement digne d'estre admiré en ce qu'il escrit en vne autre part: Que quand il dict que l'on doit inuenter choses belles & grandes, il

DE L'ART POETIQUE. 221

n'entend point toutefois ces inuentions fantastiques & melancoliques, qui ne se rapportent non plus l'vne à l'autre que les songes entrecoupez d'vn frenetique, ou de quelque malade cruellement tourmenté de fieure, l'imagination duquel pour estre blessee, se represente mille formes monstrueuses sans ordre ny liaison: Adjoustant que ces inuentions ou conceptions desquelles on n'en peut donner reigle manifeste pour estre spirituelles, doiuent estre bien ordonnees & disposees: & que bien qu'elles semblent passer celles du vulgaire, elles doiuent estre toutefois de telle sorte, qu'elles puissent estre facilement connuës & entenduës d'vn chacun.

Mais en suite pour reuenir à traicter du merite de l'Inuention & de ce qui la suict, i'en diray icy quelques mots suiuant mon opinion & celles dont quelques Autheurs des siecles passez en ont parlé. Ainsi donques toutes sortes d'escrits sont acomplis & ornez au moyen de trois principales parties, qui sont l'inuention, la disposition, & la Phrase ou Elocution. Et pour les deduire de l'vne à l'autre selon la proportion de leur merite, il faut commencer à la premiere d'icelles, & dire ainsi, outre ce que i'en ay dict cy deuant, que l'Inuention est vne Idee ou dessein qui porte vne conception nouuelle, laquelle prend origine en l'imagination que l'entendement entretient en soy, pour paruenir à la fin d'vn subject que la volonté s'est proposé. Ceste Inuention qui porte ainsi vne conception, est respanduë par toutes les parties du Poëme comme le sang par tous les membres du corps animé : De sorte qu'elle se peut appeller la vie & le fondement d'vne Poësie. La disposition est vne ordonnance, & vn propre agencement & construction des choses qui sont contenuës au corps de l'inuention. C'est vn ordre du tout legitime & raisonnable qui par le moyen d'vne proportiõ geometrique loge les cas & les parties du subjet, & du discours au lieu propre que la raison, & la nature du langage le requiert. Comme par exemple en la disposition des Elemens le Createur de l'vniuers a logé le feu comme le plus leger en la partie plus haute du monde, la terre comme l'Element le plus pesant de tous au plus bas lieu, puis que de sa nature, elle en deuoit agir qu'en vertu de ce qu'il luy seroit superieur, & les autres deux Elemens de l'eau, & de l'air, comme tenans de la pesanteur & legereté des autres, ont esté colloquez au milieu d'iceux. Et en fin la disposition bien ordonnee, est vne grace & proprieté qui donne la forme & la lumiere à tout le Poëme. Les Grecs appellent Phrase ce que nous appellons Elocution, lequel terme estranger est plus en vsage entre nous, que l'autre qui est de nostre creu; & tel qu'on le voudra nommer, il signifie vn moyen dont la Disposition se sert pour expliquer & produire nettement au iour la chose inuentee. Ceste phrase est vne construction, vne liaison & vn edifice, des mots & des raisons les vns auec les autres, pour en former la perfection du discours. C'est elle ainsi, qui estant bien conduicte, expose clairement en leur vray crayon les conceptions de l'esprit, & ainsi elle sert de peinctre & de fidelle truchement aux deux autres. Ces trois parties s'aiment, & se fauorisent parfaictement par tous les endroits d'vn Poëme. Car l'Inuention est d'vne telle dignité, que mesmes, elle est incorporee en la disposition, puis qu'il y a touiours de l'inuention à bien disposer les subjects; comme aussi il y en a en l'Elocution, veu qu'en l'arrangement des mots & des termes, & au chois d'iceux, l'esprit y paroit nõ moins inuentif qu'industrieux. C'est ainsi donc que c'est vne chose asseuree, que iamais nous ne faisons proposition d'aucun dessein que ce soit, que premierement elle ne soit conceuë ou inuentee en l'esprit. Aussi sans la disposition, l'ame de l'Inuention demeureroit confuse, difforme, & inutile comme vn Caos, ou bien comme si elle n'auoit iamais esté. Et en fin aussi, sans l'Elegance & la beauté de l'Elocution, toutes les parties de l'Inuention & de la disposition se treuueroient sans graces, sans harmonie & sans splendeur, & seroient du tout infructueuses & inutiles comme vn thresor caché en terre, & comme vn abortif monstrueux, en qui l'on remarque le deffaut des faueurs du temps & de la Nature. C'est ainsi que le Poëte est à l'endroit de ces trois parties tel qu'vn Prince au respect d'vn pect d'vn Chasteau qu'il veut faire edifier: Car le lieu où il le veut, & les materiaux, comme bois, fer, plomb & pierres dont il doit estre construict, & la stucture & façon qu'il s'est proposé de luy donner, representent l'inuention. L'Architecte & les ouuriers qui disposent les murailles & tous les autres diuers endroicts du logis suyuant le dessein du Prince, figurent la disposition. Et la phrase se rapporte à l'accomplissement absolu de toutes les parties de l'edifice, commençant despuis le fondement iusques en tous les lieux plus particuliers des moulures, & des filets qui augmentent leurs differances. Or le Prince des Poëtes a viuement posé ces trois parties du Poëme en toutes ses œuures: Car on voit que ce diuin esprit voulant celebrer Achilles en son Iliade, treuue vne inuention que le Prince Agamenon luy oste Briseïs son amie, dont s'en ensuyuant vne querelle entre-eux, il faict qu'Achilles se delibere de n'aller plus à la guerre côtre les Troyés, surquoy ayant fait vn souhait contre la prosperité des Grecs, & Thetis sa mere luy acordant vne priere qu'il luy auoit faicte, & en suicte d'icelle

P

montant au Ciel, elle prie à Iupiter que durant le courroux de son fils, il rende tousiours victorieux les Troyens, afin que les Grecs connoissent qu'elle nuisance leur auient de ce qu'vn si vaillant guerrier ne se treuue plus aux combats auec eux. Ce que Iupiter luy ayant concedé, il s'en ensuyuit tant de routes signalees où les Troyens reduirent les Grecs sous la conduicte d'Hector, iusques à ce que par vne tresbelle inuention, Achilles couuert de nouuelles armes, & s'estant pacifié auec ledict Agamenon, retourne à la guerre, effraye les Troyens par sa seule presence, les met en route par sa valeur, les chasse iusques aux portes de la ville, & finalement tuë Hector leur general. Mais le discours seroit vn fort grand liure, si l'on vouloit raconter au long tant de belles & particulieres inuentions dont les Poëmes d'Homere ce diuin homme sont remplis & ensemble admirables. Et entre autres ceste docte Iliade, où les plus rares esprits treuueront tousiours dequoy exercer leurs sçauoir; lors que suyuant le merite de tant de beaux subjects qu'on y contemple, & les vestiges des secrets humains

& diuins qui brillent en iceux, ils voudront esclairer en faueur de plus que d'vne science, à quel sens il faict que la pestilence est enuoyee d'Apollon en l'armee Gregeoise pour venger le tort que l'on auoit faict à Chriseïs son Prestre. A quel autre but il faict que Iupiter pour venger l'injure dont Achilles auoit esté greué, les Grecs se treuuent repoussez & vaincus sous la force de ceux qu'ils tenoyent assiegez. Comment & à quel sens il faict quereller les Dieux, & les faict entrer en guerre ouuerte pour l'amour de ces deux partis. Comme il faict combatre diuersement les hommes, comme il peinct naïuement l'elegance des Ambassades, la prudence des Conseillers, la consideration des Augures & la forme des sermens, des Paches & des sacrifices. Comme auec vn pinceau plus diuin que mortel, il figure admirablement la representation des amours des Dieux, leurs majestez, leurs allees & venues, leurs prouidences, leurs desirs, leurs Metamorphoses, leurs pouuoirs & leurs paroles, & la diligence & l'excellence de Vulcan en la fabrique des armes d'Achilles. Comme auec vn dis-

P ij

cours parfaictement pathetique, il faict voir la façon, & la beauté des armes que ce Dieu auoit forgees, & les richesses de la coupe mysterieuse de Nestor, & les diuers equipages & harnois des gens-d'armes. Comme il descrit au naturel les harangues des Capitaines, les vaillances des vns & des autres, les diuerses sortes de mort de ceux qui sont tuez à la guerre, l'ordre des batailles, le flux des sentences, les viues descriptions de ce qui est representé, la merueille de tant de belles comparaisons dont cest ouurage est illustré, & en fin tant de riches subjets qui luisent en iceluy, & qui dés qu'il a esté veu, s'est rēdu d'vn siecle à l'autre iusques en nos iours admirable aux yeux des plus beaux esprits & de telle sorte que la venerable antiquité en a surnommé l'Autheur, Peintre des mysteres. C'est ainsi qu'vn honneur incomparable est attribué à Homere, pour auoir diuinemēt inuenté, si parfaictement disposé & composé tant de beaux vers, dont auec vne tres-parfaicte disposition qui resplendit parmy tous ses Poëmes, il a mis au iour les inuentions, & les conceptions de son esprit. C'est ainsi que ce grand Poëte s'est rendu si recommandable en la bouche des hommes doctes, puis qu'outre l'auantage qu'il s'est aquis en l'vsage de la disposition & de l'elocution, on voit que presques tous les diuins subjects qu'il a traictez, ont esté fondez & formez des propres sources de ses inuentions. Il est vray toutesfois que d'autant qu'il estoit homme, il a erré en quelques endroicts de ses escrits ; Comme le Poëte Horace l'a bien connu : Ce qu'il luy a faict dire que le bon Homere a dormy quelquesfois. Mais pourtant, cela n'empesche pas que ses Poësies ne soyent tousiours reuerees & cheries des hommes les plus sçauants : Car il n'est pas raison qu'vne tresbelle & tres-plantureuse saison d'Esté soit estimee desplaisante, si la gresle, & les tempestes ont ruiné vne partie de ses moissons & de ses vendanges : Car où là bonté abonde il faut pardonner le deffaut.

Mais d'autant que les Oeuures d'Homere sont d'vne si grande recommendation, il ne sera que bien conuenable d'apporter encore icy quelque chose à l'honneur de ce Prince des Poëtes, puis qu'en traictant de son merite ie ne sors point du subject de ce chapitre, veu que ie parle du Poëte qui a inuenté plus que tout autre. Or c'est ainsi que Michel de Montaigne, qui a esté vn des plus beaux esprits de France, proposans en ses Essais, qu'Homere, Alexandre le grand & le Thebain Epaminondas, ont esté les trois plus excellens hommes du monde, parle ainsi en partie : Si l'on me demandoit le choix de tous les hommes qui sont venus en ma connoissance, il me semble que i'en treuuerois trois excellents au dessus de tous les autres. Le premier desquels seroit Homere : non pas que par auanture Aristote & Varron, ne fussent aussi sçauans que luy, & que possible en son art mesme Virgile ne luy soit comparable, puis qu'il a si bien escrit que l'on peut croire qu'en plusieurs rencontres les Muses mesmes n'iroient pas au dela de ses ouurages : d'autant qu'il a faict des vers semblables à ceux qu'Apollon chante sur sa Lyre. Toutefois il ne faut pas oublier en ce iugement, que c'est principalement d'Homere que Virgile tient sa suffisance, que c'est son guide & maistre d'escole, &

qu'vn seul traict de l'Iliade & de l'Odyssee a fourny de corps & de matiere à cette grande & diuine Eneïde. Mais ce n'est pas ainsi que ie veux parler en tout ; il y a plusieurs autres circonstances qui me rendent ce personnage admirable presque au dessus de l'humaine condition. Et à la verité ie m'estonne souuent de ce grand Homere, en ce que luy qui par son authorité a produict & mis en credit au monde plusieurs deïtez, n'ait gaigné vn rang diuin pour luy mesme à la façon de ces Dieux inuentez qu'il descriuoit si bien. Or c'est vne chose du tout incomparable & merueilleuse en ce rare Poëte, que viuant auant que les sciences fussent redigees en reigles & obseruations certaines, il les a si bien connuës, que tous ceux qui depuis se sont meslez d'establir des Polices, de conduire guerres, & d'escrire ou de la religion ou de la Philosophie en quelque Secte que ce soit, ou des Arts ; se sont seruis de luy comme d'vn maistre excellent & tres-parfaict en la connoissance de toutes choses. Aussi de ses Liures, comme d'vne pepiniere de toute espece de suffisance, on peut dire qu'ils parlent mieux & plus amplement que Chrysippe & Crantor, sur les marques qui sont belles ou laides, & des choses qui sont dommageables ou vtiles. Et comme autrefois en a dit vn Poëte: C'est de luy duquel comme d'vne perpetuelle fontaine des Muses les Poëtes en arrosent leur leures. Et vn autre aussi en ceste façon, Adioustez encore les compagnons des Muses, l'vn d'esquels a esté Homere qui a possedé les Cieux. Comme vn autre encore en a ainsi parlé, C'est de la bouche d'Homere, que comme d'vn fleuue desbordé toute la Posterité a tiré les eaux de Parnasse, dont elle a formé ses vers : Et laquelle a bien osé estant abondante & feconde des biens d'vn seul, amener ce fleuue dans de petis ruisseaux. Aussi Du-Bartas a dict sur ce subject au sixieme Liure du second iour de la seconde Sepmaine, ainsi en faueur de ce Poëte.

La Grecque a pour appuy vn Homere aux dous vers,
Dont l'escole a produit les regimes diuers
Des Philosophes vieux, & fuict par tout le mōde
Comme vn grand Ocean ruisseler sa faconde.

Mais il appert clairement que c'est contre l'ordre de Nature que la production de ce Poëte a esté la plus excellente de toutes: car en la naissance ordinaire des choses, elles sont imparfaictes, & s'augmentent & se fortifient par l'accroissance: mais ce diuin Poëte a rendu meure & parfaicte l'enfance de la Poësie & de plusieurs autres sçiences, si ce n'est qu'il est deffectueux en quelques passages qu'on peut remarquer en ses œuures: soit au manquement du bien-dire, ou de la raison: Car comme i'ay dict cy deuant, puis qu'il estoit homme il a erré en quelques endroits: Mais pourtant on le peut nommer le Prince des Poëtes, suiuant ce beau tesmoignage que l'antiquité nous a laissé de luy, que n'ayant eu nul qu'il peust imiter auant luy, il n'a eu nul apres luy, qui l'ait peu imiter: Toutefois ie n'aprouue que la moitié de ce tesmoignage: car on voit assez que Virgile & quelques Poëtes Italiens l'ont imité fort heureusement. Or suiuans l'opinion d'Aristote, ses paroles sõt les seules paroles qui ayent mouuement & action ; ce sont les seuls mots substantiels. Et ceste singuliere &

particuliere louange luy est aussi demeurée au iugement de Plutarque, que c'est le seul Autheur du monde qui n'a iamais soulé ny degousté les hommes, se monstrant aux Lecteurs tousiours tout autre, & fleurissant tousiours en nouuelle grace. Ce grand Alcibiades l'auoit en telle estime, qu'vne fois ayant demandé à vn maistre d'Escole vn Liure d'Homere, luy donna vn soufflet, parce qu'il luy respondit qu'il n'en auoit point. Car d'estre en ce temps là despourueu de tels Liures, c'estoit autant de faute à vn Professeur de lettres, comme à present il seroit reprochable à vn prestre de n'auoir point de Breuiaire. Mais quelle gloire luy atribuoit Penetius quand il nommoit Platon l'Homere des Philosophes? Mais qui doubte qu'Alexandre le grand ne fust vn des plus doctes hommes du monde, puis qu'Aristote auoit esté son maistre: Aussi ses paroles n'auoient pas moins de magnificence que la grandeur de son courage. C'est pourquoy il connut si bien le merite des œuures d'Homere, qu'estant arriué à visiter les ruines d'Ilion, & y voyant le tombeau d'Achiles, il s'escria ainsi, O bien-heureux Heros! à qui les Dieux ont departy tant de gloire en luy donnant Homere pour eterniser le bruit de ses valeurs: Mais apres la conqueste du Royaume de Perse, luy estant apporté vn petit coffret, qui estoit estimé le plus riche & plus precieux meuble qui eust esté gaigné en la deffaicte de Darius, il demanda à ses familiers quelle chose leur sembloit plus digne d'estre mise dedans: Lors les vns luy dirent vne chose, & les autres vne autre. Mais apres les auoir entendus, il leur dict, qu'il y mettroit les œuures d'Homere pour les conseruer dignemēt, & que l'Iliade de ce Poëte estoit le meilleur & plus fidelle Conseiller qu'il eust en ses affaires militaires. Par ceste mesme raison Cleomenes fils d'Anaxandridas disoit que c'estoit le Poëte des Lacedemoniens, parce qu'il estoit tresbon maistre de la discipline guerriere. Mais outre cela, quelle gloire du mōde se peut comparer à la sienne : car son nom & ses ouurages viuent d'vne tres-belle & constante renommee en la bouche des hommes? Rien n'est si connu & si receu que la guerre de Troye, les beautez & les amours d'Heleine & les auantures d'Vlixes. Et presques les Poëtes ne chantent iamais les valeurs de quelque grand Cheualier sans les comparer aux Proüesses d'Hector & d'Achiles, qu'il a chantez si hautement en son Iliade, mais beaucoup plus l'vn que l'autre. Et non seulement quelques illustres races cherchent & designent leur origine en ses inuentions Poëtiques: mais aussi des Nations toutes entieres. Car suiuant quelques Historiens, les anciens Alemans, & depuis les François auec eux se disoient estre descendus des Troyens, qui auec Françion fils d'Hector eschaperent du sacage de leur ville: Comme aussi vne bonne partie des Italiens marque ses Ayeux plus illustres en ces Troyens qui sous la conduicte d'Ence conquirent le païs des Latins, & duquel Enee, les Princes de Rome ont creu estre descendus: Tant les discours de ce fameux Poëte ont eu de credict & de reputation entre les plus grands hommes. Et depuis enuiron cent soixante ans, Mahomet second Empereur des Turcs escriuant au Sainct Pere le Pape Pie second, luy disoit ainsi, Ie m'estonne comment les Italiens se bandent contre moy, attendu que nous auons nostre commun origine des Troyens, & que comme eux i'ay interest de venger le sang d'Hector sur les Grecs, lesquels ils vont sauorisant. Mais la fortune voulant honorer Homere en sa mort, aussi bien que la gloire en sa vertu, fit qu'en consideration de son sçauoir si diuin, pour estre honorees d'estre nommees la patrie d'vn homme si rare, Smyrne, Rhodes, Colophon, Salamine, Scie, Argos & Athenes qui estoyent des plus illustres villes de Grece, entrerent en debat & vindrent aux armes, voulant chacune d'icelles, se qualifier le lieu de sa naissance. C'est ainsi que par vne si excellente Poësie ce glorieux nourrisson des Muses a esté prisé & reueré des nations, des Princes, & de toutes personnes qui ont les lettres en amour, & qu'entre les personnages plus celebres en sçauoir, ce grand Philosophe Archesilas inuenteur de la nouuelle Academie, estimoit tellement les œuures d'Homere, que iamais il ne se mettoit au lict, que premierement il n'en eust leu quelques vers, & ainsi les allant lire au soir, il disoit, qu'il alloit voir à la lumiere son amoureux. En fin tous les excellens Esprits l'ont grandement estimé, & mesmes les saincts Peres de l'Eglise, où entre autres Saint Basile le grand disoit qu'il admiroit vne tres-rare doctrine aux œuures d'Homere, & qu'elles meritoyent vne tres-grande louange.

Or Virgile ce Prince des Poëtes Romains est venu apres Homere, & a suiuy par toute son Eneïde la Philosophie de Platon, à raison dequoy Diogene Laerce l'appelle en la vie des Philosophes le Poëte Platonique. Il a fort imité Homere audict Poëme & l'a surpassé en quelques endroits touchant la bonté des vers & la force & la pureté du langage: mais pourtant auec tout cela, il n'a point esté si fertile & si delectable de beaux & diuers subjects comme on en voit admirablement enrichies l'Iliade & l'Odyssee de ce Pere des Poëtes. Toutefois ce Romain s'est acquis vne merueilleuse reputation entre les hommes pour la diuinité qui paroit en la vraye & magnifique structure de ses vers, où pour l'excellence de leur grauité, ils rauissent d'admiration ceux qui les lisent: Aussi quelques vns l'ont

DE L'ART POETIQVE. 239

plus estimé qu'Homere : mais ceste opinion n'est pas receuë de la septieme partie des plus iudicieux esprits. Ronsard dict bien que Virgile & Homere sont deux lumieres de Poësie : mais il escrit en vne autre part en la preface de sa Franciade qu'Homere estoit le maistre & le patron de Virgile, & d'abondant il a faict vne Elegie sur le subject de la Franciade, dont les quatorze premiers vers sont ceux-cy, lesquels comme on peut voir sont en recommandation de ces deux grands Poëtes.

Homere de science, & de nom illustré,
Et le Romain Virgile assez nous ont montré
Cōment & par quel art, & par qu'elle pratique,
Il falloit composer vn ouurage Heroïque,
De quelle forte haleine, & de quel ton de vers,
Varié d'argument, & d'accidens diuers.
I'ay suiuy leur patron, à genous Franciade,
Adore l'Enéide, adore l'Iliade :
Reuere leurs portraicts & les suy d'aussi loin,
Qu'ils m'ont passé d'esprit, d'artifice & de soin :
Miracle non estrange à celuy qui contemple
Ces deux grāds demy-Dieux dignes chacun d'vn
  temple,

L'vn Romain, l'autre Grec, à qui les Cieux & mẏ
Et les Muses auoyent tout dict & tout permis,

On a veu l'Arioste en ce siecle precedent, qui parmy le Poëme Epique de son Roland furieux, a imité non seulement ce que ces deux Poëtes ont chanté de plus haut, mais encore les plus beaux lieux qui se lisent chez les autres Poëtes Grecs, & Latins, & ainsi decorant son œuure de beaucoup d'auantures de son inuention, & racontant en son *Italien* les victoires & les entreprises de Mars & d'Amour, auec vn meslange de plusieurs traicts de moralité, il a faict vn ouurage à iamais admirable en ces amours & vaillances de Roland & des autres Heros qu'il celebre en ce mesme Liure. Nous auons veu aussi en nos iours le Poëme Heroïque de la conqueste de Hierusalem, ouurage de Torquato Tasso, où à l'imitation de l'Iliade & de l'Odyssee, il chante les valeurs de plusieurs Princes & Capitaines, & sur tous la prudence & la proüesse du general des Chrestiens Godefroy de Buillon, & les armes & les Amours d'vn Cheualier nomé Richard,
duquel

duquel il faict descendre la maison des Aldobrandins. On y voit quelques passages de son inuention, & descriuant en cest œuure le siege & la prise de ladicte ville de Hierusalem, il le commence doctement, & le poursuit & acheue suiuant les façons qui sont requises à des Poëmes semblables: Car il fait que toutes les auantures de son Liure despendent des subjets de ce siege, & ainsi en la contemplation d'iceluy, il faict respondre & descendre tous les desseins qu'il traicte, en la Poësie de ceste entreprise guerriere, laquelle il descrit auec vn stile fort graue. Dont il est auenu qu'à l'occasion de l'vne & de l'autre partie dont ce Poëme est ainsi embelly, quelques vns l'ont en beaucoup plus grande reputation que celuy du Furieux: Côme Du-Bartas ainsi en iuge de la sorte, au second iour de la seconde Sepmaine au liure nômé Babilone, où il parle des quatre persônages qui ont excellé en la connoissance & exercice des lãgues les plus estimees, traictant particulierement de ceux qui ont esté de la sorte à l'endroit de celle de leur nation, Surquoy venant à parler du langage Italien il dict ainsi,

Le Tuscan est fondé sur le gentil Boccace,
Le Petrarque aux beaux mots, esmaillé plein d'audace,
L'Arioste coulant, pathetique & divers,
Le Tasse, digne ouurier d'vn Heroïque vers,
Figuré, court, aigu, limé, riche en langage,
Et premier en honneur bien que dernier en âge.

Mais il se treuue aussi plusieurs autres esprits, qui par des raisons fort receuables soustiennent que l'œuure de l'Ariofte est plus beau, & plus aimable que l'autre, bien que veu la varieté, & les diuers subjects de ses discours il soit different à la forme de l'Iliade, de l'Odyssée, & de l'Eneïde, dedans lesquels Poëmes on voit que toutes les parties respõdent au point d'vn dessein. Toutesfois, nonobstant ceste difference, ie suis de l'opinion de ces derniers : Car le stile de l'Ariofte est plus dous & intelligible que celuy du Tasse : Les inuentions, les sentences & les auantures y sont plus amples, plus belles, plus esgayantes & plus variees de notables accidens & de merueilles : Et la representation de ce qu'il s'y traicte n'est pas moins viuement exprimee que celles qui sont tracees en l'ouurage de ladicte conqueste : Outre qu'en cela, il y peut auoir de l'auantage du costé de l'Arioste, veu que son langage est plus net & coulant que celuy du Tasse.

Mais ie diray encore cecy sur le subject de l'Arioste, que veu tant de diuers contes qu'il recite par entrecoupement en son Poëme Heroïque, Ronsard auoit escrit en la premiere Impression de sa Franciade en la preface, que les discours de ce Roland furieux, ressembloyent aux songes & fantasques imaginations d'vn homme qui est tourmenté de frenaisie & que de sauter ainsi d'vn conte à l'autre & d'en conduire tant ce n'estoit pas vne chose propre à la beauté d'vn Poëme de grande valeur. : Mais pourtant, il se retrancha depuis de ceste opinion à moitié aux autres Impressions de ladicte Franciade, & mesmes apres en parlant quelques fois de ce Poëte Italien, il disoit que ce Roland furieux estoit le Monstre aux belles parties : Ainsi en le blasmant encore vn peu, il luy donnoit beaucoup de louange. Mais en fin qu'elle opinion que ce fut la sienne, à iuger ainsi en partie au desauantage de l'Ariofte, ie ne penfe pas qu'il euft efperance que la Franciade euft iamais furpaffé les beautez & les galantifes de ce furieux, puis que ce que l'on en voit ne contente que bien peu au prix de cet Italien.

Or Ouide en fes Metamorphofes n'a vfé ny d'Inuention, ny d'Imitation: mais par vne maniere de traduction & narration employant tout à fait la difpofition, il a treuué la façon de lier tant de diuerfes fables enfemble, & de donner à toutes vn lieu fi propre, qu'il femble que tous ces deffeins foient partis de l'inuention d'vn feul Autheur, & que ce foit vne narration qui fans aucun interuale, ny difference de fubjects, marche du commencement iufques à la fin. Ceft de la façon que le plus dous & plus naïf Poëte des Latins, a faict que par vne difpofition bien dreffee, la chofe qui luy eftoit eftrangere, & qui fe treuuoit entre les mains du commun, a efté auouëe & receuë comme fcience propre. On voit auffi que Ronfard a fort imité les Grecs, & les Latins en fes Amours, en fes Odes, en fes Hymnes, & en fa Franciade: &

comme il a si bien acommodé les inuentions d'autruy en la belle disposition que son entendement, & sa fureur Poëtique luy fournissoit, qu'en la plus grande partie de ses imitations, il a excellé en biendire les Autheurs qu'il imitoit. Des-Portes a faict merueilles à s'approprier les conceptiōs amoureuses des Poëtes Espagnols & Italiens, & mesmes de quelques Latins, les imitant & surpassant la plus part en ces doux larcins dont il a formé la plus grande partie de ses Poësies d'amour. Mais sur tout ce qui est sorty d'excellent de sa plume, il s'est rendu à iamais recommandable en ceste admirable traduction qu'il a faicte des cent cinquante Pseaumes de Dauid : ayant fondé sa version sur le texte qui se treuue d'iceux, tant en Latin comme en Hebrieu, & en la paraphrase Caldaïque, comme sur le Grec des septante Interpretes : Aussi il a tellement excellé en ceste version Françoise, que le docte Genebrard l'eut en admiration, & loüa infiniement vn si digne ouurage. Et à ce propos ie diray, que comme vne fois ie me treuuay en compagnie de deux de mes amis chez les Iesuites en

Auignon, & qu'vn Escollier qui m'estoit inconnu s'en vint deuers nous, où apres quelques propos qui d'vne part & d'autre furent tenus sur le subject de la Poësie, il me demanda s'il se treuuoit pour lors quelque œuure nouuelle des Poëtes François, à quoy ie luy dy, que les Pseaumes de Dauid traduits en vers par Monsieur Des-Portes estoient de nouueau en lumiere, & que c'estoit vn labeur de qui l'honneur seroit immortel : Surquoy il me dit, qu'il auoit des-ja ouy parler de l'Impression de ce Liure, & que quant à luy, il croyoit que ceste version ne viuroit pas apres nous. Lors ie luy respondis ainsi, Ouy, si nous viuons plus que l'immortalité. Ceste responce reboucha tellement son imprudence & sa temerité, qu'il n'y peut repartir que par les mornes & confuses façons d'vn extreme silence. Il auoit trop de tort aussi, de contredire à la gloire d'vn œuure de qui les paroles ne sont pas moins incomparables & fidelles pour la traduction, que douces & belles pour le langage.

Tandis en consideration de ces discours, ie treuue qu'il ne sera que bien à propos que j'auance encore icy quelques lignes sur le subject de l'Inuention & de l'Imitation, les produisant en partie de mon opinion, & de celles de quelques Autheurs, qui en ont escrit anciennement. Et ainsi, ie diray, Que comme il n'y a qu'vne espece de bien en toutes choses, & que celles du mal sont infinies, que la verité n'a qu'vne face & que le mensõge en a sans nombre, le premier poinct que le Poëte doit auoir pour recommandé, c'est de sçauoir discerner la vertu d'auec le vice, & la beauté d'auec la laideur. A ceste occasion apres la connoissance que le Poëte doit auoir des Histoires, de la Philosophie, des fables & de l'Art qui est requis à la Poësie, il se doit exercer ordinairement en la lecture des Poëtes les plus estimez: Et touchant les anciens, principalement en Homere & Virgile, qui sont les deux Princes de la Poësie, puis mesme que toutes sortes de Poëmes sont comprises en leurs œuures Heroïques, & autres. Et faut qu'il ait leu tellement ces deux Poëtes, que sa memoire en soit toute embellie, & les ait viuement comme vn fonds de richesse inespuisable,

Q iiij

& pour vne guide & vn exemplaire perpetuel. Car ayant ſes idees remplies de tant de beaux ſubjects qui decorent ces ouurages ſi fameux, il s'enſuiura qu'auec le bien du naturel qu'il aura à la Poëſie, il ne pourra faillir de faire magnifiquement tout ce qu'il entreprendra d'eſcrire, d'autant que ſes conceptions prenans ſource en vn lieu qui ſera ſi bien fourny de la ſouuenance de ſi beaux traicts de Poëſie, ſe reſſentiront touſiours de la nobleſſe dont l'eſprit qui les formera ſera ſi richement illuſtré, tout de meſme que les enfans yſſus de bon lieu, ſont ordinairement vertueux, les parens ayans eſté de la ſorte, & qu'auſſi le bon vin ſe recueille touſiours en vn champ qui eſt propre à le rendre tel. Mais il ne faut pas pourtant que le Poëte qui connoiſtra ſes forces pour ſe rendre excellent, ſuiue totalement l'imitation, non plus que pour ſe fier trop de ſes forces il ne doit pas auoir deſſein d'eſcrire que ſuiuãt ce qu'il pourroit inuenter : car le premier ne luy donneroit que peu d'honneur, & par l'autre il auroit trop de peine ſans raiſon, puis que par fois il pourroit mieux faire en imitant & plus aisement. Mais en se proposant de suiure la piste d'autruy, & d'adiouster du sien en temps & lieu, il doit entreprendre de faire mieux en plusieurs subjets que n'ont fait les Poëtes qui l'ont precedé, & faut ainsi qu'il pense, que s'il n'y a pas eu encore quelque Poëte parfaict en toute chose, il n'est pas pourtant impossible que la nature & l'art n'en puissent faire vn accomply de tout ce qui est necessaire. Qu'il croye aussi que ce n'est point le plus haut degré d'honneur d'estre pareil à ce qui est assez grand, mais bien d'estre esgal à ce qui est du tout parfaict, ou bien d'exceller par dessus ce qui est fort grand, & fort estimé. Parce que bien que la mediocrité soit tollerable en plusieurs disciplines, toutefois elle ne l'est aucunement en la Poësie, dautant qu'il est requis que le Poëte escriue extremement bien, afin que tous ses Poëmes soyent accomplis de tout ce qui est deu à l'excellence d'ouurages si spirituels & naïfs, & faisant ainsi, ses Poësies seront parfaites, & ne seront inferieures en bonté à celles d'autruy : Car c'est de necessité que les choses soyent du tout louables

& parfaictes lors que se treuuans tres-excellentes en la beauté de leur estre, elles ne peuuent estre surpassees en aucune bonté. Or c'est la verité que par la seule imitation rien ne se faict de sublime en honneur: Car vne bonne partie de ce que l'on a bien faict en imitant se rapporte au subject imité, & puis c'est le faict d'vn homme paresseux ou de peu de courage & de pouuoir, de suiure tousiours les erres d'vn autre en vn chemin où il y a moyen de faire mieux: aussi celuy qui suit tousiours autruy, se treuue tousiours le dernier au bout de la carriere. Mais le courageux & vray Poëte, en ornant & mariant heureusement l'inuention auec l'imitation doit exactement employer en ses œuures la bonté de l'esprit, les richesses du sçauoir, les reigles de l'art, la douceur & la majesté du langage & les biens de la nature; Et s'employant ainsi, il ne faut pas qu'il doute que ses Poëmes ne soyent infiniment beaux en toutes leurs parties. Et s'il est enrichy de tels ornemens il effectuera en ses œuures ce que plusieurs beaux esprits ont souhaicté aux qualitez d'vn bon Poëte, duquel ils ont dict que l'office consiste en ces parties qu'il doit donner nouueauté aux choses vieilles, authorité aux nouuelles, beauté aux rudes, lumiere aux obscures, foy aux douteuses, & le rang & le naturel à toutes. Et que dauantage, il doit regarder qui est celuy d'entre les Poëtes qui a faict ainsi, & s'il n'a esté faict enquoy gist la faute, qu'il doit auiser les choses generales & les particulieres examiner les passages & les traicts de toutes les belles sciences, considerer & connoistre purement les diuerses façons de parler, qu'elle grauité, & quelle douceur & bien-seance il faut suiure en chasque chose. Et que lors qu'il verra quelques vices aux Autheurs, qu'il s'auise de ne faire pas ainsi, puis que ce n'est pas vne chose mal aisee d'euiter vn mal qui est connu, & qui peut estre fuy au moyen de l'industrie, & lors qu'il y verra des vertus, qu'il les esgale en ses ouurages, puis qu'il n'est pas impossible qu'vn effect glorieux ne puisse estre heureusement esgalé par les valeurs d'vn autre. Et i'adjousteray icy, que si ces vertus qu'il y connoistra ne sont pas extremes, qu'il ne doit pas se contenter de les esgaler seulement, mais bien de les surpasser auec la peine & l'industrie, afin qu'il en acquiere la plus grande gloire. Car en la domination de l'Empire, Cesar & Pompee ne pouuoient estre pareils & souuerains en degré de grandeur, puis que l'vn & l'autre pouuoit estre plus grand de nouuelles victoires & d'Estats, & qu'il falloit que la valeur & la bonne fortune de l'vn, emportast & couurist toute l'esperance de l'autre. Et c'est ainsi, que le Poëte doit estre en ses Poëmes, comme la Nature en la production des fleurs : car elle forme les roses & les œillets auec toute la perfection que le Createur leur a donnee pour estre roses & œillets.

Or les termes qui marchent apres celuy de l'Inuention acomplie dece qui luy est deu comme i'ay dict, sont l'imitation & la traduction : L'Imitation se diuise en deux, dont la premiere est appelle Libre, & attachee. La libre est celle qui forme ses traitez à la similitude de quelque subject que le Poëte a consideré aux œuures d'autruy, & duquel elle en imite vne partie seulement & non le tout. Comme en

DE L'ART POETIQUE.

ceste façon l'Arioste a imité la fable de Persee & du cheual Pegase au magicien Athlas, qui montoit sur le cheual volant Hyppogriphe, luy faisant exploicter toute autre chose que celles que Persee faisoit. En ceste imitation libre, il a imité aussi le mesme Persee, & Andromede qui estoit exposee au monstre marin en l'auanture d'Olympe exposee à l'Orque, & deliuree par la prouësse de Roland qui tua ce monstre de Mer. Toutes les autres imitations de ce Poëte sont libres aussi, par la mesme raison de celles-là. Virgile a vsé de ceste Imitation en la descente que faict Enee aux Enfers, sur le subject qu'il imitoit au voyage que Thesee, Hercules & Pyrithous y firent. On peut voir en ce mesme Poëte plusieurs autres lieux où ceste Imitation est pratiquee. Mais ie veux apporter vn autre exemple comme ceste Imitation libre peut estre maniee. Ainsi donc, si ie voulois imiter en cestefaçõ la fortune & les Amours d'Enee & de Didon, en la personne d'vn Prince que ie nommeray Lisimont : Ie diray que ce Prince estant en Mer auec vne armee de cent Galeres, pour aller guerroyer & conquerir quelque Royaume sur la coste de Barbarié, seroit contrainct par les vents qui s'oposeroyent à son voyage, de prendre autre route, & d'aller mouiller l'ancre en vn bord de qui le Païs seroit commandé sous le regne d'vne Princesse encore fille, & laquelle ayant receu Lysimont en sa principale ville maritime, & en estant deuenuë esprise d'amour, comme luy aussi d'elle, l'auroit espousé. Que quelque temps apres, Lysimont par les charmes d'vn faux rapport, reputant sa femme infidelle, se r'embarqueroit au desceu d'icelle, & luy enuoyeroit pour tout adieu & confort vne lettre, en laquelle il la taxeroit cruellement de luy auoir esté desloyale, & luy attesteroit qu'il ne reuiendroit iamais vers elle. Lors ceste Princesse entrant au desespoir & au dueil extreme par ceste fausse accusation, & pour l'absence de son mary, feroit briser vn Diamant qu'elle auroit eu de luy pour la foy de leur Mariage, & le beuuant auec du vin, elle s'en empoisonneroit ainsi, dont il s'en ensuiuroit sa mort, apres plusieurs plainctes quelle auroit faictes contre la rigueur &

legere inconstance & opinion de son mary. Voila comme les amours & la fin de Didon enuers Enee, seroyent imitees d'vne imitation libre. Les Imitations que Des-Portes a faictes sur les auantures de Roland, d'Angelique & de Rodomont, sont celles qui doiuent estre nommees au rang des Attachees: Car imitant ainsi l'Arioste & l'Aretin, il s'astrainct au nom, & à la mesme fortune des personnes qui ont esté chantees par autruy; bien qu'il y diuersifie quelques passages, qu'il en laisse d'autres, & qu'il en adjouste du sien.

Les Hymnes que Ronsard a imitees de plusieurs Autheurs Grecs, sont composees d'vne Imitation attachee: car il forme tout son discours sur le subjet imité: Comme aussi de ceste sorte sont les Paraphrases, duquel nom toutes les imitations Chrestiennes sont ordinairement nommees: Car en allongeant & renforçant le sens & les raisons, & releuant les termes qui expliquent le subject imité, on ne laisse iamais en arriere aucun traict d'iceluy, ains plustost on le clarifie tres-amplement par vne amplification de sentences portees à ce seul but. On peut voir

la preuue de cela, aux Paraphrases que Des-Portes a faictes sur le *Libera me Domine. &c.* & sur quelques Hymnes, comme aussi en ces autres que les Sieurs du Perron, Bertaud, & de Mal-herbe & quelques autres Poëtes de ce siecle, ont faictes sur les Pseaumes : *Exaudiat te Dominus. &c. Benedicat anima mea. &c. Laudate Dominum de Cœlis. &c. Benedictus Dominus Deus meus. &c. Domine ne in furore. &c.* Et sur les larmes de sainct Pierre de l'inuention du Tansille Italien, & sur d'autres semblables ouurages spirituels. Or la traduction est tellement obligee à son subject, qu'elle n'en doit pas amoindrir le sens & les raisons en aucune façon que ce soit : mais plustost que les traictez que l'on veut traduire reçoiuent vn embelissement & vne plus splendide couleur en la traduction, ainsi que Des-Portes l'a sçeu si bien faire en la susdicte version des Pseaumes, où suiuant le deuoir d'vn fidelle Traducteur, il a r'apporté naïuement les sens & les paroles du texte en nostre langage, effaçant du tout par ce moyen la versification trop basse & mal expliquante, que certains esprits du passé
ont

ont faicte, en les cuidant bien exprimer: & lesquels se sont mis vainement en peine à traduire tout au long ce prophetique & mysterieux ouurage. Voila ce qui m'a semblé bon d'inserer en ce chapitre sur le subject de l'Inuention, de la disposition, de la Phrase, de l'Imitation & de la Traduction, auec espoir d'en toucher en autre part quelques particularitez sur chacune d'icelles. Mais pour maintenant ie diray que touchant ceste derniere, qui est la Traduction, ie ne conseilleray iamais vn Poëte de traduire en vers: mais bien en prose, comme on voit que Roland furieux & la deliurance de Hierusalem, y ont esté mis. Comme aussi dernierement auec tant d'elegance les Metamorphses d'Ouide par Monsieur Renouard: Car de traduire en vers vn long ouurage, c'est vn labeur trop contrainct & penible, & qui d'ailleurs n'apporte pas le plus grand honneur: veu que pour bien que l'on face on en deffere tousiours la gloire à l'Inuenteur. Parce que si l'Inuention a esté bien disposee au langage de son origine, elle sera tousiours glorieuse sur toutes les traductions où les vers sçauroient

R

faire paroiſtre de nouueau. Il eſt vray que pour des ſubjects qui ne ſont pas de longue eſtenduë, vn Poëte s'y peut recreer pour le traduire par maniere de recreation: mais non pas pour attendre autant de loüange comme s'il faiſoit de ſon inuention quelques Poëmes qui fuſſent moindres ou plus amples que ceux qu'il traduiroit. Les ſubjects qui ſont pieux & qui requierent d'eſtre veuz en vers ſont ceux-là qui meritent richement d'eſtre changez en ceſte façõ de Poëſie: puis que pour le bien de la Religion on ne doit eſpargner, ny les veilles, ny les peines.

De la clairté ou claire intelligence dont la Poëſie doit eſtre accompagnee.

Chapitre X.

Vis que l'obſcurité eſt vn des plus grands vices qui ſe treuuent en la Poëſie, par conſequent donques la clairté doit eſtre vne des plus excellentes vertus dont les Poëmes doi-

DE L'ART POETIQUE. 259

uent eſtre accompagnez. C'eſt pourquoy d'eſcrire obſcurement, & de ne vouloir pas eſtre entendu c'eſt vne meſme choſe: Et voire, ie diray qu'à bon droict c'eſt mieux faire de n'eſcrire point, que d'eſcrire expreſſement auec des termes obſcurs pour detenir cachees en tenebres les raiſons & l'intelligence de ce que l'on eſcrit. Il vaudroit donc mieux ne rien faire, que d'eſcrire ainſi parmy les nuages de l'obſcurité: Car vn ſubject diſcouru de la ſorte ne faict qu'amuſer vainement le temps & la patience des lecteurs. Du Monin faiſoit gloire d'eſcrire ainſi en langage de la my-nuict : & ſi bien qu'il ne luy ſembloit pas d'auoir bien faict, ſi ſes vers n'eſtoyent tous couuers & flottans, parmy vn tenebreux & continuel nuage de metaphores, d'antitheſes, de metonimie, de periphraſes, & de nouueauté de mots & dictions eſtranges dont à tout propos il embarraſſoit ſes conceptions. Et la deſſus, il diſoit qu'il eſcriuoit tout expres ainſi, afin de n'eſtre entendu que des doctes. Mais on a veu en fin, que ſes œuures ont eſté meſpriſees des hommes les plus ſçauans, veu la broüillerie & rudeſſe

R ij

qui estoient en elles, & d'autre part en mesme temps du tout desdaignees & abandonnees du vulgaire, pour l'obscurité & pour le mauuais langage dont elles estoient couuertes & enflees.

Or vn des principaux moyens d'euiter la forme ou plustost le vice de parler obscurement, consiste à choisir & prendre des subjects clairs & illuminez de raisons & de beautez viues & naturelles, & qu'ainsi les conceptions Poëtiques ne soyent point fondees sur des idees fantastiques brouïllees & obscures en leur estre. Car si le subject du Poëme est trop entremeslé, confus, & incertain comme des chimeres & des songes volans & tenebreux qui viennent au premier Sommeil, ce seroit trop d'auanture si les vers qui l'exprimeroyent estoyent accompagnez de clairté & de grace. Dautant que tout de mesme que les traicts, & les couleurs que le Peintre employe à faire vn tableau, luy seruent à representer au naturel les images qu'il s'est figuré en son ame: tout ainsi les escrits du Poëte sont les formes visibles, les couleurs & les traicts de l'Idee, ou conception qu'il a dans l'esprit : Et tellement que par ceste comparaison, il est aisé à connoistre que telle sera la conception, telle sera la disposition & les qualitez du Poëme : puis qu'vne chose depend de l'autre, & qu'ainsi les vers ne seruent d'autre subject que pour rapporter aux yeux & à l'ouye, vne image qui rapporte la semblance de ce que l'esprit entretient en ses pensees. Les Sonnets que certains Poëtes font ordinairement sur des Anagrames sont le plus souuent obscurs & confus en leur sens : A cause que pour arriuer au but d'expliquer la substance de l'Anagramme, ils s'alambiquent le cerueau à l'entour de conceptions monstrueuses & chimeriques : comme i'ay veu en vne Elegie en laquelle vn certain Poëte sauuage anagrammatisme le nom d'vne Dame auec le sien. Et dés l'entree de ce Poëme, escriuant qu'il est au milieu d'vne campagne auec sa maistresse, & que toutes choses admirent les beautez qui brillent en elle, il conte qu'au iour des yeux de ceste belle, les fueilles des arbres sont des Satyres, les herbes des Nymphes, vne riuiere de feu christallin, blanc & ondoyant, où l'Amour nauigue dedans vne grande barque, ayant apres luy, Vulcan au deſſus d'vne longue piece de glace, ſur laquelle il forge des traicts à l'Amour, les forgeant de la racine des Arbres & des herbes qui croiſſent au bord de ceſte riuiere. Et qu'en vn autre fleuue glacé, qui eſt tout aupres de ceſte autre, Amour prend des feux & des eaux qu'il met apres en paix dans vne phiole, & que de ces eaux, & de ces feux en ayant arroſé la terre, il en faict naiſtre & ſortir bien haut les deſirs & les delices en façon de fueilles d'Acanthe qui chantoyent comme des Serins & des Roſſignols. Ce ſont les ſubjects qui ſont deſcrits en ceſte Elegie pour exprimer le ſens ſur vn Anagramme.

Or ſi ceſt eſcriuain diſoit d'auoir veu ces choſes en ſongeant, les erres de ce Poëme ſeroient bonnes & receuables: car au diſcours d'vn ſonge, il eſt permis de ſe figurer toutes choſes eſtranges & impoſſibles. Mais de les vouloir faire paſſer comme il faict ſous le titre d'vne Elegie & d'eſcrire qu'il les a veuës c'eſt vne conceptiõ qui pour vray eſt ſi biſarre & maccaronique, qu'elle ne doit eſtre eſtimee qu'vn Egnime bien obscur & diuers, veu la confusion & monstruosité des choses qui contre l'ordre de la nature y sont descrites, & tellement qu'il seroit besoing de practiquer la science d'Oedipe pour sçauoir ce qu'elle veut dire : bien que toutes fois on y peut donner quelques explications conuenables : mais ce n'est pas la nature d'vne Elegie d'estre ainsi voilee d'obscurité & de formes estranges. Il ne faut iamais enclorre son esprit en l'Alchimie d'imaginations si fumeuses & desreiglees. Que si l'on se mesle par fois d'escrire ainsi quelque subject remply d'impossibilitez, il faut donner librement au Poëme le nom d'Egnime, ou de songe, afin qu'il ne possede pas iniustement le nom d'vn autre, & qu'en le lisant on ne s'ennuye pas de ce que l'on y treuuera de l'obscurité, puis que l'intelligence est tousiours recherchee en tout ce que l'on veut lire.

C'est ainsi donc que la clairté doit estre vne vertu extrememement affectee par le Poëte, afin qu'en agreant à tous par icelle, il tienne bien loin de ses escrits le desdain & le des-amour qu'vn subject d'escrit obscurement donne de soy aux esprits de ceux qui le lisent. Aussi on dict communement par vne remarque de belle louange en ceste façon ; Ceste maxime ou ceste histoire a esté esclarcie par vn tel escriuain, Et au contraire on dict ainsi par maniere d'accusation & de mespris; Ceste sentence, ou ceste maxime à esté obscurcie & auilie par l'insuffisance de celuy qui la deuoit pratiquer en son Empire. Aussi suiuant en partie mon opinion & ce que i'ay leu en quelques Autheurs, ie diray que c'est la clairté, ceste lumiere spirituelle qui doit paroir & demeurer par toute l'estenduë d'vn Poëme, accompagnee d'vne certaine Majesté qui ne rēde point l'œuure intraictable, & d'vne grauité qui ne la face point treuuer trop sourcilleuse & superbe, ains du tout familiere & douce & ensemble venerable par des paroles & de phrases les plus propres & faciles pour expliquer nettement le subject. Or au but de ceste clairté, les particuliers ornement doiuent obeïr, & y respondre naïuement, & lesquels seront rares & entreluisans parmy le Poëme, comme les fleurs aux prés, & comme les pierreries sur vne belle broderie d'or. Car vne campagne est mieux ornee & de mesme est bien plus delectable, quand on y voit des pleines moissons, & de grandes & verdoyantes prairies, que non pas vn champ où l'on n'y voit fleurir que le petit coin d'vn pré, ou d'vn iardin, qui n'est riche que de quelques Lys, roses & œillets. C'est ainsi qu'vn verger bien aligné & foisonneux d'arbres fruictiers, est bien plus à priser que non pas vn Parc, où l'on n'y remarque que des Myrthes & de Lentisques tondus pour vn parterre, & que certains ruisseaux bordez de petis arbres verdissans. Ainsi la vigne mariee à l'Ormeau, & l'Oliuier qui est si vtile, sont bien plus agreables que ne sont les hauts Peupliers steriles, & les plus droicts & verdoyants Cypres. Il faut donc conduire en ses escrits ceste clairté, auec vne magnificence de paroles, remplies de douceur, de naïueté & de force. Et suiuant le merite du Poëme, s'il est long, il faut que la clairté soit accompagnee des graces & des beautez qui sont requises à la proprieté d'iceluy: Comme sont entre autres les fables, lesquelles il faut seulement toucher en passant pour les ramenteuoir au Lecteur, & non pas de les d'escrire tout au long, si la qualité du subject ne le requeroit formellement. Car au lieu d'en apporter vne allegation, en produire toute l'auanture au large, ce seroit comme de faire hors de propos l'entiere narration d'vne Histoire au lieu d'en alleguer vne raison, ou bien l'exemple d'vne partie. Car de representer entierement le succez de toute vne fable en vn lieu où il n'y faut qu'en toucher vn peu: C'est cōme si parmy tous les discours plus cōmuns vn Orateur obseruoit distinctement tous les preceptes de la Rethorique, & tout par ordre auec autant d'affectation, comme s'il declamoit dans vn College à des escolliers. Donques pour escrire auec honneur, vn Poëte se doit proposer incessamment le but de la clairté, afin de faire naistre & d'expliquer nettement au iour la forme de ses conceptions. Et faisant ainsi, il arriuera d'auoir escrit parfaictement ce qu'il auroit en la fantasie, & par ce moyen il verra que ses œuures seront courōnees de gloire: car c'est aux viues & belles descriptions des choses que consiste le prix

& la beauté d'vn Poëme. Puis donc que la clairté, ou autrement le pur & naïf esclarcissement d'vne Poësie est infiniement requis à icelle, & que par ce moyen les Poëmes sont doüez de la beauté & de l'excellence qui parmy quelques autres acomplit le corps de sa perfection, c'est vne chose tres-euidente que l'obscurité dont vn Poëme sera couuert, est vne des plus grandes defformitez qui le sçauroient enlaidir. Ainsi veu que par le merite de la clairté, on connoit les imperfections d'ont l'obscurité est broüillée, il n'est que trop raisonnable d'euiter d'escrire obscurement : & c'est dautant mesme que i'en donne si clairement icy les raisons non moins receuables qu'apparentes : parce qu'en discourant de la sorte contre ceste obscurité, ie parle assez amplement de la richesse qui se treuue en la clairté qui luy est contraire, & qu'ainsi on connoit mieux ce qu'on doit fuir, & ce qu'on doit suiure : Dautant que les vices se connoissent aisement par l'opposition des vertus, & lesquelles on ne sçauroit pres que representer assez bien, sans donner en mesme temps vne atteincte & vne refutation à leur contraire.

Mais toutefois il faut dire afin de contenter la raison, qu'il se treuue des obscuritez qui ne sont pas blasmables : C'est pourquoy il y à de la façon pour bien connoistre celles qui sont à blasmer, & les autres qui sont accompagnees de merite. Ainsi donc comme quelques Autheurs du passé ont traicté sur ce subject, ie diray à bon droict, que si le Poëte n'vse point de mots trop loing cherchez, ny estranges sans raison ny enflez, ny mal propres, s'il n'est point ny trop brief, ny trop estēdu en ses discours, & s'il a suiuy le bon ordre, il ne faut pas auoir opinion qu'il ait faict quelque vice d'obscurité en ses Poëmes : car ces obseruations rendent vne œuure affranchie de laideurs de ce vice. Que si ayant faict de la sorte il n'est entendu ce sera la faute du lecteur & non pas de luy. Comme si pour quelque fable alleguee en passant, si pour quelque traict de Philosophie mis pour enrichissement, si pour quelque hystoire rapportee par vne comparaison ou terme d'exemple, & en fin, si pour vne figure vn peu hors d'vsage, celuy qui lira vn Poëme se treuque tardif & trauaillé à comprendre le sens d'iceluy qu'il s'en accuse soy mesme, & non pas le Poëte qui en sera l'Autheur, lequel ayant faict autrement seroit digne d'estre accusé d'impertinence, soit qu'il eust escrit tout au long, ou qu'il eust obserué les obscures formes dont quelques Pedans empoulent leurs discours, lors qu'ils font leçon à leurs escolliers. Mais il est icy question de traicter de l'obscurité naturelle: laquelle se connoit en cela, que le Poëte est en tout & par tout ses escrits semblable à soy, persistant en son stile inconnu & hors du rang de ceux qui sont intelligibles: Où par ce moyen, on y voit aussi des termes qui pourroient estre couchez auec plus de lustre, & quand on voit que cela luy prouient par des imaginations trop esloignees & hors de propos, & qu'en suicte quand apres que des hommes bien doctes ont longuement songé en l'intelligence de ses escrits, ils sont contraincts d'en deuiner la moitié, & de laisser l'autre recellee & mesprisee dans les tenebres de l'obscurité. Comme autrefois Sainct Hierosme le sçeut bien faire au iuste mespris des œuures du Poëte

Perse: car apres auoir demeuré long temps sur la lecture d'icelles, sans pouuoir y connoistre vn subject de claire intelligence, il ietta le Liure dans le feu, disant, Tu ne veux estre entendu, ny moy ne te veux pas entendre. Or quand pour exemple, on voit quelque Poësie obscure en vn subject qui de soy est facile & cõmun, & qu'on peut iuger que si quelque Poëte des plus estimez l'eust rencontré, il ne l'eust pas ainsi rendu rude & mal aisé: ains qu'il l'eut orné, esclaircy & embelly de tout ce qu'il luy eust esté requis: alors on se peut asseurer que ce traict que l'on a remarqué ainsi obscur est vn vice. Donques il est raison de fuïr ceste vaine façon d'escrire obscurement, puis que c'est vne imperfection qui donne tant de dommage à la beauté d'vn Poëme. Et puis que certains esprits poussez d'ostentation, & par fois d'ignorance, se plaisent de couurir d'obscurité leurs Poësies, il est besoin qu'vn bon Poëte se gouuerne au contraire de cela, & qu'ainsi auec toute industrie & diligence, il bannisse de ses escrits les façons de ce vice, & que faisant de la sorte, il s'esloigne tou-

DE L'ART POETIQUE. 271

lement de l'opinion d'vne telle maniere de gens qui pensent aquerir la reputation de grands Philosophes, lors qu'ils ont escrit sous des termes plus tenebreux & voilez, que ceux d'vn obscur Lycophron. Car au lieu de s'auantager de quelque gloire en escriuant ainsi pour esmerueiller, ou pour esblouyr la veuë des esprits, on ne faict autre chose que de gaigner le mespris de chacun, & le nom d'vn homme orgueilleux, ou fort ignorant. C'est ainsi comme ces Escriuains sourcilleux se plaisent à peindre vainement vne lumiere imaginaire, dans la nuict des paroles remplies & noircies d'obscurité, s'abusent extremement: Car le monde ne se se plaist point à lire des Egnimes au lieu d'vn discours qui doit estre clair & intelligible de soy-mesme, ny de treuuer les sentences d'vn oracle diuers & ambigu, en la place d'vne Poësie resplendissante de belles & claires raisons: Veu que c'est tant seulement aux Egnimes, aux Oracles, & aux Propheties où le voile de l'obscurité est proprement estendu: Comme en ceste façon d'escrire on voit que les Deuinations de Nostradamus sont expressement & tout à propos formées.

Quelques vns se trompans en la chimere du grand sçauoir qu'ils s'imaginent en l'obscurité d'vn Poëme, estiment que les passages plus obscurs de Du-Bartas sont les plus beaux, & tout au côtraire ce sôt ceux qui le sont le moins, & où les vers sont les plus desagreables pour les periphrases & metaphores impropres dont ils sont chargez, & qui en les enlaidissans, les rédent enuelopez d'vne obscurité par trop estrange. Aussi Ronsard apperceuant que cest Autheur metaphorisoit & s'obscurcissoit par trop en quelques endroicts, & que Du-Monin en vsoit par tout de la sorte, disoit par fois à ses amis, Que Du-Monin & Du-Bartas luy auoyęt gasté la Poësie. Il est vray qu'apres ceste opinion de Ronsard, il est raison de croire que Du-Monin auec tout son sçauoir n'a point de merite touchant l'honneur de la Poësie, pour entrer en comparaison auec Du-Bartas, veu que ce Gascon est admirable en l'ouurage de ses deux Sepmaines, & que l'autre qui est Bourguignon ne paroit aucunement entre les
beaux

beaux esprits, ny pour la bonté du langage, ny pour la clairté dõt vn Poëme doit estre doux & resplendissant. Mais c'est vne reigle que le Poëte doit tenir pour auoir la felicité d'escrire clairement, qu'il faut qu'il ne se propose iamais des argumens trop obscurs, & qui d'eux mesmes sont confus & fantastiques, tout ainsi que certains Poëtes Espagnols & quelques Italiens ont erré en ce subject. Car on voit que certains escriuains de ces deux nations, ont formé leurs Poëmes sur des conceptions par trop quintessencieuses, & qui semblables à des nuages qui se dissipent, & qui errent à tout vent, n'ont point vn corps solide, & qui conceuës ainsi, comme les songes d'vn frenetique, sont par leurs escrits representees autant obscurement, cõme confusement elles sont figurees en la chimere de leur fantasie. Il faut donc que le Poëte discret choisisse des subjects qui d'eux mesmes soyent beaux & intelligibles, & fondez sur le vray semblable, si ce n'est sur quelque chose de certain & de verité. Car ayant des objects de ceste nature, il ne pourra faillir d'escrire clairement, & par

S

ce moyen de contenter l'esperance que les personnes plus iudicieuses se seroyent promise de luy. Mais si quelqu'vn treuue de l'obscurité dans vn Poëme qui sera orné de toutes les beautez requises, il ne faut pas croire pourtant que ceste sombreur & ce recellement ayent leur proprieté en la nature du Poëme : mais comme i'ay dict cy dessus, ceste obscurité sera imaginee par le iugement de celuy qui lisant vn discours ainsi beau & facile, neant-moins à cause de l'ignorance dont il aura l'esprit enfermé, il ne l'entendra pas en tout ce qu'il y lira, & par ce moyen en s'abusant par soy mesme, il l'estimera obscur. En ceste façon donques quelques excellens Poëmes peuuent estre iugez comme obscurs & difficilles, par des personnes qui par leur propre inscience, s'y figurent de l'obscurité, bien qu'elle n'y soit point en la principale maniere, comme en ces compositions qui d'elles mesmes sont broüillees & d'vne intelligence inacostable. Toutefois outre l'ignorance qui cause communement ceste imperfection d'obscurité, comme aussi, outre la curiosité que certains esprits affectent d'escrire obscurement, on peut cheoir en ce vice par oubliance, lors qu'apres auoir composé quelques vers que la fantasie Poëtique a faict escrire à la haste, parmy d'autres, on n'a pas le soin de regarder curieusement si toutes les parties du Poëme sont bien ioinctes & formees. Il auient souuent ainsi, que l'on s'oublie de laisser dans vn ouurage quelques vers qui tous chargez d'obscurité, sont vuides de raison, & ne peuuent estre entendus, quelque diligence qu'vn lecteur fasse à l'entour. C'est vne chose donques bien raisonnable que le Poëte soit curieux de bien reuoir ses compositions, afin qu'il n'y laisse rien d'impertinent soit par oubly, ou par autre moyen. Cest ainsi donc vne chose non moins equitable que toute visible, que pour bien faire auec la clairté en Poësie il faut escrire d'vn stile qui soit du tout pur & doux, y conjoignant tousiours la bonté du langage, & la majesté des paroles qui parlent suiuant le merite du subjet qu'elles traictent: Comme on voit qu'en ceste excellente façō les deux Odes, du rauissement de Cephale, & du desflorement de Lede de Ronsard

S ij

sont si diuinement formées, comme aussi les œuures de cinq ou six Poëtes des plus estimez de ce siecle. Aussi l'on voit qu'auiourd'huy les plus celebres escriuains pour la prose, ont vn stile clair, doux & majestatif, & du tout vuide de figures estranges, de poinctes affectées, & de paroles hors de propos hautaines & incon-nuës, comme autrefois ceste vaine façon d'escrire estoit, & se treuue encore affectueusement pratiquee par quelques vns. Or on peut connoistre clairement que Monsieur le Cardinal du Perron, Les R. P. Richeomme, Cotton, & Coeffeteau, M. le President du Vair, le Marquis d'Vrfé, & M. Renouard, ont leurs œuures toutes remplies de ceste parfaicte façon d'escrire. Car on voit que leur stile est tres-dous & intelligible, & que l'Eloquence y parle naïuement suiuant les subjects qui luy sont en main. Mais ie donneray encore ce mot d'auertissement au futur Poëte, que lors qu'il luy auiendra d'alleguer en ses Poëmes quelque exemple, ou comparaison de fable, d'Histoire, ou de Philosophie, qu'il soit auisé de l'especifier par des termes les plus clairs &

DE L'ART POETIQUE. 277

significatifs : Car en escriuant ainsi on faict entendre tout ce que l'on desire. On peut remarquer vn tres-beau chef-d'œuure & modelle de la beauté qui est ainsi requise en la Poësie, aux vers de ceste consolation que Monsieur de Malherbe adresse à vne Dame ainsi,

Ainsi quand Mausole fut mort,
Arthemise accusa le sort,
De pleurs se noya le visage :
Et dict aux Astres innocens
Tout ce que faict dire la rage,
Quand elle est maistresse des sens.

Ainsi fut sourde au reconfort
Quand elle eut treuué dans le port
La perte qu'elle auoit songee :
Celle de qui les passions
Firent voir à la Mer Egee
Le premier nid des Alcions.

Vous n'estes seule en ce tourment,
Qui tesmoignez du sentiment,
O trop fidelle Carithee !
En toutes ames l'amitié
De mesmes ennuis agitee
Faict les mesmes traicts de pitié.

S iij

De combien de ieunes maris
En la querelle de Paris
Tomba la vie entre les armes:
Qui fussent retournez vn iour,
Si la mort se payoit de larmes
A Mycenes faire l'amour.

Mais le destin qui faict nos lois,
Est ialoux qu'on passe deux fois
Au deça du riuage blesme:
Et les Dieux ont gardé ce don
Si rare que Iupiter mesme:
Ne le sceut faire à Sarpedon, &c.

Il y a quelques Metaphores en ces vers lesquelles y sont à la façon qu'il les faut, & l'on y voit aussi, tant seulement, vne Periphrase en ce terme, *du riuage blesme*, qui signifie celuy d'Acheron vn des fleues d'Enfer. Mais si quelque Poëte de l'humeur de Du-Monin eust traicté le mesme subject, il eust periphrasé tous ces noms propres de *Mausole*, d'*Arthemise*, d'*Egee*, des *Alcions*, de *Paris*, de *Mycenes*, de *Iupiter*, & de *Sarpedon*. Et n'eust pas manqué aussi de metaphoriser estrangement à perte de veuë tous ces autres verbes qui representent les effets de l'ennuy & de l'amour: & faisant ainsi, il eust obscurcy de paroles tenebreuses les raisons qu'il eust voulu faire entendre. Mais en la beauté de ces vers, on voit vne pure clairté qui faict voir viuement en l'ame le sens des subjects qu'ils traictent.

Toutefois il faut estre auisé que voulant fuir vn mal, on n'en rencontre vn autre: Car il ne faut pas affecter si ardamment la simplicité d'vn discours que de le rendre tout vuide de periphrases, de metonymies, & autres figures qui sont legitimes & de valeur: Car si les vers ne sont embellis de fleurs de quelques figures propres qui releuent les paroles, le Poëme ne sera nullement Poëtique, ains il ne sera autre chose qu'vne Prose en rime, côme on voit que de ceste façon trop simple & grossiere, les œuures de presque tous les vieux Poëtes des siecles passez sont composees. Ce qui faisoit que la langue Françoise demeuroit tousiours au maillot, & qu'elle ne faisoit que begayer au prix de la viue eloquêce des Autheurs de Rome, & de Grece. Aussi lors qu'vne Poësie est ainsi déuestuë de ces ornemens de Rethorique, elle est iustement comparee à l'estenduë d'vne grande Campagne, qui est toute desertee d'arbres & d'herbages, & qui ne sert que de chemin vulgaire, ou de promenade à ceux qui la trauersent pour autre subject, & qui ayment la solitude, & les lieux sauuages & deserts. Ronsard a esté le premier des Poëtes François, qui pour le sçauoir & gentillesse de son esprit si bien né à la Poësie, a esleué la langue Françoise en la majesté d'vn langage qui iustement peut estre comparé auec les plus estimez. Car en plusieurs endroicts de ses œuures, & principalement aux Hymnes & aux Odes il a parlé autant excellemment que les plus parfaits Poëtes des Grecs & des Latins aient iamais dict de mieux, & voire comme i'ay dict cy dessus, il les a surpassez en la plus grande partie des lieux qu'il en a imitez. Or comme pour bien faire, il ne faut pas escrire d'vne façon qui soit vuide de fleurs de Rethorique comme le vulgaire parle ordinairement, bien que son langage soit bon: Aussi c'est la raison de fuir vn autre extremité qui se treuue alors que l'on n'escrit pas vn mot que sous les voiles des figures: Parce que l'obscurité se treuue tousiours en vn discours lors qu'il est figuré par tout, & que rien n'y paroit de simple & naïf, & mesmes alors que les figures ne sont pas bien appropriees, & qu'à tout propos on parle des fables Poëtiques, & que l'on remplit ses vers d'vne continuelle narration des noms & des auantures des Dieux des anciens, & que par periphrases, ou autrement, on faict tousiours entendre dans vn Poëme: Parnasse, Helicon, Pegase, Pierides, Muses, Phebus, Apollon, Iupiter, Mercure, Amour, Cypris, Cytheree, Palas, Minerue, & les autres Deïtez fabuleuses. Car en faisant ainsi, le Poëme pour estre par trop Poëtisé, n'est point Poëtique, ains l'ouurage d'vn arrogant rimeur & d'vn pedant euanté. Ceste façon d'escrire ainsi, auec telle abondance de propos figurez, & d'allegation de fables, auoit faict haïr aux Seigneurs & aux Dames de la Cour, les Poësies qui portoyent les noms, & les discours de ces Deïtez antiques: Car cela estoit ennuyeux de voir si espaissement reiteré parmy les Poëmes, les noms & les qualitez que l'on atribue à ces Dieux de la gentilité. Il y a enuiron vingt ans que ce vice estoit fort en vsage par quelques vns, & qu'ainsi les grands de la Cour auoient en mespris vne si mauuaise maniere de Poësie, veu que les Poëmes en estoient tousiours broüillez d'obscurité & de confusion: Mais il s'est treuué depuis quelques Poëtes qui vsant bien à propos des fables & des figures ont remis la Poësie en credit & honneur chez les personnes de vertu : Car en euitant sagement les deux extremitez d'alleguer trop, & de n'alleguer point, & se tenãt au milieu où la raison & le bon esprit les guident, ils ornent de figures leurs langages, & portent les passages Poëtiques aux lieux où il en est besoin. Il faut donques se tenir à ce moyen pour escrire bien en Poësie : Car c'est en ceste façon si bien reiglee, qu'vn Poëme est tout illustré de lumiere & de proprieté, & qu'ainsi il a le merite d'estre à iamais acompagné de l'amour & de l'estime du monde.

De la mesure, ou iuste quantité de sylabes qui sont deuës aux vers.

CHAPITRE. XI.

C'Est vne chose si necessaire en la Poësie, que les vers soyent formez de la iuste quantité des sylabes qui leur sont requises, que sans ceste obseruation, il ne se peut treuuer aucun Poëme qui soit bon ny agreable, qu'elle perfection que ce soit qu'il pourroit auoir de toutes les autres parties. C'est pourquoy il faut que le Poëte ait ceste obseruation de sylabes en aussi grande recommendation qu'aucune autre chose qui peut rendre acomply son ouurage: veu que pour la beauté d'vne œuure parfaicte, il ne faut laisser rien de bon en arriere. Aussi c'est bien la verité que l'esgalité du nombre qui est obserué aux vers, a rendu en partie la Poësie si aymable & requise comme elle est. A ceste oceasion on a tousiours ouy les Poëtes auec grande delectation pour la consonance, & pour la nombreuse structure de leurs escrits. Ce que connoissant ce fameux Orateur Isocrate, il lia & serra la prose auec certains pieds, mesures, ou accents, afin de la rēdre plus douce & de plus d'energie: Laquelle methode Ciceron & Demosthene ont souuēt obseruee en leurs clauses, & ainsi c'est le subject où les paroles sont couronnees d'vne harmonie du tout viue & agreable. Et de là comme ie croy est venu l'origine de la vulgaire façon d'escrire en nombres & mesures correspondantes que l'on appelle Rime, qui suiuant l'opinion de quelques vns a esté inuentee & mise en lumiere par les Poëtes ou Troubadours, Prouençaux. Les François aussi en ont bien vsé dés plusieurs siecles; car du temps des Rois neueux de Charlemagne, c'estoit vne coustume à la guerre, que les François ne donnoient iamais aucun assaut, escarmouche, ou bataille, que premierement on n'eust chanté quelque chanson de celles qui estoient faictes à l'honneur du valeureux Prince Roland de Clairmont, neueu de ce grand Empereur: mais

DE L'ART POETIQUE. 285

depuis que Huë Capet fut entré en la possession du Royaume, ceste coustume fut laissee. Mais combien que cy deuant j'aye assez discouru au long sur le mespris & banissement qu'on doit faire de la Licence Poëtique, neantmoins ie diray encore icy pour le present subject, que le principal moyen de se tenir dans les vers le vray nõbre des sylabes qui leur appartiennent, il faut ne se licẽsier iamais de loger vn mot pour le faire prononcer plus court ou plus long que le droict vsage le porte: Car tout ainsi qu'vn traict d'Arbaleste estant trop long, n'a pas la vertu de pouuoir arriuer iustement au but proposé, veu que sa pesanteur repugne à la force de l'arc & de la corde qui l'ont descoché; & que celuy qui sera trop court, s'esgarera en sa traicte, parce qu'il sera poussé d'vne force trop grande pour luy; tout de mesme les vers qui seront trop courts, ou trop longs par leurs sylabes, ne feront iamais bien entendre la fin où tendẽt les paroles & les raisons qui sont portees d'icelles. Il n'est donc que tres-raisonnable que le Poëte soit religieux à obseruer la mesure dont les vers sont formez & reiglez. I'ay parlé de ce nombre de sylabes au deuxieme chapitre de ce Liure: mais puis que le bien qui est redoublé en diuers têps n'est iamais ennuyeux, i'estime que ie ne feray qu'assez proprement, suiuant ce qui est conuenable, si par de nouueaux exemples, ie redis icy de quelle mesure sont les vers Heroïques ou Alexandrins, les Communs & les Lyriques: lesquels en tout ne sont diuisez qu'en six sortes, ces derniers estans mespartis en quatre. C'est ainsi donc que les Alexandrins sont de treze sylabes en la rime feminine, & de douze en la masculine comme on voit en ceste Stance,

Ce n'est pas vn desir des communs de la terre,
Le desir qui m'enflame en l'amoureuse guerre,
Mais bien vn doux Amour qui volant vers les
  Dieux:
Et comme enfant sacré d'vne Venus celeste,
En son embrazement m'apprend & manifeste,
Les gloires que l'esprit recherche dans les Cieux.

Les Communs sont de vnze sylabes en la rime feminine, & de dix en l'autre ainsi,

DE L'ART POETIQUE.

Que ie me plais à vous faire seruice,
Que ie m'agree à ne plaire qu'à vous:
Que vos regards me sont heureux & dous,
Que leur ardeur à mes feux est propice!

La premiere sorte des autres quatre Lyriques, est de huict sylabes en la rime masculine, & de neuf en l'autre,

O bel incarnat fleur des Cieux,
O beau vert honneur de la terre!
Que vous promettez à mes yeux,
De gloire, & d'amoureuse guerre!

La seconde sorte des Lyriques est de huict sylabes en la rime feminine, & de sept en l'autre,

Vous me cherchez à l'Aurore,
Quand ie vous suis vers le soir:
Et quand mon œil vous adore,
Vous ne me voulez pas voir.

La troisieme sorte de ces vers est de six sylabes en la rime masculine, & de sept en l'autre,

Comme aux Cieux le Soleil,
Et l'ardeur en sa flame,

Mes veux sont en vostre œil,
Et ses feux en mon ame.

La quatrieme & derniere sorte de ces vers Lyriques est de six syllabes en la Rime feminine, & de cinq en l'autre,

Pour vne Lucresse,
Ce fut mon destin,
Que i'aimast sans cesse
D'vn amour diuin.

Ce sont les mesures de toutes les sortes de vers qui sont en vsage entre lesplus excellens Poëtes de ce siecle, & qui par toute bonne raison doiuēt estre religieusement obseruees & pratiquees suiuant que l'on voudra se seruir des vns ou des autres vers en la composition d'vn Poëme : parce que les vers estans ainsi mesurez, ils sont du tout naturels, & propres à nostre langage. Or si l'on en faisoit de plus longs, ils auroyent trop d'esgalité à la façon dōt la prose marche sans arrest & ressembleroyent trop aussi à la longueur des Hexametres des Grecs & des Latins : Et d'en vser de plus courts ils ne seroient pas cōuenables suiuant les raisōs que i'en ay donnees au chapitre susdict.

De la

De la beauté & richesse des Rimes. Que les
Rimes sont extremement requises en la
Poësie des François. Diuerses & belles
considerations & obseruations
d'icelles.

Chapitre XII.

Vis qu'il est ainsi que la Rime est vne terminaison & cadance semblable de deux vers, il est aisé à iuger, que plus les rimes seront conuenantes & harmonieuses, plus elles seront propres, & par ce moyen que le Poëme en sera dautant plus beau & plus agreable. Ceste façon de donner la rime à la terminaison des vers, n'a point esté en vsage en aucun des anciens Autheurs Hebrieux, Arabes, Grecs, Perses & Latins: car aux langages de ces nations, les vers ne sont absubjectis & reiglez qu'en vn certain nombre des pieds, ou de sylabes: Mais depuis plusieurs siecles tous les peuples de l'Europe horsmis les Latins & les

T

Grecs, ont vſé de la rime preſques en toutes leurs verſifications, au moins ſuiuãt ce qu'on en doit croire par la lecture des Liures les plus vieux que l'on treuue tant des François, des Eſpagnols & des Italiens, que des autres nations de ceſte partie du monde. Et parce que la rime eſt vne choſe ſi propre à la Poëſie Françoiſe, il eſt raiſon que puis qu'elle eſt paſſee chez nous de couſtume en habitude, & d'habitude en nature, elle ſoit cultiuee & conſeruee en ceſte condition eſſentiele parmy tous les Poëmes des François, & que comme vne beauté formelle des compoſitions Poëtiques, elle ſoit touſiours dextrement employee en icelles. Et dautant, que comme quelques eſprits de ce Siecle ont eu opinion: Si l'on dict que les poëtes chantent en leurs ouurages parce que leurs diſcours ſont compaſſez d'vn certain ordre & meſure de paroles dont il faut que toute choſe qui ſe chante ſoit ainſi reiglee & reſſerree, à plus forte raiſon la rime ſera du tout conuenable aux vers, afin qu'en les rendant plus agreables à l'oreille elle leur donne la plus douce & plus expresse marque d'vn parler qui pour le respect de sa mesure & de sa douceur se peut former & produire auec vne harmonie du tout parfaite & par consequent acomplir aux vers, l'image viue de la Poësie, de laquelle ils sont le corps & la lumiere. Et puis, comme il est necessaire qu'en toutes langues on recõnoisse quelques differences de parler, pour auoir de la distinction entre les vers & la prose, la rime est celle-la, qui est la plus propre, & la plus apparente pour distinguer la Poësie d'auecques l'Oraison : parce qu'outre ceste distinction qu'elle apporte entre ces deux arts, elle donne aux vers François vne extreme beauté & gaillardise, dont vn Lecteur en tire du contentement tout ce qui s'en doit attendre d'vne œuure industrieusement elabouree: A ceste occasion, ceux qui nous ont deuancez, ont esté d'auis que la rime doit estre exquise & riche pour le subject où elle est employee, afin que les vers en soyent d'autant plus excellens & agreables, puis que la belle rime est tousiours vne partie de leur perfection. Mais si l'on auance que c'est vne trop grãde subjectiõ d'estre si religieux d'obseruer ainsi la façon des rimes, on n'alleguera pas vne raison qui soit receuable, au contraire ce sera vne pure declaration de vouloir fuïr la peine & le labeur, par lesquels les belles choses sont ordinairement produictes. Et si l'on dict que les rimes riches sont en petit nombre, & que pour les vouloir obseruer si estroictement, elles peuuent bien souuent empescher les effets d'vne belle conceptiõ, ou bien la beauté d'vne phrase: on peut respondre que les belles façons de parler n'arriuent pas tousiours à tout propos, & que si pour la contraincte de la rime elles sõt quelques fois destournees, & comme du tout arrestees de pouuoir aller plus auant, il faudra se peiner de les mettre en la premiere partie du vers, ou bien vser de quelque douce transposition, ou bien suiuant la qualité du Poëme faire quelques vers dauantage plustost que de laisser perdre vne belle inuention, ou de faire aller ensemble deux rimes illegitimes. Toutefois c'est bien vne raison fort croyable, que le Poëte bien appris qui n'aura point le trauail à desdain, & qui se plaira d'obliger son esprit en vn soin bien arresté, treuuera que parmy la peine & la recherche curieuse, il expliquera purement ses conceptions auec vne belle maniere de parler qui sera conjoincte auec l'exquisition des rimes : Car auec la peine & l'amour vn bon esprit peut effectuer honorablement les choses qui sont tres-difficilles à parfaire.

Or s'il estoit permis d'escrire en Poësie sans grace & sans ornement particulier, il seroit mieux à propos de n'escrire qu'en prose. Et si pour l'excellence & beauté des vers, il n'estoit requis que de rimer sans aucune proportion & bonté des rimes, ce seroit vne chose trop vulgaire & triuaile à toutes sortes de personnes, & ainsi il seroit aussi bon de rimer à la façon des charlatans & des boufons, comme suiuant la meilleure forme qui est employee aux plus excellens Poëmes. Mais en la iuste composition des vers, il est raisonnable d'establir ces deux beautez : le bien dire & la richesse des rimes. On voit bien aussi que tous ceux qui escriuent en Poësie, sont fort curieux & content que durant le cours de vingt ou trente vers d'vn Poëme les rimes y paroissent toutes belles & riches, mais on voit bien aussi qu'à la longue ceste exquisition de rimes ne paroist plus en quelques vns, ce qui faict bien iuger que celuy qui s'est ainsi discontinué d'vne obseruation si requise, a esté impatient au labeur, & qu'il s'est refroidy en l'amour qu'il portoit aux Muses, ou bien qu'il a manqué d'intelligence, Mais c'est vne opinió tenuë de beaucoup de gens que la rime est en nostre Poësie vn grand subject d'empeschement, soit enuers vne belle inuention, ou contre la beauté d'vne phrase, ou d'vne sentence: mais pour en parler plus exactement suiuant le vray, i'estime que c'est tout au contraire touchant le respect d'vn Poëte bien appris: Car alors qu'il rumine, & qu'il se trauaille l'esprit en la recherche d'vne bonne rime, il cause que parmy vne multitude de pensees, il se presente à l'imagination des conceptions nouuelles, & de nouuelles formes d'vn discours qui le plus souuent est meilleur que les precedens : Parce que c'est vne chose tres-asseuree & naturelle, qu'en l'action d'escrire, plus on se peine à imaginer & penser à bien faire, plus on faict bien, veu qu'vne constante meditation porte l'esprit en la connoissance du subject desiré. C'est ainsi qu'outre le bien qu'au moyen du soin & du labeur, on rencontre à treuuer des rimes de valeur, on aborde tousiours quelques nouuelles cõceptions, soit pour la raison, ou pour le but de ce que l'on traicte, ce qui fait que le iugement les treuuant meilleures que celles que l'on a des-jà escrites, on efface ce qui estoit faict afin de donner lieu aux idees qui estans venuës de nouueau en l'esprit, sõt de plus grand merite que les premieres dequoy l'on s'estoit voulu seruir, & qu'ainsi l'on perfectiõne tousiours mieux les membres d'vn Poëme. C'est pourquoy en faueur de ceste curiosité, & de la correction que l'on en faict suruenir à ce qui auoit esté estimé assez bon on dit, Que le plus beau traict que la plume fasse, c'est celuy qu'elle efface. Aussi c'est la raison que pour arriuer à la perfection d'vn ouurage d'honneur, il ne faut espargner, ny le temps, ny la peine, ny moins vser de pitié à retrancher ce que l'on iuge de mal seant en ses œuures ; lequel vice qui procede de se priser outre mesure & de s'aimer trop, arriue ordinairement à plusieurs autant par orgueil que par ignorance: Car ayant faict vn Poëme: ils pensent que l'essence d'Apollon & des Muses est tellement enracinee en leur esprit, qu'ils pecheroient mortellement, s'il leur falloit corriger & changer aucunement vn seul passage de la premiere forme qu'ils ont donnee à leurs escrits. Ce qui leur est vn grand abus, car ayant ceste opinion, ils ne peuuent iamais faire bien, veu qu'vn esprit qui est orgueilleux & par consequent ignorant, ne sçauroit iamais produire aucune chose qui fut agreable à la vertu: parce qu'en se conseillant, & se glorifiant tout en soy-mesme, il demeure tousiours en erreur.

Or c'est vne maxime que les Poëtes doiuent auoir, que la richesse & beauté des rimes ne leur fasse iamais abandōner l'observation du bien-dire, ny le subject d'vne galante inuention, & qu'aussi pour le respect de l'inuention & du bien-dire, ils ne tombent iamais en l'erreur de loger de mauuaises rimes en leurs Oeuures: ains il faut que par la perfection d'icelles ces trois qualitez y soient comprises. Mais

DE L'ART POETIQVE. 297

parmy le soin qu'on doit auoir d'embellir de riches rimes vn Poëme, il faut se donner garde d'vser de mots estrãges & hors d'vsage, soit pour acomplir les syllabes qu'vn vers doit auoir, ou pour la rime qui luy est requise: car en faisant ainsi, on imite exactement l'acte d'vn rimeur esgaré, & non les reigles d'vn discret Poëte, veu que les verbes inuentez, ou tirez ainsi de loin, & qui ne sont employez que pour le seul respect de l'estenduë du vers, & non pour la raison, & bonne façon du langage, ne sont iamais bien receuz de ceux qui pour le respect de leur doctrine y doiuent passer leur iugement. Il est necessaire aussi d'estre auisé de ne commettre vn autre vice où plusieurs escriuains tombent ordinairement, & qui ne differe presque point à celuy que ie vien d'alleguer, quand pour faire vne rime bien consonante, on finit le vers par vn terme qui n'est aucunement propre & requis au subjet de quoy l'on parle, & si bien qu'en vsant de la sorte, on montre que la rime y est superfluë, & qu'elle n'y est pour autre respect que pour rimer auec la terminaison d'vn autre vers, Comme en ceste façon a erré celuy qui pour rimer auec *faconde*, a faict ainsi vn vers qui le suit, *Tant de tourmens en son ame feconde.* Au lieu d'auoir escrit, *ame affligee*, ou bien *ame dolente ou desconfortee*, qui eust conuenu proprement à son subiect.

C'est pourquoy il faut que la rime soit bien consonante auec le subjet principal, & qu'elle ne semble point auoir esté cherchee en quelque forest tenebreuse & inconnuë, comme chose qui est tiree de loin, & qui par ce moyen n'est pas accompagnee de la grace naïue qui luy est requise pour le sens en quoy elle doit seruir. Guillaume de Lorrix & Iean de Meum, se sont quelques fois abusez en cela, comme on peut voir en quelques passages de leur Romant de la Rose, au commencement duquel vn nombre fort inusité est introduict pour le mariage de la rime en ceste façon, quand il descrit les beautez de Liesse.

Bouche douce & rougeur parmy,
Auoit pour baiser son amy,
Et le chef blond & reluisant,
Que vous en iroy-ie disant?
Belle fut, & bien atournee,

Et de fin or par tout ornée,
Si auoit vn chapelet neuf,
Si beau que parmy trente neuf,
En mon viuant voir ne pensoye,
Chappeau si bien ouuré de soye:
D'vn samy verd & bien doré,
Fut son corps vestu & paré,
Dequoy son amy robe auoit,
Dont bien plus fiere se trouuoit,

Cela se connoit aisement que pour venir à la rime de neuf, vn de ces Poëtes a mis expressement l'autre de trente neuf, lequel est du tout extraordinaire, & pourtant hors de merite pour estre posé au lieu d'vn nombre incertain, comme ordinairement pour ce respect on met Cinquante, Cent, Mille, Dix mille, Cent mille, mille & mille, Milion, & Mille Milions. Ces vers sont de Guillaume de Lorrix: mais l'autre s'abuse beaucoup d'auantage en ce subject: Car pour s'accommoder à la rime superieure, il faict hors de propos des iuremens parmy ses vers, iurant ore par vn Sainct & tantost par vn autre, appariant ainsi leurs noms à sa rime sans autre consideration.

A ceste occasion il ne faut iamais employer des rimes qui sont si esloignees du subject dequoy l'on escrit. Toutefois ie sçay bien que parauanture quelques Alchymistes ne treuueront pas bon que ie treuue à redire à ce Romant de la Rose: car ils estiment que toute ceste belle Poësie d'Amour, n'est autre chose que l'histoire secrette de la Pierre Philosophale: Et que par ce moyen tout y est dict fort à propos. Mais ils en croiront tout ce qu'il leur plaira: car quand à moy ie treuue que i'ay raison de dire qu'en ces façons de rimes ces deux Poëtes ont failly en Poësie. Il ne faut point vser aussi de ceste antique façon de parler, lors que l'on met ce terme de *Madame*, où d'autre substantif en la fin d'vn vers quand on parle au vocatif: Car pour la plus grande bonté qui est deuë aux vers, il raison que le nom du subject à qui l'on parle soit au commencement du vers, ou bien au milieu: veu que de le poser au bout, il y paroit de mauuaise grace, & fait bien voir que pour la seule ocasiõ de seruir de rime il y a esté mis, & qu'ainsi y estant superflu, le sens du subject en est plustost interrompu que

DE L'ART POETIQUE. 301

fortifié, en voicy l'exemple,

Pour tout vostre desdain, ny pour vos feux
  Madame,
Ie ne sçauroy changer, ny brusler d'autre amour.

Mais voicy comme Des-Portes a bien approprié ce terme aux deux façons cy dessus escrites, ainsi en vne de ses Elegies, & en vn Sonnet des Amours de Diane,

Maistresse, en t'escriuant ie ne veux entre-
  prendre,
De te pouuoir assez mes ennuis faire entendre.

Et ainsi en l'autre,

Par vos graces Madame, & par le dur martyre
Qui me rend en aimant triste & desesperé.

Ronsard en a vsé aussi fort proprement en plusieurs endroicts de ses œuures: Comme entre autres au commencement de l'Hymne qu'il adresse au Roy Henry deuxieme, & en la harengue que François de Lorraine Duc de Guise fit aux Soldats de Mets le iour de l'assaut ainsi,

  (*souuenir,*
Muses quand nous voudrons des Dieux nous
Il faut les celebrant commencer & finir,

Au pere Iupiter, comme au Dieu qui la bande,
Des autres faict trembler, & maistre leur com-
  Et en la harengue ainsi,   (mande.
Sus courage Soldats, sus, sus montrez vous or
De la race d'Hercule, & de celle d'Hector,
Hercule apres auoir l'Espagne surmontee,
Vint en Gaule espouser la royne Galathee,
Dont vous estes yssus. &c.

On connoit assez comme ces noms de *Maistresse, Madame, Muses, Soldats,* sont de bonne grace estans logez ainsi dans les vers comme ils le sont en ces quatre exemples cy-dessus. Toutefois ces termes & tous autres leurs semblables peuuent aller bien à la fin d'vn vers, pourueu qu'ils soyent acompagnez d'vn adjectif: Comme Ronsard en a vsé en l'Hymne de Calays & de Zethés, où il dict ainsi, parlant à Marguerite Duchesse de Sauoye,

Ie sçay que ie deuroy Princesse Marguerite,
D'vn vers non trafiqué chanter vostre merite.

Comme aussi Garnier en la Tragedie d'Antigone où Creon parle ainsi en l'acte cinquieme,

DE L'ART POETIQUE. 303

Mon Euridice est morte, Euridice mon ame,
O sanguinaire espous ! ô desastreuse Dame!
Allons courons la voir. &c.

Aussi en la Tragedie des Iuifues Amitor parle ainsi à Nabuchodonosor Roy d'Assirie, (Loy,

O qui dompteur du Monde auez sous vostre
Ce terrestre vniuers grand Monarque grãd Roy,
Chery de l'Eternel, qui de vostre Exercite,
Et de tous vos desseins est la seule conduite,

Mais pourtant il y a vn terme où les mots estans seuls peuuent aller de bonne sorte en la fin d'vn vers : mais c'est tant seulement lors que ce terme sera proferé en qualité d'admiration pour preuuer ou montrer quelque chose de grand & d'extraordinaire, & mesmes lors qu'au reste du vers on aura parlé à d'autres en mesme façon : C'est pourquoy il va bien de dire ainsi,

O cheueux ! ô souspirs ! ô discours ! ô regards!
C'est par vous que l'Amour me blesse en toutes
parts.

Ceste façon de parler est bonne aussi, bien qu'elle tienne qu'vne partie du dernier Hemistiche, ou bien tout iceluy, comme en cestuy-cy,

Si tost que ie la vis, ô destin, ô Venus!
Mille flames d'Amour embraserent mon ame.

Mais l'exemple qui precede ce dernier, sied bien principalement aux Tragedies où la nature du subject requiert bien souuent de parler par exclamation. On voit aussi qu'en l'acte quatrieme de la Porcie de Garnier, Porcie & la Nourrice parlent ainsi,

Por. *Helas!* No. *Madame.* Por. *Helas.* No.
  Madame. Por. *O que ie souffre,*
No. *Madame escoutez moy.* Por. *Ie suis dedans*
  vn gouffre
De rage & de fureur. No. *Escoutez moy.* Por.
  O Cieux!
No. *Laissez ce deuil.* Por. *O Dieux.* No. *Laissez ces cris.* Por. *O Dieux!*
Ie n'en puis plus ie meurs, Nourrice tenez moy.

C'est ainsi qu'il faut vser des termes substantifs au bout d'vn vers, & comme il est besoin que le mot qui faict la rime, de quelle condition qu'il soit, n'y paroisse iamais qu'en bonne forme. Car il est necessaire que la rime serue en deux choses en mesme temps: dont la premiere consiste

consiste au simple & naïf embellissement qu'elle donne aux vers, & l'autre pour expliquer ou amplifier la raison qui est discouruë dans le Pøëme. Parce que si la rime ne termine vn vers suiuant la raison de ce qui est proposé, elle ne luy seruira que d'vne vaine charge, & d'vn fard tout apparent & importun.

Il est raisonnable aussi qu'en toutes sortes de Poëmes les rimes ne soient distinctes & separees que de deux autres pour le plus, & mesmes que ces deux-la, soient d'vne mesme liuree entre elles, obseruant ainsi que iamais on ne treuue plus haut de deux vers qui seruent de séparation à deux autres qui ont les rimes de mesme couleur. Car il ne faut pas faire comme les Italiens, & les Espagnols, qui au sisain du Sonnet, font rimer le premier vers auec la cinquieme, & le second auec le dernier : veu qu'ainsi on languit trop en l'attente de la rime qui doit suiure la precedente où elle respond, & que parmy la longueur de cest espoir, on oublie l'harmonie du premier vers, & que par ce moyen on ne treuue point de correspondance, ny de douceur en l'vne, ny en l'autre rime. On voit aussi que l'interuale des rimes que ie requiers icy a esté obseruee de tous les Poëtes François qui ont escrit depuis cēt ans en ça, & mesmes encore en la plus grāde partie des œuures des autres plus anciens: mais aux Tragedies, Hymnes, Elegies, & autres Poëmes qui doiuent estre conduicts au long sans aucune forme & distinction de couplets limitez, les rimes ne sont point separees par d'autres, ains comme denotant la façon d'vn libre discours, elles y marchent acouplees l'vne aupres de l'autre de deux en deux, les feminines apres les masculines alternatiuement. C'est ainsi que la rime est si necessaire à la Poësie des François, que si elle ne l'accompagne par tout ce seroit en vain que les vers fussent parfaitemēt formez à la reigle: Car auec toute la bonté que la mesure donneroit, ils ne sçauroiēt estre agreables, & n'auroient non plus de vigueur & de grace qu'vn arbre mort, & qu'vne passe-rose flestrie. Et c'est ainsi que comme dict Charles Fontaine qui par trop rigoureusement voulut censurer le Poëte du Bellay: On peut voir en France des vers mesurez, qui sont tant seulement formez au nõbre de leurs sylabes : mais sans aucune correspondance de son en leurs terminaisons sans rime, qui est vne chose aussi estrãge en nostre Poësie, comme seroit en la Greque & Latine de lire des vers sans obseruation de sylabes longues & breues, c'est à dire, sans la quantité des tẽps qui souftiennent la musique & la melodie des vers en ces deux langues, tout ainsi que faict en la nostre la rime. Aussi lirez vous bien peu de Poëtes, ou autres Autheurs François qui ayent osé faire des vers sans rime, veu le peu de beauté qu'ils ont sans ceste harmonie qui procede de leurs terminaisons pareilles. Bonauenture des Periers en a faicte ainsi en la Satyre d'Horace, qui commence, *Qui fit, Mæcenas. &c*, laquelle il a traduicte en vers de huict sylabes non rimez, qui sont imprimez en forme de prose sans aucune lineale distinction de vers, comme non meritans d'en auoir le nom. Petrarque a fait de ces vers, comme on peut voir aux sizains des neuf Sestines de sa premiere & seconde partie des Amours de Laure : mais c'est auec vne autre analogie ou cõuenance que de ceux des Fran-

V ij

cois : Car on voit que les derniers mots de chafque vers du premier Sifain d'icelles, font reiterez proportionellement en tous les vers des autres, donnant vne telle harmonie, qu'elles peuuent suppleer à la rime qui deffaut au Sifain.

Les Seftines sont de six Sifains, & de trois vers sur la fin pour epilogue, & conclusion, les mesmes rimes y estans obseruees. Or si quelque François vouloit faire des vers non rimez, il me semble qu'il n'en sçauroit composer que de la façon des Seftines susdictes, pour auoir quelque grace au lieu où manqueroit la rime. Car en ceste forme la douce varieté des Sifains, qui redisent par vn bon ordre les mesmes rimes du premier, donne vne tresgrande ressemblance aux vers qui sont rimez, & partant elles sont agreables en quelque sorte. A ceste occasion i'ay treüué bon de montrer icy l'exemple d'vne partie de ce Poëme appellé Seftine, afin d'en faire mieux comprendre le tout au deffaut de la piece entiere,

A la dolce ombra de le belle frondi
Corsi fuggendo vn dispietate lume,

Ch'en fin quà giu m'ardea dal terzo cielo
E disgombraua gia di neue i poggi,
L'Aura amorosa, che rinoua il tempo,
E fioran per le piagge l'herbe e i rami.

Non vide il mondo si leggiadri rami,
Ne mosse'l vento mai si verdi frondi
Come à me si mostrar qual primo tempo,
Tal, che temendo de l'ardente lume,
Non volsi al mio refugio ombra di poggi,
Ma de la pianta piu gradita in cielo.

Vn Lauro mi diffese allhor dal cielo :
Onde piu volte vago de bei rami
Dapo son gito per selue & per pogi,
Ne giamai ritrouai. &c.

Petrarque est l'Autheur de ceste Sestine, laquelle on pourra voir toute au long en la premiere partie de ses Amours.

De nostre temps aussi Vigenere en la seconde partie des Tableaux de Philostrate a faict des vers sans rime en toutes les traductions qu'il a formees sur les passages des Poëtes Grecs & Latins, qu'il allegue parmy ses commentaires : Soit qu'il en ait vsé ainsi, pour estre d'vn esprit qui non incliné à la Poësie, treuuoit trop de peine de s'abſubjectir à la rime, ou bien que pour traduire plus naïuement les termes des eſtrangers, il eſtima qu'il eſtoit meilleur de faire des vers qui n'euſſent autre choſe que la meſure pour ſubjection ou pour ornement. Mais quoy qu'il en ait faict la deſſus, on voit que les vers que Hugues Salel a compoſez ſur la traduction des vnze premiers Liures de l'Iliade d'Homere, ſont infiniement plus beaux & plus propres que tous autres, qui ſe rencontrent ſur le meſme ſubject que ceſt excellent Traducteur du Prince des Poëtes a manié au labeur des Liures ſus-nommez. Comme on peut voir cela, en ceſt exemple ſuiuant, où Paris parle ainſi à Hector ſon frere au troiſieme Liure de ladicte Iliade, que Vigenere a mis ainſi, en les alleguant en vn paſſage;

Ne me reproche point les dons,
De Venus la belle eſcumiere:
Car les preſens venans des Dieux:
Ne ſont point de nous rejectables.

DE L'ART POETIQVE.

Ceux de Salel ne sont pas si pressement attachez à la disposition du texte, mais estans disposez & rimez suiuans que la Poësie Françoyse le requiert, ils sont bien d'autant plus harmonieux & agreables, comme on en peut iuger icy, estans ainsi,

Tu ne deuroy toutefois me fascher,
Ny les beaux dons de Venus reprocher:
Car les bien-faits dont les Dieux nous guerdonnent,
Sont à priser, veu mesme qu'ils le donnent
Non pas selon que l'homme en a desir
Mais tout ainsi qu'il leur vient à plaisir.

Ronsard fit vne fois vne Ode sur la naissance de François, Dauphin de France, fils du Roy Henry deuxieme, où les vers n'ont point de rimes, & de laquelle en voicy le premier couplet,

En quel bois le plus sepatré
Du populaire, & en quel Antre,
Prens-tu plaisir de me guider,
O Muse ma douce folie!
Afin qu'ardant de ta fureur,
Et du tout hors de moy ie chante,

L'honneur de ce Royal enfant,
Qui doit commander à la France?
Ie cri'ray des vers non sonnez
Du Grec, ny du Latin Poëte,
Plus hautement que sur le mont
Le Prestre Thracien n'entonne,
Le Cor à Bacchus dedié,
Ayant la poictrine remplie,
D'vne trop vineuse fureur.

Ces vers sont tres-dous en leur mesure & en leurs paroles, comme aussi ceux de Vigenere: mais auec tout cela, ils ont aussi peu d'harmonie & de douceur pour l'ouye, qu'vn fruict par trop vert & vne raue gelee de goust & de saueur pour la bouche. On voit ainsi que l'authorité de si bons Autheurs ne peut faire treuuer bon vne telle nouueauté de vers, & que la coustume conjoincte à la raison vole tousiours par dessus tout ce que de plus serieux on voudroit inuenter au contraire. Il ne faut iamais s'entremettre de faire des vers en ceste façõ, puis qu'ils ne donnent aucun plaisir à comparaison de ceux qui sont couronnez de la rime. Aussi c'est vne chose generalement connuë, que la magnificence & la douceur ne manquent jamais d'acompagner les bons vers qui sont ornez d'vne rime bien accomplie. C'est pourquoy il les faut faire tousiours ainsi: car la rime est tousiours vne beauté pour les vers. A ceste occasion c'est vn ancien prouerbe assez en vsage, que lors que l'on voit quelque chose de mal faict, on dict aussi tost, Qu'il n'y a ny rime, ny raison. La rime a tellement esté admiree aussi par les autheurs Latins, que plusieurs des excellés & Saints Docteurs de l'Eglise ont composé à l'honneur de toutes les festes Solemnelles des Hymnes en Latin auec la terminaison rimee à l'imitation des Poësies des François & des autres nations qui vsent ordinairement de la rime en leurs Poëmes, Robert Roy de France qui estoit bien versé en la langue Romaine a composé aussi quelques vnes de ces Hymnes rimez qui sõt chantez à l'Eglise.

Or pour le subject de l'ordre dont les rimes doiuent estre appariees pour respondre l'vne à l'autre, i'en traicteray tout au long en autre part: Et tandis le Poëte futur sera soigneux d'imiter en la colloquation & divers placement des rimes, la façon dont les Poësies de Ronsard & de Des-Portes sont embellies, & sera aussi curieux de n'admettre iamais en sa fantasie ces estranges & rudes manieres dont Marot, & quelques autres des plus anciēs Poëtes se sont seruis par fois, lesquelles portent ces noms de *Retrograde, Batelee, Couronnee, annexee, Emperiere Couronnee, Senee, Enchainee, Fratrisee & Concatenee,* La meilleure desquelles ne merite pas d'estre renouellee, si ce n'est en partie seulement, comme i'en donneray les exemples en vne autre endroict ou ie les rapporteray toutes : Car d'en vser de la façon que les Anciens les practiquoyent cela n'est pas raisonnable : parce qu'elles ne doiuent estre employees de la sorte en la Poësie, veu la bigearrerie, les termes barbares, & les raisons contrainctes dont elles sont accompagnees : ce qui est vne chose qui repugne entierement à la vertu de l'esprit, & à la franchise de nostre langage François, de qui la nature ne veut estre gouuernee qu'auec toute pureté, douceur & raison toute apparente & certaine. Du commencement que Ronsard se mit à compofer des vers, il rimoit vne quãtité de feminins & de mafculins tout d'vne fuicte, efcriuant ainfi comme Mellin de Sainct Gelais, Marot, Alain Chartier, & quelques autres qui l'auoyent precedé, auoient faict en obferuans quelques fois le iufte affemblement & liaifon des vns & des autres, & par fois auffi durant beaucoup de vers ne s'y reiglans pas. Biẽ que toutefois Iean de Meum qui eftoit du temps du Roy Philippe quatrieme eut obferué par tout fon Poëme de la deftruction de Troye la grande, le bon entrelaffement des vnes & des autres rimes.

Et i'adjoufteray ces lignes à ce propos que i'ay en Prouence vn grand liure efcrit à la main, où fur chaque page eft vne image tres-bien tiree à la plume, & illuminee, qui reprefente par fa figure le fens d'vne fentẽce ou prouerbe, ayant au bas vn huictain qui explique le fens de la peincture, tous les vers eftans rimez par vn fort bon ordre de rimes feminines & mafculines, en la façon qu'on en vfe au-iourd'huy. Et ainfi il y a enuiron quatre cens Prouerbes defcrits par autant de huictains & d'images en la derniere defquelles eft figuré dans vne eftude vn ieune homme qui eft affis contre vne table, & d'vne façon qui reprefente qu'il efcrit, & le huictain qui l'accompagne eft ainfi,

Ie Iean Oliuier feruiteur,
Du Comte Ianus de Sauoye,
De ce liure fus l'inuenteur,
Alors que peu de bien fçauoye:
Vous fuppliant qu'excuzé foye,
Si ie faillis aucunement,
Car en le faifant ne penfoye
Qu'à paffer le temps feulement.

Suiuant ce qu'il dict, qu'il eftoit du temps de ce Comte Ianus, il y a plus de deux cens ans que cefte Poëfie eft faicte, & à cefte occafion il faut croire que ceft Oliuier eftoit vn grand Poëte, puis qu'il efcriuoit fi bien en ce temps-là : car tous fes vers font bien doux & de fort bon langage, outre qu'ils ont la beauté d'eftre diuifez & correfpondans l'vn à l'autre pour la bonne cituation des rimes.

Or vn peu apres que Ronfard eut frequenté les Mufes, il connut bien le peu de grace que les vers auoient d'eftre en vn mesme genre de rimes, acouplez d'vn plus grand nombre que de deux : Ce qui fit qu'il y mit vn si bon ordre, que tous les Poëtes qui ont escrit depuis ont obserué à son imitation vne reigle si louable de diuersifier dextrement par vn bon accord & agreable diuision les rimes d'vn genre auec celles d'vn autre. Il est vray que de propos deliberé quelques Poëtes ont composé des Poëmes dont les rimes sont toutes masculines, ainsi qu'on en voit aux œuures de Des-Portes, qui portent le tiltre de vers masculins, & d'autres aussi qui en des regrets funebres sont tous feminins. Mais ie croy que par auanture telle sorte de vers se faisoit ainsi, seulement pour complaire à quelque Musicien qui vouloit doner vn air à des Chansons de qui les rimes fussent ainsi toutes d'vne nature : Mais i'ay parlé de ces façons de colloquement de rimes au deuxieme chapitre de ce Liure.

Mais touchant l'alliance des rimes il faut estre soigneux de la faire bien à propos : puis que sa beauté est si requise à nostre Poësie que lors qu'elle se treuue bien en œuure dans vn Poëme elle luy donne vne harmonie du tout bonne & delicieuſe. C'eſt ainſi que l'on doit faire que les rimes ſoyent touſiours remplies & diſpoſees l'vne enuers l'autre, de la figure que les Grecs appellent *Omioteleuton*, C'eſt à dire, *finiſſant de meſme*, laquelle figure eſt quelque fois practiquee en la Proſe, & s'y treuue agreable pourueu qu'elle y ſoit employee tres-rarement. Or de faire rimer enſemble *Beauté*, auec *aimé*, *Soleil* auec *Autel*, *Parent* auec *Element*, *Grace* auec *gaze*, *Victoire*, auec *Sphere*, *Inhumaine* auec *Cyprine*, *Atteincte* auec *Poincte*, *Valeureux* auec *gratieux*, *yeux* auec *Cheueux. &c.* C'eſt comme l'on dict rimer *Proſerpine* auec *Cleopatre*, parce que les rimes qui ſont ainſi, non point de parfaite vnion & correſpondance pour eſtre appariees, & par ce moyen pour delecter l'oreille par les douceurs qui naiſſent du concert bien meſuré & harmonieux qui doit ſe treuuer en la prononciation de deux rimes qui ſont bonnes d'aller en compagnie. On voit auiourd'huy des Poëtes extremement deſbordez à loger enſemble des rimes qui ſont contraires l'vne à l'autre, & ſi bien que la lecture de leurs Poëmes se ressentant de la source où elle est puisee, n'engendre qu'ennuy & degoustement en l'ame des Lecteurs, au lieu de les es-joüyr par la douce harmonie qui naist communemēt des vers où les rimes sont en bonne liaison. Les Poëtes des siecles passez ont mieux observé la bōté des rimes que plusieurs de ce temps, & sur tous les deux Poëtes autheurs du Romant de la Rose desquels i'ay parlé cy dessus: car ils rimoient tres-bien en la plus grande partie de leurs œuures: comme l'on en peut iuger par ceste piece suiuāte, qui sans aucun chois a esté prise audict liure, où ils descriuoyent les beautez de Beauté, maistresse d'Amour qui estoyent dans vn Iardin.

Ie reuiendray à ma parole,
Des nobles gens de la carole,
Dire me faut leur contenance,
Et leur façon & leur semblance:
Le Dieu d'Amour or s'estoit pris
A vne Dame de haut pris,
Pres se tenoit de son costé
Celle Dame auoit nom Beauté,
Qui point n'estoit noire ne brune:

Mais aussi claire que la Lune,
Estoit vers les autres estoilles,
Qui semblent petites chandelles,
Tendre chair eut comme rosee,
Simple fut comme vne Espousee,
Et blanche comme fleur de Lys,
Le vis eut bel doux & alis,
Et estoit gresle & alignee,
Fardee n'estoit ne peignee:
Car elle n'auoit point mestier,
De soy farder & nettier,
Cheueux auoit blonds & si longs,
Qui luy battoyent iusque aux talons,
Beaux yeux auoit, nez & la bouche,
Moult grand douleur au cœur me touche,
Quand de sa beauté me remembre,
Pour la façon de chacun membre,
Si belle femme n'est au monde,
Ieune soit & de grand' façonde:
Sage plaisante gaye & coincte,
Gresle, gente, frisque & accoincte.

Ces vers qui sont extraicts d'vne Poësie si ancienne & renommee pourront seruir d'exemple à quelques escriuains de ce temps à mieux allier les rimes qu'ils ne font, & seruiront aussi pour inciter les nouueaux

nouueaux Poëtes à se trauailler en l'obseruation des plus belles rimes, puis que dés si long-temps elles ont esté estimees & practiquees par les plus excellens esprits.

Or c'est au-iourd'huy que plus que iamais on desire que les bonnes rimes accompagnent les vers : A ceste cause, puis que ce desir est fondé sur la raison, il se faut dôner garde d'employer en vn Poëme des termes, de qui les rimes ne soient pas assez conuenantes pour estre ioinctes ensemble, comme quelques Poëtes y estoient fort licencieux par le passé. Donques c'est vne reigle que l'on doit obseruer, qu'il ne faut pas rimer *fidellement* auec *parent*, & *constamment* auec *violent*, ny aucun de ces quatre mots, auec aucun de ceux-cy, *Desrobant, recreant, deffend, estonnant, ardant, clinquant, frapant, abattant, pressant, nageant, viuant, voyant*; Parce que les belles rimes doiuent auoir au moins vne mesme consonance pour principe de leur sylabe. C'est ainsi que *fidellement, constamment, diuersement, diuinement, souëuement, ardamment, element* & *sainctement*, riment bien ensemble, d'autant que la sylabe qui faict leur rime est conduicte & poussee par la lettre (m). Ainsi l'on ne doit point rimer *desir auec repentir, ny guerir auec languir, ny douleur auec cœur, aimee auec adoree, prisee auec tourmentee, peine auec sienne, baigne auec montagne, diuine auec signe, vueille auec merueille, faucille, auec subtile, toille auec querelle, galerie auec vie, partie auec racourcie, finie auec suplie, cherche auec despeche, charge auec forge, destinee auec valee, science auec souffrance, legere auec secretaire, pardon auec Apollon, affection auec rayon, baiser auec alleger, aimer auec destiner, laurier auec aimer, beauté auec allumé, vapeur auec assesseur, cristallin, auec marin, consulat auec sabat, Printemps auec luisans, nouuellet auec douillet, ny auec archet, predit auec fleurit.* Comme aussi toutes autres rimes qui sont differentes entre-elles comme celles-là, & desquelles il s'en treuue grand nombre de l'vne ou de l'autre, & c'est pour la raison que i'en ay alleguee en la precedente periode. On ne doit point rimer aussi, *Dieux auec radieux*, parce que *Dieux*, est prononcé seulement auec vne sylabe & *radieux* auec deux en sa moitié qui contient les mesmes lettres que *Dieux*. A ceste occasion

DE L'ART POETIQUE.

Cieux, lieux, yeux, mieux, milieux, essieux, pieux, espieux, escurieux, vieux, ne doiuent point estre rimez auec *Audacieux, victorieux, ambitieux, gratieux, precieux, pieux*, & autres mots qui ont sur la fin des mesmes lettres la prononciation bissilabe. Par ceste raison aussi il n'est pas bon de rimer *Bien, tien, mien, sien, rien, detien, tien, combien, bien, maintien, entretien, soustien, vien souuien Chrestien.&c.* auec *Lien, gordien, Cyprien, Nigdien, ancien, logicien, Rethoricien, Theologien, Physicien*, & autres noms qui sur la prononciation diuisent ces trois dernieres lettres (ien) en deux sylabes. En fin il faut obseruer qu'en toutes les rimes que l'on veut apparier, l'esgalité du prononcement y soit : car elles sont fort propres lors quelles sont disposees ainsi, bien que l'Ortographe en soit differente en quelques vnes. Et faut estre soigneux aussi, qu'aux rimes desquelles il s'en treuue grand nombre d'expresse ressemblance, comme celles-cy, *lamente & tourmente, planette & chainette*, il est raison de s'en seruir ainsi religieusement en leurs assemblages.

Mais aussi par vne equité du tout receuable & puissante, il est vray que touchant les mots qui sont monosylabes, & quelques autres qui sont plus longs, & desquels il y en a rarement, la reigle de leur vnion est plus libre, comme i'en ay parlé cy dessus au chapitre huictieme.

C'est pourquoy on peut rimer, *Front auec font, rompt & prompt, Loups, coups, debouts, auec genous, vous, cous, nous, tous. &c. Esclos, os, & los, auec mots, sots, rabots, gots. &c. Corps auec dehors, thresors, allors, accorts, cors, ords, desbors, efforts. &c. Fort auec accord mort, desbord, effort, bord. &c. Fus auec feux, feu auec touffu, constans auec Printemps, basme auec flame, masle auec fatale, zephire auec souspire, Montagne auec gaigne, allegé auec chargé, beauté auec rareté, domté & dignité, Chants auec champs, Fils auec Memphis, deffis. &c. Peris auec Paris, maris. &c. Appetis auec gentils, subtils, outils. &c. Dards auec parcs, arts, arcs, regards. &c. Loy auec Roy, foy, croy, toy, moy & aloy. &c. Cieux auec Dieux, yeux, mieux espieux, pieux, essieux, milieux, escurieux, & vieux:* Comme on peut voir que ces façons de rimes sont practiquees fort amplement dans les œuures des meilleurs Poëtes d'au-iourd'huy: parce que tous ces termes sont d'vne mesme prononciation auec ceux ausquels ils sont acouplez bien que la plus grande partie d'iceux soit differente de l'autre pour le respect de l'ortographe. Mais on ne doit point rimer *humain auec chemin*, *vain auec diuin*. &c. Car c'est le proceder des Poëtes Licencieux de rimer de la sorte, acommodans leur foiblesse sur la varieté du commun parler des Champannois, qui prononcent *vain*, au lieu de *vin*, & *Destain*, au lieu de dire *Destin*, comme aussi quelques vns du vulgaire de Paris en vsent ainsi. Mais les Damoiselles de ceste grande ville, & tous autres gens de bon lieu qui parlent bon François, proferent ces termes *vin, diuin, chemin, destin. &c.* comme ils sont escrits ordinairement.

Il ne faut point rimer aussi des mots simples auec leurs composez, comme par exemple ceux-cy pour tous les autres, *Humain auec inhumain, mortel auec immortel, fini auec infini, fortune auec infortune, auanture auec mes-auanture, grace auec dis-grace, mesurable auec immesurable, mesuré auec desmesuré, pareil auec nompareil, accord auec discord, honneur auec des-honneur, heur auec bon-*

X iij

heur, temps auec Printemps & paſſetemps, reigle auec deſ-reigle, l'auanture auec il s'auanture, Amy auec ennemy, conſtance auec inconſtance, eſpouſe auec l'eſpouſe, faire auec deffaire, parfaicte auec imparfaicte, armes auec gens-darmes, lieu auec milieu, nom auec renom, nommee auec renommee, flame auec enflamé, iours auec touſiours, nouueau auec renouueau, humaine auec inhumaine, claire auec eſclaire. Car ces rimes ont trop de correſpondance l'vne à l'autre, veu que pour leur reſſemblance elles ſemblent redire vne meſme choſe, bien que pour raiſon du ſens que portent leurs paroles, elles diſent le plus ſouuent des choſes extremement eſloignées de ce qui eſt porté à l'autre qui leur eſt correſpondante. Mais pourtant, quoy qu'il y ait quelque apparence de raiſon en cela, il ne faut point vſer de ceſte ſorte de rimes dõt les mots ſont compoſez de l'vn l'autre: Car de rimer Plaiſir auec deſpaiſir, feconde auec infeconde, enflamé auec des-enflamé, armes auec gens-darmes.&c. C'eſt le meſme que les rimes d'eſpée auec bonne eſpee, de femme auec bonne femme, de temps auec beau temps, de vin auec bon vin, d'homme auec grand homme.&c. Mais voyez ie vous prie, si ces vers suiuans ne portent pas vn air importun aux oreilles, à cause de la redicte qui paroit en ces manieres de rimes de paroles qui sont les mesmes,

Aussi tost qu'il vit ceste femme,
Passer si librement le temps:
Il l'estima ioyeuse femme,
Qui ne cerche que le bon temps.

Ceste façon de rimes est vne vraye & importune rimaillerie pedantesque: car c'est vne importunité d'ouyr ainsi des rimes qui ne font entendre qu'vne chose en deux venuës, à ceste occasion les bons Poëtes n'en vsent point au-iourd'huy. Mais il se treuue en ce temps quelques vns qui ne treuuent pas bon de rimer les auerbes auec les noms comme *Diuinement, cruellement, iustement, grandement, sagement, heureusement, constamment,&c.* auec *Amant, tourment, aymant diamant.&c.* disant qu'ils sont proferez diuersement, & qu'outre cela leur orthographes sont differentes: Et par les mesmes opinions, ils disent que ce n'est pas vne chose propre de rimer *Dame auec flame, & ame, Lame auec trame, Game auec rame & entame, & flame auec femme*. Mais quand à moy ie ne suis point d'auis que l'on doiue ajouster foy à des opinions si estranges & hors de raison, car i'estime que c'est vne pure superstition en matiere de Poësie: parce que ie me treuue souuent auec des gens qui parlent fort bon François comme naturels qu'ils sont de la principale & royale partie de la France, où parmy leurs discours, ie ne treuue aucune differēce pour l'accent, lors qu'il leur vient à propos de proferer quelqu'vn de ces termes susdits, C'est pourquoy il n'est pas raison de suiure ceste nouuelle opinion, puis quelle est si mal fondee que l'vsage & la preuue du subject dont il est question la contrarient, & la rendent nulle, & sans pouuoir pour se soustenir & deffendre. Quelques esprits de ce temps ont plusieurs autres opinions fort estranges, tant sur l'acent particulier de chasque mot, comme pour le mariage des rimes, & desquelles ie n'en veux point traicter, veu qu'elles sont si desreiglees & fantastiques, qu'elles ne meritent pas d'estre refutees en les nom-

DE L'ART POETIQVE.

mant, mais bien d'estre du tout mesprisées & enseuelies en l'oubly, comme la memoire de celuy qui mit le feu au temple de Diane, tant s'en faut qu'elles ayent quelque merite qui les rende dignes d'estre connuës & practiquees. Toutefois ie treuue bon de rapporter encore icy trois exemples de quelques autres termes qui ne sont pas d'assez bonne couleur à l'imagination certaines personnes qui suiuant ce qu'il m'en semble veulent par trop pointiller la nature, & les beautez du langage & de la Poësie: Car ils n'aouüent pas que ce soit bien escrire de rimer ensemble les noms des nations, comme; *Italien*, *auec Idallien*, *Romain auec Germain*, *Egyptien auec Cynthien*, *Latin auec Grenatin*, *François auec Escossois*, *Genois auec Lyonnois*, *Barbares auec Tartares*, *Troglodites auec Scithes*. &c. Et de rimer aussi les noms propres, comme *Renee auec Enee*, *Augustin auec Constantin*, *Chrysostome auec Hierosme*, *Roland auec Ligoland*, *Morgand auec Argand*, *Renaud auec Arnaud*, *Raymond auec Fleurimond*. &c. Comme aussi ces termes relatifs, *Pere auec Mere*, *Premier auec dernier*.

Et ces pronoms, *Mien*, *tien*, *sien*, *nostre*,

voſtre; Nous, vous, tous. Et ſoy, toy, & moy.
Or ie diray là deſſus, que de ma part, ie deſire de m'employer en toutes les peines qui ſons requiſes pour faire vne Poëſie acomplie de toutes les beautez : mais touchant l'obſeruation que certains curieux pretendent former ſur les cinq exemples precedens, iamais ie ne la ſuiuray : Auſſi comme i'en ay des-ja dict cy deuant, ie l'eſtime du tout incapable de meriter d'eſtre receuë de ceux qui ont le ſçauoir & la vertu de faire de bons vers, veu que pour le peu d'argumēt dont ces opinions ſont armees, les bons Poëtes les doiuent rejecter & meſpriſer infiniement comme vne ſuperſtition qui ſe veut eſtablir & faire reconnoiſtre dans le temple des Muſes. Car il y a vne infinité de raiſons tres-bonnes & valables pour ruiner de fonds en comble l'edifice de ces opinions ſi nouuelles & hors de meſure.

Ie ſçay bien qu'il y a vn vertueux perſonnage, auquel ie ſuis extrememēt aquis & affectionné, qui tient à peu pres vne partie de ces opinions que ie vien de refuter : mais bien que le dire de ce braue Roy Ageſilaus ſoit aſſez veritable, qu'il est difficille d'aimer & d'estre sage tout ensemble, & qu'ainsi au moyen de l'amitié dont ie luy suis obligé, il semble que ie deuroy suiure toutes les opinions bien qu'elles ne fussent pas entierement selon mon cœur, puis que ceux qui aiment se treuuent volontiers en ces incidens d'offenser le deuoir plustost que d'apporter aucun desplaisir à ce qui est aimé. Toutefois ie ne me sçauroy retirer de ces propositions que i'ay auancees sur le present subject: parce que ie croy qu'elles sont vniquement accompagnees de la raison, & que par ceste qualité elles meritent d'estre inuiolablement suiuies & tenuës. Aussi c'est bien ma creance, qu'il ne prendra pas en mauuaise part si ie luy suis vn peu contraire en cela: puis que les biens de sa personne non plus que ceux de son esprit ne dependét aucunement de l'oppugnation ou de la deffence de ces opinions diuerses, & d'ailleurs la difference n'est pas fõdee sur quelque point d'honneur ou de religion pour apporter quelque crainte d'en voir produire aucunes pointes d'inimitié. Aussi de ma part, ie confesse franchement, que ce personnage a tant merité enuers moy & enuers la mesme vertu, que ie l'aime & l'honore autant par stimulation de merite, que par incitement de courtoisie.

Tandis pour venir plus particulierement & exactement à faire valoir mes raisons contre la nouueauté de ces opinions que tiennent aucuns d'aujourd'huy sur l'alliance des rimes, i'ameneray icy vn bon exemple contre vne partie des cinq que i'ay specifiees cy dessus, où par la lecture d'iceluy, on pourra iuger que les noms, les auerbes, & les pronoms vont fort bien lors qu'ils sont disposez ensemble pour la rime. Cest exemple est ainsi en ces dix sept couplets suiuants, qui sont vne Chanson que ie fis, il y a quelques mois en consideration d'vne absence,

CHANSON.

C'Est pour vous beau Ciel de mes iours,
Que mes feux sont de telle sorte:
Que plus l'espoir fuit mes amours
Plus ma flame est constante & forte.

C'est par vos yeux qu'Amour sçeut m'obliger,
De souffrir loin de vous & iamais ne changer.

DE L'ART POETIQUE

Vostre œil si doux & si diuin
   Sçeut si bien embraser mon ame:
   Que tous les efforts du destin
   N'en sçauroient esteindre la flame.
   C'est par.&c.
En vain par les forces du sort,
   On voudroit me rendre infidelle:
   Car en surmontant son effort
   Ma flame est pour vous immortelle.
   C'est par.&c.
Ores que ie sois loin de vous
   Mon amour n'est pas variable:
   Car vos beautez font qu'entre tous
   Mon vœu continuë immuable.
   C'est par.&c.
Plus en la distance des lieux,
   Ie voy que mes flames sont vaines:
   Plus pour l'amour de vos beaux yeux,
   Ie tien glorieuse mes peines.
   C'est par.&c.
Plus ie voy qu'vne affliction
   En amour sans fin m'importune:
   Plus pour vous mon affection
   Me tient lieu d'heureuse fortune,
   C'est par.&c.
Mon cœur est si bien allumé
   D'vn feu qui brusle en preferance

    Qu'il en est tousiours animé
    Quoy qu'il aime sans esperance.
    C'est par.&c.
Et pour vous bel Astre vaincueur,
    Beauté plus aimable que Flore:
    I'admire sans fin en mon cœur
    Vn Soleil auec vne Aurore.
    C'est par.&c.
Mais ceste Aurore & ce Soleil,
    Ne sont autres que vostre image:
    A qui d'vn deuoir nompareil
    Sans fin mes desirs font hommage.
    C'est par.&c.
C'est en ceste image d'Amour,
    Où la beauté voit sa merueille:
    Que mon cœur vous voit nuict & iour,
    Soit que ie dorme ou que ie veille.
    C'est par.&c.
Aussi comme l'vnique amant
    Soit pour la peine ou pour la gloire:
    Mon cœur brusle si viuement
    Qu'Amour s'esmerueille à le croire.
    C'est par.&c.
Mais en s'esmerueillant ainsi
    Il esloigne de ma pensee
    Tout plaisir, dessein & soucy,
    Dont vous pourriez estre offencee,

DE L'ART POETIQUE.

C'est par.&c.

C'est ainsi que d'vn beau desir
  Esloigné de toutes malices:
  Mon Amour estant mon plaisir,
  Mes pleurs ne me sont que delices.
C'est par.&c.

Ainsi vostre rare beauté,
  Vnique Laurier de Prouence:
  Me causant ceste loyauté
  Tant de douces gloires m'auance.
C'est par.&c.

Mais las ! quand d'vn bien tresparfaict,
  Où ma gloire s'immortalise:
  Vous pourray-ie voir en effaict,
  O belle & ma belle Felise!
C'est par.&c.

Et qu'aux rajz de vos yeux si doux
  Ie dise,ô belle, Astre du monde:
  Felise ce n'est que par vous
  Que l'Amour en gloires abonde.
C'est par.&c.

Et qu'ainsi treuuant mon repos
  Au beau iour de vostre visage:
  Vous entendiez qu'en mes propos
  Ie vous tienne ce doux langage.
C'est par vos yeux qu'Amour sçeut m'obliger
De souffrir loin de vous & iamais ne changer.

On peut voir par ces vers que ces noms & pronoms qui riment enſemble, vont auſſi bien qu'aucun autre mot de ces autres rimes : C'eſt pourquoy il ne faut point ſuiure en aucune ſorte ces opinions qui ne ſont pas moins eſgarees & ſeueres que nouuelles, qui portent que l'on ne doit point rimer ainſi, non plus que de croire en rien que ce ſoit l'eſtrange imagination d'vn incertain eſprit du ſiecle paſſé qui pour la perfection des vers François ſe fantaſie qu'il faudroit obſeruer en chaque mot des ſylabes longues & breues ſe propoſant ainſi folement contre la couſtume, des accents eſtroicts & larges, hauts & bas & contre toute meſure, raiſon & bon vſage.

Mais en reuenant à cenſurer & abatre du tout les opinions de ceux qui diſent que ce n'eſt pas bien de rimer enſemble des pronoms & des noms propres: i'allegueray que ceſte opinion n'eſt pas moins deſ-raiſonnable que ſi l'on vouloit ordonner de ne rimer plus vn verbe auec vn autre, vn ſubſtantif auec vn autre ſubſtantif, les adjectifs auec les adjectifs, & vn auerbe auec vn auerbe : Car ſi cela auoit lieu,

lieu, il ne faudroit plus accompagner de rimes les vers, afin de ne commettre ce vice. Mais outre que le vray vsage le porte, & que l'authorité des meilleurs Poëtes le cōfirme & le souſtient inuincible, on voit bien que ces verbes, *Deſirer & adorer, aime & ſeme, enrichir & raffraichir, reclame, & renflame, choiſir & ſaiſir, ſouſpire, & reſpire &c.* riment de fort bonne grace enſemble, comme auſſi ces ſubſtantifs, *Loiſir & deſir, patience & ſcience, teſte & feſte, beauté & loyauté, gloire & victoire, fleurs & pleurs, Cieux & Dieux. &c.* Et ces auerbes de meſme, *Eternellement & eſgalement, nullement & facilement, brauement & ſoüeuement, conſtamment & parfaictement, ſagement & largement. &c.* Et ces adjectifs auſſi, *Fleurie & guerie, rigoureux & amoureux, hardie & agrandie, enflamé & entamé, odorante & flairante, foudroyant & ondoyant, victorieux & glorieux, &c.* vont de la meilleure façon du monde. Si donques tous ces mots vont bien à la rime, & y ſont non moins propres que neceſſaires, pourquoy les noms & les pronōs n'y ſeront ils pas auſſi.

Mais comme de tout temps il s'eſt treuué des Eſprits fort diuers en l'exercice &

Y

cognoissance des Arts & sciences: les vns qui les practiquent legerement & sans aucun grand soucy de faire parfaictement & les autres qui pour subtiliser leur pensee à des choses trop esloignees & alambiquees se glissent aux superstitions comme ceux-là de qui ie vien de parler, on voit auiourd'huy certains versificateurs qui n'ont aucun soin d'obseruer de bonnes rimes, ains rimant barbarement le simple & le composé, les mots qui sont fort diuers de terminaison, & le singulier auec le plurier par Licence effrenee, ils disent apres en s'excusant niaizement, qu'ils ont rimé cõme Ronsard, & qu'ainsi ils ont bien faict: mais ie voudrois ouyr dire à ces composeurs d'ouurages Carminiformes, que leurs vers sont à la façon des plus braues de ce bon Pere Ronsard: car ainsi i'auroy plaisir de voir quelque piece de leur ouurage, du tout excellente & admirable, & non point l'ennuy d'entendre au lieu d'vne excuse receuable, vn tesmoinage de leur propre bouche, qui faict connoistre que leur esprit estant enraciné en l'erreur, ne sçait connoistre ny suiure ce qui est bien. Vn certain homme qui se mesle quelquefois de faire des vers, disoit dernierement, que sans estre ataché si exactement aux rimes il les auoit faictes commes celles de Ronsard & de Du-Bartas, & que c'est vouloir enfermer l'esprit dedans vn estuy, que de se lier dit-il si superstitieusement à ces loix Scolastiques, & que telles obseruations sont bonnes pour ceux qui n'ont rien de plus releué, & qu'il faut que les cõceptions de l'ame ayent vne carriere libre: & que nous deuons regarder comme les Italiens & les Espagnols en vsent. Ce sont les raisons de cest escriuain, qui à la verité sont bien loin d'estre si bonne, cõme les paroles qui les portent sont coulantes: mais il me pardonnera s'il luy plaist, ie luy contredis icy & puis que sans nõmer personne il parle librement côtre ceux qui pratiquent l'excellẽce des rimes en leurs Poëmes, ie luy parleray librement aussi sans le nõmer. Et ainsi ie diray, qu'il eust mieux fait, s'il eust employé sa plume à rimer cõme Du-Bartas, & Ronsard ont faict de meilleur, que non point en la façon qu'ils ont escrit de cõmun & d'infime: Car les bõs apprentis suiuent les bons maistres en ce qu'ils ont faict de mieux. Et de dire que c'est enclorre l'esprit dans vn estuy, que de se lier à ces loix de rimes : c'est parler hors de terme : car toutes sortes de bons arts & sciences sont descrites & mesurees sous des reigles & obseruations par lesquelles ceux qui les suiuent & practiquent exactement peuuët arriuer au rang des bons maistres, & non point en desdaignant le labeur & les reigles se voir tousiours rauale, d'estre du nombre de ces foibles esprits qui n'ont iamais ceste belle ambition de faire naistre quelque chef d'œuure de leurs mains. Et puis d'auancer que de rechercher à faire la rime si riche, ce soit enfermer l'esprit dedans vn estuy: c'est tout au contraire, car au moyen de ceste obseruation l'esprit est plus libre, puis qu'auec l'amour & le soin qu'il aura de faire bien, ses especulations seront plus au large & plus agreables, veu l'affection qu'il aura en la perfection recherchee : car les iustes loix ne sont iamais facheuses à ceux qui veulent bien faire : mais à ceux qui aiment la liberté de faire aussi tost le mal que le bien, les plus douces ordonnances sont à leurs ames des chaines &

des prisons fort estroictes & ennuyeuses. Et d'ailleurs il faut croire que c'est vne liberté fort tyrannique & dommageable d'auoir liberté de faire mal & le faire, & ainsi c'est enchainer l'esprit en vne cruelle seruitude au lieu de luy donner vne libre carriere comme cest homme à voulu dire. Mais quoy? c'est d'ordinaire que les bas esprits s'imaginent des prisons & des tourmens en des labeurs où les ames releuees treuuent vne campagne de delices! Ainsi donques l'obseruation de la richesse des rimes n'est pas l'exercice d'vn superstitieux: car ces loix Scolastiques qu'il nomme, n'ont aucune superstition en elles, & par ce moyen elles sont fort heureusement obseruees & reuerees de ceux qui suiuant l'excellêce de leurs Poësies, & de quelques autres vertus qui les rendent recommandables à tout le monde, ont l'esprit beaucoup plus releué que ce qu'il en pense, & que ce qu'il en voudroit faire acroire à quelques vns.

Et de proposer que les conceptions de l'ame doiuent auoir vne carriere libre, c'est le vray. Mais raison par tout: Car il faut pour le deuoir que ceste carriere soit bornee & mesuree de quelques reigles & obseruations, par lesquelles les effects en demeurent beaux & parfaicts : D'autant que iamais il ne se faict rien de beau & d'admirable sans la mire & les moyens des reigles, de la raison & de la valeur. C'est à faire à ces cheuaux eschapez de courir à trauers les champs sans frein, sans esgard & sans arrest : car d'aller de la sorte les precipices & les lourdes cheutes limitent pluftoft la carriere, que la fin d'vne heureuse course en vne belle & riche campagne. Et en ce qu'il dict qu'il faut regarder comme en vsent les Italiens & les Espagnols ; C'est tout de mesme que pour rechercher la liberté, se mettre en prison, & puis le faire-sçauoir à ses plus grands & plus rudes Creanciers : car suiuant que les meilleurs Poëtes d'Italie & d'Espagne riment auiourd'huy, ils n'obseruent pas moins la pure & parfaicte esgalité des rimes qu'entre nous les Poëtes les plus religieux de cest ornement.

On peut voir tout à faict la verité de ce que ie dis, dans les Oeuures du Caualier Garini, & de Marino qui sõt les deux plus excellens Poëtes dont l'Italie est honoree au-iourdhuy, comme aussi pour les Espagnols aux œuures de Lopes de la Vega. Mais en ce que cest escriuain allegue Ronsard en sa faueur, il le deuroit suiure aussi en ce qu'il nous monstre si bien apres Horace, Que les Dieux, ny les hommes, ny les Destins ne permettent point la mediocrité aux Poëtes. Car ce grand Poëte donc il faict son Achiles & son Numa Pompilius, dict ainsi en la Preface de sa Franciade, Tu n'ignores pas Lecteur, qu'vn Poëte ne doit iamais estre mediocre en son mestier, ny sçauoir sa leçon à demy : mais tout bon, tout excellent, tout parfaict : La mediocrité est vn extreme vice en la Poësie, il vaudroit mieux ne s'en mesler iamais, & apprendre vn autre mestier.

Comme donc tant de rares & excellentes qualitez orneront elles vn Poëte, si suiuant l'opinion de cest homme de qui ie parle, il faut se licensier à toutes sortes de rimes, aussi tost aux mauuaises qu'aux bonnes, & qu'il pense que de les obseruer à la façon des meilleurs Poëtes de ce temps l'esprit est enclos dedans vn estuy. Mais quoy ; il ne faut plus dire que ce mot qui est, que les mouches estiment & experimentent aussi, que les foibles toiles d'vne Araigne leur est vu sillet extremement rude, tendu & retenant : Mais les Aigles qui soustiennent la veuë du Soleil, ne sçauent point que c'est de ces fraisles empeschemens, & volent heureusement iusques au Ciel aupres de Iupiter le pere des Muses.

Or pour venir à la fin de ce chapitre, ie diray que c'est vne chose tres-raisonnable d'estre affectueusement religieux sous les loix de ceste diuine science de Poësie: mais il faut estre auisé aussi de ne s'y rendre iamais superstitieux. Mais en s'esloignant de ce vice, & de tout autre, il ne faut pas estre aucunement negligent de faire bien en l'obseruatiõ de l'excellence des rimes, puis que l'on voit qu'vn effect si beau n'est pas impossible aux bons esprits puis qu'il est entierement practiqué par quelques vns, & que d'obseruer tout ce qui est requis à vn Poëme parfait. c'est à faire à vn homme de iugement, & non point à des personnes qui tenans par trop du vulgaire, ne peuuent auoir le cœur, ny l'entendemēt d'aspirer à des choses, grandes, laborieuses & excellentes. Et tout ainsi que l'on doit s'esloigner du chemin trop commun des couhars & paresseux, il faut euiter de mesme de suiure les erres & les confus sentiers de la Superstition: Car si l'on s'esgare en ceste imagination si seuere & desreiglee que i'ay reffutee en ce chapitre, on perdra les plus belles richesses de Nature & de l'artifice au lieu de les augmenter ou entretenir. Et sur ceste consideration Plutarque dict au premier Liure de ses morales que la superstition est vne passiō qui procede d'vn faux iugement, tout de mesme que l'impieté est vn faux iugement aussi, & qu'entre toutes les sortes de peur, la plus confuse & la plus esperduë est celle du Superstitieux. Aussi c'est au moyen de ce vice, que pour auoir trop de peur de faire mal, & pour vouloir faire trop du bon seruiteur on se rend desobeyssant, ou inutille, & qu'au lieu de se tenir aux bonnes disciplines, on s'achemine & se pert en la confusion & tenebres de plusieurs fausses & monstrueuses opinions. Ainsi donc en la conclusion de ces raisons, le Poëte se doit tenir sur les reigles & sur les raisons probables, & qui sont receuës de ceux qui sçauent practiquer le bien escrire.

De l'Elegance, & de la douceur & fluidité des paroles dont les vers doiuent estre fermez.

CHAPITRE. XIII.

AFin qu'vn Poëme soit beau parfaictement, il ne faut pas que l'elegance & la douceur des paroles y manquent, car au deffaut de l'vne d'icelles, toutes les autres demeureroiẽt imparfaictes bien qu'elles fussent tres-belles. Mais auant que de parler des parties fondamentales de l'Elegance, ie viendray à traicter sur quelques poincts, par lesquels on pourra connoistre enquoy consistent la douceur & fluidité des paroles. Ainsi donc puis que ceste qualité dont le langage est rendu doux & coulant est du tout requise aux formes d'vn Poëme tresbon & parfaict, & qu'elle a sa demeure & sa vie en vne douce & tres-facile prononciation des sylabes dont les mots sont formez, il faut euiter de faire qu'en les vers vne lettre s'y recõtrant deux fois ou dauantage rende la prononciation rude & malaisée. Comme par exemple en ce terme de *mesme amour*, car le (*m*) qui s'y rencontre par trois fois rend la parole mal fluide & desplaisante, parce que l'on ne la sçauroit prononcer aisement, & par ce moyen le vers n'en est pas coulant & agreable. A ceste occasiõ, lors que l'on dict que les vers sont coulans & fluides, c'est de mesme que si l'on disoit qu'ils sont doux & tres-beaux, & que leurs paroles sont douces, & qu'elles vont proprement : parce qu'en la douceur des mots reposent la beauté, la fluïdité, & la galantise des vers & de l'elegance qui les doit accompagner. Quelques vns disent qu'en toutes les parts où vne lettre se rencontre deux fois c'est vne grande rudesse comme en ces termes icy, *mille lauriers, extreme amour, autant à l'honneur* : disans que ces sylabes *le beau, ma mour, tanta,* sont fort rudes : mais sauf l'honneur que ie dois aux Muses, ie ne treuue pas que ces termes ne soient assez doux pour meriter d'estre receuz & practiquez; car ils ne sont pas si rudes qu'ils en doiuent estre rejectez. Aussi i'estime que ces termes & tous autres leurs semblables doiuent estre admis & practiquez en nostre Poësie Françoise: car de les vouloir estranger de nos vers: ce seroit le coup d'vn superstitieux, & non d'vn esprit qui en fort religieux aux loix de ces diuines sœurs d'Apollon. Mais voicy trois autres exemples où les lettres se rencontrans deux fois sont fort rudes & difficilles à prononcer *Triomphant françois, guerrier Roland, mon mont-fleurissant.* On voit bien tout a faict que ces sylabes de *phant fran, rier-Ro, mon-mont,* sont remplies de beaucoup de rudesse, & qu'ils ne sçauroient estre leuës plaisamment: C'est pourquoy il n'en faut iamais vser, ny moins aussi de tous autres termes que l'on connoistra auoir bonne part à se voir comparer à l'aigreur de ceux-cy. La phrase de ce vers suiuant aussi merite bien d'estre euitee: car outre ceste rudesse de Cacophanie la bonté du langage y manque ainsi, *Tant m'a ma belle en rigueur affligé.*

Si l'on auoit vn autre vers pour luy apparier, & que le terme de *pa pa*, y fut, l'vn & l'autre seroit fort propre par hazard, pour representer au naturel les premieres paroles des petits enfans: car ces termes de *ma ma* auec *pa pa*, sont les mesmes. Vn certain Poëte sauuage, grand Latinisateur outre mesure, a chopé mainte fois en vne tres-ample multitude de vers tragiques qu'il a composez, comme entre autres en cest endroict où il faict que la lettre (*t*) se rencontre fort rudement par quatre fois, *Traistre ta trahison offense trop sa femme.* Et en cestuy-cy, *Le grand Grec guerroyant les bandes Phrygiennes.* Le (*g*) s'y rencontre fort aigrement par trois fois. Et en cest autre, *C'est ce seul Ciel brillant qui regente tout l'Orbe.* Quelle extreme rudesse de paroles se treuue en ces quatre premiers mots! Comme aussi tout au long de cestuy-cy, *Si ie reuien vers vous c'est pour vous voir viuant.* Et en c'est autre, *Par l'aile le lustrant d'vn vol du tout celique.* Comme en cestuy-cy encore, *Par vn rire rural remontrant iraconde.* Il est aisé à connoistre de quelle aigreur vn vers est rude & rabotteux, quand il est ainsi formé de l'entresuicte d'vne mesme lettre, & par ce moyen la raison est toute euidente & capable pour disposer les esprits à fuir vne telle maniere d'escrire, & de leur enseigner d'auoir ordinairement l'oreille bien attentiue à iuger de la belle pureté des vers : car en les lisant tout haut, elle sera vne messagere qui portera fidellement en l'ame la vraye image de leur condition, afin que l'entendement en sçachant ainsi les nouuelles, se rende iuge equitable de leurs paroles pour les amender s'il s'y treuue de l'imperfection, ou bien pour les laisser en leur premier estat, s'il connoit qu'elles soient propres & harmonieuses.

Quelques vns ont voulu reprendre autrefois ce premier vers des Stances que Monsieur de Malherbe a faictes sur la victoire de la Constance.

En fin ceste beauté m'a la place renduë,
Que d'vn siege si long elle auoit deffenduë,

Car ils disoyent que c'estoit vne rude rencontre ces trois (a) de (ma la pla) Toutefois c'est le vray que ceste reprehensió estoit hors de raison: Car ce terme est le commun langage de ceux qui par-

DE L'ART POETIQUE. 351

lent le mieux François, Et c'est ainsi que si l'on rencontre quelqu'vn de ses amys par la ville & qu'on luy demande où est-ce qu'il va, il respondra en ceste façon si le subject de ses desirs le guide en telle part. *Ie vais au Louure. &c. Ie vais à la place. &c. à la Masque. &c. à la chasse. &c.* Parce que c'est le vray langage du peuple de dire ainsi, *au Louure. &c. à la place. &c.* Et aussi, *à la trace, & à la nage.* Aussi, outre que l'ame de ceste phrase est le bon & ordinaire langage qui est vsité de tous, les paroles n'y sõt pas rudes, bien qu'vne lettre s'y rencontre plusieurs fois. Et dauantage la voyelle (*a*) qui s'y treuue trois fois se garantit de la rudesse, à cause qu'elle est poussee par des consonantes differentes.

On voit dans les regrets funebres que Des-Portes a faicts sur la mort de Diane vne rudesse de trois (*a*) qui s'entrechoquent ainsi en ces vers,

Et n'ay pour fleurs en mon ame amassees,
Que soucy double & fascheuses pensees.

Ceste entrebatterie de *na ma ma*, ne sçauroit estre bien suffisamment excusee par aucune raison ny exemple, outre que par maintes autres phrases on peut dire le mesme sens de ces paroles, Il se peut voir aux Amours de Cleonice vne autre Cacophanie encore plus grande que celle-là, elle est en la conclusion d'vn Sonnet ainsi,

Depuis ie n'ay vescu que comme elle a voulu,
Bandé contre moy-mesme à ma mort resolu,
N'esprouuant que tempeste en la mer plus paisible.

On peut iuger combien aspres sont ces paroles quand elles se rencontrent ainsi, *moy, me, ma, ma, mort*: Comme aussi dans vn Sonnet qui est en partie d'vn autre Poëte i'ay leu ces deux vers,

Par vn extreme amour m'oubliant las! ma foy,
Dans vne terre ingrate a toute esté semee.

Au premier vers on voit, *ma, mour, mou,* qui s'enlaidissent beaucoup, de mesme qu'en l'autre par vn effect encore plus grand, *ta, tou, té, té,* Et pourtant afin d'euiter la rudesse des paroles, on ne doit iamais escrire de la façon. Pour la vraye elegance

gance on doit ainsi euiter de faire rencontrer en ces vers plusieurs fois vne lettre en mesme lieu; mais la plus rude rencontre que i'aye iamais veuë en aucuns Poëmes, est au commencement du premier iour de la premiere Sepmaine de Du-Bartas en ce vers, *Dieu tout en tout estoit, & tout estoit en Dieu.* Car la lettre (*t*) s'y rencontre dix fois ainsi, *tou, ten, tou, té, toi, té, tou, té, toi, ten,* Quelques vns pourront dire, que cela est tort passable, puis qu'il est ainsi employé pour vn subject sacré: mais ceste raison n'est pas receuable, puis qu'il n'estoit pas impossible d'y faire mieux. Aussi ie sçay bien qu'vn Poëte a escrit le mesme sens de ce vers auec toute la douceur & fluïdité de l'Elegance requise, & ie tien que d'icy à bien peu de temps il mettra en lumiere le Poëme où ce passage se voit.

Par ces raisons donques on doit se garentir d'escrire suiuant ces exemples que ie vien de refuter: puis qu'il est vray que l'Elegance consiste à descrire & narrer proprement & viuement le subjet que l'on veut representer aux lecteurs; & que la douceur & fluïdité des paroles lesquelles doiuent acōpagner toute narration, sont entenduës au son & à l'harmonie des sylabes dont la phrase ou elocution est formee: tout de mesme qu'en vne musique les voix bien mariees & entonnees font la perfection de l'air qui est chanté. Et d'autant que comme i'ay dit en vne autre part: En certains arts ou disciplines on enseigne quelque fois aussi bien par les demonstrations contraires la voye que l'on doit suiure, comme par la representation des mesmes preceptes qui doiuent estre suiuis: il m'a semblé bon d'auoir apporté cy deuant ainsi quelques exemples de la mauuaise façon d'escrire où celte douceur qui est requise aux paroles ne se treuue point: il me semble aussi que d'auoir procedé de la sorte en ce subject, c'est le moyen le plus commode & vtile que l'on sçauroit auoir pour le rendre plus clairement visible en la cognoissance de ceux qui s'en voudront aider.

Mais outre ces obseruations, la beauté de la Poësie oblige les Poëtes d'estre soigneux à se distraire des termes qui font que le sens demeure ambigu, & qu'on ne peut sçauoir à qui iustement on le doit

DE L'ART POETIQVE. 355

atribuër, comme par exemple en ce vers, *Chaste sœur d'Apollon dont ie suis esclairé,* Car on peut referer cest esclairement aussi tost à cest Apollon comme à la personne à qui l'on parle. C'est pourquoy en semblable cas, il sera mieux d'escrire ainsi, *Chaste sœur d'Apollon qui me donnez le iour,* Ou bien ainsi pour se tenir auec la mesme rime. *O bel astre si doux dont ie suis esclairé!*

Vn Poëme est aussi despouillé d'elegance & de la douceur des paroles, quād les termes & les raisons sont meslez auec lōgueur & obscurité de propos, par des vers qui mi-partis en leur sens, ne portent point vne entiere sentence en leur traicte, & qui par ce moyen estās vuides de bonne construction, ne font entendre que rudesse & confusion de voix: Comme en ce deffaut Iodelle a esté fort ample par toutes ses œuures, dont en voicy quelques exemples, afin que la susdicte imperfection qu'on doit euiter soit mieux connue par iceux. Or cestuy-cy est le commencement d'vn Sonnet.

Ne les a t'on peu donc descouurir au moins ceux,
Qui à leur gloire sotte & sanglante pretendent:

Z ij

Et vrays Pythôs enflez d'vn ord venin se rendēt
Cōme Sphins aguetans par leurs propos douteux.

Cestuy-cy est d'vn autre Sonnet.

Combien que Mars ensemble & Prince & peu-
 ple rende,
A pauuri, la grandeur du Roy, du Païs sien,
L'heur fertil qui du mal semble croistre son bien,
De ces nopces encor' rendront la pompe grande.
Mais ie sçay que d'vn Roy la haste qui demā̄de
Le but d'vn tel desir, & le temps qui à rien
Ne me semble commode & le lieu que ie tien,
Mal propre à receuoir & l'vne & l'autre bande.

Ces vers sont si rudes, & d'vne si desplaisante lecture, que ie croy que si Apolon les lisoit il en deuiēdroit malade d'ennuy: Car les paroles & les raisons y sont entremeslees si confusement, que les vnes y sont sans aucune douceur, & les autres comme inuisibles & du tout inconnuës, ou plustost sans aucun estre. Il faut euiter soigneusement vne si mauuaise façon d'escrire, comme aussi en detestant ce vice ou l'obscurité, la rudesse & la confusion s'entrechoquent à qui mieux, il est besoin de se garentir de cheoir en l'autre extremité vicieuse, où les vers ont le stile

DE L'ART POETIQVE. 357

trop plat & prosaïque, comme estant vuide de toute sorte de belle figure, tel qu'il se peut voir aisément en ces quatre vers d'vn autre Sonnet du mesme Autheur,

Madame i'ay regret dequoy ie n'ay cest heur,
De treuuer le moyen de vous faire connoistre
De qu'elle affection ie desire vous estre,
Perpetuellement fidelle seruiteur.

Ce sont des vers en prose, ou bien de la prose rimee : Aussi pour la triuiale bassesse de leur phrase, ils n'ont pas moins de galimatias, que les autres precedens en contiennent pour le subject de leur aigreur & confusion.

Mais tout ainsi que les Poëtes peuuent faillir d'escrire trop bassement en escriuant de la façon dont ces quatre sont formez, ils peuuent faillir aussi à voler trop haut en leurs escrits & de rencontrer la confusion en leur route, comme Bellorophon, Icare & Phaëton qui se perdirent pour auoir aspiré par dessus la raison & la mesure. A ceste occasion tout de mesme que suiuant le prouerbe des anciens qui dict que les bien-heureux ont tenu le

Z iij

moyen, il est necessaire que les Poëtes euitent d'vser en leurs escrits des paroles inconnuës, de phrases ambiguës & mal disposees & de mots rudes & sourcilleux, afin qu'en s'esloignans de ces imperfections, ils soient garentis du vice d'aller trop haut, au trauers des nuës par des voyes incertaines & confuses. Et de mesme ils doiuent estre curieux aussi, comme i'ay dit cy-dessus, de se garentir de parler à la façon vulgaire & prosaïque comme quelques vns qui pensent bien faire quand ils font ainsi : car pour auoir trop à mespris la grauité & le stile releué & figuré, ils escriuent trop vulgairement & comme au niueau de ces derniers vers de Iodelle : & ainsi il n'ya rien de Poëtique en leurs Poëmes, ains tāt seulemēt de la prose triuiale & populaire qui par la seule cause de la rime a quelque apparence d'estre des vers. C'est pourquoy il ne faut pas aller trop haut par des parolles enflees, superbes & distraictes de la facilité : car cela est trop obscur, fardé, broüillé & pedant : comme aussi il ne faut point affecter la simple façon du langage plus commun, de peur qu'ē le recherchāt on ne se

DE L'ART POETIQVE. 359

treuue d'aller trop bas, & de ramper sur la terre comme les animaux plus infirmes : Car vne belle Poësie est animee & releuee de paroles, de phrases, & de sentences belles, viues, hardies & majestueuses : & ainsi elle est vrayement Poëtique, & par consequent d'vn stile doux & admirable, & raisonnablement esloignee du vulgaire.

Et à ce propos Ronsard dit ainsi en la preface de sa Franciade, veux-tu sçauoir Lecteur, quand les vers sont bons & dignes de la reputation d'vn excellent oururier, suis le conseil d'Horace, qui dict qu'il faut que tu desassembles tes vers de leurs nombres, mesures & pieds, que tu les transfere, faisant les derniers les premiers, & ceux du milieu les derniers. Si tu treuues apres tel desassemblement en la ruine de ce bastiment, de belles & excellentes paroles, & des phrases non vulgaires, qui te contraignent d'enleuer ton esprit outre le parler commun, pense que tels vers sont bons & dignes d'vn excellent Poëte. Toutefois ie diray apres cest auertissement, que puis que l'on voit que la plus part de ceux qui font des vers,

Z iiij

s'embroüille ordinairement pour vouloir parler trop grauement: i'inciteray les nouueaux Poëtes à se rendre curieux d'escrire clairement par des termes faciles & familiers, pourueu qu'il y ait tousiours quelques fleurs de belles & propres figures & d'employer des mots rares, ou communs suiuant ce qui est directement requis au subject qu'ils traicteront; car en vsant ainsi, on ne peut faillir de faire proprement en toutes sortes de Poëmes.

Or le dernier vers de ces quatre precedens me faict souuenir aussi d'vn autre vice, dont les vers sont rendus impertinens & beaucoup des-agreables: lequel vice consiste en ces longs mots, qui ocupent la moitié d'vn vers Alexandrin: tel que sont ceux-cy, *Perpetuellement, continuellement, imagination, insensibilité, pusillanimité, impossibilité, familiarité, denonciation, depopulation, enuenimation, interpretation, exercitation, disproportionner, imperfectionner.* &c. Ces verbes qui tiennent ainsi tant de païs font qu'vn vers est d'vne part foible, lasche & flestry; & de l'autre si pesant & incommodé, qu'il semble que la voix ne peut iamais sortir de le proferer, tant vn terme si long l'appesantit d'vne charge trop dure, & mal gracieuse en sa vanité. Il faut estre soigneux de n'en vser iamais, ou bien pour le plus en vne quantité de dix mille vers en employer deux ou trois fois, pourueu que le subject le requist infiniement, autrement ce seroit vne erreur assez grande. Mais la raison principale pourquoy ces mots qui sont ainsi longs ne sont pas si plaisans dans les vers, que les autres, est à cause de la nature de l'esprit humain, qui desire de voir & d'apprédre plusieurs choses en mesme temps. Tout ainsi qu'en la saison du Printemps on n'est pas assez content de voir le Soleil esclairer plaisamment par les ruës de la ville, & les fenestres & la court du logis, ains afin d'auoir plus d'objects de recreation, on va se pourmener aux champs où l'on admire en mesme temps l'odeur, la verdure & le diuers esmail des prees & des forests, l'azur celeste qui tapisse le flanc des montagnes esloignees, le cristal ondoyant & le murmure des ruisseaux & des fontaines, la beauté & tranquilité de l'air, les dous souspirs des Zephires, les erres & les diuers iargons des Oyseaux, & le Ciel par tout flamboyant & gracieux de la lumiere que le Soleil rayõne de toutes parts: De mesme quand on lit vn vers qui dict ainsi, *Vos yeux comme le Ciel sont la beauté du monde.* On y treuue bien plus de subjects de plaisir qu'en cestuy-cy, *L'impossibilité d'aimer autre que vous.* Car au premier on vient à considerer les yeux qui sont vne des principales & plus belles parties du corps, ou parmy la consideration que l'õ en faict, on admire les beautez & les graces dont la nature les a douëz, puis venãt à lire le terme du Ciel, auquel ils sont cõparez, on se represente en ce palais celeste le mouuement des Spheres, la beauté, la grandeur, la lumiere, les qualitez & l'influance des astres. Et ainsi c'est vn subject qui s'acommode mieux au naturel de l'esprit que celuy de l'autre vers, où ce terme d'Impossibilité ne peut figurer en la pensee que le vain crayon d'vne chose qui est impossible d'estre effectuee. Mais pour le mesme respect aussi de l'Elegance & de la fluidité des paroles, il ne faut point vser de ces termes qui font entendre autre chose que ce que l'on dict: Car les equiuoques & enten-trois ne sont d'aucun merite pour acompagner vn docte discours, & ne doiuent estre employez qu'aux Oracles, & Deuinations, où les passages doiuent estre couuers sous des sentences ambiguës, obscures & de diuers sens. Les Periphrases trop voilees, les metaphores trop longues & frequentes, & les transpositiõs desmesurees corrompent aussi l'elegance & la douceur des paroles, de cela i'en ay parlé cy deuant: mais i'en traicteray encore plus au long au chapitre suiuant. Et sur ce, le Poëte sera soigneux d'exprimer ses conceptions par des paroles & des phrases qui seront les plus douces & cõuenables à son subject: car s'il en vse ainsi, ses Poëmes auront l'elegance & la grace qui parmy d'autres perfections, sont requises à la Poësie.

De la bonté du langage dont les Poëmes doiuent estre remplis. Et diuers exemples de plusieurs Poëtes où ceste partie n'a point esté employee.

CHAP. XIV.

Tout ainsi que pour la disposition & beauté du corps humain, il est necessaire qu'outre le iuste nombre des membres qu'il doit auoir, la nature les rende acōplis de la proportion & mesure qui leur sont deuës: afin qu'vne iambe, ou vn bras, n'estant pas de plus de grandeur que l'autre, la personne en soit belle & adroicte suiuant la perfection qui luy est requise. De mesme il est besoing que tout Poëme soit entierement doué de la bonté du langage, autrement les vers les plus coulans, les conceptions les plus belles, & toutes autres beautez & gaillardises qu'ils pouroient auoir, ne sçauroiēt le garentir qu'il ne parut tousiours beaucoup defectueux. A ceste cause en la definition que i'ay mise de la Poësie au commencement de ce liure, i'ay proposé, que c'est auec la plus grande bonté du langage que ceste diuine science chante & celebre les affections & les louanges des Dieux & des hommes: Car ceste belle qualité de bien-disance, est vne des trois plus eminentes & plus riches pieces qui rendent accomplie la beauté d'vn Poëme. Or pour bien acheminer vn Poëte en l'obseruation d'vne partie qui luy est si necessaire, il ne suffit pas de luy en auoir donné l'opinion & l'amour par ces raisons precedentes, ains il faut encore outre cela, luy proposer quelques exemples des Poëtes plus signalez, où ceste bonté n'estant pas obseruee, les œuures si renommees de ces Autheurs luy seruent en les lisant, de deux subjets: l'vn à ne les suiure pas en ce qu'ils auront failli, & l'autre à les imiter en ce que leurs ouurages seront bien faits. Il faut donc commencer aux œuures de Marot, qui a esté bon Poëte, & en premier lieu en ses opuscules au temple de Cupidon duquel il depeinct ainsi l'entree,

Sur le Printemps que la belle Flora
Les Champs couuers de diuerses fleurs a.

Il y a deux fautes en ces deux vers : car ce n'est pas bon François de dire (*Flora*) veu que c'est parler latin, & non le langage dont il s'agit. Et en suicte la transposition de l'autre vers est excessiue, & pourtant elle est vicieuse : par-ce que ceste derniere lettre (*a*) qui doit aller au deuãt de ce terme (*couuers*) qu'elle gouuerne a trop peu de corps & de grace pour finir vn vers, & pour estre si esloignee du verbe ou du nom de qui elle depend. Il falloit donc dire ainsi pour bien parler en tout,

Sur le Printemps que l'amoureuse Flore
De belles fleurs les campagnes decore.

On doit euiter soigneusement les trãspositions dont vn propos est rendu rude & mal propre ? comme aussi d'vser de mots estrangers : Car pour escrire auec la perfection d'vn langage, il ne faut employer que les termes qui luy sont naturels, communs, & receuables. Et à ceste ocasion il ne faut pas faire comme vn certain personnage de ce temps, qui voulāt escrire à la louange d'vne Damoiselle qui estoit surnommee du Mas, commença vn Sonnet ainsi par vne allusion fort extrauagante,

Le Mas est pris pour plus, aussi ce plus pour vo⁹
Tousiours plus en amour allumera mon ame.

C'est confondre l'Espagnol auec le François que d'escrire ainsi : Car si ce terme de (*mas*) en Espagnol signifie le (*plus*) des François, il n'est pas pourtant raisonnable d'en vser, puis que nous auons ce (*plus*) de nostre fonds, & que d'ailleurs ce (*mas*) doit entre nous, estre plustost entēdu pour vn arbre de Nauire, que non pas pour le (*plus*) dont c'est amoureux le veut faire passer sans raison : Car c'este sorte d'arbre Nautonique, est appellee (*Mast*) en la mer Oceane de France. Or aux opuscules susdictes ces deux ves se lisent,

Aucunesfois aux montagnes alloye
Aucunesfois aux forests deualloye,

Ces termes *alloye, devalloye, montoye, faisoye, disoye*. Et sont de vieux verbes Picards qui estoient fort en vsage anciennement, mais ils ne sont plus de mise aujourdhuy: car on treuue qu'il est beaucoup mieux de dire *i'alloy, ie montoy, ie faisoy, ie disoy*. Et c'est pourquoy il n'en faut point vser qu'en ceste façon icy, quoy que Ronsard en son abregé de l'art Poëtique en ait toute autre opinion : disant que plus nous aurons de mots en nostre langue, plus elle sera parfaicte, & donnera moins de peine à celuy qui voudra pour passetemps s'y employer. Mais si ceste opiniõ estoit receuë, il faudroit remettre en pratique toute la vieille legende des mots dont les anciens François s'exprimoient. Ce qui seroit iustement aller de mieux en pis: au lieu que despuis cent ans on a veu que d'vn lustre à l'autre la lãgue Françoise s'est perfectionnee de mieux en mieux, en s'espurant des mauuaises phrases des anciens, aussi bien que de plusieurs de leurs mots qui n'estoient pas si propres de beaucoup comme ceux qui ont esté introduicts en leur place. Que s'il falloit croire Ronsard en cela, il
n'y

n'y auroit point de beauté asseuree en nostre langage: Car il seroit tout bigarré & monstrueux par les diuerses façons dont ceux qui escriroient le peindroient à leur fantaisie. Et ainsi les choses nouuelles & raffinees seroient tousiours meslees & brouillees parmy les vieilles & inutiles: Ce qui contreuiendroit bien à la perfection que ce Poëte y considere pour le respect de ceste quātité de mots: Parce qu'il est beaucoup meilleur d'auoir vn petit heritage qui soit bien cultiué & vtile, que non pas vne grāde cheuance qui n'apporte que beaucoup de peine & peu de fruict. Car c'est ainsi que le langage François est assez copieux & plantureux de soy-mesme, pourueu qu'il soit en la culture d'vn esprit qui sçache comme il le faut gouuerner. Mais pour reuenir en nostre premier subject, ces deux vers de Marot seront mieux ainsi,

Aucunefois i'alloy par les montagnes,
Puis aux forests, & par fois aux campagnes.

Aux Epistres ou Elegies on lit ces deux vers suiuans,

A a

Le iuste dueil rempli de fascherie
Qu'eustes hersoir par la grand'reuerie.

Vn pronom manque au commencement de ce deuxieme vers: Par ce qu'il ne faut pas dire (*Qu'eustes*) mais bien *Que vous eustes*. Puis encore ce terme de (*Hersoir*) n'est pas bon bien que Ronsard en ait vsé aussi en plusieurs parts, & entre-autres en vn Sonet des amours de Marie ainsi,

Hersoir en vous couchant vous me fittes promesse
D'estre plustost que moy ce matin eueillee.

Car il est rude à cause des (*rr*) qui terminent ses deux sylabes, c'est pourquoy il est beaucoup mieux dict de le proferer en son vray naturel ainsi, *hier au soir*, Car vn mot composé n'est pas receuable s'il n'est pour le moins aussi deus que le terme dont il procede. Aussi ce terme (*auiourdhuy*) s'escrit tout en vn mot, veu qu'il a la mesme force & douceur des trois dont il est formé, qui sont ceux-cy, aujourdhuy, Parce que c'est (*huy*) est vn ancien mot François, qui signifie le iour present: tel que le (*hoggi*) des Italiens, & le (*hodie*) des Latins. Mais les François ne treuuans pas assez propre d'vser de ce mot (*huy*) ainsi particulier, l'ont acompagné de deux autres ainsi, (*auiourdhuy*) Et en ceste sorte il est bié plus agreable que si l'ō disoit *huy vous fairez cela*, au lieu que l'on dit ainsi, *Aujourdhuy vous ferez cela*, lequel mot ainsi composé exprime beaucoup mieux le subject que l'autre, outre qu'il est plus aimable. On a marié cest (*huy*) auec vn autre terme : car on dict, *vous irez meshuy en Prouence*, Car cela vaut de mesme que si l'on disoit, *vous irez en fin en Prouence*. Ou bien, *vous irez à present &c.* Toutefois vne partie du peuple de Paris, vse d'vne certaine façon de parler quand on veut toucher sur quelque chose du iour presēt: Car on en voit qui disēt ainsi. *Ie ne l'ay veu danuy &c. Ie n'y ay esté danuy &c.* Or ie ne sçay s'ils veulent dire distinctement pour ce mot (*danuy*) le iour present, comme voulans dire, *dans huy auiourdhuy, au iour present*, car ie n'ay iamais veu ce terme (*danuy*) dans aucun Liure. Ie me suis enquis de quelques Parisiés, sur quoy ce mot est fondé, & il s'est requis de l'escrire ainsi (*danuict*) ou bien en ceste autre sorte, *danuy*, mais ils ne m'ē ont sçeu resoudre d'aucune chose. Mais quant à moy i'ay opiniō que c'est quelque vieux mot François qui est encore ainsi practiqué de quelques vns : aussi à dire le vray, ceux qui parlēt le mieux & auec quelque intelligence de sçauoir, n'en vsent iamais: ains en ce subject ils ont en vsage ordinairement cest autre mot qui est bien plus acomply & meilleur François, ainsi, *Ie ne l'ay veu d'auiourdhuy &c. Ie n'y ay esté d'aujourdhuy. &c.* Or comme c'est vne ambition, pendantesque de vouloir escrire par des phrases obscures, & d'inuēter des mots, c'est aussi vne affection Courtisanesque de pindariser sur le langage aux despens de la Grammaire, & d'vser d'vne phrase inconnuë cōme ce mot (*danuy*) Car on voit quelques Courtisās qui pour mignarder leurs paroles disent, *I'ay si peur &c. Il a si crainéte &c.* Au lieu de dire en bon langage, *I'ay si grande peur, &c. Il a si belle crainéte &c.* Parce que c'est auerbe (*Si*) ne doit iamais aller en ceste façon de parler sans auoir apres vn adjectif, pour remarquer la qualité du substantif duquel on parle. A ceste occasiõ on dit tousiours ainsi quand on parle bien. *Il a vne si grande crainĉte &c. Il a vne si grãde peur, &c.* Ou bien ainsi, *Il a si grande crainĉte &c. Il a si grande peur &c. I'ay si grand espoir. &c.* Car en c'este façon le langage est du tout bon & significatif.

Or touchant ce terme de (*grand' reuerie*) de ce dernier vers de Marot, où l'adjectif est raccourcy, il n'est pas si bon que s'il y auoit (*grande*) bien qu'en parlant on le profere ainsi abregé: mais pour voir d'autres raisõs que i'ay alleguees à ce subject, il faut lire ce que i'en dis au huictieme chapitre de ce Liure. On voit aussi qu'vne desdictes Epistres est commencee en la façon que s'ensuit,

*D'vn cœur entier Dame de grand' valuë
Par cest escrit vostre amy vous saluë.*

On ne dict plus (*valuë*) mais bien *valeur*) C'est pourquoy il n'en faut point vser: Par ce que ce terme de, *valeur*, a plus de grace & d'energie que, *valuë*, pour representer le sens qu'ils portent. Ainsi la raison & l'vsage, ont fait ceder ce vieux mot de, *valuë*, au rang de *valeur*. On voit en ce premier vers vn traict de la coustume que l'on vse en proferant ce terme de, *grande*, qui est icy retranché ainsi [*grand*]. En l'Epistre qu'il adressee au Roy François premier, sur le subject de son valet qui l'auoit desrobé, il dist ainsi,

Laisse le pire, & sur le meilleur monte,
Pique: & s'en va: pour abreger le conte
Soyez certain qu'au partir de ce lieu
N'oublia rien fors qu'à me dire adieu.

Il y a faute d'vn pronom en ce dernier vers: car il faut dire, [*Il noublia*] au lieu d'ainsi cruëment, [*n'oublia*]. Au mesme Epistre ces vers suiuans se lisent ainsi,

Que diray plus au miserable corps
Dont ie vous parle, il n'est demeuré fors
Le pauure esprit qui lamente & souspire,
Et en pleurant tasche à vous faire rire.
Et pour autant Sire, que suis à vous,
De trois iours l'vn viennent taster mon pous
Messieurs Braillon, le Coq Alcaquia,

Pour me garder d'aller iusque à quia:
Tout consulté ont remis au Printemps
Ma guerison &c.

Il y a manquement d'vn pronom au premier vers, Car il faut dire, *Que diray-ie plus.* Le mesme pronom manque au cinquieme vers, où il est requis qu'il y ait ainsi, *Que ie suis à vous.* Au huictieme c'est [*à quia*] est de fort mauuaise façon auec le François: car c'est vn Latinisement encore plus impropre que celuy de [*Flora*] susdict. A esté occasion il n'est aucunement propre, ny raisonnable de mesler aucuns termes des langues estrangeres parmy nostre Poësie si ce n'est en quelque Satyre, où l'on met toute chose en besoigne pour rire & pour censurer. Au neuuieme & dernier vers vn pronom y faut de mesme, puis qu'il est necessaire que les paroles y soient ainsi pour la bonté du langage, *Tout consulté ils ont remis &c.* En ceste mesme Epistre, & vn peu au dessus des vers precedents on lit ces trois vers,

Quand tout est dict aussi mauuaise bague,
Ou peu s'en faut, que femme de Paris,
Sauué l'honneur d'elles, & leurs maris.

Aa iij

Vne proposition deffaut en ce dernier vers: car pour parler elegamment, il est requis de dire ainsi, *L'honneur d'elles & de leurs maris*. I'ay voulu remarquer ces fautes de Marot, afin que le Poëte futur venant à lire ses œuures, apprenne à connoistre toutes les autres qui leur sont semblables, & qu'ainsi il euite de cheoir en ces deffauts.

Or pour suiure ce que ie me suis proposé icy, ie ne diray rien de du Bellay, n'y de Belleau, bien qu'ils aient esté des Poëtes fort excellens, & que par ce moyen leurs œuures meritent d'estre leuës & suiuies en vne infinité de belles parties qui les decorent. Toutefois afin d'euiter la longueur aussi bien que les redictes sur le subject de quelques termes que ie pourrois examiner en icelles, ie treuue que c'est assez pour cela, que ie suiue le but de ma proposition en la descouuerte des œuures de quelques autres escriuains. Ie viendray donc icy en l'expositiõ de quelques passages de Robert Garnier Et premierement sur vn qui se voit au premier acte de la Tragedie de Marc

Anthoine, où cest infortuné amant parle ainsi.

Des Parthes tu n'as plus ny de leurs arcs soucy,
D'escarmouches, d'assauts, n'y d'allarmes aussi.

Ce premier vers est icy estrangement confus & encloüé en l'vn & l'autre Hemistiche, & si rudement transposé en ses paroles, que la mesme imperfection du lãgage s'y treuue en extremité. Mais pour bien parler en ce subjet, il faut dire ainsi, *Tu n'as plus soucy des Parthes, ny de leurs Arcs.* Ce vers de Garnier est à la mode de la phrase des Latins, lesquels il ne faut pas suiure en la nostre: Car d'en vser ainsi en nostre langue Françoise, c'est mettre le propos, & la raison sens dessus dessous, & faire comme celui qui pour sauter au delà d'vn fossé bien large & profond, voudroit sauter à reculon. On voit aussi en la sepmaine de du Bartas, qu'vn Sonnet qui luy est dedié porte vne transposition qui n'est pas moins vicieuse que la susdicte de Garnier, bien qu'elle ne soit pas si broüillee pour le respect de la fluidité du vers ainsi.

Inuincible ne crains la maraſtre Iunon,
Par ſes efforts s'accroiſt la gloire de ton nom,
Le Ciel t'en garde auſſi la couronne immortelle.
Puis que tu m'as tiré dans les Cieux des enfers
Des penſers terriens, par l'ayman de tes vers,
Mon Hercul, ie ſeray ton fidelle Theſee.

Le ſecond de ces vers n'eſt pas aſſez bon: car il eſt formé par vne phraſe tranſpoſee qui rend imparfaict le premier Hemiſtiche. Mais il ſeroit du tout bon s'il eſtoit ainſi diſpoſé, *La gloire de ton nom s'accroit par ces efforts.* Ou bien en ceſte façon, *Ses efforts font hauſſer la gloire de ton nō*. Mais la tranſpoſitiou du quatrieme vers eſt totalement inſuportable & vicieuſe, Par ce qu'en ce terme, *dans les Cieux des enfers*, il ne dict pas ce qu'il entend: Ains il y exprime & faict clairement entendre que les enfers ont des cieux, & qu'ainſi les vers de ce Poëte l'ont tiré ou porté dans les cieux qui ſont aux enfers, ſuiuant que ſes paroles le chantent, bien qu'il vueille referer des enfers aux penſers qui commencent le vers ſuiuant: mais ceſte graduation, ou rapport ne s'y accorde pas bien : veu l'interruption & brouillis qui se treuuent en leur longueur. C'est pourquoy vne telle transposition est trop enorme, puis qu'elle faict entendre vn sés qui est si contraire à la raison. Il deuoit donc dire ainsi pour bien faire,

Puis qu'en me retirant des terrestres pensees
Tu m'as conduict aux Cieux par l'aymant de
 tes vers.

La consideration qui commence en ce quatrieme vers est vn peu trop precipitee, & n'entre pas en bon ordre, côme aussi c'est (*Hercul'*) ainsi racourcy par la licence n'est pas bien : car il faut dire *Hercule, ou Hercules*. Au premier acte de la tragedie des Iuifues dudit Garnier, on voit ces deux vers suiuant, quand le Prophete parle au peuple Hebrieu,

O peuple malheureux! peuple cent fois maudit
Tu sçais bien que i'auoy tes desastres predit!

Ces deux rimes ne sont que bonnes ensemble, parce qu'elles sont composees de (*dict*) Mais pour la bonté du langage il faut que la rime du dernier vers soit ainsi au plurier (*predicts*) d'autãt qu'elle est gouuernee du terme precedent qui est (*desastres*). Que si ce, *predict*, estoit premier que l'autre dont il est commandé, il auroit esté bien de dire ainsi, *I'auoy predit tes desastres*. L'vn & l'autre bon exemple de ceste obseruation se voit en la priere du Poëme que fit mõsieur de Malherbe sur le suject, du voyage que le Roy fit au païs de Limosin. Ces exẽples sõt ainsi au trois premiers vers de la premiere Stance de ladicte priere,

O DIEV, dont les bontez de noz larmes touchees
Ont aux vaines fureurs les armes arrachees,
Et rangé l'insolence aux pieds de la raison:
Puis qu'à rien d'imparfaict ta louange n'aspire,
Acheue ton ouurage au bien de cest Empire,
Et nous rend l'embon poinct comme la guerison.

Il y peut auoir enuiron quatre vingt & dix ans que plusieurs Poëtes, & autres personnes qui escriuent, ou qui font estat du bien-dire, estoient en diuision d'opinions, si pour la bonté du langage Frã-

DE L'ART POETIQVE. 381

çois il falloit dire ainsi sur le subject de ces precedentes exemples, *Les ouurages que vous auez faicts. Les lettres que vous auez escrittes &c.* Ou bien, *Les ouurages que vous auez faict, Les lettres que vous auez escrit. &c.* Marot en ayant vsé suyuant la bonne façon, en auoit esté repris par quelques vns qui ne trouuoient pas bon que l'on parla de la sorte. En fin ses opinions furent soustenuës, & debatuës de tant de personnes doctes, que le Roy François commanda que la cause en fust decidee par procez. Surquoy cela fut plaidé en sa presence, voulant entendre luy mesme les raisons des vns & des autres. Et l'issuë fut en sorte que l'Arrest se donna en faueur de l'opinion de Marot, & de ceux de son party, comme estant celle qui estoit fondee sur la vraye assiette de la raison. C'este difference fut ainsi vuidee a l'honneur de ce Poëte qui despuis quelque temps s'estant esbatu sur ce subject, en auoit composé ces vers suiuans, dans lesquels il monstroit sa deffence en blasmant l'auis de ceux qui l'auoient accusé d'erreur, de ce qu'il auoit escrit en sa façon & enseignant en premier lieu comme il faut vser d'vn terme quãd il est premier ou deuãt

Enfans oyez vne leçon
Nostre langue a ceste façon.
Que le terme qui va deuant
Volontiers regit le suiuant,
Les vieux exemples ie suiuray
Pour le mieux : Car à dire vray,
La chanson fut bien ordonnee
Qui dict, M'amour vous ay donnee:
Et du bateau est estonné
Qui dict, M'amour vous ay donné,
Voila la force que possede
Le feminin quand il precede.
   Or preuueray par bons tesmoins
Que tous pluriers n'en font pas moins,
Il faut dire en termes parfaicts
Dieu en ce monde nous a faicts,
Faut dire en paroles parfaictes
Dieu en ce monde les a faictes,
Et ne faut point dire en effaict
Dieu en ce monde les a faict,
Ny nous a faict pareillement,
Mais nous a faicts tout rondement:
L'Itallien dont la faconde
Passe le vulgaire du monde,
Son langage a ainsi basty

En disant Dio noi a fatï.
Parquoy quand me suis auisé
Ou mes iuges ont mal visé,
Ou en cela n'ont grand science,
Ou ils ont dure conscience.

Voila ce que dit Marot pour l'authorité du mot qui doit estre gouuerné de celuy qui le deuāce. Or il faut noter la dessus que tous les Poëtes qui ont precedé Marot ont vsé diuersement de ce terme: vne fois bien, & l'autre mal : soit qu'ils y marchassent quelquefois par science, & autres fois par ignorance ou par licence en ce qui alloit mal. Comme on voit que ce deffaut se remarque au Romant de la Rose au quatrieme des six verrs suiuant, où la raison parle ainsi à l'Amant,

Et quand tu me veux opposer,
Toy qui me semonds de gloser,
Et dis ainsi que tu proposes
Que Dieu a faictes toutes choses,
Excepté seulement le nom,
Certes ie te responds que non.

Mais en ces trois exemples suiuant du mesme liure la bonne reigle de ce terme est obseruee, & premierement au neuuieme de ces vers icy apres, où l'Amy parle ainsi à l'Amant,

 Ainsi donc tu exploicteras
 Quand aux portiers venu seras,
 Mais quand courroucez les verrez,
 Ia de ce ne les requerrez:
 Espiez-les en leur liesse,
 Ne les requerez en tristesse,
 Si leur tristesse n'estoit née
 De ialousie la desnuee,
 Qui pour vous les eust tous batus,
 Dont courrous fussent embatus.

Au mesme deuis ceste reigle est ainsi obseruee au dernier des vers qui s'ensuiuent, toutefois il faict entendre que l'Amy parle à plusieurs personnes,

 Car maintes gents sont coustumieres
 D'auoir si diuerses manieres,
 Qu'ils veulent par force donner
 Ce qu'ils n'osent abandonner,
 Et feignent que leur soit tollu

DE L'ART POETIQUE. 385

Ce qu'ils ont fouffert & voulu:
Mais fçachez que dolens feroient
Si par tel deffaut efchapoient,
Quelque lieffe qu'ils vous fiffent,
Doubtez qu'ils ne vous en hayffent,
Tant ils en feroient courroucez,
Combien qu'ils vous euffent groncez.

L'autre exemple fe voit ainfi au mefme
deuis au fecõd vers de ces quatre fuiuãt.

Allors n'eftoit la terre aree
Mais comme Dieu l'auoit paree,
Tout d'elle mefme elle apportoit
Ce dont chafcun fe confortoit.

Voila comme l'Auteur de ce fameux Romant a pratiqué la bonne façon du terme fufdict, & comme il y a manqué aux premiers vers que i'en ay alleguez. Il y a bien quelque chofe à redire en ces vers fur le fubject de la raifon & de la bonté du langage: mais i'en parleray cy apres. Or pour faire que le premier de ces quatre exemples foit fuyuant la vraye methode, il faut dire ainfi, *Que Dieu a faict toutes chofes*. Car le fubject où ce (*faict*) fe rappor-

B b

te est ce terme de (toutes choses) qui est mis apres: que s'il estoit le premier ce (faictes) iroit bien, & ainsi il faudroit dire, *Toutes choses ont esté faictes de Dieu.* Ie ne varieray pas des autres trois exemples, veu qu'ils vont bien, & que pour les faire aller aussi en l'autre terme suiuant la reigle, la forme de celle que ie vien d'expliquer & ceste-cy sont assez capables de l'enseigner: Ainsi l'on dict en bon langage, *Ceux qui estoiẽt dignes d'estre aimez ont esté aimez de vous.* Comme aussi en ceste autre façon quand le terme qui estoit dernier se treuue premier, *Vous auez aimé ceux qui estoient dignes d'estre aimez.* Mais pour reuenir au subject de Garnier, on voit qu'en l'acte troisieme de la Thragicomedie de Bradamante elle parle ainsi,

Or vienne ce musqué qui ne fit iamais rien,
Et qui n'est renommé que pour l'Empire sien,
A son dam apprendra qu'il n'est point de vaillance
Qu'on doiue comparer à la valeur de France,
Et qu'aquerir ne faut par importunité
D'vne fille l'amour qu'on n'a point merité.

Ces deux mots *musqué & renommé*, qui sont aux deux premiers Hemistiches des deux premiers vers imperfectionnēt le Poëme comme i'ay dict cy dessus au troisieme chapitre, veu leurs terminaisōs qui semblent rimer ensemble. Ceste trāsposition, *pour l'Empire sien*, est de mauuaise façon à cause du dernier terme d'iceluy qui estant ainsi disposé rend la phrase toute Italienne, ou Latine: Car suiuant la mode Latinesque, les pronoms vont apres les substantifs: Mais il faut les disposer autrement en nostre langage: Car ces pronoms, *mien, tien sien nostre, vostre*, ne sont pas naturels pour l'elegance Francoise l'ors qu'ils sont precedez d'vn substantif, duquel ils referent la possessiō à quelque subject. Mais lors qu'ils sont mis en estat de substantifs, ils sont bons pour le langage: Et ainsi ce n'est pas bien parler de dire, *vaillance nostre, beauté vostre, thresor mien, honneur tien, pouuoir sien*, bien que Ronsard en ait vsé souuent: Mais il est raison de dire ainsi, *vostre vaillance, vostre beauté, mon thresor, ton honneur, son pouuoir*. Et prenant ces pronoms au substantif, il sera bon de dire ainsi, *Ie combats pour*

Bb ij

le mien, tu parles pour le tien, il trauaille pour le sien, vous auez du soing pour le vostre, il s'aime pour deffendre le vostre. C'est ainsi qu'en ce vers de Garnier il falloit dire, pour son Empire, ou bien ainsi, pour le sien. Au commencement du troisieme vers y a faute d'vn pronom, car il faut dire, à son dam il sçaura. Le mesme pronom est requis aussi au cinquieme de ces vers auec vn auerbe ainsi, Et qu'il ne faut point aquerir. En l'acte cinquieme Leon parle ainsi à Roger,

Mais depuis que priuant vostre cœur de so͂ bie͂
Au prix de vostre vie auez basty le mien,

Il y a faute d'vn pronom en ce dernier vers: car il faut dire, vous auez basti le mien. Et vn peu apres, Roger parle ainsi à Leo͂, *Ne vous priuez pour moy d'vne telle maistresse Aiez-la, prenez-la &c.* Vn auerbe y manque: car il faut dire, *Ne vous priuez pas pour &c.* En suite Roger dict ainsi,

Ie vis deux fois par vous, mais combien que l'on rende
Les biens faicts qu'on reçoit auec vsure grande,
Ie ne puis toutefois les rendre qu'à demis

Car de les rendre entiers à tous n'est pas permis.

Au second de ces vers on lit vn enten-trois qui trouble le sens du discours, car à cause de la raison de ceste, *vsure grande*, qui est precedée d'vn terme qui luy conuient par trop, il semble que ce vers vueille dire que *les biē-faicts sont receus auec vsure*. C'est pourquoy il faut estre soigneux de n'escrire iamais d'vne sorte où la raison ne s'y explique pas nettement, comme il faut. Vn pronom manque aussi en ce dernier vers: car il est requis de dire, *Il n'est pas permis à tous*. Leon parle ainsi encore à Roger,

Laissons-là ces propos, plus grands sont les bien-faicts
Que i'ay receus de vous, que ceux-la que i'ay faicts,
Retournez au logis pour vn peu vous refaire,
Puis irons au Chasteau pour vos nopces parfaire

Bien-faicts, & *faicts*, qui riment en ces deux premiers vers ne sont pas bonnes rimes ensemble, parce que l'vne est composee de l'autre. Les *refaire* & le *parfaire*,

Les autres deux ne sont pas bonnes aussi: d'autant qu'elles sont composees sur vn mesme terme, il y a faute aussi d'vn pronō au dernier vers, ou il est besoing de dire ainsi, *Puis nous irons au chasteau,*

Du Monin a esté fort docte & sçauant comme il disoit : mais il n'a point esté si bon Poëte comme il se vantoit en ses escris : Au contraire, il n'a esté Poëte qu'en ses deux Tragedies & en quelques Sōnets & autres petites pieces qu'il a faictes. Car son Carcline, son Vranolologie, & son Phenis sont des ouurages purement philosphiques, & non poëtiques, sinon qu'en apparence, veu qu'ils sont composez en vers. Cest pourquoy quelles rodomontades qu'il fasse en ses escrits, en se comparant à Du Bartas & à Ronsard, & s'exaltant par dessus tous les autres de son siecle, il n'a point aquis le merite d'estre mis au rang des bons Poëtes : Car la plus grande partie de ses vers sont trop estrāges &hors de la vraye forme du langage & du stile d'vne bonne Poësie. Aussi à dire le vray c'estoit vn Poëte bien sauuage : c'est pourquoy ie ne veux examiner que dix ou

DE L'ART POETIQUE. 391

douze vers de ſes œuures, & leſquels ſeront les premiers de ſon Vranologie, il
n'eſt pas raiſon de ſ'y eſtendre pour dauantage, veu qu'il a tant fardé, periphra-
ſé & figuré confuſement ſes eſcrits, que
les erreurs du langage ſi treuuent preſ-
que largement par tout. Or ces vers ſuſdicts ſont ainſi.

Au plus ardant midy de mon ieune Printemps
Ioy braquer maints canōs contre mes paſſe têps,
Pour d'eſpit, foudroyer d'vne bale enuieuſe
De mō Luth frais-eſclos la voute harmonieuſe:
Et tant ces vipereaux ont vomy leur venin
Sur le front Lierré du chantre Gianin,
Qu'ils pēſēt qu'epeſté de leur ſoulphreuſe haleine
I'ay fuict l'Orque heritier de ma deſpouille
    humaine.
Non, graces au bon Roy de l'eſtoilé Chaſteau,
Ie ne ſuis pas encore hoſte d'vn froid tombeau:
Encor'le irraquedent de la rongearde enuie
N'a ſapé le fort fort de ma penible vie.

Puis que les comparaiſons, & les allegories ſe font en cōſideration des choſes
qui ſont familieres, ou pour le moins
qui ſont en la connoiſſance de pluſieurs

Bb iiij

personnes, ayant auec cela par la propre raison de leur estre beaucoup de conuenance ensemble, la metaphore de ces canons de du Monin est trop suiuie en ce qu'il dict aux troisieme & quatrieme vers. Car c'est parler auec trop d'extrauagance de proposer que l'on ait braqué des canons pour abatre, ou foudroyer vn Luth. Il manque aussi vn auerbe au commencemēt du troisieme vers : parce qu'il faut dire *pour foudroyer par despit*. Au cinquieme de ces vers il poursuit estrangement sa metaphore, car en surnommant vipereaux les canons, il dict qu'ils ont vomy leur venin contre le front de ce chantre, ce qui est parlé improprement, veu qu'on ne dict point que le venin agisse en vne telle partie du corps : mais bien à l'interieur, en attaquāt les parties nobles, ou quelques autres des plus necessaires à la vie. La metaphore du venin est continuee en ce terme (*empesté*) & celle des canons tres-impropremēt en ceste (*soulphreuse haleine*) bien que le souphre soit vn ingredient qui entre en la compositiō de la poudre à canon. Il nomme le Ciel (*l'estoilé chasteau*) Car il cuidoit que c'estoit parler fort bassement de nommer les choses par leurs noms propres, comme aussi vsant en vne autrepart du mesme Liure d'yne periphrase du tout barbare, il nōme la mer, *L'escumacier chasteau*. Et parlant tousiours par figures, il vse mal à propos d'vne poliptote en ce (*fort fort*) laquelle figure n'est point agreable en ce terme, veu la cacophanie qu'il y a, & que d'ailleurs elle ne dict rien de nouueau pour elucider le sēs du subject: car de dire tout d'vn traict, *Grandeur grande, beauté belle, en force forte*, c'est ne dire rien que le monde ne le sçache bien au long. C'est pourquoy il me semble qu'on ne doit point se seruir de ceste figure, puis qu'elle est moins vtile que le plus cōmun & oiseux epithete. Il est vray que par vne maniere de comparaison par proposition, on pourra pratiquer les adjectifs qui se referent à leurs substantifs: mais c'est en ceste façon où la diuision ou l'affirmatiō les rend de merite ainsi, *C'est la beauté la plus belle du monde. C'est la plus grande grādeur de la terre.* Or touchant ce nom de *chantre*, qui est au sixiesme de ces vers, du Monin n'a point erré de s'en seruir : car il estoit fort en vsage de son temps, pour estre donné aux Poëtes. Mais auiourdhuy il n'est plus de mise, & n'est plus employé que pour son propre subject, qui est vne personne quãd elle est affectee pour châter aux offices de quelque chapelle, ou Eglise: Car on en parle ainsi, *c'est le châtre de &c.* Toutefois ordinairement on n'appelle ainsi que ceux qui sont expressément gagez, ou beneficiez en quelque Eglise, pour chanter au Lettrin: car ceux qui sont de la chambre de la musique du Roy, ou de quelque autre Prince, sont nommez Musiciens, d'autant que c'est vn terme plus specieux & signalé que l'autre de chantre, qui peut estre cõmun à tous ceux qui chãtent soit mal, ou biẽ. C'est autre nom de *Sonneur*, est fort semblable de fortune & de nature à celuy de chantre, car il s'atribuoit iadis fort communement aux Poëtes, & comme celuy duquel ie vien de parler, il est à present du tout banny de la Poësie: car lors que maintenant on parle d'vn Sonneur, on n'entend autre personne qu'vn Sonneur de cloches. A ceste cause ces noms de sonneur & de chantre ne conuiennent

DE L'ART POETIQVE. 395

plus pour honorer les Poëtes. Mais pour reuenir au subject de ce Poëte, ie diray à bon droit que l'on doit fuir ceste façon d'escrire & d'enfiler tout au long ses discours dans les termes des figures, comme a faict ce Bourguignon en la plus grande partie de ses vers : car de faire ainsi, c'est vouloir aquerir de la gloire à se rendre obscur au vulgaire, & en mesme temps mesprisé des doctes. Toutefois afin de faire dedaigner dauantage ceste mauuaise façon d'escrire ainsi sous des voiles tenebreux, ie veux ranger icy le commencement du second chapitre d'vn Liure d'enuiron quatre mains de papiers, qui ces iours passez me fut montré par quelques vns ausquels l'Auteur l'auoit laissé pour le faire imprimer : il raconte donc ainsi en la ruineuse entree dudit chapitre, vne obscure & enbrouillee matinee. *Desia l'estoilee fille aisnee de la terre auoit posté son cours tenebreux, & tenu son audience sur la lice du monde, auec le silence compagnon eternel de sa carriere humidite & sombrement claire ; Et apres auoir enfanté par sa muette gesine vn accouchement & vn bal d'heures, & carolé sa brunissante & moiteuse*

veuë aux corps animez, donnez tant des eaux
Neptunides, que fluuiales & Aeriennes, que du
reste de l'enclos spherique de ce beau & grand
Globe que les Grecs ont nommé Cosme, se tenant
par trop en la carriere de sa paresse, auoit encore
volonté de tenir paisiblement les hommes re-
creux & fatiguez de leurs trauaux iournalliers
& trop lassables, n'eust esté que le glissant Mor-
phee estoit des-ja lassé d'auoir crayonné par si-
mulachres Ideans la semblance imaginaire de
plusieurs humains, & d'autres choses tant pro-
chaines que loing absentes, se sentoit poursuiuy
chaudement par la riante & coraline clairté de
la belle Titonienne, auec sa couronne enrichie de
perles & de larmes, qui des-ja des rayons de sa
blonde, & esparpilliere richesse du chef, pene-
troit les nuages & brouillards plus condensez,
que l'humide vapeur de ceste fille de Cibelle a-
uoit engendrez, & chassoit les bruines, pour
aller refaire sa demeure accoustumee sous l'essieu
des reculez Anthitons, animoit le dous & confus gringottement harmonique des bourgeois
Aëriens, les oyseaux subjects volages de la blā-
che & azurée royne, Olympienne, & renou-
ueloit les fragiles perles de Philomelle & de
Progne, faisoit luire ses lumineux regards sur la
domination ondeuse des claires Nymphes qui

DE L'ART POETIQVE. 397
glou-gloutoient dans le sein des prés & des val-
lees, quand ie m'esueillay dans ce beau Pauillon
que ma Nymphe Doulcine m'auoit enuoyé, &
que i'ouuris les fenestres de ma chãbre belle.&c.
C'est ainsi que les Barbarismes, les Sole-
cismes, les Pleonasmes, les Macrologies,
& les Cacocithetõs & autres vices d'imparfaicte escriture, sont viuement elabourez en ceste matiniere Periphrase. Mais ie
croy que l'Autheur de ceste belle matinee estoit bien troublé, ou bien endormy
lors qu'il la cõposoit : mais iugez vn peu
ie vous prie, si cest escriuain si estrange
estoit aussi bon peintre que bon Poëte
de quelles belles peinctures d'Appelles,
& de Timante, de Zeuse & de Michel
l'Ange il enrichiroit ce siecle à l'enuy
des anciens. Ie tien ainsi, que par son
extreme insuffisance il seroit fort su-
fisant à portraire les atomes d'E'picure, les
visions fantastiques des Magiciens, & le
desordre de tous les songes de Silene &
de ses beuueurs plus animez : car c'est la
mesme confusion, desreiglemẽt, & improprieté ceste peincture parlante qui gron-
de, gasoüille en Rossignol d'Arcadie sur
l'entree de son liure. Mais outre le vice

de tant de vices qui fourmillent en ceste matinee tenebreuse, la periode dont elle est formee, est si lõgue par dessus l'ordre, qu'vn deux fois Ciceron ne la profereroit pas toute d'vne haleine, bien qu'il y d'eust gaigner pour sa peine la valeur & la gloire de l'ẽpire Romain. Mais de vouloir descrire toutes les erreurs qui sont enfillees en vne periphrase si mal tissuë, & desbordee, en longueur & repetitions, il seroit besoing d'y faire le dessein d'vn grand chapitre : car ce sont presques autant de grãdes fautes tous les mots qu'elle contiẽt. Il suffira donc de dire par cest exemple, que le Poëte bien auisé se doit prendre garde d'escrire d'vne façon si longue & si obscure comme celle-la, afin que ses figures, & ses periodes estans propres, elles soient infiniement esloignees de ressembler à ceste indiscrette description du matin, & que par ce moyen les vices d'obscurité, & de paroles inutiles & superfluës, ne soient aucunement en ses Poëmes.

Continuatiõ sur le subject de la bonté du langage, & des remarques du deffaut d'icelle sur quelques vers des Poëtes du passé.

CHAPITRE XV.

C'EST ainsi que pour le contentement & vtilité du Poëte qui aspire à la perfectiõ de bien escrire en nostre langue, ie formeray ce chapitre au mesme sens du precedent, & commenceray à faire vne descouuerte d'examination sur quelques passages des œuures de du Bartas, montrant vne partie de certaines imperfections de langage qui se remarquent en icelles. Ie viendray donc pour la premiere elucidatiõ de ce subject en l'explicatiõ de ces vers qui sõt pris au cinquieme iour de sa premiere sepmaine.

Arion sou de l'or, & content de l'honneur
Aquis au bord Latin par son pouce sonneur,
Pour humer derechef le docte air de la Grece
S'embarque en vne Nef auarement traistresse

Ia la riue s'enfuict, le Tarentin rempart
Se desrobe à ses yeux, desja de toute part
Il ne voit qu'onde & ciel, & sur la plaine
humide
Le Pilote n'a rien que le quadran pour guide.

A ce coup les Nochers qui sont le plus souuēt
Plus traistres que la mer, plus mutins que le vēt
Luy prennent le manteau, le pourpoinct luy
despoüillent,
Pour treuuer son thresor haut & bas le refouillēt
Et quand ils l'ont treuué sur le bord du vaisseau
Vont tirassans son corps pour le iecter dās l'eau.
Fils (dict il en pleurant) du flot-flotant Neree,
Qui des eaux & des airs domtez la force iree,
Qui or' le moite monde, or' le feu habitez,
Qui les deux gonds du Ciel vagabonds
frequentez.

Ceste metaphore de (humer le docte air)
n'est pas conuenable au subject d'Arion:
car il semble qu'il parle des Huistres du
leuant, qui sur le matin entrouurent leurs
coquilles pour humeur la rosee: Ou bien
de ces iumens d'vne Prouince d'Espagne, qui se tenans sur le bord d'vne
riuiere hument à gueule beante les haleines du vent dont elles en deuiennent
empraicctes:

empraincte. Ce traict reprefente fort aufli vne perfonne qui hume vn bouillon: C'eſt pourquoy ceſt (*humer*) ne va point aſſez bien & proprement en ce vers outre que cet adjectif de (*docte*) eſt en ieu pour vne metaphore trop extreme : Car encore que l'air de Grece ſoit tres-propre à l'humeur & à la profeſſion des hommes qui recherchent la doctrine, neantmoins il ne doit pas eſtre baptiſé d'vn titre ſi ſpecieux. A ceſte occaſion, c'eſt beaucoup mieux de ſurnommer vn lieu ſemblable, *doux, beau, agreable, amiable, propice, fauorable, ſerain, amoureux, plaiſant, delicieux*, & de ces autres adjectifs qui denotent vn air qui eſt bon & temperé, que non pas de celuy de (*docte*) dont cet air de Grece eſt qualifié en ces vers. Ce terme de (*auarement traiſtreſſe*) eſt tout d'autre nature que DuBartas l'a voulu faire entendre: car d'eſtre (*auarement traiſtreſſe*) c'eſt le meſme que de n'eſtre pas, *abondant & large de trahiſon*, & que celuy qui en eſt chargé, n'en vſe pas volontiers, tout ainſi que d'eſtre *auare de cruauté, & auare de courtoiſie*, ce n'eſt autre choſe que de *n'eſtre pas beaucoup cruel, & beaucoup courtois*. Mais ce

Poëte entendoit que cest auerbe de (*auarement*) seruit à denoter l'auarice des mariniers, qui gouuernoient ce nauire, & pour montrer qu'ils estoient traistres, à cause de (*traistresse*) l'adjectif de cest auerbe : mais cela ne se peut entendre ainsi pour la bonté du langage. Aussi ce Poëte a failli en plusieurs endroits, pour auoir trop vsé de cest auerbe comme sans esgard : car la plus grande partie de ces mots qui sont accompagnez ainsi d'vn adjectif n'est pas receuable. Car c'est la propre nature de cest auerbe, *fierement*, *doucement &c.* d'estre mis en œuure auec vn verbe en ces façons qui se diuersifient ainsi, *I'ayme extremement, tu donnes liberalement, il parle brauement. I'acquiers largement, vous courez legerement, il nage dextrement. Nous bastissons magnifiquement, vous viuez royalement, ils s'aiment parfaictement. I'aimeray vniquement, vous fairez proprement, il viura sagement. Nous irons heureusement, vous aimerez vniquement, ils desireront mutuellement. On apprend grandement, on fait la guerre doucement, on se conseille finement, on s'habille pompeusement.* Aussi l'Etymologie de ce nom auerbe, montre bien que c'est sa proprieté fondamentale d'estre employé à la façon de ces exemples : Car il est dit auerbe, parce qu'il est ioint aux verbes.

Mais lors que ce terme est composé de deux mots qui sont d'vne tresgrande relation ensemble, il va de bonne sorte; comme par exemple ceux-cy, *constammēt fidelle, ardamment passionnee, cruellement offencé, fidellement seruie &c.* Et c'est dautant qu'ordinairement, *tout seruice est fidelle, toute offence cruelle, toute passion ardente, & toute fidelité constante.* Mais de dire qu'vne *trahison soit auare*, il n'y a point de raison. Ainsi ces autres-icy qui sont de la façon que Du Bartas a pratiquee ne sont pas de mise, *fierement belles, sainctement claire, doctement beau, odorantement riche &c.* Car ils ont trop de disproportion & d'ambiguité pour signifier naïuement ce que l'on veut faire entendre. *Le Pilote n'a rien que le quadran &c.* Quand cest auerbe (*que*) suit cest autre de (*rien*) ce n'est pas la meilleure elocution. Les Prouençaux vsent de la façon de ces vers ainsi, *Aqueou soudirt n'a ren qu'à l'espase & la cappo.* Mais on doit dire ainsi en bon terme François,

Ce soldat n'a que l'espee & la cappe. Ce Capitaine n'a que le courage pour toute experience, & conduite. Et en ceste autre façon, *Ces auersaires n'ont aucune chose de ce que nous auons de valeur & d'alliance.* Toutefois la façon de ce vers de Du Bartas est en vsage aussi bien que celles de ces trois exemples : mais pour tant le langage ny est pas si bon comme en ceux-cy. Cest aduerbe de (rien) entre de bonne sorte aussi en ceste maniere de parler, *Cest homme n'a rien dit qui ne soit bien. Ceste Damoiselle n'a rien de mauuais en l'ame. Ceste plante n'a rien de malin en soy* : Il y a faute d'vn pronom en ce quatorsieme vers, car il faut dire, *Ils vont tirassans*. Aussi ce terme de, *corps*, n'est pas à propos, veu qu'il ne doit estre refferé en ceste façon de trainement, qu'à celuy qui seroit mort, & non point à vn homme plein de vie comme estoit pour lors Arion : Cest pourquoy tout ainsi qu'en l'autre vers les paroles pour estre d'vne plus belle façon deuroient estre ainsi, *Le Pilote au quadran cherche sa seule guide*, de mesme en cestui-cy ainsi, *ils trainent Arion, &c.* Mais outre l'amendement qui doit estre en ce terme d'Arion, ce verbe de, *tiraſſans*, n'eſt pas François mais bien Prouençal & Gaſcon : car on dit en bon langage, *trainans, trainoient, trainent, traine, traina, trainoit*. A ceſte occaſion il n'y a point de raiſon de ſe ſeruir d'aucun verbe eſtranger, lors que pour exprimer vn fait, nous en auons vn de noſtre terre qui eſt bon & fort propre. Il eſt vray pourtant que ce mot de *tiraſſant* eſt en vſage en France: mais c'eſt en vne ſeule chaſſe d'oiſeaux, où l'on ſe ſert d'vn fillet, ſurquoy l'on dit que l'on chaſſe à la tiraſſe. Quelques vns diſent que ces mots de *vaiſſeau*, *ceau*, & *ruiſſeau*, ſont des participes de, *eau*, & que par ce moyen, ils ne ſont pas bons pour eſtre rimez l'vn auec l'autre; mais quant à moy, ie ne feray iamais difficulté de les marier enſemble à la rime, car l'opinion de ceuy-là n'eſt pas aſſez forte, pour montrer que ces trois mots ayent eſté compoſez ſur celuy de, *eau*, Ce mot de [*flot-flottant*] qui eſt de l'inuention de ce Poëte, n'eſt aucunement ſortable pour la naïueté du langage François, car il a trop de fard & d'empoulement, auſſi il n'a pas eſté receu non plus qu'aucun autre de ſes ſemblables.

Force iree, n'est pas bien dit, car cest adjectif ne va iamais ainsi, mais bien tousiours en ceste forme, *force irritee*, & *courage irrité*, car l'vsage & la raison ont ainsi composé cet adjectif qui procede du substantif [*ire*] ce terme [*qui or'*] n'est pas dous pour le vers, à cause de deux voyelles [*i,o,*] qui s'y rencontrent, & mesme pour la derniere, de laquelle le terme est retranché suiuant la façon licencieuse : car il faut dire tout rondement [*ore*] on voit aussi quelquesvns qui n'estiment pas que ce soit bien parler d'vser de ce terme d'interjection, comme cestui-cy de [*vagabons*] en ce dernier vers, l'estiment vn vice qu'ils nomment cheuille : mais il s'en treuue beaucoup aussi qui le tiennent fort propre, & touchant mon auis, qui est du party de ceux-cy i'estime qu'il est fort dous & conuenant à la Poësie Françoise, & au langage de mesme: pourueu qu'il y soit logé proprement pour bien correspondre au subject. Du Bartas a pratiqué bien souuent ceste sorte d'interjection, & mesmes en plusieurs passages du quatrieme iour de ladite sepmaine. On peut voir ainsi qu'au dernier de

DE L'ART POETIQVE. 407

ces vers suiuans cet adiectif [d'industrieux]
va proprement,

> Armé de ces raisons ie combatrois en vain
> Les subtiles raisons de ce docte Germain,
> Qui pour mieux de ces feux sauuer les appa-
> rances
> Assigne industrieux, à la terre trois dances.

Au dernier vers de ces autres quatre
où le Poëte parle au Soleil, ceste interjection de [vassaux] est de fort bonne grace.

> Toy de mesme rouant autour de l'vniuers,
> Qui ne vit que du feu de tes aspects diuers:
> Six grands Princes du Ciel trois deuant, trois
> derriere,
> Accompagnent, vassaux, ton char porte lu-
> miere.

ceste bonne façon est aussi toute apparante en l'interjection qui se treuue en
ce terme de (riche) des vers suiuans,

> Que de mesme ô Soleil ! cheuelu d'or tu mar-
> ches
> Au milieu des six feux des six plus basses ar-
> ches,

Cc·iiij

Qui voutent l'vniuers, afin d'esgalement,
Riche, leur despartir clairté force, ornement.

Au cinquieme des vers suiuans ce terme de [fantasque] est aussi bien à propos en l'interjection.

<blockquote>
A peine ay-i'entrepris de compasser ta face,
Qui tant & tant de fois de sa grandeur surpasse
La grandeur de la terre, & qui fait qu'en passant
Tout ce qui vit ça bas & la voit, & la sent,
Que ie prens autre route, & fantasque, ie laisse
Vn subject si fecond pour chanter ta vitesse.
</blockquote>

Et dauantage au cinquiesme de ces vers qui suiuent, l'interjection qui denote la façon de l'Automne est de mesme tres-bien,

<blockquote>
La terre peu à peu ses beautez nous desrobe,
Pomone va chargeant le deuant de sa robe,
Et ses clissez paniers de fruits aigremēt dous,
Pour seruir de dessert à son mal sain espous,
L'automne, qui, pied-nu, dans la claye trepigne,
</blockquote>

DE L'ART POETIQVE. 409
Faisãt par tout couler le dous ius de la vigne.

Il est vray aussi que ce terme (*peu à peu*) n'est pas legitime pour la perfection de la Poësie, à cause des deux voyelles (*u, a,*) qui rendent le vers mal coulant. Ce terme de (*fruicts aigrement dous*) est fort aigre: car il y a trop de contradiction entre cest auerbe (*aigremẽt* & cest adjectif (*dous*) par ce que ce qui est dous n'est point aigre, & ce qui est aigre n'est point dous. On dit bien, *cela est vn peu dous, cela est vn peu aigre, mais iamais aigrement dous*: car la contrarieté y est trop grande. Mais, qui voudroit expliquer cest auerbe en matiere de metaphore, il entẽ-droit que ces fruicts de Pomone seroient fort dous. Et ie m'asseure que raisonnablement ils se pourroient mieux remarquer ainsi, veu que metaphoriquement, on dict qu'vne affaire, ou quelque chose est aigre, pour montrer qu'elle est forte & difficile à estre maniee dextrement.

Mais touchant le susdict terme d'interjection, il ne sera que bon de s'en seruir lors que le subjet le demandera. Aussi monsieur du Perron en a vsé en l'Auanture funebre de Daphnis, ainsi au troisieme de ces quatre vers,

Sur la terre en cent lieux de mon sang humetée
En mourant i'escriuis le beau nom d'Aristee,
Maintenant ie m'en vay fardeau vain & leger,
De l'impiteux Caron la nacelle charger.

On voit aussi que ceste interjection est pratiquee de monsieur Berthaud, aux stã-ces qu'il a faictes sur la prinse d'Amiens, ainsi que le troisieme de ces vers suiuans le porte en cest adjectif de *magnanime*.

Puis sentant de Lauriers sa teste couronner
Son esprit se desarme, & semble que la gloire
De pouuoir, magnanime, aux vaincus pardõner,
Ce soit l'vnique bien qu'il cherche en la victoire.

Monsieur de Malherbe s'est aussi seruy de ce terme, comme on peut voir au cinquieme vers de ceste Stanse de l'imitation des larmes de Sainct Pierre,

Quiconque de plaisir a son ame assouuie,
Plein d'honneur & de bien non subject à l'ẽuie,
Sans iamais à son aise vn malaise esprouuer:
S'il demande à ses iours dauantage de terme,

DE L'ART POETIQUE. 411

Que faict-il, ignorant, qu'attendre de pied ferme
De voir à son beau temps vn orage arriuer!

Des-Portes & Ronsard ont amplement pratiqué ceste interjection en plusieurs passages de leurs œuures: comme entre autres, cestuy-cy, au secõd vers de l'Himne de l'Eternité, en la fin du premier Hemistiche, ainsi,

*Tourmenté d'Apollon qui m'a lame eschaufee,
Ie veux, plein de fureur, suiuant le pas d'Orphee.*

Et au Bocage Royal, en vn discours qu'il adresse au Seigneur de Chiuergny Chancellier de France, le second vers le porte ainsi au premier mot,

*Celuy qui le premier du voile d'vne fable
Prudent, enuelopa la chose veritable
Afin que le vulgaire au trauers seulement
De la nuict vist le iour, & non realement,
Il ne fut l'vn de ceux qu'vn corps mortel enserre
Mais vn Dieu qui ne vit des presens de la terre.*

Et ainsi des-Portes en la quatrieme Elegie du premier Liure au second mot du quatrieme de ces vers,

Se laisser consommer d'vne flame cuisante,
Et treuuer sa douleur agreable & plaisante,
Telles sont mes amours, tels sont mes passetemps:
Ce pendant, miserable, aucun bien ie n'attens,
Mais plus ie continuë en ma course premiere
Plus mon chemin s'esloigne & me treuue en
  arriere.

Puis que la raison & les exemples de ceste interjection sont si receuables & authentiques, il n'est point raisonnable de croire ceux qui disent que ce soit vne cheuille d'escrire ainsi, mais bien il faut auouër que d'en vser bien à propos, c'est proceder d'vne tres-bonne & tres-elegante façon de langage. Mais il est temps de reuenir aux œuures de du Bartas, & de continuër ceste recherche en ces quatorse vers suiuant qui sont du quatrieme iour de la sepmaine susdicte,

Le Paon qui naurè de l'aiguillon d'Amour,
Veut faire piafard, à sa Dame la cour,
Estale comme en rond le thresor de ses ailes
Peincturees d'azur, marquetees d'estoiles,

Rouant tout à lentour d'vn craquetant cerceau,
Afin que son plus beau se mōtre encor' plus beau
Le firmament ateinct d'vne pareille flame
Desployetous ses biens rode autour de sa Dame,
Ten son rideau d'aẑur de iaune tauelé,
Houpé de flocons d'or, d'ardans yeux piolé,
Pommelé haut & bas de flambantes rouëlles,
Moucheté de clairs feux, & parsemé d'estoiles,
Pour faire que Cerés plus amoureusement
Recoiue le dous fruict de son embrassement.

Le terme duquel ie vien de parler est encore en fort bonne forme en c'est adjectif de [piafard] du second de ces vers. *Peincturees & marquetees* ne vont pas bien dans les vers à cause des deux voyelles femines qui les terminent. *Son plus beau*, cela n'est pas bien dict en François, car il ne faut point vser de verbes adjectifs au lieu des substantifs. Du Monin s'en est acommodé au long & au large, car c'estoit son plaisir d'escrire contre la reigle : pourueu qu'il escriuist obscurement, & par de nouueaux traicts. Ronsard en a vsé deux ou trois fois au plus, & ainsi, l'on voit ce mesme traict de du Bartas au second quatraïn du CXVIII. Sonnet du premier

Liure des Amours,

Mais ô cruelle! outré de ta malice,
Ie m'en retourne en vne vieille peau:
En chef grison, en perte de mon beau,
Tels sont d'Amour les jeux & l'exercice.

Les peuples meridionnaux de France vsent bien souuent de ceste façon de parler, laquelle principalement est impropre aux verbes qui sont monosillabes. On voit ainsi que le commencement d'vne chanson en Prouençal est ainsi marquee,

Dieu vous gard Isabeau,
A mays à vous mon beau,
Disont que sias tant bello.

Toutefois il n'en faut point vser au langage François, car c'est changer sans raison & sans necessité le naturel des vocables. C'est ainsi aussi qu'en ceste langue, l'vsage a voulu introduire ces adjectifs suiuans pour estre mis au rang des substātifs auec les articles & pronoms qu'on leur peut apporter selon le subject, *ma belle*, *ou la belle*, *ma rebelle*, *ma cruelle*, *mon inhu-*

maine, l'ingrate, l'infidelle. Les amoureux des siecles passez ont mis en lumiere & reputation vne telle façon de parler. Mais suiuant ce que i'ay veu dans les œuures des Poëtes plus excellens, ie n'ay treuué que ces adjectifs en pratique pour le subject que i'ay dict. Toutefois on voit plusieurs autres termes qui estans de la nature des surnommez, peuuent estre employez & le sont bien souuent aussi en ceste façon, cõme ceux-cy: *Amie, ennemie, amante, amoureuse, rigoureuse, guerriere, homicide, inconstante.* Mais c'est le vray que ces quatorze noms passẽt en vertu de l'vsage, aussi bien pour substantifs que pour adjectifs. Tous ces noms-là hormis le premier peuuent estre changez en l'estat du masculin : car comme on voit qu'il est bien de dire le cruel, l'inhumain, l'ingrat l'incõstant &c. on peut iuger aisément que ce n'est pas ainsi de celuy que i'ay dit : car cela n'a point de grace de dire, *mon beau, son beau, ton beau, le beau, ce beau &c.* Ainsi cela n'est pas bien dit, *Mon beau me parla de la sorte,* pour faire entendre que ce (*beau*) est quelque subject qui à de la beauté. Mais on peut bien dire, *le beau de sa beauté surpasse les merueilles, & ainsi c'est au beau de ses yeux qu'Amour brille en sa gloire.* Car en attribuant ce terme ainsi à vn autre, il paroit en bonne forme substantif ou accident. Mais il faut estre auisé que les quatorze termes sus mentionnez doiuét tousiours estre employez en condition d'estre referez en ce qui est proprement à la seconde ou troisieme personne : car c'est vn mauuais propos de dire, *ma belle, mon inconstante, mon inhumaine*, pour vouloir faire entendre, *la beauté, l'humeur ou la fortune*, qui est propre à soy-mesme, parce que comme i'ay dit, ceste façon de parler doit estre referee tousiours à signifier quelque subject qui est hors de nous. On a veu de nostre temps quelques Poëtes licencieux qui ont voulu donner cours à plusieurs termes de ceste façon, disant ainsi parlant de leurs maistresses, *ma diuine, ma loyauté, ma beauté, ma cruauté, ma fiere, ma braue, ma parfaite, mon humaine*, mais cella estoit si Gallimatias & hors de mesure que rien plus, aussi on l'a rejecté comme chose non moins impropre que nouuelle. Mais Du Bartas eust mieux fait de dire ainsi sur ce propos, *afin que son beau corps brille encore*

encore plus beau. Car outre ceste bonté de langage, il euſt euité le vice dont les deux Hemiſtiches de ſon vers ſont enlaidis à cauſe des rimes qui les terminent. Mais touchant les quatorze noms ou vocables ſuſdits, celuy de (*belle*) eſt le plus dous & le plus en vſage de tous pour tenir iuſtement le rang d'vn ſubſtantif : car on dit ſouuent ainſi, *Ma belle, pourquoy m'eſtes vous ſi rigoureuſe*, & en ceſte façon, *La belle que i'ayme eſt par trop deffiante.* Mais en ceſte maniere de parler l'authorité de l'vſage a donné la valeur & la beauté au langage. C'eſt pourquoy on voit des noms appellatifs, deſquels on ne ſ'en pourroit ſeruir comme de ces autres qui ſon adjectifs d'origine : car pour nommer vne Dame que l'on aymeroit, on n'oſeroit dire par periphraſe, ny par metaphore, *Ma beauté en qui i'ay mis tous mes deſirs. Ma cruauté qui me fait mourir d'amour.* Car ſuiuant la raiſon que i'en ay rapporté cy-deuant il ſembleroit que celuy qui diroit ainſi, parleroit d'vne beauté, & d'vne cruauté, qui ſeroit proprement en luy meſme. A ceſte occaſion, on ne peut dire qu'en ceſte maniere ſur le ſubject de ces deux e-

Dd

xemples, *La beauté en qui i'ay mis &c. La cruauté qui me &c.* & ainſi par l'autre façon, *La belle en qui &c. La cruelle qui &c.* Des-Portes a pratiqué d'vne tres-bonne ſorte ces adjectifs, comme entre autres paſſages en ce premier vers d'vne Epigramme,

Ie voulu baiſer ma rebelle,
Riant elle ma refuſé.

Et en ceſt autre qui eſt pris de l'imitation de la plainte de Bradamante,

Arreſte amour cruel, arreſte vn peu ma belle,
Il ſemble qu'elle vole, & ie ne puis marcher.

Ceſte autre eſt au commencement d'vn Sonnet des amours de Diane,

Heureux Anneau de ma belle inhumaine,
Que ie t'eſtime, & combien tu me plais.

Le LXVIII. Sonnet des Amours d'Hippolite eſt finy par vn des termes ainſi,

De grace, en ma faueur Amour va la bleſſer,
Ou ſi tu la crains trop, & ne me veux laiſſer,
Tire de mon cœur meſme, & frape la cruelle.

Ceſte façon eſt remarquée auſſi au commencement de ces vers ſuiuants qui ſont les premiers de quelques Stances de M. D. P.

Quand l'infidelle vsoit enuers moy de ses charmes,
Son traistre cœur m'alloit de souspirs esmouuant.

Or au huictieme de ces vers de Du-Bartas, ce verbe de (rode) est Prouençal, mais depuis quelque temps les François en vsent ordinairement, à ceste occasion c'est le mesme de dire, *Rouë autour*, ou bien ainsi, (*Tourne autour*). Ceste metaphore: *Houppé de flocons d'or*, est bonne pour les autres deux qui la precedent: mais elle n'est pas conuenable pour le subject qu'elles traitent: car les Astres ne sont nullement semblables à des flocons pour estre appellez ainsi, si ce n'est pour leurs rayōs qui respondent à peu près à cela. *Ardans yeux piolé*, est superflu: car la metaphore de, *iaune tauelé*, signifie la mesme chose que ces, *ardans yeux*, par lesquels on entend les astres. Ceste autre figure de (*Pomelé*) est superfluë aussi, car elle ne fait que redire ce que les autres ont dit. *Flambātes rouëlles*, est vne periphrase des astres: mais bien peu valable: car on dit des rouëlles de veau, des rouëlles de Ton &

de Marsouyn, c'est pourquoy elle est trop basse pour signifier les Estoiles qui sont des creatures si nobles & admirables, outre que la redicte s'y treuue encore. *Mouchetté de clairs feux*, c'est redonner de grands coups sur vne barre de fer froid; aussi tant de figures enlacees l'vne auec l'autre, & ne representant qu'vne chose, composent entre-elles vn vice d'oraison que l'on appelle Macrologie. C'est ainsi que ces redictes n'auancent aucune chose de propre sur le subject qu'elles chantent: car ces *clairs feux sont ces flambantes rouelles, ardans yeux, flocons d'or & iaune tauellé*, qui remplissent les autres vers. *Parsemé d'Estoiles*. C'est venir de la façon à la double replique: mais par vn simple terme, qui est accompagné d'vne metaphore prise des Laboureurs qui sement les terres. Mais ceste allegorie de (*mouchété*) qui est empruntee des tailleurs d'habits, en ce qu'ils balafrent, descoupent, chiquetent, & entr'ouuent les estophes, n'est aucunement propre à specifier le subject dont elle est mise en ce vers: parce que le mouchetement est vne ouuerture & vn vuide en l'estophe,

& que les astres sont au Ciel, non comme d'autre nature qu'iceluy, mais bié de semblable : n'ayant autre difference enuers le Ciel, sinon d'autant qu'ils sont illuminez d'vne propre splendeur & lumiere, & que tout le reste du firmament est parfaictement diaphane. Mais on ne sçauroit deffendre auec quelque ombre de raison ceste metaphore, que d'auancer qu'vn Poëte se pouuant seruir de toutes sortes d'opinions. Du-Bartas a suiuy en cela, les discours de quelques Rabins, qui ont escrit que les astres que nous voyons aux Cieux, ne sont autres choses que grands pertuis ou fenestrages ainsi rōds, desquels leurs globes en demeurent percez comme vn crible, & que le feu que nous imaginons en ces astres, est celuy du Ciel Empyree, qui estant tout flambant & lumineux comme son nom le porte, se fait voir ainsi aux humains parmy ces rondes ouuertures qui sont aux Cieux. Mais on respondroit là dessus, à ceux qui produiroient vne si foible defence, qu'il est bien vray que le Poëte se doit preualoir de toutes sortes d'opinions : mais que c'est aussi la raison qu'il faut distinguer cela. Car en vn Poëme, & mesmes en plusieurs qui respondront en vn mesme subject, comme sont les vingt quatre liures de l'Iliade, les douze de l'Eneide, & les sept iournees de la sepmaine susdite: il n'y doit point auoir des vers, dont lesvns chantent à la supreme louange d'vne religion, & les autres à la gloire d'vne autre: Que les vns affirment la bonté d'vne opinion; & que les autres, sans occasion en auancent vne qui destruise l'authorité de l'autre. Or c'est en ce point que Du-Bartas s'est manqué: car il se contredit en ce mesme iour sur le subject de ce (*moucheté*) veu qu'il tient que les Cieux & les astres sont d'vne mesme substance, comme il le chante en ces vers suiuans,

Mais si l'esprit humain par conjecture peut
Atteindre à ce grand corps qui se mouuant tout
 meut,
Ie croy, que comme Dieu d'vne matiere humide
Composa les bourgeois de la plaine liquide,
Et d'vn terrestre amas crea tant d'animaux,
Qui fourmillent par monts, par campagnes &
 vaux:
Que de mesme il forma par sa toute puissance

Et le Ciel, & ses feux d'vne mesme substance,
Afin que ces brandons au long & large espars
Semblassent à leur tout, & le tout à ses pars.

Donques si suiuant la raison de ces vers ce Poëte à creu que les Cieux & les astres sont d'vne mesme substance, les astres ne sont pas vne moucheture en iceux comme il le croyoit, veu que cest ornement d'habits, n'est qu'vn vuide & priuation de la chose où il est employé. C'est pourquoy il ne deuoit point vser de ce [mouchetement] puis que faisant ainsi, il alloit côtre la raison, & ensemble contre sa propre intelligence; Aussi quelques vers apres les susdits, il escrit ainsi,

Ces flambeaux dont nostre œil admire la vitesse
Ne sont rien que du Ciel la part la plus espaisse.

S'ils sont la partie la plus espaisse du Ciel, ils sont bien tout autre chose que moucheture, veu que comme i'ay dit cy dessus, ceste façon est vn vuide en l'estophe : c'est ainsi que Du-Bartas en ce passage se conuainc d'erreur luy mesme. Aussi les x. xi. & xii. de ces vers qui commencent, *le Paon qui &c.* ont les paroles boufies, & chargees de fard, par l'excez de leurs figures: outre qu'ils sont entierement superflus: Car pour le respect de ce subject ce seroit assez de dire ainsi en ces huict vers derniers.

Le firmament atteinct d'vne pareille flame
Descouure tous ces biës, tourne autour de sa Dame,
Tend son rideau d'azur de iaune tauellé,
Et se montrant par tout clairement estoilé,
Et tousiours brillonnant d'ardeur & de lumiere,
Il montre en toutes parts sa course coustumiere,
Pour faire que Ceres plus amoureusement
Reçoiue le dous fruict de son embrassement.

Les huict vers de ce Poëte, qui vont apres ceux-là, sont des plus beaux que l'on sçauroit faire iamais: à ceste occasion ie les ay mis icy,

Qui veut conter les feux tant nostres qu'An-
tartiques
Se doit rendre inuenteur d'autres arithmetiques
Et pour venir à bout d'vn si braue project
Auoir de l'Ocean tout le sable pour iect:
Toutefois nos ayeux non moins doctes que sages

Remarqueret au Ciel quatre fois douze Images,
Pour ayder la memoire, & faire que nos yeux
En certaines maisons partageassent les Cieux.

Quelques vers apres ceux-là on voit ces quatre suiuant, ainsi,

Ce cercle honneur du Ciel, ce baudrier orangé,
Chamarré de rubis, de fil d'argent frangé,
Bouclé de bagues d'or, d'vn bandeau qui rayonne
Le Ciel biaisement nuict & iour m'enuironne.

Ce terme de (*chamarré de rubis*) est superflu, veu que celuy de (*baudrier orangé*) signifie les astres qui sont entēdus en ces (*rubis*) Car aucune partie du Ciel ne peut estre orangee, ou doree, que par moyen des astres qui sont eux-mesmes ces couleurs que l'on y attribuë. Que s'il auoit dict ceste *Escharpe azuree*, ou *ce baudrier azuré*, la metaphore de ces rubis seroit biē prinse, parce que par la couleur azuree, on entēd les parties du Ciel qui ne sont point ocupees d'Astres, & qu'ainsi que sur l'azur des armes de Frāce on peinct les Lis d'or tout de mesme en l'azur du Ciel on figure les Estoiles comme des rubis qui sont mis en broderie sur vne estophe de telle couleur. De *fil d'argent frangé*. Ceste methaphore est aussi vuide de raison que l'autre car le Zodiaque ne faict que trauerser ou croiser la voye de laict, que vulgairement on appelle le chemin de Sainct Iaques, laquelle voye laictee estant ainsi blanchissante au moyen d'vne infinie multitude de petites estoiles, qui comme imperectibles & fort pres l'vne de l'autre, remplissent cest endroit du Ciel, est la seule partie du Firmament qui puisse representer ce (*fil d'argent*) & le frangement qu'il luy assigne: Ce qui est mal atribué: car il faudroit que ce chemin acompagnast le Zodiaque par tout, & au contraire comme i'ay dict cy dessus, ils ne font que s'entre-croiser. Ainsi la periphrase de ceste ceincture celeste, & les metaphores qui l'assistent ne sont pas assez propres. *Bouclé de bagues d'or*, c'est tousiours continuër en metaphores & paroles superfluës & enflees de vaine pompe: dautant que les astres sont entēdus en ces bagues, & quil les a especifiez en la figure du (*baudrier orangé*) & de (*rubis*). Et puis cela n'a point de lieu de dire que le Zodiaque soit ferré ou bouclé de bagues d'or: par ce qu'il n'est gueres moins or, ou lumiere en vne part qu'en l'autre, & que les douze Signes qui le composent ne sont point diuisez en aucun endroict par quelque espace, où soit necessaire d'imaginer quelques bagues ou boucles pour fermer & conjoindre les parties. Et ainsi c'est vne vanité d'amplifier de tant de façons vn subjet où ceste figure n'est point requise. Aussi pour le respect de tout ce que du Bartas dit en ces quatre vers, le premier suffiroit assez auec cecy en suicte, *d'vn bandeau qui rayonne, le Ciel biaisement nuict & iour enuironne.* On voit au mesme iour ces cinq vers suyuans, où vn traict de mauuais langage est en vn terme, ainsi,

Ornement des clairs Cieux! he! di moy par quel bout
Ie dois prendre! ton los! ie semble cil qui nombre
Les cailles qui couurant la mer Itale d'ombre,
Pour viure sous vn ciel plus fecond & plus dous,
Viennent par escadrons passer l'Esté chez nous.

On ne dict iamais en bon langage l'Itale, mais bien l'Italie: à ceste occasion deux afutes sont en ceste (*mer Itale*) de du Bartas : car outre que l'on doit escrire Italie, c'est la raison que lors que l'on atribuë la mer à quelque Royaume, ou Prouince en propre nom, il faut l'acompagner d'vn article ainsi, *La mer d'Italie, ou de Tuscane, La mer de Sicile, la mer de Prouëce, la mer d'Espagne, la mer du Ponant, la mer de France, la mer d'Angleterre, la mer d'Alemagne, la mer du Nort.* Et quand on nomme la mer auec vn adjectif on dit ainsi, *la mer Indique, le goulphe Persique, la mer Erytree, l'Ocean Ethiopique, la mer Orientale, la mer Hircanique, la mer Pontique, la mer noire, la mer Egee, la mer Mediterranee, Italique, Adriatique, Tuscane, Ligustique, Prouëçale, Oceane, Cantabrique, Atlantque, Pacifique.* Mais de dire *la mer Itale, la mer France, la mer Espagne* &c. cela ne sçauroit auoir bonne grace, quelle force que ce soit que la Synedoche puisse auoir de vouloir faire entendre vne chose pour l'autre, en nommant par fois le tout pour la partie, & la partie pour le tout. Ie croy que ce Poëte a vsé de ceste façon de parler, à l'imitation de Ronsard: mais pour tout cela il n'est pas receuable en ce passage : car il faut imiter ce qui est bien, & non les cho-

DE L'ART POETIQUE. 429

ses qui vont à trauers les champs sans tenir raison ny mesure. Voicy comme Ronsard en a pratiqué au dernier vers de ce couplet qui est de l'Ode dixieme du premier Liure,

Apres auoir relié
D'vn torris de violettes,
Et d'vn cerne de fleurettes,
L'or de leur chef delié:
Apres auoir proprement
Troussé leur acoutrement,
Marcha loing deuant sa trope,
Et la hastant iour & nuict,
D'vn pied dispos la conduict
Iusque au riuage Ethiope.

Ces vers sont tresbeaux: mais il est vray que ceste (trope) est licencieuse: car il faut dire (troupe) & puis ce, riuage Ethiope, est fort rude, & de fascheux abord pour la bonté du langage François: à ceste ocasion il ne faut point escrire en ceste façon: ains il en faut vser comme i'ay dit cy deuant. Les quatre vers suiuans sont de la magnificence de Salomon, ainsi,

*La rit par toute la terre, & les fleurs estoilees,
Viues, sautillent plus, plus elles sont foulees,
Tout y croist sans trauail, ou si c'est par labeur
Le seul plaisant Zephire en est le laboureur.*

La metaphore qui porte *que la terre est par toute riante*, n'est que fort bonne : mais l'autre n'est aucunement propre, qui dict *que les fleurs sautillent*, veu que ce qui saute perd terre & s'eslance en l'air, soit en agissant en haut ou en bas, ou bien au long d'vn costé ou d'autre : mais les fleurs estãs seulement esmeuës & agitees de l'air, ne sautent aucunement : car elles ne changẽt pas de rang & de place, comme ceux qui dansent ou qui sautent. Ie vis dernierement en vn Liure qui est fort cõmun vne metaphore fort impropre en ceste sorte ainsi, *C'est pour vous Madame, qu'auec le pinceau de mes escrits ie graueray la gloire de vos beautés dans le marbre de la gloire.* C'est vne bien grande improprieté de dire que l'õ veut grauer auec vn pinceau : car la graueure apartient au burin, & non point au pinceau auquel le peindre, le tracer, & le figurer se doiuent refferer puis que ces choses sont parfaictement les marques de ses effaicts. C'est pourquoy, il faut estre bien soigneux de n'vser iamais d'aucune figure qui ne conuienne tres-bien aux qualitez du subject à quoy on la rapporte. En ladicte magnificence, Dauid parle ainsi à Salomon en ces autres vers,

Veillé sué & discours, franchi d'vn haut courage
A pied le fleuue pris, & le liquide à nage,
Le branchage ombrageux d'vn Platane touffu
Soit ton frais parasol, l'exercice ton feu

Ce terme de *à nage*, n'est pas bien dit: Car on dit bien en bon langage, *il peut passer vn grand fleuue en nageant*, mais en l'autre façon, il faut dire, *Il passe ou il franchit le Rhosne à la nage. Il treuerse la Seine à la nage.* Car il est raison qu'en ce sens cest *à* demonstratif soit acompagné de l'article. Or comme il est vray que du Bartas a faict des vers des plus beaux du monde, c'est la verité aussi, qu'il s'est bien souuent trompé à metaphoriser par trop son langage, & à mettre sur le papier poëtique des mots nouueaux, qu'il inuentoit auec beaucoup de soing & d'affection, croyãt qu'outre ce qu'il pensoit de s'en seruir bien, ils seroient auouëz & introduicts: il inuenta ceux-cy entre autres; *sou-souflant, bou-boufant, flot-flotant, dedaler*: mais ny les Poëtes plus estimez, ny aucun des autres bons escriuains n'en ont iamais vsé. Ces autres aussi qui sont doubles de nom & deffaict, n'ont point esté frequentez, cõme ceux-cy, *Chasse-nuict, chasse iour, chasse-ombre, porte-iour, porte-flambeaux, guide-bal, porte-fleurs, aime-ris, aime-pleurs, blesse-cœur, Serpens-pieds, Terre-nez, cuisse-né, eschelle-ciel, porte-foudre*. Et plusieurs autres qui suiuãt la mode Grecque ont esté introduicts de Rõsard & de ce Poëte: mais il faut laisser aux Grecs vne telle façon de langage, bié qu'ils en fassent gloire: car elle n'est aucunement propre à nostre langue Françoise, par ce que ces mots ont trop de fard & d'artifice. Aussi iamais ils n'ont esté receus du peuple ny practiquez aux Sermons des excellens Predicateurs, ny moins aux plaidoyez & harãgues des celebres Aduocats de la Cour. A ceste occasiõ il ne s'en faut point seruir, non plus que des autres qui sont commencez par deux sylabes semblables: ains il se faut tousiours tenir en l'vsage des vrais mots François,

Fráçois lefquels on cõnoit eftre tels, quãd on voit qu'ils font ordinairement practiquez par Meffieurs du Parlement, & par les plus qualifiez du peuple, comme auffi des plus eftimez Poëtes de ce Siecle, & des Courtifans que l'on connoit eftre accõpagnez de l'amour des bonnes lettres.

Ainfi puis que noftre langue eft affez riche & copieufe de bons mots à l'endroit de ceux qui la connoiffent bien, & qu'il ne peut arriuer que tres-rarement que l'on ait faute de quelque mot pour exprimer vne conception, il faut eftre retenu extremement d'en vouloir inuenter. Et fur tout il n'eft point raifonnable d'en affecter de nouueaux comme a fait Du-Bartas, ny moins de croire l'opinion d'vn certain courtifan Limofin, qui pour fouftenir la caufe de ces inuentions, difoit ces iours paffez, qu'on deuoit ordinairement inuenter des mots pour enrichir le langage, & que cela eftoit permis à la Cour. Mais où eft-ce que ce courtifan treuue la raifon, ou l'authorité qui luy fait dire que cela eft permis à la Cour? veu que l'on n'a iamais dreffé aucun Edict ou Preuilege qui traicte de ceft affaire en aucune sorte, & que d'ailleurs suiuant le droit vne telle chose pourroit estre permise en plusieurs autres parts aussi bien qu'à la Cour. Mais quoy? les opinions de ce Limosin sont aussi mal à propos, que de proposer qu'il seroit bon de porter deux chapeaux sur la teste, & des esperons à pied pour aller plus viste, & de faire le furieux en son logis, afin de se faire mieux craindre, & d'acquerir le bruit d'vn homme qui est bien respecté chez soy.

Or suiuant le subject de ces inuentemens de mots, ie m'employeray à propos en ceste digression, sur la consideration que Du-Bartas a tellement chery ces mots fourrez ou doublez qu'au premier iour de la Sepmaine susdicte, il en dresse tout vn vers ainsi, Chasse-ennuy, chasse-dueil, chasse-nuict, chasse-craincte. Ce qui est errer doublement : car le vers en est ennuyeux, puis qu'outre que les mots ne sont pas naturels, ny receuables, ils y sont commencez d'vne mesme façon; ce qui fait qu'il y a de l'ennuy en les lisant. Ainsi sur la remarque de ce vers de Du-Bartas, ie diray que touchant les vers qui sont tous composez d'Épithetes, il en faut vser le plus rarement du monde: car si l'on voyoit en vn Poëme plusieurs vers bastis ainsi l'esprit du lecteur en seroit importuné, parce que tant d'epithetes ensemble, ne semblent estre que des redictes hors de raison. Ronsard nous le môtre bien aussi en son abregé de l'art Poëtique, escriuant que nous deuons fuir en nostre langue la maniere de composer des Italiens, qui mettent par fois quatre ou cinq epithetes les vns apres les autres en vn mesme vers, comme, *Alma, bella, angelica, & fortunata Dona.* Toutefois luy mesme au premier vers du XXIII. Sonnet du second Liure des Amours dit ainsi, *Belle, gentile, honneste, humble & douce Marie.* Mais il est vray qu'il s'en excuse en ceste sorte apres le propos qui suit le vers Italien: Tu vois que tels Épithetes sont plus pour empouler vn vers que pour besoin qu'il en soit, bref: tu te contenteras d'vn épithete, ou pour le plus de deux, si ce n'est quelquefois par gaillardise en mettant cinq ou six: mais si tu m'en crois cela t'auiendra le plus rarement que tu pourras.

E ij

Mais pour la deffence de ces nouueautez susdites, cela ne sert en rien d'alleguer que les Poëtes ont permission d'inuenter des mots, car encore que cela leur fust permis le plus legitimemēt du monde, il ne leur seroit iamais raisonnable d'innouer des termes au preiudice du langage & de la raison : car c'est vne reigle sacree & inuiolable, qu'il se faut tousiours tenir à ce qui est du deuoir pour la perfection & la nature de la langue, & pour ce qui regarde la verité du subject dequoy l'on parle. Ceste vaine curiosité de vouloir inuenter des mots, à fait que Du-Bartas s'est fouruoyé du droit chemin au commencement de sa premiere Sepmaine, lors que parlant du tres-haut mystere que nous croyons en l'essence diuine sur le subject de la Trinité, & laissant ce terme ordinaire de, *Trinité*, qui dés le premier Siecle de l'Eglise a esté enseigné du Sainct Esprit aux saints Docteurs il inuenta celuy de *Triple-vne*, lequel contreuient au vray sens de ce que la verité nous apprend à croire des trois personnes de l'ineffable Trinité : Car ce terme de *Triple-vne*, signifie vn suppost dans le quel trois choses differentes sont meflees. Sur lesquels passages tous les Peres Scolastiques conformes à l'Eglise nous enseignent non moins sainctement que proprement en ces paroles, que, *Hoc nomen triplex, dicit distinctionem in termino, cui additur, vel quamtùm ad formam, vel quamtùm ad partium multiplicationem: Deus igitur debet dici Trinus, quia hoc nomen Trinus, dicit pluralitatem in suppositis, cum vnitate formæ.* C'est pourquoy ce Poëte se deuoit contenter que son vers porta parfaictement ces mots, *Faisant de trois ensemble vne essence Trine.* Parce que ce terme de (Trine) porte la mesme signification que celuy de Trinité. Aussi le Maistre des Sentences specifie tres-doctement ceste diuine leçõ en son premier liure des sentences au cinquieme chapitre, distinstion vingtquatrieme, ainsi, *Quæ in Trinitate non est diuersitas, vel singularitas, vel solitudo: sed vnitas & Trinitas, & distinctio & identitas.* Et au mesme liure au chapitre douzieme en la dixneuuieme distinction cecy encore, *Præterea cum Deus dicatur trinus: non tamen debet dici triplex: Ibi enim nõ est triplicitas vbi summa est vnitas & indifferens*

Equalitas. Aussi le Reuerend Pere Richeome nommant Du-Bartas le Poëte de ceux de la Religion pretenduë reformee, dit en ses discours de l'Idolatrie huguenote, que ce Poëte en vsant de ce terme *Triple-vne*, a erré plus par ignorance que par malice : bien que plusieurs disciples de Caluin & de Bese ayent eu maintes estranges & peruerses opinions contre ce que l'Eglise a creu de tout temps en ce tres-sainct mystere de la Trinité.

Ce Poëte montre bien aussi par les vers qui precedent celuy où il a erré sur ce passage, que sa creance estoit Catholique en cela : car il s'y contredit à l'erreur qui se treuue en ce Triple-vne. Et d'autant qu'outre le merite du subject ces vers sont beaux, i'ay estimé que c'estoit vne chose raisonnable de les faire voir icy,

Auant qu'Eure soufflast, que l'onde eust des poissons,
Des cornes le croissant, la terre des moissons,
Dieu, le Dieu souuerain n'estoit sans exercice :
Sa Gloire il admiroit : sa puissance, iustice,

DE L'ART POETIQVE. 439

Prouidence, & bonté eſtoient à tous momens
Le ſacré ſainct object de ſes hauts penſemens,
Et ſi tu veux encor : de ceſte grande Boule
Peut eſtre il contemploit l'Archetype & le
 moule.
Il n'eſtoit ſolitaire, auecque luy viuoient
Son fils & ſon Eſprit qui par tout le ſuiuoient:
Car ſans commencement, ſans ſemence & ſans
 mere,
De ce grand vniuers il engendra le pere:
Ie dy ſon Fils, ſa voix, ſon conſeil eternel,
De qui l'eſtre eſt eſgal à l'eſtre paternel :
De ces deux, proceda leur commune puiſſance,
Leur Eſprit, leur amour : non diuers en eſſence,
Ains diuers en perſonne, & dont la deité
Subſiſte heureuſement de toute eternité,
Et fait des trois enſemble &c.

 C'eſt ainſi qu'apres auoir ſi bien eſcrit, en ces XVIII. vers, l'affection qu'il auoit d'inuenter des mots, le fit errer au ſuiuant, duquel ce nouueau mot faiſoit la rime. Mais il cuidoit qu'en ajouſtant (Vne) à (Triple) c'eſtoit le meſme que Trine : toutefois il s'abuſoit : car puis qu'il y a Triple, il eſt touſiours d'vne ſignification differente à celuy de Trine. Mais

Ee iiij

c'est assez parlé de Du-Bartas pour le respect de ceste perfection de langage qui est requise en la Poësie: Car il faut faire encore en ce chapitre quelque visite chez deux autres Poëtes. C'est ainsi donc que Des-Portes commence en ceste façon vn Sonnet aux amours de Diane,

La robuste animal dont l'Inde est nourriciere,
Qui pour n'estre pollu se purge & va lauant:
Afin que plus deuot, il puisse en arriuant
La nouuelle Diane adorer sa lumiere.

S'il faut monter sur mer par force ou par priere,
Estant prés du vaisseau ne veut passer auant:
Si son maistre ne parle & ne iure deuant
De sain le reconduire en sa terre premiere.

Ceste façon de parler(*qui pour n'estre pollu*) n'est pas bonne: mais il suffiroit de dire pour le sens d'icelle, *qui se purge & se laue*: car ces deux verbes signifient assez que cela se fait pour se descharger de quelque chose qui est immonde. Aussi ce terme, (*pour n'estre pollu*) est du contraire à l'elegance Françoise: & mesmes il n'est aucunement en vsage: car il est trop rude & à rebours: ainsi on ne dit iamais, *vous vous arrestez pour n'estre las, vous iouez pour n'estre ennuyé*: mais bien ainsi, *vous vous arrestez pour vous delasser, vous iouez pour vous desennuyer.* Mais ce vers susdit eust esté bon ainsi, *qui pour se voir bien net se purge & va lauant.* Quelques vns estiment que ceste sorte de parler, *va lauant, vont bruslant, vont disant, alloient tourmentant, alloit parlant &c.* N'est pas propre, toutefois ie tien qu'elle est bonne, & mesmes en cela ie suis de l'opinion de plusieurs personnes des plus doctes d'auiourd'huy Aussi c'est la verité que ceste phrase peut seruir à toutes choses qui se font auec progression de temps. Ainsi, on dira bien à propos, *Le Soleil va iaunissant les moissons. En ce beau Printemps les campagnes vont fleurissant tousiours mieux. Vos discours me vont tourmentant en me reprochant l'inconstance I'alley me promenant au long du Rhosne.* Parce qu'au premier exemple, on sçait que l'ardeur du Soleil fait meurir d'vn iour à l'autre les moissons. Au II. que les campagnes augmentēt tousiours leur verdure & leurs fleurs en la saison du Printemps. Au III. Parce que vous me tenez si souuent de ces discours où vous me reprochez l'inconstance ie suis continuellement tourmenté. Et au dernier, ie faisoy mes promenades au long du riuage du Rhosne. C'est ainsi qu'en des subjects qui se font auec succession de temps on s'en peut seruir en ceste façon: c'est pourquoy il sera bien dit ainsi, *le feu va bruslant ce bois*, parce qu'en agissant contre ce bois, il en brusle ore vne partie & tantost vne autre. Tous les Poëtes du passé ont vsé de ceste phrase: comme aussi elle est pratiquee aujourd'huy: ce qui se peut voir aisement aux vers des plus beaux ouurages de ce temps, comme en ceste Stance suiuante, qui est vne de la Paraphrase que Monsieur Du Perron a faite sur le Pseaume qui commence, *Benedic anima mea Domino, &c.*

Afin de leur marquer les mois & les iournees
Il a formé la Lune au visage inconstant:
Et du Soleil en rond les carrieres bornees
Pour aller l'vniuers tour à tour visitant.

Monsieur Berthaud a souuent pratiqué aussi ceste phrase, comme en ceste Stance qui suit, & laquelle est de sa Pa-

DE L'ART POETIQVE. 443

raphrafe du Pfeaume, *Laudate Dominum de Cœlis &c.*

Bref, que tout genre d'eftre, & tout fexe, & tout age,
Beniffe le Seigneur fes bien-faits racontant:
D'vn parler fi conforme aux penfers du courage
Que fe taifant la voix le cœur l'aille chantant.

Cefte façon de parler eft employee auffi en vn couplet de l'Ode que Monfieur de Malherbe a faite pour la venuë de la Royne,

Ie fçay bien que fa Carmagnole
A fes yeux fe reprefentant,
Telle qu'vne plaintiue idole
Va fes armes follicitant &c.

Mais pourtant il ne feroit pas agreable d'enufer tout au long des deux quatrains d'vn Sonnet: car cela n'yroit pas de bonne grace fi quatre vers qui feroient fi prés l'vn de l'autre finiffoient par le fens d'vne feule phrafe. On pourra s'accommoder de cette maniere de parler au fens que i'ay dit cy deffus, & à l'imitation des neuf exemples que i'en ay donnez : car de dire, *les montagnes qui vont couronnant la terre, les* rochers qui vont decorant ces campagnes, les Palais qui vont embelliſſant la ville, n'eſt pas bien dict pour la raiſon, biē qu'il ſoit propre pour le langage. Parce que les montagnes, les rochers, & les Palais ſont des choſes qui demeurent touſiours en vn lieu, & en meſme eſtat: A ceſte occaſion il faut dire ainſi d'icelles ſur vne phraſe de la ſorte, *Les montagnes qui couronnēt la terre, Les rochers qui decorent ces campagnes, Les Palais qui embelliſſent la ville.* Car l'effect de ces trois choſes ne ſe faict point en augmentant, ny moins par le progrez de quelques actions qui arriuent par ſucceſſion de temps: ains c'eſt tant ſeulemēt au moyen d'vne façon immobile, & d'vne preſence aſſiduë. Il ne faut point vſer auſſi de ceſte façon que Ronſard auoit employee au commencement d'vn Sonnet des Amours de Caſſandre, ainſi, *Pour eſtre en vain tes beaux Soleils aimant*, bien qu'elle reſſemble en partie à ces neuf exēples que i'ay alleguez-cy deuant, leſquels doiuent eſtre ſuiuis. Mais depuis quelques ans on a changé ce premier vers, luy faiſant dire ainſi, *Pour aller trop tes beaux Soleils aimant*, qui toutefois n'eſt pas aſſez bon encore, à cause de cest auerbe (*trop*) qui auec ce terme (*tes beaux Soleils*) diuise par trop le rapport à l'vnion de cest (*aller & d'aimant*) Cest pourquoy ce vers yroit mieux ainsi, *Las! pour aller tes beaux yeux trop aimant.* Et bien que ce vers de Ronsard soit à peu pres comme celuy de cy dessus qui commence, *Pour aller l'vniuers &c.* il n'est pas pourtant assez bon suiuant les raisons que i'en ay donnees. Mais reuenons à Des-Portes qui dict ainsi en ces vers susdicts,

*Afin que plus deuot, il puisse en arriuant
La nouuelle Diane adorer sa Lumiere.*

C'est vne mauuaise façon de parler ainsi, *Afin qu'il puisse en arriuāt la nouuelle Diane adorer sa lumiere.* Car ce sont des transpositions trop grandes au langage François, bien quelles soyent propres à la phrase de quelques autres langues. Aussi l'on ne dict iamais ainsi, Afin qu'en arriuant le Roy saluër sa majesté. A ceste occasion il faut dire suiuant le sens de ces vers,

Afin que plus deuot, Diane se leuant,
Il en adore allors la nouuelle lumiere.

Car en ceste sorte la transpositiõ n'est point vicieuse, ains elle est fort bonne pour l'elegance Françoise. Au sixieme de ces vers y a faute d'vn pronom & d'vn adjectif: car c'est la raison de dire, *Il ne veut point passer auant.* C'est ainsi que ce vers peut aller beaucoup mieux en ceste façon,

S'il faut monter sur mer, par force ou par priere,
Estant pres du Nauire il ne va point auant.

Au deuxieme Liure des Amours de Diane on voit vn Sonnet qui commence ainsi,

Puis qu'il vous plaist Madame, & qu'auez tant d'enuie
Que ie cesse d'aimer, d'adorer & d'auoir &c.

Il manque vn pronom en ce premier vers, Car il faut dire (*Que vous auez*) Bien qu'il se treuue aujourd'huy quelques vns qui disent qu'il n'y a point de faute en ce vers, & que le pronom qui est en ce terme, *puis qu'il vous &c.* suffit pour l'autre qui deuroit estre au deuant de ce, *auez tant d'ennie*, qu'il attribuë à la personne à laquelle il est parlé. Mais ceste deffence n'est pas de valeur pour faire couler ce vers au rang des bons, car puis qu'en deux propositions il parle à ceste Dame, il y faut deux pronoms aussi pour l'entiere elegance. Aussi quand on parle communement, on ne dit iamais, *puis qu'il vous plaist Monsieur, & qu'auez tant d'affection*, mais bien tousiours en ceste façon, *puis qu'il vous plaist Monsieur, & que vous auez &c.* Que si l'on obserue ceste reigle au commun langage, à plus forte raison la doit on employer aux vers, puis que la Poësie est le langage des Dieux.

Le second quatrain du LXV. Sonnet dudit Liure est ainsi,

Le Ciel, & mon vouloir à vous m'ont fait ranger,
Seule vous me semblez digne d'estre adoree:
Et connois que ma veuë estoit fort esgaree
Quand de moindre clairté ne pouuoit s'estranger.

Le dernier de ces vers n'est pas illustré de la bonne forme du langage : car il y manque vn pronom : à ceste cause il faut que les paroles y soient ainsi, *quand de moindre clairté elle ne pouuoit s'estranger.* Ou bien en ceste autre façon, *quand elle ne se pouuoit esloigner de moindre clairté.* Vn pronom manque aussi au cartel de la mort d'Amour au second de ces vers,

Or ce qui nous a fait en main les armes prendre
Pour maintenir à tous ce qu'auons fait entendre.

Car il est necessaire qu'il y ait ainsi, *ce que nous auons,* &c. Il y a faute aussi de plusieurs pronoms en la dixieme Elegie du premier liure, & premierement en ces vers,

Il faut que de mon mal seule ayez connoissance,
Puis que de m'en guerir seule auez la puissance.

Il faut dire au premier vers ainsi, *vous seule ayez* &c. & en l'autre, *vous seule auez la puissance de me guerir.* Et en ces vers, *Car quand ie m'asseurois qu'en feriez tout autant.* Il est requis de dire, *que vous en feriez* &c. & en ce troisieme des vers qui suiuent,

Il fait

DE L'ART POETIQVE.

Il fait voir des anneaux, qu'il iure auoir de vous
Pour memoire & pour gage, il a voſtre peincture
Il dit qu'auez la sienne, il sçait voſtre nature.

Ronſard a imperfectionné de ceſte faute ſes eſcrits en pluſieurs endroits, comme ceſtui-cy qui eſt de l'Ode vingt-deuxieme du quatrieme Liure où le cœur parle ainſi aux yeux,

 C'eſt bien raiſon que ſans ceſſe
 Vne pluye vengereſſe
 Laue le mal qu'auez faict:
 Car par vous entra le traict
 Qui m'a la fieure cauſee.

Il eſt requis qu'il y ait ainſi en ce troiſieme vers, *le mal que vous auez fait.* Mais pour venir à parler ſur quelques autres termes à l'examen des œuures de ce fameux Poëte, ie viendray en l'Ode quatrieme du premier Liure, où il dit ainſi, en vne Antiſtrophe,

 I'ay ſous l'aiſſelle vn Carquois
 Gros de fleches nompareilles,
 Qui ne font bruire leur vois
 Que pour les doctes oreilles.

Ff

Ceste façon de parler n'est aucunement propre ny pour le langage ny pour la raison, quoy que Pindare que Ronsard a imité en ce lieu ait escrit ainsi: car ceste authorité n'est pas assez forte pour faire treuuer à propos vne metaphorisation si estrange: Aussi ce n'est pas le seul embrouillement que Pindare a meslé en ses Odes. Que s'il disoit que *ces fleches nompareilles*, qu'il entend estre les beaux vers, ne sont descochees qu'en faueur des doctes esprits, & qu'elles n'ont autre but que d'exalter la gloire des vertueux, ce seroit bien dict: mais d'attribuër ainsi le langage aux fleches, cela n'est pas à propos, & la disproportion y est trop grande pour les faire metaphoriser auec les paroles. Du Bellay a bien pratiqué autrement ceste metaphore d'Arc & de fleches où il entendoit les vers & la lyre, ou le luth: C'est en vn Sonnet qu'il adresse à ce Poëte ainsi,

Diuin Ronsard qui de l'arc à sept cordes
Tiras premier au but de la memoire
Les traicts ailez de la Françoise gloire,
Que sur ton luth hautement tu acordes,

Ces metaphores de traicts ailez de la gloire, & de but, & d'Arc sont bien à propos: car elles attribuent iustement l'effect à la chose dont il doit dependre. Le mesme Ronsard aussi en a vsé proprement en l'Ode trezieme du troisiesme Liure, où il parle ainsi audit Du-Bellay,

Ie banderoy mon Arc qui iette
Contre ta race sa sagette,
Pour viser tout droit en ce lieu:
Qui se resiouit de ta gloire,
Et où le grand fleuue de Loire
Se mesle auec vn plus grand Dieu.

Toutefois ce terme de (*contre*) n'est pas conuenable pour exprimer la faueur que Ronsard y entend: il eust esté mieux ainsi, *deuers ta race sa sagette*. On voit aussi vne autre mauuaise maniere de parler en l'Ode septieme du premier Liure, en vne Antistrophe ainsi,

Comme le fils qu'vn Pere a
De sa femme en sa vieillesse.

Car ce (*pere a*) qui termine le vers rend la parole toute vuide de grace à cause de

ce monosylabe (a) qui n'a point d'emphase
ny de force pour finir agreablement vn
vers. Mais comme en ceste façon le vers
n'est pas beau, tout de mesme il est laid
aussi lors qu'en vne certaine diction le
commencement d'vn couplet est du tout
attaché au dernier vers & au terme de celuy qui le precede : Comme en ceste desagreable maniere de pindariser Ronsard
a marqué ses Odes en mainctes pars, &
entre autres au commencement de l'Antistrophe de ceste strophe douzieme de
l'Ode dixieme du premier Liure ainsi,

STRO. XII.

A tant acheua sa requeste
Courbant les genoux humblement,
Que Iupiter d'vn clin de teste
Accorda liberalement.
Si toutes les femmes mortelles
Que ie domte dessous mes bras
Me conceuoient de filles telles,
(Dit-il) il ne me chaudroit pas
Ny de Iunon, ny de sa rage :
Qui tousiours pour me faire honteux,
M'enfante ou des monstres boiteux,
Ou des fils de mauuais courage,

ANTISTRO.

Comme Mars, mais vous troupe chere,
Que i'ayme trop plus que mes yeux,
Ie vous plantay dans vostre mere
Pour plaire aux hommes & aux Dieux.

La seconde Strophe de l'Ode vnzieme du mesme Liure finit ainsi,

Qui dessus le fueilles caquettent,
Contre deux Aigles qui aguettent
Aupres du trosne de leur Roy,
Le temps de ruer leurs tempestes,
Dessus les miserables testes
De ces criars pasles d'effroy,

ANTISTRO.

Voyant l'Aigle : mais ny les ans
Ny l'audace des vents nuisans,
Ny la dent des pluyes qui mord
Ne donne aux vers doctes la mort.

Vne partie d'vne Antistrophe de l'Ode premiere est ainsi formee,

De l'vne les Princes il oingt,
De l'autre durement les poind,
Tous effroyez d'ouir les armes
Craquer sus le dos des gens-darmes:
De l'vne iadis honora

Les bons peres du premier age,
Et de l'autre il aigrit la rage
Contre Ilion que deuora

EPODE.

Le feu Grec, quand mille naus
Ainçois mille estranges foudres,
Esclaterent mille maus
Dessus les Troyennes poudres

Il y a faute d'vn pronom en ceste Strophe XII. car il faut dire, *elle acheua sa requeste*, ce passage, *que ie domte dessous mes bras*, n'est aucunement beau ny propre pour le subject. Ce terme (*qui aguettent*) n'est pas dous à cause des deux voyelles (*i,a,*) deux pronoms manquent aussi en ce dernier exemple : car il faut dire au second vers, *durement il les poind*, & au cinquieme, *de l'vne il honora iadis*. Ces rimes *armes & gens-darmes*, ne sont pas bonnes ensemble, parce que l'vne deriue de l'autre. Mais touchant le subject pour lequel i'ay rapporté ces vers, on peut aisement connoistre qu'en ces fins & commencemens de couplets, ces termes, *de mauuais courage, comme Mars &c. pasles d'effroy, voyant*

l'Aigle &c. contre Ilion que deuora, le feu
Grec &c. N'ont point de grace pour accomplir vne viue & pure elegance, bien
qu'autrefois cela estoit fort estimé pour
la nouueauté, ou pour le respect de Pindare, ou de Ronsard: Mais le temps que
comme dit le Sage Thales est la chose la
plus sage du monde, a fait voir que ceste
façon d'escrire n'est pas assez bonne, &
que par ce moyen elle n'est plus estimee
aujourd'huy, & principalement dautant
qu'au lieu d'elle, nous en auons vne qui
est commune & tres-parfaicte. Toutefois il se pourra treuuer quelques vns qui
diront que puis que Pindare escriuoit
ainsi en ceste maniere de couplets entre-
lassez, les François en doiuent faire autant: Et là dessus, ie respondray que c'est
la verité que Pindare escriuoit de la sorte: mais c'estoit en Grec: & qu'outre cela, il a esté blasmé de quelques vns de son
pays pour auoir escrit ainsi, comme pour
l'estre quelque-fois eslargy en Epithetes,
allegories, & phrases trop superlatiues &
disproportionnees. Et d'ailleurs, c'est
vne allegation du tout vaine, d'auancer
l'authorité d'vn langage estranger pour

Ff iiij

souftenir quelque vicieuſe façon que l'on veut introduire en vn autre. Car chaſque langage a ſa façon & ſon entre-gent d'elegance : & ainſi, ce qui eſt de bonne grace en l'vn eſt treuué fort rude en l'autre. A ceſte occaſion il n'y a que l'vſage & la raiſon qui doiuent ſeruir de loy au maniement d'vne langue : leſquels vſage & raiſon doiuent eſtre cherchez aux diſcours de ceux qui ſont en reputation de parler parfaictement le langage, & en l'exacte ſpeculation & iugemēt de ceux qui s'y eſtāt eſtudiez beaucoup de temps, en peuuent parler auec preuues & demonſtrations infaillibles. Or Ronſard dit ainſi en vne Antiſtrophe de l'Ode vnzieme de laquelle i'ay parlé cy deuant,

Ton nom eſt tant eſtincellant,
Qu'encore ſ'on alloit cellant
Deſſous le ſilence il croiſtroit,
Et plus ſa flame apparoiſtroit.

I'ay dit en vn autre chapitre de ce liure que la lettre (i) ne doit eſtre elidée qu'en ce ſeul terme (ſi) qui eſt vne conjonction conditionnelle : A ceſte occaſion il faut

DE L'ART POETIQUE. 457

dire ainsi en ce deuxieme vers ; que si l'on l'alloit recellant, Ronsard s'est licencié en la priuation de ladite lettre en quatre autres pars de ses Odes comme sensuit. Et premierement au troisieme de ces vers suiuant qui sont de la premiere du second Liure d'icelles,

Et qui doit chanter la gloire
De sa future victoire
S'elle auient : car en tout lieu
De la chose non tissuë
L'heureuse fin, & l'issuë
Se cache en la main de Dieu.

L'Ode trezieme dudit Liure porte ainsi ceste licence au premier de ces vers,

Et s'encore à ceste heure
De l'antique Saison
Quelque vertu demeure,
Tu es bien sa maison.

La troisieme est ainsi en ce dernier vers en l'Ode premiere du troisieme liure
Tout le riche butin, toute la belle proye,
Que les deux freres Grecs auoient aquise à Troye
Est perie auiourd'huy, & ne connoistroit-on
Achille, ny Patrocle, Aias, n'Agamenon.

Car cest auerbe de negation (ny) est d[e] mesme que ceste conjonction de (si) pou[r] le respect de l'orthographe, bien que le[s] anciens François ayent employé indifferement (ne & ny) à leur poste: mais on[a] treuué depuis qu'il est besoin d'en fair[e] difference, afin de mieux establir la bonté du langage.

La derniere place de ceste licence e[st] ainsi en l'Ode sixieme du quatrieme liur[e] au penultieme de ces vers,

 Ie pensois, dautant que tousiours
 I'auoy dit sur luy mes amours,
 Que ses cordes par long vsage
 Chantoient d'Amour, & qu'il falloit
 En mettre d'autres s'on vouloit
 Luy apprendre vn autre langage.

On voit en l'Ode vingtieme du premier liure vn couplet où le penultieme vers est finy d'vne fort mauuaise sorte de langage,

 Par ta puissance le charmeur
 Arreste de l'homme qui meur
 L'ame à demy desja rauie:
 Par toy le Medecin expert
 Ayant inuoqué ton nom, pert
 Le mal larron de nostre vie.

DE L'ART POETIQVE. 459

Ce verbe de (pert) n'est pas bon, & c'est au moyen de ceste phrase interjectiue, *d'expert ayant inuoqué ton nom*, laquelle diuise par top ce (pert) & ce (Medecin) qui se referent l'vn à l'autre: c'est pourquoy ce vers n'a point de grace. Mais ce verbe peut estre employé en la fin d'vn vers auec vne tres-belle proprieté: mais auec vn autre stile, ainsi,

C'est aux regards de Madame
Qu'en amour le monde pert
Le cœur, la pensee & l'ame.

Ce verbe ira tres-bien aussi en ceste autre façon,

Amour tu gaigne, & tu pers
Mes tourmens, & ma liesse
Aux beaux yeux d'vne Lucresse.

Le commencement de l'Ode vingt vnième du mesme liure est ainsi,

Ne seray-ie pas encore
Plus dur qu'vn Scithe cruël,
Ou le flot continuël,
Qui laue le sablon More.

Il y a faute de conjonction en ce troisieme vers car il y faut dire ainsi pour la bonté du langage *Ou que le flot continuël*. En l'Ode seconde du second liure Ronsard parle ainsi à Calliope,

Dedans le ventre auant que né ie fusse
Pour t'honorer tu m'auois ordonné:
Le Ciel voulut que ceste gloire i'eusse
D'estre ton chantre auant que d'estre né,

La bouche m'agree
Que ta vois sucree
De son miel a peu:
Et qui sur Parnase
De l'eau de Pegase
Gloutement a beu.

Ce premier vers est construict d'vne transposition trop rude; car il faut dire pour la bonne elegance, *auant que ie fusse né*. Le troisieme de ces vers n'est guere moins aspre en sa transposition; car il doit aller ainsi en bon langage, *le Ciel voulut que i'eusse ceste gloire*. Ce vers (*de son miel a peu*) est composé d'vne transpositiō tres-impropre, outre qu'il seroit mieux s'il y auoit (*repeu*) car ce (*peu*) qui signifie le paistre & nourrissement, n'est aucunement en vsage. Ainsi il yroit beaucoup mieux de la sorte, *que ta voix sacree a repeuë, ou nourrie de son miel, ou bien, arrosee de son miel.*

DE L'ART POETIQUE. 461

Il y a vne licence en ce nom de (Parnase) car il le faut toufiours efcrire auec deux (ſſ) ainſi, Parnaſſe. Vn couplet de l'Ode troifieme du meſme liure eſt ainſi auec la moitié de celuy qui le fuit,

Tu as laiſſé la terre venue
Du vray honneur au Ciel montant,
Où ta facile oreille appreune
Nos vœux qu'elle va eſcoutant:
Appaiſe ton cœur lamentant,
Eſſuye ton œil ma Princeſſe.
Pour neant tu vas regrettant
Dequoy ſi toſt ton neueu ceſſe

Et a pris ſon heureuſe adreſſe
Vers vne autre habitation:
Changeant l'habit de ſa ieuneſſe
Au bien de l'incorruption.

Ce Poëme eſt vne conſolation adreſſée à la Royne de Nauarre ſur la mort de Charles Duc d'Orleans ſon neueu. Mais on peut aiſement iuger que c'eſt vne mal agreable façon de diſcours, de changer tout à coup à l'impourueuë en vn couplet, ou autre partie d'vn Poëme l'adreſse du subject à qui l'on parle: comme fait ce Poëte en ce premier couplet, où il s'arraisonne au deffunct, & tout soudain sans aucune intermission à la Royne. Ce terme (tu a) n'est pas bon à cause des deux voyelles qui s'y rencontrent, comme aussi par la mesme raison ces termes (va escoutant) (essaye) & ceste parole, & a pris son heureuse adresse, n'est pas construite de tout ce qui luy faut : outre qu'elle est encore plus mal à cause qu'elle est au commencement d'vn couplet: il est donc raisonnable qu'elle soit ainsi, *Et de ce qu'il à pris son heureuse adresse.* En l'Ode seizieme du mesme liure vn couplet commence ainsi,

Et prise d'vne main forte,
Vous tiendray de telle sorte
Qu'vn Aigle vn Cigne tremblant.

Ce second vers est imparfait par le manquement d'vn pronom, car il faut dire, ie vous tiendray de telle sorte.

La nuict les fantosmes volans
Claquetans à bec grommelans,
Et siflant mon ame espouuantent:
Et les furies qui ont soing
Venger le mal tiennent au poing
Les coleuures qui me tourmentent.

Il y a faute d'vn auerbe en ce cinquieme vers : car il faut dire, *de venger le mal.* Quelques Poëtes d'aujourd'huy ont failly mainte-fois en ce subject, comme entre autres vn qui dernierement vouloit souftenir l'erreur qu'il auoit ainsi faite, en vn Sonnet qui commēce en ceste façon,

Le peintre audacieux qui voulut entreprendre
Peindre les feux ardans qui brillēt en vos yeux.

La raison du langage veut que l'on dise, *de peindre les feux.* Aussi pour dire bien auec le sens de sa Poësie, il pouuoit escrire en ceste sorte, *de peindre les rayons qui brillent en vos yeux*, ou bien ainsi, *de portraire les feux qui brillent &c.* Ce nom (*furies*) n'est pas bien en ce quatrieme vers, à cause des deux voyelles (*i, es*) Ce couplet suiuant est en l'Ode cinquieme du quatrieme Liure,

Despuis qu'il eut robee
La flame prohibee
Pour les Dieux despiter:
Les bandes inconnuës
Des fieures sont venuës
Nostre terre habiter.

Le bon langage n'est pas obserué en ce premier vers: car il faut dire (*des-robee*) par

ce que la moitié de ce mot vient de l'Italien, qui nomme de ce nom general (*robe*) les marchandises, les meubles, & autres facultez mouuantes. Car la nation Italienne dit ainsi (*le mie robe*) pour mes marchandises, ou autre chose semblable. Aussi de dire auoir des-robé des moyens à quelqu'vn, c'est le mesme que dire auoir pris, & osté quelque chose, à celuy qui en estoit possesseur. Ainsi ces termes (*des & dis*) conjoints au deuant d'vn autre signifient ordinairement le contraire de ce où ils sont acouplez, comme par exemple en ces mots, *deffaire des-route, des-vnion, disgrace, discontinué, discord*. Desquels le premier signifie de mettre en pieces & hors de forme vne chose qui est faite. Le second, le desordre, la perte & la confusion de ce qui est en train de faire quelque chose. Le troisieme, la diuision ou la separation des parties qui sont assemblees & vnies. La quatrieme, la haine de quelqu'vn enuers vne personne qui autrefois estoit en sa grace & amour. Le cinquieme, la fin ou cessation d'vne chose qui estoit continuee par des effects successifs. Le sixieme & dernier, signifie le
debat

DE L'ART POETIQVE. 465

debat & la querelle de quelques subjects qui se treuuent en vn support: comme dans les humeurs d'vne personne qui est oppressee de fieures, où le chaud & le froid se combatent excessiuement. I'ay remarqué en l'Hymne de Calays & Zethés quelques imperfections de langage aux penultieme & dernier de ces vers suiuant, où le Poëte parle du Dragon qui gardoit la taison d'or,

Par charmes vous pourrez endomir le Serpent
Qui couue sous le ventre en largeur vn arpent,
De crestes perruqué à qui iamais le somme
Tât soit peu iour ny nuict les paupieres n'assôme:
Il a le chef horrible, il a les yeux ardans,
Sur la machoire large il a trois rangs de dents,
Et sa langue en siflant sible d'vne vois telle,
Que les petits enfans se mussent sous l'aisselle
De leur mere en tremblant, quand luy faisant vn bruit
Garde la toison d'or, & veille toute nuict.

La douceur des vers ne se treuue pas en ce troisieme vers, à cause des deux voyelles qui se rencontrent en ces termes (perruqué à qui) ce verbe de (sible) est Prouencal: car en François on dit (sifle & suble) tou-

Gg

tefois il est assez bon. Ce terme, *quand luy faisant vn bruit garde la toison d'or*, est fort impropre pour l'elegance Françoise. A ceste ocasion il faut dire en ce cas, *lors que faisant vn bruit il garde la toison*. Ce terme aussi de (*veille toute nuict*) n'est pas bon, par ce qu'il y manque vn article, car pour signifier quelque chose qui se fait, ou qui continuë d'estre durant certain temps, on dit tousiours ainsi, *toute la nuict, tout le iour, toute la sepmaine, tout le mois, toute l'annee, tout le Siecle*. Et sur le sens de cela on a composé ce mot (*tousiours*). On voit au premier Liure de la Franciade ces vers suiuant qui sont recitez de Iupiter.

Puis ceste feincte à la mere ie baille,
Pour la donner à Pyrrhe: & tout soudain
Cachant l'enfant aux replis de mon sein,
Ie le sauuay de l'espee homicide,
Le vain sans plus fut proye d'Æacide.

Puis que ce mot d'Æacide n'est pas vn nom propre, ains vn surnom ou denomination qui vient du nom d'autruy, il manque vn article en ce dernier vers: c'est pourquoy, il faut dire, *le vain sans plus fut proye à l'Æacide.* Les anciens Grecs surnommoient ainsi les descendans de quelque ayeul qui auoit esté illustre. Ainsi Æaque fils de Iupiter & pere de Pelee à seruy de faire surnommer Æacide, Pelee son fils, & Achile, & Pyrrhe ses neueux, comme aussi l'autre Pyrrhe Roy des Epirotes, duquel Plutarque descriuant la vie, dit qu'il estoit issu de la race des Æacides, & que les descendans de ce premier Pyrrhe qui signifie rous, furent des Rois qui reignerent aux Païs des Molossiens, lesquels on surnommoit Pyrrhides à l'honneur du fils d'Achile, tout de mesme qu'Alexandre le grand & les Rois de Sparthe estoient nommez Heraclides: Parce qu'ils estoient issus d'Hercules. Aussi Homere nomme souuent du nom d'Atride, Agamenon & Menelas, son frere, à cause d'Atree leur pere, comme aussi le Priamide & le Peleïde, Hector & Achile, à cause de leurs peres dont l'vn estoit nommé Priam, & l'autre Pelee. C'est ainsi que par la mesme raison on dit, *le Lyonnois, le Parisien, le Flamand, l'Anglois, &c.* C'est pourquoy cela n'est pas bien dit, *Ce fut proye d'Æacide, ou d'Heraclide,* non plus qu'ainsi, *Ce fut le butin de Lyonnois, de Parisien, de Flamand, d'Anglois &c.* Mais bien ainsi, *Ce fut la proye de l'Æacide, ou de l'Heraclide. Ce fut le butin du Lyonnois, du Parisien, du Flamand, de l'Anglois &c.* I'ay remarqué au mesme Liure vn peu apres les vers susdits ces vers qui suiuent;

Comme il pensoit, auisa d'auanture
En l'air serain le bon-heur d'vn augure
S'offrant à luy pour signe tres-heureux:
Fut le combat d'vn Faucon genereux
Qu'vn grand vautour prouoquoit à la guerre
Plus fort de bec d'estomac & de serre.

C'est la raison que ce pronom (*il*) soit repliqué au premier vers : car il est necessaire qu'il y ait ainsi pour le bien-dire, *comme il pensoit, il auisa d'auanture.* Le quatrieme vers aussi doit estre commencé de cest article demonstratif (*ce*). Ainsi il est requis de dire, *S'offrant à luy pour signe tres-heureux : Ce fut le combat &c.* Ou bien ainsi, *C'estoit le combat &c.*

C'est ainsi donc qu'en lisant les œuures de ces Poëtes si renommez, il faut estre auisé de ne les suiure pas en ce qu'ils ont

DE L'ART POETIQVE. 469

erré contre la bonté du langage: mais bien d'imiter curieusemēt tant de beaux traicts que l'on y admire. Mais pour se maintenir en la perfection qui est requise à nostre langue, il ne faut point s'alambiquer le cerueau en ceste desreiglee ambition de vouloir inuenter des mots: Car puis que le Poëte escrit pour delecter ceux qui liront ses ouurages, comment sçauroit il arriuer à cela, s'il y mesle à foison de mots inuentez de son creu, veu que ce qui est ainsi fraischement mis au iour comme chose non ouye, apporte ordinairement de l'obscurité auec soy, & que l'obscurité traine tousiours l'ennuy quant & elle. Outre qu'il auient si rarement que les mots inuentez soient propres & bien conuenans au langage, & par consequens receux & authorisez du peuple. A ceste occasion le Poëte ne doit point s'entremettre d'inuenter des mots, sinon lors qu'il traicte d'vn subject, où pour l'explication d'iceluy, il ne treuue point que sa langue ait des paroles qui conuiennent aucunement à l'esclaircissement de son dessein: Car allors il peut auoir recours à l'inuentiō, où bien à l'em-

Gg iij

prunt de quelques langues estrangeres, qu'il verra estre copieuses des termes qu'il ne treuue point en la sienne, & lesquels il habillera dextrement à la mode de son païs. Bonauanture du Perier pratiqua cela bien à propos: car descriuant vn traicté des vendanges, & voyant que la langue Françoise n'abondoit pas en termes qui fussent capables de dire tout ce qui estoit requis là dessus, il eut recours aux estrangers, & emprunta plusieurs mots Prouençaux pour specifier & enrichir les subjects de son Poëme, dans lequel il les introduisit comme naturels François. Or en cas semblable on peut recourir à l'inuention & à l'emprunt des estrangers, & non pour autre occasion. Mais d'inuenter des mots, là où nous en auons des-ja de mesme force & nature, c'est vouloir estre reputé sçauant pour escrire obscurement & en confusion, & pour courir apres l'ombre, au lieu de s'arrester à la verité qui est des-ja treuuee & approuuee. Il y a quelque temps que ie vis vn certain versificateur qui ne s'imaginoit autre gloire que de fondre son esprit à l'inuention des mots: il m'en montra vne fois plus de trois cents, où parmy tant de nouueautez sauuages, ie remarqueray les neuf qui suiuent icy que ie luy condamnay au billon auec tout le reste, il auoit inuenté, *Coeurer*, pour dire petit cœur *Caillorer*, pour dire d'auoir donné quelques coups de pierre. *Fustuer*, pour auoir donné des coups de lance, ou de baston. *Luné*, pour estre esclairé de la Lune. *Astreller*, pour petit astre. *Philoner*, pour faire l'amour. *Monder*, pour voyager par le monde. *Oceaner*, pour voyager sur l'Ocean. *Iourer*, pour illuminer & donner le iour. L'erreur de ce bel inuenteur auoit prins source en l'opiniõ qu'expose Ronsard en son abregé de l'art Poëtique, où il conseille si chaudement & à la haste, les Poëtes d'inuenter des mots: disant que sur ce nom d'eau & de feu, & d'autres sẽblables on peut former ces verbes *eauuer, fouër*, &c. comme aussi le verbe qu'il a mis de son creu en l'Ode dixieme du cinquieme Liure, en ces vers, *Dont la main industrieuse amoit d'amours & de pleurs.* Au lieu de dire *animoit*, puis que ce verbe est en vsage, & appreuué de tout le monde. Aussi les opinions qu'il auoit en ce subject n'ont point esté de bon aloy : & les Doctes, ny les vulgaires n'ont point voulu receuoir vn tel bigarrement de langage, non plus qu'vne autre opinion qu'il enchasse en la preface de la Franciade, où il auertit le Poëte, *De ne faire conscience de remettre en vsage les antiques vocables, & principalement ceux du langage Vualon & Picard, lequel (il dit) nous reste l'exemple naïf de la langue Françoise, i'entend de celle qui eut cours apres que la Latine n'eut plus d'vsage en nostre Gaule, & choisir les mots les plus preignans & significatifs, non seulement dudit langage, mais de toutes les Prouinces de France, pour seruir à la Poësie, lors que tu en auras besoing.* Il n'y a qu'vn mot en toutes ces paroles de Ronsard qui soit digne d'estre receu, & c'est le dernier, *Lors que tu en auras besoing.* Toutefois il se pourroit bien treuuer quelques vns, qui, suiuant l'auis de ce Poëte, & le Priuilege que la Licence donne à ceux qui veulent faire mal, interpretans à leur fantaisie ce dernier mot susdit, se voudroient seruir de tous ces estranges vocables du vieux lãgage François, & ainsi en s'acommodans de la pretenduë raison de ce [*besoing*] ils escriroient,

DE L'ART POETIQVE. 473

biau & biauté, au lieu de beau & de beauté. Amors, dolors & doulours, au lieu d'Amours & de douleurs. Alozé pour loué, manandie, au lieu de richesse. Hom, au lieu d'homme. Com, au lieu de comme. Diex, au lieu de Dieu. Falt & valt, au lieu de faut & vaut. Ester, au lieu d'estre. Eaue, au lieu d'eau. Leu, pour lieu. Liquent, au lieu de celuy. Tiex, pour tel. Enuious, au lieu d'ennieux. Fox, au lieu de fou. Yels & cuer, au lieu d'yeux & cœur. Vient, au lieu de vent. Mêteor & honnor, au lieu de menteur & honneur. Auers au lieu d'auare. Hore & demore, au lieu d'heure & demeure. Solaux au lieu de Soleil, Et infinis autres : ce qui seroit errer extremement de remettre en vsage ces mots surannez qui par droit de nature & de raison, ont ceddé la possession du langage du Royaume à ceux qui sont maintenant en practique & connoissance vniuerselle du peuple, & qui despuis plus de deux cents ans en ça, ont tousiours fleurit de bien en mieux iusques à la perfection en laquelle ils sont à present. Aussi de redonner les champs à ces vielles dictions, bien que non pas à tout coup, si est-ce toutefois, que cela ne pourroit aucunement bien conuenir à l'elegance où langage est fleurissant aujourd'huy, & de se trauailler ainsi, ce seroit faillir aussi lourdement que celuy qui au lieu de se couurir de beaux & bons habits qu'il auroit abondament, se vestiroit de vestemens vieux, rompus, mal faits & de fort grossiere estophe. C'est pourquoy ie diray que si l'on se vouloit seruir encore de ces termes si antiques, on feroit des vers qui bien souuent n'auroiẽt guere moins de rudesse & d'estrangeté que ceux-cy qui sont de l'inuention de Huon de villeneuue Autheur des Romans de Guiot de Nantueil, d'Aïe d'Auignon & de Renaud de Montauban, & lequel viuoit en l'annee vnze cents : or ces vers sont de ces Romans ainsi,

Autre si com Oisel s'enfuit deuant Faucon.
Guenchissent entor luy les parens Ganelon.
  Et parlant d'vn assaut.
Quand Challe ot veu ses gens qui el fosse gisoiẽt
Sanglans, mors, & naurez qui moult dolors faisoient,
A bon espiez tranchans ont la presse rompuë,
La peussiez voir vn estour commencier,
Tant fort escu trouer, tante lance brisier,
L'vn mort par dess° l'autre cheoir & trebuchier,

De sang & de ceruel va la terre couurant.
Le iour s'est esbaudis, belle est la matinee,
Li Soulaux est leuez qui abat la rousee,
Li Oisel chantent cler en la Selue ramee.
A l'abessier des lances ils les ont bien receux
Ils lor mettent el cors & les fers & les fux:
Tu fais ainsi com cil qui debat le buisson
Puis vient l'Ostoir apres qui mange l'oisillon.
Sor la lance fresnine le Lyon atacher.
Ce fut el mois de May que le temps s'aloigna.

Ces vers ont plus de ressemblance au parler des Sauoyards, que non non pas à celuy dõt la France est aujourd'huy glorieuse. Doncques on peut iuger clairement que d'introduire en ieu tant de mauuais mots qui sont si frequens chez les anciens Poëtes François, & outre cela, suiuant le conseil de Ronsard s'accommoder du langage des Vuallons, ce seroit retourner à l'enfance & confusion où la langue Françoise estoit beguayante & embrouillee y a cinq cens ans, & cela seroit directement estimer plus ia foiblesse que la force & la dexterité, la maladie que la santé, & l'ignorance de la puerilité que la raison & le iugement d'vn homme qui est au plus beau de son age. Et qui feroit ainsi en la Poësie, donneroit bien vn subject de glorifiement aux Flamans & aux Liegeois, qui disent que les anciens Rois de France enuoyoient demeurer en leur Païs leurs enfans en ieunesse, afin qu'ils y apprinssent bien le langage François. I'estime aussi que l'opinion de Peletier ne doit pas estre rejectee auec moins de refutation que celles de Ronsard: car il dit, *Que de son conseil le Poëte peut apporter des mots Picards, Normans & autres qui sont sous la couronne: Et que tout est François, puis qu'ils sont du Païs du Roy.* Ce qui est vne raison tres-impertinente: Car suiuant son dire, si vne partie de l'Itallie estoit à present au Roy, comme elle estoit au temps du Roy François premier, il seroit bon d'éployer le lãgage Italien auec le François, l'itallianisant ainsi pour l'enrichir, & que par ceste raison, on pourroit se seruir indifferemẽt de tous les verbes que practiquent les Gascons, les Prouençaux & les bas Bretons, puis que ces nations sont subjectes au Roy. Ledit Peletier dit aussi, qu'il seroit content que les Francois vsassent de ce verbe [*estruguer*] qui signifie ce que les Latins difent [*gratulare*] pour lequel il dit, que nous n'auons point de mots fuffifans. Mais ie treuue qu'il n'eſt pas ainfi: car ie voy que l'on dit à Paris [*faluër l'Efpoufee*] qui fignifie (*Eſtruga la Nouio*) comme on dit en Auignon, & autres villes de Prouence. Ainfi puis que pour ceſt effaict, nous auons vn dire en vſage, qui fignifie tout ce que nous y fouhaitons, il n'eſt aucunement raifonnable d'en chercher ailleurs vn autre. C'eſt pourquoy ces opinions de Ronfard & de Peletier ne doiuent point eſtre fuiuies: Car le Poëte doit obferuer religieufement, d'efcrire bon François, fuiuant les vocables qui font practiquez chez le peuple qui parle le mieux, & principalement il doit rechercher d'admirer, & de fuiure la perfection de nos Dialectes, aux plaidoyez & harangues celebres qui font faictes par les plus fameux Aduocats de la Cour, où d'vn temps à l'autre la bonté du langage a eſté de mieux en mieux cathegoriquement obferuee. Que fi le Poëte doit inuenter, il le doit faire pour le refpect que j'ay dit cy deſſus, lors qu'il ne treuue point que la langue Françoiſe ait des mots pour exprimer les subjects qu'il aura en main. C'est ainsi aussi que par la mesme raison, il ne sera que bien seant au Poëte d'vser en ses Poëmes des propres termes de l'art, ou de la science qu'il luy auiendra de toucher: Surquoy, lors qu'il escrira sur quelque passage de l'Alchimie, & qu'il vsera de ces termes, *Coagule, ignition, volatil, adustion, concotion, lotion, assanson, dessanson, rubifié, albifié, stridur, maleable, resoudre, terrefié, Elixir,* &c. Et ainsi des autres sciences ou disciplines suiuant les termes dont elles sont pratiquees, il ne fera que fort proprement, car faisant ainsi, bien que ce soit auec des paroles esloignees de la connoissance populaire, toutefois ce ne sera point par le mouuement de quelque ambition qui le pourroit inciter à l'inuention des mots, veu que ce sont les vrais & communs termes de l'art, & que d'en vser ainsi il procedera suiuant la mesme raison, & non pour aucune vanité comme ceux qui se veulent rendre inuenteurs de noueaux termes, en esperance d'aquerir le renom de grands maistres, & d'enrichir la beauté du langage, car au contraire il se montrent abusez et toute chose, puis que par ce moyen, ils embroüillent & enlaidissent leur langue, & la rendent sans amour à l'endroit de leur nation & des estrangers. Mais sur le subject que ie vien de dire, Du-Bartas a tres-bien vsé de ces termes Arabes en l'Astrolabe en ces vers qui sont aux colomnes de sa seconde Sepmaine,

Puis il prend l'Astrolabe, où la Sphere est reduite
En forme toute plate : icy ie voy descrite
La carte des hauteurs, les Almucantharats,
Auec les Azimuts, & les Almadarats.

Car c'est en ces occasions que l'on peut introduire les mots estrangers, lors que le subject le requiert, & que l'on n'en a point de son creu, pour nommer suffisamment les particularitez de ce que l'on escrit, & principalement cela est bien lors que les paroles appartiennent directement à la science qui est discouruë. Mais dautant que sans y penser, on fourre par fois de nouueaux mots en vn discours, sans aucun dessein d'y vouloir paroistre innouateur, il est requis d'estre auisé de ne s'y glisser point, & sur tout en greca-

nisant, ou latinisant: car en ces deux effaits, l'ostentation y paroit ordinairement, bien que la pensee de l'autheur en ait esté fort esloignee. C'est pourquoy il faut estre fort auare de semer des termes estrangers à nostre langage: car de faire autrement on enlaidit sa beauté, & c'est luy faire tort, & luy rendre empeschee & raboteuse la fluidité de son eloquence. I'ay leu aux œuures de certains personnages assez estimez de ce siecle, quelques mots nouueaux qui ne sont point conuenables pour estre receuz au nombre de ceux, par lesquels la langue Françoise est riche. Or vn de ces mots est cestui-cy, *homme credité*, pour dire, *homme de credit*. Et vn autre, *Astres nuez*, pour dire *nuagez, couuers, obscurcis, ou troublés*. Les autres qui sont deux sont ceux-cy, *Se chesmer*, & *le Sol*: desquels le premier signifie se fascher, s'atrister & se fondre & consommer d'ennuy, lequel verbe est pris de l'Italien qui dit [*Schemo*] pour amoindrir, ou gaste quelque chose côme aussi [*Scemare*] pour diminuër. Et l'autre, qui signifie la terre, est battu à la forge latine: car la terre, ou le lieu solide sur quoy l'on marche est par
fois

fois nommé des Latins, *Solum*; comme aussi les Espagnols & les Prouençaux appellent ces mesmes choses, les vns, *el suelo*, & les autres, *Lou souhó*, soit qu'vn chascun ait ce mot de son fonds, ou qu'il l'ait prins d'vn autre. Mais puis que nous auons des mots tres-elegans, copieux & communs pour exprimer toutes ces matieres, à quoy nous reuient d'emprunter les estrangers, & de s'endebter ainsi sans necessité ? puis que nous sommes si riches pour embellir & entretenir nostre faconde de tout ce qu'elle a besoing ? Quelques vns ont voulu introduire vne façon noüelle de parler ainsi, *Iouyr ceste maison, iouyr ses desirs, iouyr ces delices* au lieu que suiuant le bon stile du langage on y met l'auerbe prepositif (*de*, ou *des*) car on dit ordinairement, *Iouyr de ceste maison. Iouyr de ses desirs, iouyr de ces delices. Iouyr de ses biens, iouyr des felicitez mondaines.* Et c'est en ceste maniere qu'il faut dire tousiours, puis qu'elle nous est propre & du tout elegante, & non point se seruir de l'autre qui nous est estrangere, & qui appartient iustement aux Latins & aux Italiens : entre lesquels elle est en vsage, puis qu'ils treu-

Hh

uent bon de s'en seruir ainsi. Or en sutitte de cecy ie diray que pour escrire en vray langage François, il faut que le Poëte mette bien ses termes en rang, fuyant en cela ceste façon des Latins qui posent, entremeslent, esloignent & interposent librement les verbes, les substantifs & les adjectifs, comme on peut voir en la dixieme Eglogue de Virgile au premier vers ainsi,

Extremum hunc Arethusa mihi cõcede laborẽ.
Et au premier vers du vnzieme Liure de l'Eneïde, ainsi,

Oceanum interea surgens Aurora reliquit.
Le premier de ces vers parle ainsi suiuant sa phrase Latine,

Dernier ce Arethuse moy concede labeur.
Et l'autre en ceste façon,

L'Ocean tandis se leuant l'Aurore delaisse.
Au lieu qu'il faut dire ainsi suiuant le vray stile François,

Arethuse, concede moy ce dernier labeur.
Tandis l'Aurore se leuant delaisse l'Ocean:

Ie remarqueray encore icy en ce subject, le premier vers de l'Epitaphe de Manfrede qui fut vaincu en bataille par le Comte de Prouence Charles d'Anjou frere du Roy Sainct Loys,

Hic iacet Caroli Manfredus Marte subactus.

Car à l'expliquer en la mesme façon qu'il est en Latin, il faudroit dire ainsi, *Icy gist de Charles Manfrede les armes qui tomba sous.* Au lieu que la langue Françoise l'explique ainsi en sa façon, *Icy gist Manfrede qui tomba sous les armes de Charles.* Les Italiens suiuent vn peu en leurs Proses ceste Phrase Latinesque aussi bien qu'en la ressemblance des mots : mais en leurs Poësies ils s'approchent fort de nostre elocution, bien qu'ils finissent quelque-fois leurs vers à la mode des Latins, comme on voit que Petrarque a escrit ainsi en vn Sonnet des amours de Laure,

Ai bella Liberta come tu m'hai
Partendoti da me monstrate quale
Era'l mio stato quando'l primo strale
Fece la piaga, ond'io non guarro mai!

Ces paroles sont ainsi en François suiuant leur ordre,

Ha! belle Liberté! comme tu m'as
En t'esloignant de moy fait sçauoir quel
Estoit mon estat lors que le premier trait
Fit la playe, de laquelle ie ne gueris iamais.

Hh ij

La fin de ces deux premiers vers est du tout Barbare pour estre employee en la Poësie Françoise, à ceste occasion il se faut biē distraire d'escrire ainsi à bastons rompus. Et tout de mesme il ne faut point escrire souuent en ceste façon d'Anaphores renuersees, *Astre beauté du Ciel, Ciel des Astres plus beaux, Honneur de l'vniuers, Vniuers de l'honneur, Belle fleur de beauté, beauté des belles fleurs, Esprit remply d'honneur hōneur des beaux esprits*: Car d'en vser plus haut de trois ou quatre fois en dix ou douze mille vers, c'est vne chose mal à propos, & qui traine auec soy plus de fard & de superfluité que de raison & de viue eloquence. Mais outre ce qu'il en faut vser fort rarement, il est requis d'estre bien accort à n'en introduire quelques vns où l'on puisse remarquer aucune improprieté ou mauuaise grace : car on treuue que plusieurs ont failly de la sorte. Lequel defaut & laideur fut honnestement remontré par vn Prince à vn Poëte qui en vsoit bien souuent, car le voyant vn iour dans le ieu de paume du Louure, il luy dit en riant, & le nommant : *Voicy le ieu de Paume des Rois & le Roy des ieux de Pau-*

me. Or en expliquant ce vers à l'exemple de tous les autres qui peuuent aller de ce train: Il est bien vray que ce ieu de Paume pour estre dãs le Chasteau Royal appartient proprement aux Roys; mais de dire qu'il soit le Roy des ieux de Paume, ce n'est pas à propos, car il n'y a point de Monarchie entre les ieux de Paume. L'Aretin a souuent escrit de la sorte, comme aussi Lipse en l'imitant en a voulu accõpagner la beauté de son Latin : mais il n'a pas mieux fait pour cela. Et de nostre temps quelques Poëtes François qui ne pouuoient pas arriuer à suiure la naïue elegance de Des-Portes & les admirables conceptions & rencontres de Monsieur Berthaud, eurent recours à s'escrimer à tout coup en ce retroussement & frisure de langage, s'armans aussi de poinctes babillardes, & se glissans aux bricoles & rencontres contrebatuës & superfluës de mots & de raisons, comme celles-cy, *Ces amours ne sõt que mes escrits & mes escrits ne sõt que ces Amours mesmes. Ils sõt les guides de l'hõneur, l'hõneur leur sert de guide. Il donne des feux à vos amours & des amours à vos feux. Il a moins d'amour que d'esperance & plus d'espe-*

rance que d'amour. Ils ont moins de chaleur que de lumiere & plus de lumiere que de chaleur. Voicy des feux pour des larmes, & des larmes pour des feux pleins de larmes & de feux. Ainsi lors que ces escriuains faisoient de la sorte, ils cuidoient se rendre admirables à tout le monde: mais quoy ? telles formes d'escrire, pour estre du tout fausses, importunes, & toutes enflees d'arrogance, ont esté bien tost delaissees & mesprisees comme tres-inutiles, langardes & mal propres qu'elles estoient.

Il faut estre soigneux aussi de continuer de parler en vn Poëme, en la façon que l'on aura commencé de traicter à la personne, ou au subject, à qui l'on s'adresse, laquelle façon consiste en ces deux pronoms, *tu, ou toy, & vous*. Comme aussi lors que l'on parle en qualité de la premiere personne, en ces deux autres pronoms, *moy, & nous*. l'Autheur du Romant de la Rose s'est manqué par fois à n'obseruer point ceste reigle, & mesmes comme i'ay montré au precedent chapitre en ces vers que i'en ay alleguez.

Ainsi donc tu exploicteras,
Quand aux Portiers venu seras:

DE L'ART POETIQUE. 487

Mais quand courroucez les verrez,
Ia de ce ne les requerrez.

Au second & au troisieme de ces vers, manquent deux pronoms : car il est requis de dire, *Quand tu seras venu aux Portiers. Et quand vous les verrez courroucez.* Et pour le regard de ce que i'ay dit cy deuant, il parle aux deux premiers de ces vers, comme à vne seule personne, & aux deux autres comme s'il parloit à plusieurs.

Ronsard a fait aussi ceste faute en la quatrieme de ses Elegies, lors qu'il parle ainsi à Geneure,

Madame croyez-moy ce n'est pas la raison
Par vn fol iugement de trahir la saison
Dont ton premier Auril enjouuence ta face
Et pource en ton amour donne moy quelque
place.

Il n'est point raisonnable d'escrire ainsi, car outre que le langage n'y est pas de valeur, le sens y est trop precipité d'estre ainsi varié sans aucun subject qui face connoistre que ce changement est en bonne forme. Que s'il faut vser de ceste varieté dans vn Poëme, c'est lors qu'apres auoir finit vn propos on d'escrit la venuë ou l'idee dequelques vns ausquels on continuë de faire son discours; Ou bien qu'au contraire il ne soit demeuré qu'vne personne de celles à qui l'on parloit premierement: & c'est ainsi qu'ayant montré que l'on ne discourt plus qu'auec vne, la façon de laquelle on parloit doit estre changee en ces pronoms *tu*, ou *vous*, au gré du Poëte.

De la raison qui doit reluire en toute Poësie, & des traicts qui sont remarquez aux œuures de plusieurs excellents Poëtes sur la priuation de ceste partie.

CHAP. XVI.

LE mesme rang d'excellence & de vertu que le Soleil tient au monde, & l'ame au corps, la raison se l'atribuë en toutes les actions des hommes, & mesmes en la Poësie où la raison est si estroictement necessaire, que sans icelle toutes les autres qualitez ou parties qui la doiuent embellir, & desquelles i'ay parlé aux sept chapitres precedens, seroient tousiours assez vuides de bonté, à pouuoir faire paroistre du tout excellent & agreable vn Poëme où elles seroient esclatantes. Aussi voit-on qu'vne Poësie en qui la raison abondera par tout, sera tousiours estimee & fauorablement receuë, bien que toutes les perfections des autres six parties que i'ay dictes ne s'y treuuassent pas. Comme au contraire, dés que l'on voit qu'vn Poëme est formé en quelque subject qui n'a point l'ornement de la raison, on le rejecte, & en le mesprisant on dit, qu'il n'y a ny rime, ny raison. Toutefois il se treuuera quelques vns qui s'imagineront quelque raison à m'opposer qu'il est permis aux Poëtes de dire tout, & que bien que les discours d'vn Poëme soient en quelque façon cõtraires à la raison : que neātmoins ils sont receuables, parce que le Poëte se peut seruir de toutes sortes d'opinions pour embellir son subject. Mais ie respondray là dessus, que c'est vne chose bien vraye, que les Poëtes ont permission de dire tout : mais qu'il est vray aussi, qu'en ce terme de tout, on doit entendre toute chose honneste & raisonnable : car c'est iustement aux boufons & aux foux qu'il est vulgairemēt permis de parler de toutes choses au trauers des champs, soit que la raison en demeure offencee ou non: c'est pourquoy c'est vne chose tres-manifeste que celuy qui parle sans obseruer le sens de la raison, aquiert la reputation d'vn homme qui manque de iugement, soit par erreur, où par quelque passion qui luy trouble l'esprit. A ceste occasion pour n'estre reputé ny fou, ny bouffon, ny d'estre blasmé pour auoir offencé le respect que l'on doit au deuoir, les Poëtes sont obligez d'escrire suiuant ce que la raison veut estre reconnuë & reueree parmy les œuures de ceux qui par icelles osent raisonnablement aspirer à l'aquisition de la gloire. Aussi c'est vne maxime inuiolable, que toute mesure & raison est necessaire aux escrits Poëtiques, comme bien le sceut faire entendre Themistocles gouuerneur d'Athenes au Poëte Simonides qui le requeroit de quelque chose iniuste : luy disant, tu ne serois pas bon Poëte, si tu chantois contre les reigles de la Musique; ny moy bon gouuerneur de ville, si ie faisois aucune chose contre les loix ciuiles. Il est vray, que comme entre les effects vertueux ou deffectueux des hommes, les vns sont beaucoup plus grands que les autres, & que les vns meritent vne grande louange suiuant leur bonté, & les autres vn peu de chastiment, selon le peu de leur imperfection: Tout de mesmes on voit des choses des-raisonnables en quelques Poësies, qui ne sont qu'vn peu reiectables, & qui mesme peuuent estre supportables au respect, & comparaison de quelques autres, qui pour estre du tout opposees à ce qui est deub à la raison, sont extrêmement dignes de n'estre aucunement auouées, ny suiuies. Et comme il est vray, que le bien & le mal sont respandus en la fortune des hommes, aussi ces deux sortes de deffauts se treuuent diuersement diffus parmy quelques ouurages des Poëtes, comme ie montreray cy apres. Toutefois auant que d'entrer en la seance de ceste derniere examination poëtique, ie puis bien dire à bon droit, que tous ceux qui ont escrit pour les choses mondaines ont failly en quelques façons sur le poinct de ceste raison: tant Philosophes, Historiens, Orateurs, que Poëtes: les vns y manquans d'vne sorte, & les autres d'vne autre, les vns bien peu & les autres beaucoup, les vns supportables en leurs fautes pour estre fort petites, & les autres fort blasmables en leurs erreurs à cause de la trop grande rigueur d'icelles. Mais toutefois le droict me conuie à dire qu'en quelle façon que ce soit que les Poëtes aient failly contre la raison, ils ont ce bonheur que leurs fautes n'ont iamais causé des guerres ny des heresies: car mesmes lors qu'ils se sont abusez en escriuant mal à propos des choses sainctes, & de la diuinité, ils n'ont pas donné leurs Poësies en qualité d'articles de foy: ains seulement en condition de maximes Philosophiques, ou de raisons cõmunes qui n'estoiẽt mises au iour que pour le plaisir de leurs opinions ou affections, ou pour resiouyr le monde, & ensemble bien souuent pour celebrer le nom de quelque personnage. A ceste occasion les Poëtes

DE L'ART POETIQVE. 493

n'ont pas erré comme quelques autres esprits du monde, lesquels ont voulu forcer les humains à croire en leurs erreurs: car les fautes Poëtiques consistent en partie pour auoir trop chanté la vanité de quelques vices, & pour auoir legerement proposé des choses contre la raison generale; comme aussi pour auoir escrit en quelques passages contre les reigles où la iuste Grammaire de leur langage les obligeoit, & pour s'estre oublié en des subjects desquels ils en auoient vne tres-claire connoissance. C'est ainsi que les Poëtes sont pardonables en tout ce qu'ils peuuent auoir erré, puis qu'ils sont si heureux en leurs fautes, que pour la defence & authorité d'icelles, on n'a pas troublé le repos des Peuples, ny la gloire de la Religion que Dieu a donnee aux hommes. Aussi c'est bien du tout raisonnable d'adiouster encore à ces lignes ce periode à l'honneur de la Poësie, que c'est vne chose tres-certaine & manifeste qu'elle n'a jamais seruy de fondement ny d'Asyle aux confuses troupes de tant de trop legers, curieux & ambitieux cerueaux entre les Chrestiens, qui s'estans voulu mesler de parler de ce que nous deuons croire des mysteres de l'Eglise, ont cruellement bany la raison de leurs escrits, & se sont fouruoyez si loing du bon chemin, choisissant le mensonge pour la verité, & se precipitans à la mort au lieu de monter à la vie. Et preferans ainsi le langage & la doctrine du monde à la parole de Dieu, & ne s'humilians point aux pieds de la foy, & s'arrestans à la chair & non à l'esprit, ils ont remply d'erreurs leurs discours Theologiques, tels que l'on connoit composer ce nombre les Heresiarches & Supposts des Simoniaques, Nicolaïtes, Ebionites, Ariens, Macedoniens, Pelagiens, Montanistes, Cataphryges, Sabelliens, Nouatiés, Nestoriens, Antropomorphites, & d'autres qui iusques à present ont à leur confusion esmeu les orages, les tempestes & les efforts de leurs vaines opinions, contre le seul vaisseau de salut, le sacré Nauire de Sainct-Pierre. Mais d'autant que ce n'est pas mon subject de reffuter icy leurs erreurs, & que d'ailleurs ils sont assez cõfondus par la voix de la verité, qui ruinant leurs malices, s'est esclatee de la

DE L'ART POETIQUE. 495

terre iusques au Ciel en la plume, & aux diuines admonitions & sentences de tant de doctes & saincts personnages dont l'Eglise a tousiours esté fleurissante, ie ne m'arresteray pas à montrer de combien & de quelles vanitez leurs ouurages sont remplis d'iniustice: Ains suiuant ce que mon entreprise m'apprend icy, ie viendray à traicter sur quelques passages où les Poëtes plus fameux ont manqué d'obseruer la raison.

Commençant donc à m'eslargir au dessein que ie me suis proposé, ie diray que ce n'est pas raison au Poëte de surnommer plusieurs fois en vn mesme Poëme, les choses par vn mesme Epithete. En quoy quelques vns ont treuué à redire à Homere: car en la plus grande partie de l'Iliade & de l'Odyssee, lors qu'il luy auient de nommer les Grecs, les Nauires, la Mer, Menelas, & Iupiter, il leur donne presque tousiours ces adjectifs: cheuelus, Creux, Noire, Blond, amasse-nuë. Quand on qualifie si souuent vne chose par vn mesme Epithete cela est importun: car les redictes qui sont en grand nombre sont manques de force & de raison à conten-

ter l'attention des lecteurs: parce que l'esprit humain se delecte en la varieté des choses. Il est vray toute-fois, qu'en vn Poëme d'amour ces epithetes de beau & de belle ne sçauroient estre gueres dõnez trop souuent à la chose aymee, parce que la beauté porte en soy-mesme la cause & le subject propre qui faict escrire ces poësies amoureuses. Ces epithetes aussi de valeureux, vaillant, courageux, hardy, braue & inuincible, souuent reiterez en la persõne de quelques vns des plus grands Heros, vont proprement : puis que c'est en consideration de ces qualitez martiales que l'œuure Heroïque a esté proposee par le Poëte. Homere est repris aussi par quelques vns, de ce que presques en toutes ses legations, il fait qu'elles sont dictes en la mesme façon que le Prince ou autre qui enuoye les auoit ordonnees à celuy auquel l'affaire du message estoit commis : Mais pour moy, ie treuue que la redite est louable en cest endroit : parce qu'on ne sçauroit proceder plus fidellement en vn message, que de le dire en la mesme façon qu'il aura esté dit à celuy qui le doit faire. Ronsard a bien veu que
c'estoit

c'estoit bien fait d'escrire ainsi. Car il fait qu'au premier Liure de sa Franciade, Mercure parlant à Helenin frere d'Hector, luy conte son message aux mesmes termes que Iupiter luy auoit baillé en l'enuoyant. Mais Homere s'abuse vn peu, lors qu'il fait qu'Achille discourt tout au long à sa mere l'occasion pourquoy il n'alloit plus en la guerre, puis qu'auparauāt il l'auoit assez escrit au large en autre part. Ce Poëte semble aussi faire trop bon marché du sang & de la gloire des Dieux, quand il represente que Diomede blesse auec tant de mespris Mars & Venus. Quand il fait que pour l'amour des Grecs & des Troyens, les Dieux se partialisent, & entrent en guerre les vns contre les autres: Quand il raconte que Diane est si mal menee de Iunon: Et quand il dit que les Dieux se plaignent de leur destinee comme s'ils estoient mortels. Il est vray qu'en laissant la portee de la lettre, & s'entremettre d'expliquer en autre sens ces quatre subjects precedens, on peut dire, qu'Homere n'a point erré en cela, & que pour l'effect de Diomede est moralement en tendu l'homme sage & vertueux qui surmonte les trauerses & les fureurs de la guerre, & les charmes de la volupté. Que pour les Dieux qui se guerroyent, on doit entẽdre en autre sens les Anges tutelaires des Hommes, des villes & des Prouinces, lesquels deffendent ce que le tout-puissant leur a donné en garde. Que pour la fuite & la douleur de Diane est remarquee la clairté de la Lune qui se treuue offusquee, & tachee de marques pallissantes par les orages, cometes, & autres impressions aëriennes. Et sur le subject des Dieux qui se lamentent de leur fortune, les bons Anges qui regrettent la perte de ceux qu'ils auoient en garde, & qui sont esmeus de pitié quand ils voyẽt que les iustes sont en affliction. Mais Homere a erré en ce qu'il introduit Helenin sur le plus aspre d'vne bataille, pour auiser Hector de rentrer en la ville, pour dire à leur mere d'aller prier, & faire des vœux à la Deesse Minerue. Ce qui est du tout hors de propos: Car le general d'vne Armee a besoing d'estre en campagne parmy ses troupes, lors qu'il est question de combattre. Toutefois

DE L'ART POETIQVE. 499

on pourroit souſtenir la cauſe d'Homere, & dire qu'vn Prince doit auoir plus d'eſperance en Dieu, que non pas aux armes, ny à ſa ſuffiſance, & que Numa Pompilius eſtoit de ceſte intelligence, lors qu'vne fois eſtant aux ceremonies d'vn ſacrifice, on luy vint dire que l'ennemy eſtoit là: car il ne luy reſpondit que ce mot: Et ie ſacrifie. Mais ceſte raiſon eſt bonne en faueur de ce Romain, puis qu'il eſtoit de-ja en l'action du ſacrifice quand on luy portoit des nouuelles de la guerre: mais elle ne ſçauroit eſtre receuable pour Hector, veu qu'il ſe treuuoit pour lors en plaine campagne, pour ordonner & conduire ſes gens à la guerre, & que meſme le combat eſtoit fort enflamé, & qu'à ceſte occaſion il ne deuoit point abandonner ſon Armee pour aller apres vne choſe, qu'vn autre pouuoit faire auſſi bien que luy, bien qu'en toutes pars on doit touſiours fonder en la grace diuine ſon principal eſpoir & refuge, & qu'ainſi parmy les allarmes le cœur doit eſtre remply de ceſte ſaincte intention: mais ce n'eſt pas à propos qu'vn general ſorte de la bataille, lors que ſa preſence &

sa conduite y sont fort necessaires. Car comme dit le Sage, il y a vn temps de rire & vn autre de pleurer, & que toutes choses doiuent estre faictes suiuant le temps qui leur est deu. Mais outre cela, ce Poëte se trompe quelquefois, lors qu'il fait que les gens-darmes se tiennent de si longues harangues au milieu des vacarmes: entre lesquelles celle de Glauce & de Diomede est la plus demesuree, en suitte dequoy il leur fait faire vn eschange de tout leur harnois. Il semble que ce grand Poëte s'abuse aussi, quand il ne fait voir Hector courageux & tres-ardant à la guerre, que lors qu'il y est poussé de quelques Dieux, & qu'il en est asseuré d'en sortir victorieux: mais il est excusable en ce faict: Car ie croy qu'il dit expressement cela, pour montrer que toute vaillance, bonne fortune, & heureuse pensee viennent de la faueur & assistance diuine. Mais d'autant que les loix de Poësie obligent les Poëtes à escrire non tousiours les seules choses veritables, mais les vrais-semblables aussi, & iamais les impossibles, & qui excedent tout ce que l'on sçauroit imaginer, Homere a manqué en ce qu'il chante son Achille trop vaillant: Car apres l'auoir vestu des armes que sa mere Thetis luy apporta, & qu'il le fait r'entrer à la guerre, il le figure si excessiuement valeureux, & prompt à courir, qu'il luy fait assommer les Troyens, comme gens qui du tout despoüillez d'armes & de courage se laisseroient assassiner sans faire aucune resistance. Les Autheurs des Amadis, des Rolands, & de la deliurance de Hierusalem ont esté plus moderez que cela: Car lors qu'ils ont representé quelque guerrier d'extreme valeur, ils luy ont tousjours oposé d'autres Cheualliers qui auoient le cœur de l'attendre & de l'attaquer. Mais Homere fait exploicter auec tant de facilité ces actes de guerre à son Heros, qu'vn homme bien gaillard ne treuueroit pas moins de fuitte & d'espouuante enuers des lapins, lors qu'il se trauailleroit à les prendre & tuer quand ils seroient enfermez en vne chambre. Il le represente aussi trop impitoyable, en ce qu'il luy fait tuer Licaon fils de Priam, qui par des submissions & des prieres si piteuses luy demandoit la vie. Il se trom-

pe aussi, quãd il dit que les Troyens pour
le fuir, se sauuans dans la riuiere du Zan-
the, il en choisit douze des plus ieunes
qui nageoient, & qu'il les prend si aisement, qu'à l'ouyr dire, iamais barbet, ny
chien d'Arthois, n'entra plus facilement
dans vne riuiere pour aller prendre les
canars qui ont esté rencontrez de l'har-
quebusade du chasseur. Mais apres les
auoir fait prendre ainsi d'vne façon si dis-
proportionnee, qu'en cela il rend ésgal
Achille au Dauphin qui chasse des poissons au fond de la mer, il le peinct si passionné d'ire & de vengeance, qu'apres
auoir lié ces douze Troyens, & les auoir
mis en seure garde, il veut retourner vers
eux pour les tuer. Ce n'est pas d'escrire
vne valeur, mais bien vne parfaicte enra-
gerie & vne fureur plus que Tygresque.
Ce Poëte s'abuse aussi de faire qu'Achille sacrifie à l'ombre de Patrocle ces pri-
sonniers Troyens; car s'il a esté si cruel
de tuer ainsi des hommes à sang froid, il
deuoit taire le recit d'vn si grand vice en
racontant ses valeurs, & s'il est vray, qu'il
ne l'ait pas fait, il a eut tort d'escrire qu'A-
chille ait esté si tourmenté de vindica-

tion, que par icelle il ait commis vne inhumanité si desreiglee & desnaturee. Vne bonne partie des Indiens Occidentaux vse bien encore en ce temps de semblable rigueur enuers leurs ennemis pris en guerre, & voire ils les mangent: mais leur ignorance rend vn peu excusable leur cruauté: Car leur vie, & leurs mœurs sont Barbares & Sauuages, aussi bien que le peu de religion qu'ils ont. Mais cela n'est pas ainsi à l'endroit d'Achille, puis que de son temps, en sa terre les loix, la ciuilité, la galanterie du monde & la crainte des Dieux tenoient les hommes dans les bornes du deuoir & de la modestie. Il le chante par trop cruel & insatiable de fureur, lors qu'apres auoir tué Hector, il en attache le corps au derrier de son Char, & le traine en derision & vengeance à l'entour des murailles de Troye & parmy le camp des Grecs. Car Hector n'auoit pas fait ainsi du corps de Patrocle, ny d'aucun autre des Grecs tuez en guerre. Aussi la coustume de ce temps là n'estoit pas de se venger si cruellement: car si cela eust esté, il eust raconté le mesme en quelque autre subject audit Li-

Ii iiij

ure. Diodore Sicilien & Tite-Live escriuent bien que les anciens Gaulois, estans en guerre, tranchoient la teste à leurs ennemis vaincus, & l'attachoient par les cheueux au poictral de leurs cheuaux, mais ils ne le faisoient pas tous le des-reglemens de quelque animosité, comme Achille: mais bien pour monstrer auec plus d'asseurance & de gloire qu'ils estoient sortis victorieux du combat. Les Mores de l'Empire de Maroc & de Fez practiquent encore aujourd'huy ceste rigueur de guerre, mais c'est en la mesme intention que celle de ces Gaulois. Ce Poëte se trompe aussi en la description de la grosseur des pierres qu'Hector & Diomede ietterent, l'vn contre la porte du rempart des Grecs, & l'autre, contre Enee, car il dit que deux hommes de son temps ne les eussent pas souleuees, ce qu'il n'est aucunement raisonnable d'auouër, veu que depuis le temps du siege de Troye iusques à luy, il n'y a que cent ans, & qu'ainsi en l'espace d'vn siecle seulement, il n'est pas possible que la force des hommes soit de tant amoindrie.

Virgile ayant suiuy Homere en la plus

DE L'ART POETIQVE. 505

part de son Eneide, a voulu dire aussi que Turne ietta contre Enee vne pierre de telle grosseur, qu'à peine, dit-il, douze hômes des plus forts de son temps l'eussent peu sousleuer. Imitant ainsi ce Poëte Grec, suiuant le temps dont Enee a precedé celuy d'Auguste sous le regne duquel ce Romain fleurissoit, il met douze hommes au lieu qu'Homere en propose deux seulement: Sur quoy il s'approche beaucoup d'auantage de la raison que celuy qu'il imite: car veu que depuis la derniere annee du siege de Troye iusques à la premiere de l'Empire d'Auguste il y a vnze cents quarante vn an, il faudroit qu'il eust proposé vingt-quatre hommes à sousleuer ceste pierre, s'il eust suiuy pas à pas Homere en ce passage. C'est pourquoy le Romain a mieux dit de la moitié que le Grec en ceste consideration de la force des hommes qui ont vescu en diuers siecles. Mais comme ce Prince des Poëtes Latins fait en ceste imitation d'Homere vne faute qui est supportable, il en commet aussi vne autre en ce Liure de l'Eneide, quand il dit que tandis que la ville de Troye estoit embrasée partout, & que les Grecs victorieux la saccageoient de toutes pars, il chante qu'Enee parle si paisiblement & de loisir auec Anchise son pere, & auec Creusa sa femme, & qu'il le fait aller en son Palais par deux fois: Car il n'est pas vray semblable qu'en vn si terrible desolation & confusion de ville surprise & perduë de la sorte, il eust tant de loisir, & mesme vne si constante resolution d'aller, & de venir ainsi en sa maison, & d'autant mesme qu'au saccage d'vne ville les logis des Princes sont les premiers attaquez & butinez. Il est vray qu'en cela, Virgile a parauenture voulu s'accorder à l'opinion de l'Historien Dictis de Crete, qui dit que c'est la verité qu'Enee & Anthenor vendirent la ville aux ennemis. Mais s'il auoit escrit ainsi à ceste occasion, il auroit fait encore pis, veu qu'il accuseroit de trahison celuy qui est le subject de son Poëme, & duquel il dit que les Princes Romains sont descendus. Toutefois ce passage est aucunement digne d'estre auoué: Car il escrit que Venus assiste & secourt son fils Enee luy seruant de guide, & qu'à ceste consideration il faut croire, que ceux qui sont en la protection de Dieu vont courageusement aux peines & aux dangers des perils plus extremes. Mais ce Poëte se trompe en vne faute qui ne peut estre excusable: car elle consiste au subject de contradiction, quand il dit en ce liure, qu'en la prinse de Troye, Heleine ayant crainte de son mary Menelas s'estoit cachee en vn temple; & qu'en vne autre part du sixiesme liure de ce Poëme, il fait dire par Deïphebe que la nuict que ceste ville fut prinse, ceste Princesse auoit mis vne torche allumee sur le feste d'vne tour, pour assigner aux Grecs l'heure qu'ils deuoiét venir, cependāt qu'elle menoit la dance auec les Dames de la ville. Mais à mon auis la plus grande faute qui soit dans Virgile, c'est la fable qu'il a inuentee contre Didon: car en cela, il n'a espargné ny le temps ny la verité ny la raison. Et en premier lieu, le vray de l'Histoire porte que Didon estoit cent ans auparauant le siege de Troye; & que par consequent Enee n'aborda iamais à Carthage durant le reigne d'icelle. Et au second, que ceste Royne suruesquit à son mary

Sigee, & que demeurant en vn veuuage des plus saincts & religieux du monde, elle ayma mieux se brusler sur le tombeau de son mary, & se sacrifier ainsi à son amour & à sa memoire, que non pas de se marier auec vn Roy qui l'auoit demandee en mariage, ny d'attendre que pour son respect, ce Roy qui auoit esté refusé, ne vint à guerroyer son peuple, & ruiner sa nouuelle ville, comme il l'en auoit menacee à cause de ce refus. Mais au dernier lieu de ce subject, ce Poëte offence vn peu trop la raison, puis qu'il chante que Didon viole si cruellement les vœux de sa chasteté, & que la depeignant si passionnee de l'amour d'Enee, il fait qu'elle s'abandonne à luy comme vne femme impudique, & de peu de iugement. Virgile deuoit auoir plus de respect à l'honneur d'vne Royne qui auoit esté si chaste & vertueuse, & faisant ainsi, puis qu'il est permis aux Poëtes d'inuenter, il pouuoit dire auec la mesme raison, que du temps d'Enee la ville de Carthage estoit sous le regne de quelque autre Royne, & que les amours s'en ensuiuirent de la façon comme il les raconte en la fortune de Didon, & ainsi, il n'eust point fait de tort à l'honneur que l'on doit rendre à la vertu, & n'eust point offencé personne, puis que la Royne qu'il eust imaginée en son Poëme, n'eust esté autre chose qu'vn propos inuenté à plaisir, & n'eust commis aussi aucune erreur à representer les choses hors de leurs temps, puis que durant les iours d'Enee, il n'estoit pas impossible qu'vne Royne, ou fille de Roy ne commandast le Royaume & la ville de Carthage. Mais comme en ce subject Virgile a fait tort au nom d'vne Royne tres-vertueuse, on a veu despuis en diuers temps, quelques escriuains qui ont grandement prophané la vertu, en l'attribuant & celebrant à l'honneur de certaines personnes en qui la vie d'vne Alcine, d'vn Licinus & d'vn Neron estoit du tout apparante, & desbordee : Et employans ainsi leurs escrits, ils vsoient fort iniustement du thresor des Muses, car ces couronnes si belles ne doiuent estre cueillies sur les lauriers de Parnasse, qu'en la recommandation des esprits en qui la vertu a son sejour, & desquels la renommée est tres-aymable à l'endroit de toutes les ames vertueuses. A ceste occasion les Poëtes se doiuent garentir d'escrire au terme de ces deux extremitez : dont l'vne consiste d'attribuer les vices à des personnes vertueuses, & l'autre à donner les noms d'Alexandre, de Cesar, & de Clion à des gens qui meinent vne vie du tout contraire à la gloire des vertus.

Mais pour reuenir au subject que i'auoy pris, il est tout apparant que Virgile s'abuse, quand il represente au second liure de ladite Eneïde, qu'vne femme se mesle de prophetiser, & qu'il dit en autre part que les plus grandes Deesses ignorent les choses futures.

Ouide a faict vne faute semblable, car au sixiesme liure de ses Metamorphoses parlant de la contention de Palas & d'Arachne, il represente la tapisserie de ceste ouuriere auec tant d'excellence & de beauté, que Pallas en eut tel ennuy & despit, que de regret, comme poussee d'enuie, elle rompit cest ouurage auec la nauette de buys qu'elle auoit en main, & puis en donna trois ou quatre coups sur la teste de son ennemie. Ce Poëte escriuant ainsi vne fable, ne garde pas le respeût que l'on doit aux Dieux : Car suyuant qu'on peut iuger à ce qu'il en dict, Palas auoit esté moins parfaicte ouurière qu'Arachne : ce qui est vne opinion qui contreuient non seulement à la raison diuine, mais aussi aux loix de la Poësie: En laquelle ceste fille de Iupiter representant la diuine sapience est reputee Deesse des Arts & sciences, & par ceste raison, ce n'est pas à propos descrire que les humains l'ayent surpassee en ce qui est de sa propre vertu & domination. Les Poëtes peuuent bien dire par Hiperbole que Roland est plus valeureux que Mars, que Renaud a plus de courage qu'vn Hercule, & que leurs espees Durandal & flamberge sont plus terribles que les foudres de Iupiter, qu'vne telle Princesse est plus belle que Venus & plus sçauante que Minerue : Mais s'il auenoit d'escrire vne fable, où toutes les parties comparussent auec la splendeur & majesté de leurs forces, qui seroient espreuuees les vnes contre les autres pour auoir la gloire de faire mieux, il ne seroit pas raisonnable de dire que les Dieux fussent moindres que les hommes, ains il suffiroit pour vne bonne Poësie, de dire que les couronnes de l'honneur seroient egalement desparties aux vns & aux autres, puis que leurs valeurs auroient esté representees auec des effaicts esgaux en merites. C'est pourquoy ce Poëte fait suiuant la raison, quand il conte le malheur qui suruint à ceste Arachne, puis qu'elle auoit esté si outrecuidee de vouloir se glorifier au desauätage des Dieux cöme de mesme le Satyre Marsias fut iustémét puny d'Apollö, puis qu'il estimoit que sa fleute estoit vn instrument plus harmonieux & mieux sonné que la Lyre de ce Dieu. Il a raison aussi d'escrire que pour le mesme subject, le Roy Midas en eut les oreilles comme celles d'vn rasne, puis qu'il auoit deferé à ce Satyre la gloire d'auoir mieux chanté. La raison est aussi en ce mesme sens en quelques autres passages de ce Liure, & entre autres en la fable de Niobe Princesse de Thebes: car en s'orgueillissant par dessus toute mesure, & se voulant faire adorer comme Deesse, elle s'estimoit plus noble & plus heureuse que Latone, disant qu'elle auoit plus de gloire en ces douze enfans,

que

que la Deeſſe n'en pouuoit auoir pour eſtre mere d'Apollon & de Diane, & parmy les erres de ces outrecuidances elle empeſcha vne fois les Dames Thebaines de ſacrifier à ceſte Deeſſe, leur diſant que c'eſtoit à elle à qui ces honneurs eſtoient deubs. Ce qui fit que ces Dieux vengeans leur honneur & celuy de leur mere, tuerent vn iour à coups de traicts tous les fils & les filles de ceſte miſerable Princeſſe: laquelle apres auoir eut la veuë de ces deſaſtres, tourmentee d'vne douleur & d'vne deſolation exceſſiue fut transformee en rocher, où auſſi toſt qu' elle fut changee ainſi, vn vent l'entoura, & l'enleua auec tant de violence, que de Thebes elle fut portee en Lycie, & poſee au ſommet d'vne montaigne, où le marbre de ſon corps rayé de goutes d'eau, iette encore de larmes aujourdhuy, filles du dueil qu'elle porte de la mort de ſes enfans, & marque perpetuelle de ſon arrogance.

Mais Ouide parle contre la raiſon en ſon douzieme Liure deſdites Metamorphoſes, au combat d'Achilles & de Cigne fils de Neptune qui eſtoit invulnerable: car il fait que cestui-cy a non plus de mouuement & de resistance au combat, que s'il estoit vn arbre, ou vn rocher. Mais afin de le faire mieux voir, ie le rapporteray icy en la mesme façõ qu'il se treuue audit Liure. Il dit ainsi, qu'apres que le combat fut commencé entre ces deux guerriers, & qu'ils se furent entre-parlez, Cigne reçeut trois fois dans le sein la poincte de la pique ennemie, & ne fut non plus blessé à l'vne qu'à l'autre, dont Achille se mit en colere, pareille à celle d'vn Toreau qu'on espouuante auec vn drap rouge, duquel il regrette ne pouuoir faire sortir du sang pour contenter sa rage. Surquoy il aigrit en vain sa furie, plus il voit que ses efforts sont vains. Il regardoit au bout de sa pique, pour voir si le fer n'en estoit point tombé, il treuuoit que le fer y estoit encore. He! comment disoit il allors, c'est donc ma foiblesse qui ne permet pas que ie voye rougir ma pique du sang de mon ennemy? Que sont deuenuës mes forces, cestui-cy seul me les-a-t'-il fait perdre? Ie suis asseuré de n'en auoir point manqué autrefois: n'en ay-ie pas montré de tres-belles preuues sur les murail-

DE L'ART POETIQVE. 515

les de Lyrnesse, à Tenede, dans Thebes, en Mysie, où ie teignis les ondes du fleuue Cayce du sang du peuple qui habite le long de son riuage, & en Lycie où Telephe espreuua par deux fois ce que peut faire mon bras & l'acier de mes armes. Mais qu'ay-ie fait en ceste campagne où ie suis? ces sablons sur lesquels nous combattons, ne sont-ils pas encore couuers de ceux desquels mon espee a sacrifié les ames à Pluton? C'est chose asseuree que i'ay eu de la force & de la valeur, & ie sçay bien aussi que i'en ay encore. Il faut donc que ie sois charmé, dit-il, comme douteux en soy-mesme de sa vertu, & ne croyant pas beaucoup à ses valeureux exploicts du passé, il s'eslança sur Nemete Lycien, qui estoit à son costé, & le mit par terre, trauersant le plastron qu'il portoit & le sein couuert de cest harnois. Il retira incontinent sa pique de l'estomac de son vaincu mourant, pour la porter chaude & victorieuse dans l'espaule de Cigne; où il ne manqua point de fraper: mais il manqua de faire la playe qu'il souhaittoit. Aussi le fer touchant la chair de cest inuincible fils de Neptune, treuuoit au-

Kk ij

tant de resistance comme s'il eust donné contre vne muraille, ou contre les dures costes d'vn rocher. Toutefois à ce dernier coup il parut du sang à la poincte de la pique, dont Achilles s'en resiouit: mais quoy en vain: car il n'auoit point faict de blesseure à ce coup, ce n'estoit que le sang de Nemete, qui faisoit que la marque estāt ainsi rouge, luy auoit dōné ceste fausse ioye. Il descendit pourtant de son chariot pour acheuer de meurtrir son ennemy, qu'il croyoit blessé, & le ioignant de prés auec l'espee, il vit que ce glaiue entroit dans le casque & dans le bouclier, & que pourtant il n'entamoit aucunement le corps de Cygne. Allors il perdit esperance de le pouuoir offencer par la poincte, ou par le trenchant des armes: aussi ne s'y amusa-t'-il plus, ains aussi tost, il se jetta à son collet, & luy donna trois ou quatre coups du pomeau sur les temples, le pressa, le toubla & l'estonna de telle façon, qu'il luy esblouyt les yeux. Cigne saisi d'effroy, pensant se retirer en arriere rencontra vne pierre à ses pieds, sur laquelle Achilles le fit choir, & se jetta incontinēt sur luy, il luy mit les

DE L'ART POETIQVE. 517

genoux sur l'estomac, deffit les liens de son casque, & le foula tant sur la gorge, qu'en luy bouchant le conduit de l'haleine, il luy fit perdre le respir & la vie. Ce sont les paroles d'Ouide, où lon peut connoistre aisement que Cigne faict autant de resistance en ce combat, & mesme durãt qu'Achilles parle, & s'adresse à Nemete, comme si estãt aueugle, il n'eust pas eu plus de sentiment & d'esprit qu'vne colomne.

Ce Poëte n'a point eu de raison d'escrire vn combat de la sorte : car il y a peu de vray-semblable en cela, de mesme qu'en vne partie des Triomphes de Petrarque, où ce Florentin commençant à celuy d'Amour, auquel il attribuë la victoire de tout, il vient à celuy de la Chasteté qui triomphe d'Amour, & puis à celuy de la Mort qui esleue ses trophees sur la vie de Laure sa maistresse. Or il se treuue vn peu de manquement de raison au second de ces trois Triomphes : Car si l'Amour est vaincueur de toutes choses, on ne sçauroit soustenir auec raison, que son triomphe, & ses victoires soient moindres que celles de quelque autre subject

Kk iiij

ainsi jmaginé. Veu qu'il est vray que l'Amour triomphe, ou doit triompher vne fois dans les cœurs de tous les humains, & que c'est vne reigle tres-generale. D'autre part, outre qu'ordinairement tous ceux qui sont en ieunesse reconnoissent les victoires de ce fils de Venus, que plusieurs de ceux qui sont auancez en l'age en sont de mesme, & qu'entre les gens mariez l'Amour se doit tousiours treuuer, ou pour le moins qu'en la plus grande partie & le plus souuent il y establit sa demeure, il est aisé à presuposer que le nombre des amoureux surpasse celuy de ceux qui n'ayment point, & que par ce moyen le Triomphe d'Amour est plus grand que celuy de la chasteté. Mais i'apporteray encore en cela, que generalement il y a quelque amour qui demeure entre le mary & la femme, & s'il n'y en a point à cause du desir reciproque dont la loy les oblige à s'entre-aimer; vn d'iceux, ou possible tous les deux ayment ailleurs, ou bien ils n'ayment du tout point; Et lors que l'amour est ainsi diuisé entre les deux parties, cela n'auient pas pour aucun respect de la chasteté, mais bien par la disposition & différence de mœurs & d'humeurs dont l'vn est contraire à l'autre; Et s'il auient qu'ils n'aiment du tout point, l'impuissance & la retrogradation de l'age en peuuent estre cause. Toutefois c'est bien la verité, qu'il s'est treuué par fois des gens mariez, qui ont vescu en vne condiction encore plus illustre que la chasteté, & qu'apres ils sont entrez en religion pour y continuer plus seurement la saincteté de leur vie: mais cela est arriué si rarement qu'il ne doit point estre conté pour seruir d'argument à renforcer le triomphe de la Chasteté par dessus celuy de l'Amour. C'est la verité aussi que l'on voit vn tres-grand nombre d'ames religieuses tant de l'vn que de l'autre Sexe qui viuent en virginité, & que c'est là principalement où la Chasteté esleue ses victoires sur les forces dont Amour triomphe du monde: toutefois auec tout cela bien que ce nombre soit assez copieux, neantmoins il est beaucoup inferieur à celuy des humains desquels Amour enflame les cœurs par tous les endroits de la terre. C'est pourquoy, si l'on considere bien

Kk iiij

de quelle grandeur est le nombre de ceux qui marchent sous le triomphe d'Amour, & celuy des autres dont la Chasteté honore le sien, on treuuera que les amoureux seront beaucoup dauantage que ceux qui marchent sous l'estandart de ceste Deesse, & qu'à rechercher cela entre les personnes qui sont au meilleur de l'age où l'Amour & ceste vertu doiuent establir leur Empire on connoistra que pour quatre que la Chasteté range totalement à ses loix, il y en a dix qui reconnoissent Amour pour leur maistre & pour leur vaincueur. Ainsi par ces considerations on peut voir que le triomphe de ceste vertu est beaucoup inferieur à celuy de l'Amour, & qu'il n'est point raisonnable qu'il demeure en la reputation que Petrarque luy à voulu donner. Toutefois il ne faut pas croire que ie deffende icy en la cause de cest Amour, vn Amour libidineux & volage, qui d'vn iour à l'autre cherche de noueaux subjects pour satisfaire à l'inconstance de ses desirs deprauez: Car tout ainsi que Petrarque le figure en son triomphe, ie descris icy vn Amour qui n'enflame le cœur

DE L'ART POETIQUE.

que pour vne seule beauté aymee, bien que la vertu de chasteté s'y treuue par fois pour l'entretenement des flames de l'vn & de l'autre des amans. Ce que ce Poëte à bien donné à connoistre en ce poëme : Car il represente sa maistresse Laure en ce triomphe d'Amour aussi bien qu'en celuy de l'autre victorieuse auec Lucresse, Penelope & Didon qui bien que tres-chastes, on esté neantmoins subjectes à l'Amour, puisque pour le respect de l'amour qu'elles portoient à leurs maris & à la conseruation de leur honneur elles sont aux femmes vn patron & miracle de chasteté : comme aussi les autres qui sont nommees en ceste magnificence de la vertu, desquelles la plus part est glorieuse pour auoir aymé leurs honneurs & leurs maris ensemble. Aussi dans le triomphe de la Mort, ce Florentin introduit Laure, qui luy faict vn discours de l'amour qu'elle luy portoit, & de l'honnesteté dont son affection estoit accompagnee : tellement que par les escrits mesmes d'vn si bon Autheur, Amour fait luire sa gloire au triomphe de la Chasteté & de celuy de la Mort.

Or d'autant que les Peinctres poëtifent à peu-prés auſſi bien auec les pinceaux & les couleurs, que les Poëtes auec l'ancre & la plume, & qu'ainſi les vns peuuent autant offencer la raiſon auec leur peincture, que les autres auec leurs eſcrits, il ne ſera que bien à propos de dire icy, qu'il s'eſt treuué quelque peinctre qui ſe voulant meſler de poëtiſer ſur les inuentions de Petrarque, à repreſenté au triomphe de la Mort la Chaſteté & toutes les Dames de ſa ſuitte abatuës & renuerſees ſous les rouës de ſon Char, comme ſi la Mort triomphoit de la vertu auſſi bien que de la vie: Ce qui a eſté vn grand abus à ce peinctre, d'atribuer à la Mort vn ſi ſuperbe triomphe; car ce n'eſt guere moins que de chanter que les ames & les merites d'icelles meurent auec la fin de la vie. Auſſi par vne ſentence & tres-parfaicte loy de la verité qui dit, qu'il ne faut point craindre ceux qui peuuent tuer les corps, & qui n'ont point de pouuoir ſur les ames; Il appert bien que le repreſentateur de ce triomphe auoit bien l'eſprit enchainé ſous le confus triomphe des erreurs à depeindre ainſi la vertu si mal menée. Car puis qu'il est ainsi, que les humains emportent auec eux en l'autre vie le merite ou le demerite de ce qu'ils ont fait en ceste-cy, il s'ensuit que l'ame d'vne personne qui aura vescu chastement, ne sera pas apres le decez moins brillante de ceste vertu de chasteté qu'elle l'estoit durant ceste vie, & voire mesme vne vertu si precieuse luy deuiendra du tout asseuree & inuincible apres le trespas, puis que ceste vie passagere ayant faict son cours, les ames ne sont plus asseruies à la tyrannie & à l'inconstance du peché & du monde : où bien souuent à cause de tant de subjects diuers & attrayans qui se presentent aux sens & à l'appetit, les personnes plus vertueuses se laissent piper aux charmantes vanitez du vice, & font banqueroute à l'equité de leur vie. La vertu estant donc asseuree perpetuellement en l'ame par le moyen de la mort qui limitant la vie du corps, la desliure de tous les objects & accidens qui l'a pourroient asseruir aux vices & la destourner entierement de s'acompagner de ce qui est bō & vertueux, ce n'est pas bien dit que la mort triomphe de la Chasteté, comme ce peinctre le veut faire entendre: puis que par les raisons cy deduictes, elle faict qu'il est impossible que le corps puisse pecher, & que les vertus dont la vie aura esté ornee, accompagneront comme des rayons d'immortelle gloire les merites de l'ame. Aussi voit-on dans les escrits diuins, que les Saincts Peres ont desiré la fin de leurs iours, afin d'estre à couuert & du tout affranchis de tant de poursuittes dont le peché nous attaque en ceste vie, & pour estre vnis eternellement en la gloire du Createur.

Le Poëte Dante Aldiger qui a deuancé de quelque temps ce fameux Paranymphe de nostre Laure d'Auignon, a composé en vn liure trois Poëmes sous le nom de l'Enfer du Purgatoire & du Paradis: au premier desquels il se destourne beaucoup du chemin de la raison : car en se laissant conduire à la passion de quelque inimitié particulliere, ou bien à quelque oubliance, il depeinct en ce miserable gouffre d'ames damnees, plusieurs personnes, qui soit pour le respect de la dignité qu'elles auoiét euë au mon-

DE L'ART POETIQVE. 525

de, ou pour les vertus & bonne vie dont elles auoient assez honoré leurs siecles, ne deuoient point estre ainsi diffamées par ce Poëte, à se voir descrire parmy le nombre des miserables qui sont enchainez en ces peines infernales.

Iean Bocace qui a esté contemporain de Petrarqne a descrit en prose toutes ses Poësies: mais il a excellé à parler sans raison en vn de ses liures qu'il a composé de plusieurs contes facecieux, moraux & amoureux, car il en inuente de trop scandaleux contre l'honneur des personnes religieuses; & sur tout il se montre fort irreuerend & peu croyant en la foy, quand il recite l'Histoire d'vn Sultan d'Egypte qui s'estoit enquis d'vn Iuif qu'elle religion de celles des Hebrieux, des Chrestiens & des Mahommetains estoit la vraye ou la meilleure: car il y figure vne responce qui n'est aucunement propre d'estre rapportée d'vn Chrestien. Ce n'est point vne chose necessaire ny conuenable en aucuce sorte, qu'vn Poëte, ny autre personne que ce soit, escriue ou parle de la religion, & de ce qui est enclos en icelle, que parmy tous les respects & reuerance dont les hommes peuuent & doiuent reuerer les loix diuines & la qualité des personnes sacrees. Les campagnes de la poësie sont riches & fleurissantes d'vne infinité de fleurs & de fruicts, pour seruir d'argument aux Poëtes à donner vn exercice à leur esprit, sans qu'il soit besoing que leurs Muses s'entre-meslent de parler prophanement de la Religion. Clement Marot s'est grandement abusé en cela en la descrition du temple de Cupidon, soit qu'il le fist par fantaisie Poëtique, ou par autre dessein apres qu'il se fut rangé auec ceux du Schisme de son temps: car il dit en ses vers que les Requiens que l'on chante en ce temple sont les aubades & Serenades des Amoureux, & que les reliques que l'on y baise ne sont autre chose que le sein & la bouche des belles Dames. C'est la façon d'vn homme du tout prophane & boufon d'escrire ainsi: à ceste occasion vn bon Poëte doit estre auisé de n'entre-mesler jamais parmy des subjects du monde aucune chose qui appartienne à la Religion, surquoy vn Poëte de ce Siecle n'a pas moins erré que Ma-

DE L'ART POETIQUE. 527

rot: Car il escrit en vne Elegie que l'eau benite n'a pas eu pouuoir de chasser Amour qui le tyranise en l'ame, & que veu qu'Amour est vn Demon il en deuoit sortir à cause de la vertu de ceste eau. Or sa raison est bien bonne, touchant ce qu'il dict de la vertu que ceste eau à contre les Demons : mais il n'est aucunement à propos d'en parler sur la consideration en quoy il s'en veut seruir: car c'est mesler & confondre ensemble l'honneur de la foy & la vanité du Monde. Mais puis que c'est vne opinion en Philosophie que les Demons sont chassez par la vertu de quelque bague que l'on porte, tout ainsi que le Comte de Scandian a escrit que l'anneau d'Angelique aneantissoit la force des charmes, ce Poëte se pouuoit fonder là dessus, & non point sur vne chose qui est dediee au seruice & à la maison de Dieu: car d'en parler ainsi pour la mondanité c'est vn sacrilege, à ceste cause il faut que le Poëte, emprunte en autre part les subjects de ses conceptions, puis qu'outre ces raisons, le monde en a tousiours en infinité pour la Poësie.

Or ie diray sur le mesme subject que ce n'est pas bien faict de se seruir du nom de Dieu par interjection parmy des Poësies d'amour, ou d'autre subject où l'affaire ne le requiert point: car ce nom qui ne doit estre proferé qu'auec adoration, ne doit nullemẽt estre ainsi prodigué. Ronsard auoit failly par fois en cela en ses premieres Poësies, mais il s'en corrigea despuis, comme on le peut voir au XL. Sonnet des amours de Cassandre qui commençoit ainsi, *Ha! Seigneur Dieu que de graces escloses.* Car il l'a changé en ceste façon plus propre & meilleure, *Que de beautez, & de graces escloses.* Des-Portes n'a point corrigé ces passages dans les œuures: car on y lit ainsi en vn Sonnet, *Mon Dieu que de beautez sur le front de Madame.* Ce n'est pas vne chose qui soit bien à propos de parler ainsi, parce que c'est prophaner l'vsage de ce nom diuin: Mais au lieu d'iceluy on peut suiuant la science Poëtique se seruir des noms du destin, du ciel, d'Amour, de Nature ou de la fortune, ou bien le mettre au plurier, pour faire entendre que l'on parle à Iupiter, à Mars, à Phebus, à Cypris & à ces autres
Dieux

Dieux inuentez par les fables Poëtiques.

Iean Clopinel dit de Meun à fort offencé la raison en se desbordant contre l'honneur des Dames, car il dict en son Romant de la Rose, que de volonté ou d'effaict toutes les femmes sont des putains, ou qu'elles l'ont esté, ou bien qu'elles le seront: & que si elles estoient bien recherchées on treuueroit qu'elles seroient toutes de la sorte. Mais il n'a pas moins d'abus que d'irreuerance à dire ces paroles: car il n'est pas impossible qu'il n'y ait quelques femmes qui soient tellement atachées d'affection à la conseruation de l'honneur qu'elles n'aimassent mieux la mort que de l'offencer en aucune sorte, & qu'ainsi elles ne mesprisassent toutes les richesses, & tous autres apas mondains qui en toutes pars en font tresbucher à grand nombre sous les armes & les charmes du vice. C'est pourquoy la raison nous oblige de croire qu'il se treuue tousiours quelque femme de bien qui eschape de faire naufrage de son honneur parmy ces orages & nauigations du monde. Que si nous deuons adjouster foy aux histoires, nous verrons que plusieurs belles femmes ont esté recherchees d'amour, & qu'elles sont demeurees inuincibles en leur chasteté contre tous les assauts & poursuictes de leurs Amans; & que ny grandeur, ny richesse, ny beauté qui pouuoit estre en iceux, n'ont peu les desmouuoir d'estre si chastes & resoluës contre l'Amour quand il est vicieux. Mais on me pourroit dire là dessus, que ces femmes eussent esté vaincuës en ce combat si les moyens de ceux qui les attaquoient eussent esté plus grands? Et ie respondray en leur faueur, que tout de mesme qu'en vne place qui est gardee de valeureux soldats, plus les assauts sont donnez valeureusement, plus ceux qui la gardent montrent de courage & de valeur à la deffendre: que c'est ainsi de ces femmes: car leurs vertus eussent paruës plus fortes & plus glorieuses si les recherches eussent esté plus grandes & plus pressantes. Il est vray toutefois, qu'vne femme sera tres-asseuree de conseruer son honneur si elle met tout son cœur en Dieu, & qu'elle euite d'estre frequentee & sollicitee: Car il me semble que ie vois vn miracle quand ie voy qu'vne belle femme est femme de bien, & qu'elle est recherchee & veuë à toutes heures de plusieurs amans. Aussi de vouër ses desirs à Dieu comme font les ames parfaictement religieuses, & d'euiter d'estre maniee & frequentee des hommes desbordez, ce sont les voyes infaillibles dont vne femme peut conduire son honneur au Ciel : Toutesfois quoy qu'en dise ce Poëte, & l'Ariofte qui l'a suiuy assez largement en ceste menterie, comme ie diray cy apres ; la verité nous oblige de croire que le nombre des femmes de bien est tres-grand, & voire comme innumerable : Aussi les vertus font repesentees comme femmes, pour monstrer qu'ordinairement les femmes sont vertueuses, & qu'elles marient l'honneste vie auec toutes sortes de grandeurs & bonne fortune, & mesmes auec l'extresme beauté, bien que sur le subject de ce beau don de nature Petrarque chãte ainsi de sa Laure.

Due gran nemiche insieme erano aggiunte
Bellezza & honesta con pace tanta.

Voulant dire que c'est vne merueille, cesqualitez ensemble, ainsi que les grãdes vertus auec la bonne fortune: car à cause de la vanité du monde elles sont comme ennemies l'vne de l'autre. Mais sur le subject de ceste opinion Ronsard à l'imitation de Petrarque à dict ainsi en vn Sonnet pour Cassandre,

Qui voudra voir dedans vne ieunesse
La beauté ioincte auec la chasteté.

Car entre les Poëtes ce terme, *qui voudra voir*, est tousiours en jeu pour faire remarquer vne merueille, ou pour le moins quelque chose bien nouuelle. Or l'excellent Poëte Arioste espargnant les femmes seulement d'vn grain moins que n'a faict ce Clopinel, chante en son Liure du furieux, que comme il n'y a qu'vn Phœnix au monde, que de mesme il n'est qu'vne femme de bien, & qu'vne telle femme n'estant pas clairement connuë pour estre celle-la, vn chacun des hommes mariez a opinion que son espouse est ceste femme qui est ainsi la nompareille en bonté, si bien que l'on peut iuger par la, combien est grand le nombre des maris qui sont trompez de leurs femmes, si suiuant son dire, il n'y a qu'vne femme de bien au monde. Mais en contré-carrant les opinions dudit Poëte François, il luy fut respondu enuiron deux cens ans apres par vn Martin Franc natif de la comté d'Aumale, Preuost & chanoine de Lausane en Sauoye, lequel en composa vn Liure à ce subject intitulé, *Le champion des Dames*, qu'il adressa à Philippes deuxieme Duc de Bourgongne, surnommé le Bon. Mais ledict de Meun s'abuse beaucoup aussi en son Romant de la Rose, quand pour venir à la cadance de ses rimes, il iure maintenant par Sainct Denis, tantost par Sainct Thibaut, ore par Sainct Guillaume, & d'autres fois par quelques autres Saincts : car c'est prophaner le nom & la reuerance que l'on doit aux Saincts d'en vser ainsi hors de propos en vn subject du monde, outre que la perfection de la Poësie ne demande pas vne telle façon de langage, puis qu'il est tout apparant que c'est pour le seul respect de la rime que ces iuremens sont introduicts. Mais le plus extrauagant que ce Poëte ait jamais esclaté en ses escrits, se voit en son Romant de la destruction de Troye la grande, lors que parmy vne bataille qui estoit entre les

Troyens & les Grecs, il chante, qu'Hector parle ainsi au Roy Agamenon,

Agamenon par Saincte Barbe,
Vous auez vn tres-beau menton
A porter vne belle barbe.

Ces iuremens sont du tout impropres soit à le considerer pour le subject de la loy Payenne en laquelle viuoit Hector, ou pour le temps auquel il est faict: puis que c'est de tant de Siecles que le temps du Siege de Troye a precedé celuy de cette Saincte. Il est tres-necessaire que le Poëte se donne garde de confondre ainsi l'ordre des temps, & de ce qui est deub à la qualité des personnes. Mais i'ay veu qu'vn Poëte de nos iours s'est trompé lourdement ainsi en matiere de s'opposer à la verité des Histoires: Car il dict en vne de ses Tragedies qu'Alexandre le grand vainquit les François, les Alemans & les Romains: Ce qui est descrire du tout sans raison, veu que suiuant ce que nous sçauons des Histoires, ce grand Roy, ny aucun de ses Lieutenans ne fut jamais aux pays de ces trois Nations, & qu'il ne fut jamais plus pres de nous qu'autant que son Royaume de Macedoine en est voisin, & qu'il ne laissa jamais sa terre que pour aller guerroyer quelques Prouinces de Grece, & apres en Asie & en Affrique. Mais ie croy que ce versificateur a fondé ses erreurs, sur l'intelligence qu'il s'est aquise en la vieille peincture qui paroit en vn chasteau de France, où l'ignorant ouurage d'vn peinctre represente en vne part qu'Alexandre entrant en triomphe dans vne ville, les Rois d'Italie & les Romains luy offrent leurs sceptres & leurs couronnes; & continuant ses menteries en vne autre part, il faict que le Roy Daire, royalement vestu & monté à cheual, & faisant son entree triomphante en vne certaine ville, Alexandre marche à beau pied sans lance au deuant de luy. Ce qui est totalement faux: car jamais Alexandre & ce Roy ne se sont veux.

Ll iiij

Continuation de la raison qui est requise à la Poësie. Et de la priuation d'icelle en quelques vers de l'Arioste, & de quelques Poëtes François.

CHAP. XVII. Et dernier.

Ais tout ainsi que c'est vne grãde erreur aux Poëtes d'escrire des choses qui au tesmoignage des Histoires sont reputees fabuleuses & faussement controuuees contre la raison, telles que sont les opinions que i'ay racontees cy dessus de ce Poëte qui parle ainsi d'Alexandre, & telle que le iurement d'Hector audict Romant de Iean de Meun, & que celle de Virgille quand il chante que Didon estoit du temps d'Enee, & qu'il la rend criminelle d'vn peché dont elle ne fut jamais coupable : de mesme c'est vne vanité fort euentee & hors de raison, quand les Poëtes atribuent à des guerriers, ou autres personnes certains effects qui sont du tout impossibles d'estre exploictez par la nature, & par la force des hommes les plus puissans qui ayent jamais esté. L'Arioste faillit en ces deux poincts au Poëme de son Roland furieux : car au combat de Roger & de Mandricard, il dict que les tronçons des lances allerent si haut en l'air, que deux ou trois d'iceux en reuindrent allumez, à cause qu'ils auoient volé iusques à la Sphere du feu. Ce qui est impossible, veu que suiuant les reigles Astronomiques, la distance qui est entre la terre & ceste Sphere que l'on imagine estre flanquee contre la concauité du Ciel de la Lune est de quatre vingt mille lieuës Françoises, & que posé le cas que ces esclats de lance ou autres bois peussent aller si haut, & qu'ils s'y allumassent, la nature ne permettoit pas qu'ils cheussent allumez en terre, parce que durant le temps qu'ils employeroient à faire tant de chemin, & que le feu qui les embraseroit les rendroit plus legers, & par consequēt moins propres à descendre & à reuenir ça bas, ils seroient reduicts en cendre auant qu'ils eussent faict la milliesme partie d'vn si grand voyage. Mais outre ceste faute, l'Arioste en commet vne autre au mesme lieu, quand il conte qu'en tesmoignage que ces esclats de lance volerent & cheurent ainsi, Turpin l'a escrit lequel il dict auoir esté veritable en cest endroict. C'est vne alleguation fort mal à propos à luy, puis que disant que Turpin son historien a escrit au vray en ce lieu, il donne à penser que son Liure contient beaucoup de bourdes, & par ce moyen il se moque de soy mesme. Ce qu'vn Poëte ne doit jamais dire en aucune sorte pour en faire auoir opinion à ceux qui liront ses Poëmes; au contraire il doit estre si accōpagné de discretion & d'artifice, à faire passer pour vray semblable & pour chose bonne ce qu'il chante en ses fables, que ceux qui les lisent, doiuent croire d'y voir les mesmes euenemens qui sont representez en icelles; & en suicte il faut qu'il escriue de telle sorte, que la folie ne soit jamais imaginee au lieu où la grauité doit parroistre entierement. Ce Poëte se trompe aussi en descriuant vn effort que fit Roland durant les trois mois de la fureur où l'amour l'auoit reduit, quand il treuua sur les monts d'Arragon vn asne chargé de bois, auquel il donna vn si grand coup de pied sous le ventre, que le pauure animal en fut ietté si haut en l'air, que ceux qui le virent allors, ne l'apperceuoient pas estre plus gros qu'vn petit oisellet. Il dict aussi en vn autre lieu, que Roland ayant assailly vne troupe de gens-darmes de Cymosque Roy de Frise, il en tua six d'vne seule lance, en enfilant d'abord cinq l'vn apres l'autre, comme des alouëttes en vne broche. Et que le sixieme n'ayant peut estre enfilé, & emporté de la lance, à cause qu'elle n'en pouuoit plus tenir, neantmoins il en fut si cruellement blessé qu'il en tomba du cheual, & en mourut soudain. Ces effaicts si desmesurez sont impossibles à la force, & à la dexterité des hommes, & pourtant ils ne meritent point d'estre recitez que parmy la volee de quelques Rodomontades, & non point en la description que faict vn Poëte sur les valeurs de quelques cheualliers. Toutefois il ne sera que bien seant au Poëte d'esleuer si haut les valeurs d'vn cheuallier que de luy faire attaquer tout seul vne armee, l'ouurir, & la mettre en route; pourueu que cela ne soit pas escrit en plus que d'vne ou de deux pars. L'Ariofte, & le Comte de Scandian ont tenu la bonne mesure en cela, comme aussi les autheurs des Amadis: car ils attribuent par fois à leurs Heros des effects si extremes, afin de montrer par là de quelle grandeur estoit leur courage, & qu'outre cela ils estoient assistez de quelque faueur diuine.

Mais comme les Poëtes se peuuent abuser par fois à depeindre par trop determinées les prouësses des Cheualliers, tout de mesme au contraire Heliodore Euesque de Tricca s'est trompé en son Histoire des amours de Theagenes & de Cariclee: car il ne faict exploicter aucune chose de magnanime & de soldat à ce Theagenes: Mais on me pourroit dire que les valeureux exploicts n'estoient point destinez à cest amoureux, puis que ses auantures ne sont point descrittes sous vn Poëme Epique, mais bien Tragicomique; & là dessus ie respondray, que puis qu'Heliodore le porte par fois en des occasions où il pourroit montrer quelque valeur, il luy deuoit faire executer quelques grands effects de guerre: car tout gallant homme doit faire voir son courage lors que la guerre qui luy est presente, le conuie & luy donne subject d'aquerir de la gloire par les armes. Or le Poëte Arioste s'est aussi trop esloigné des reigles de la modestie, lors qu'il parle des amours de Riccardet & de Fleur-d'espine, & de celles du Roy de Lombardie & de Ioconde car les couleurs dont il les depeinct en quelques lieux sont trop bordellieres. Il est bien requis aux Poëtes d'escrire en passant suiuant le subject, les amours dont deux Amans iouyssent de leurs desirs: mais il n'est pas honneste de les figurer particullierement; car de representer ainsi iusques au fond, les vanitez d'vn affaire qui doit estre couuert du voile de silence, cela ne peut apartenir qu'aux bouffons, & à ceux qui veulent montrer par leur des-voyement qu'ils ne font aucune difference du vice & de la vertu.

Les Poëtes offencent la raison aussi, lors que parmy leurs Poëmes ils souhaitent qu'vne gloire arriue à quelque personne, en s'auantageant eux mesmes à l'intereſt de celuy qu'ils magnifient ainſi. Ronſard a failly en ceſte façon de ſouhaicts en l'Ode premiere du premier Liure, en laquelle il parle ainſi au Roy Henry deuxieme,

A vienne auſſi que ton fils
Suruiuant ton iour prefis
Borne aux Indes ſa victoire:
Riche de gaing & d'honneur,
Et que ie ſois le ſonneur
De l'vne & de l'autre gloire.

Le ſouhaict qu'il a de chanter la gloire du Roy & de ſon fils eſt bien à propos: mais le ſens du ſecond vers eſt au deſauantage du Roy, puis qu'il ſouhaicte de le ſuruiure. Car on n'eſtimera iamais vn amy pour intime qu'il ſoit, lors que parmy les louanges dont il benira celuy qu'il ayme, il luy dira que c'eſt vn de ſes plus grands deſirs celuy qu'il a de viure plus que luy. Auſſi là deſſus, on auroit bien raiſon de reſpondre à tel amy, que l'on ſe paſſeroit bien de l'effect de ſon deſir. Vn eſcriuain de ce ſiecle a erré auſſi de la meſme ſorte en ſon Liure en vn diſcours,

DE L'ART POETIQVE. 543

où il dict qu'apres la mort d'vn grand Prince qu'il louë beaucoup, il descrira l'histoire de sa vie, & qu'il ne le veut point faire durant le viuant d'iceluy. Ainsi aux despens de la vie de ce Prince il luy souhaicte quelques honneurs, & semble par là, qu'il est asseuré de viure plus que luy, ou bien qu'il a desir que ce Prince meure bien tost, afin qu'apres il aquiert de sa part quelque reputation en descriuant l'histoire de ses gestes. Les Poëtes se trompent quelquefois en alleguant des raisons, ou des comparaisons d'vne chose qui n'a iamais esté, & qui n'est en aucune façon d'auoir iamais esté par opinion mesme, comme Ronsard s'y manque en l'Ode seizieme du second Liure, en laquelle il dict ainsi à sa maistresse luy demandant des baisers,

Car en lieu de six adonques,
I'en demanderay plus qu'onques
Tout le Ciel d'Estoiles n'eut :
Plus que d'Arene poussee
Aux bords quand l'eau courroucee
Contre les riues s'esmeut.

La proposition du troisieme de ces vers

est du tout opposee à la raison: car les Cieux n'ont pas moins d'estoiles aujourd'huy qu'au iour de la creation, au moins suiuant que nous le croyons par vn iugement vniuersel. A ceste occasion il faut dire en cas semblable en se seruant de ceste similitude ainsi, *Plus que le Ciel n'a d'estoiles.* Car aussi ce monosylabe (*n'eut*) estant au bout d'vn vers est contraire à l'elegãce de la Poësie Françoise. C'est pourquoy autant pour la beauté du langage que pour le respect de la raison il faut que ceste proposition aille ainsi, *Plus que le Ciel n'a des toiles.* Mais quand on parle d'vn subject de qui les choses ont passé, on peut bien vser de ce verbe (*n'eut*) ainsi, *Plus que le Printemps n'eut de fleurs, Plus que les bois n'eurent de fueilles.* Et ainsi d'autres semblables, d'autant que les fueilles & les fleurs des Saisons passees ne sont plus. Mais les paroles de ce vers de Ronsard ne sont aucunement raisonnables, parce que comme i'ay dict, le nombre des estoiles n'est pas moindre aujourd'huy qu'au commencement du monde, & voire au contraire, il est plus grand au moins d'vne, comme on l'a remarqué de nostre temps.

temps. Car depuis quelques lustres on voit en la queuë du signe du Sepent vne estoile nouuelle, de laquelle les Astronomes des siecles passez n'auoient iamais parlé, comme ne leur estant apparuë aucunement. Ceste opinion de Ronsard pourroit estre raisonnablement deffenduë si le subject la requeroit : car on diroit que par ces Estoiles, il entend les mauuais Anges qui trebuscherent du Ciel Empyree auec Lucifer leur patron des-voyé, desquels il en est parlé en l'Apocalipse en ces termes du Dragon qui tombant du Ciel trainoit auec soy la troisieme partie des Estoiles : Mais la cause de Ronsard pour estre si mondaine & terrestre comme elle est, ne merite pas d'estre deffenduë par des authoritez prises en vn lieu sacré. L'abus se treuue aussi dans vn Poëme, lors qu'apres auoir donné sur vn subject quelques raisons qui sont du tout fortes & suffisantes d'elles mesmes, & qu'elles concluent & affirment parfaictement le sens de ce que l'on veut dire, neantmoins on les augmente sans qu'il en soit nullement besoin, vsant de redictes & d'augmentations vaines

qui par fois contredifent à ce que l'on a-
uoit propofé : car en faifant ainfi, les paroles en demeurent enlaidies par le vice
de fuperfluïté. Ronfard a erré en ce deffaut, en la quatrieme de fes Elegies, lors
que parlant à Geneure il dit ainfi,

Ie fuis dis-ie Ronfard, & cela te fuffife,
Qui ma belle fcience ay des Mufes apprife,
Bien connu d'Helicon dont l'ardant aiguillon
Me fit dancer au bal que conduict Apollon.

Puis que comme c'eft la verité, ce Poëte eftoit fi fameux & fi eftimé, il fuffifoit
de ce qu'il auoit dit qu'il eftoit Ronfard,
outre que par ce terme (te fuffife) il conclu
parfaictement qu'il n'en falloit pas dire
dauantage, & qu'ainfi il confirme l'opinió qu'il pouuoit auoir que fa reputation
fuft fi celebre, & d'autant qu'il le croyoit
ainfi, & que par la claufule de ce premier
vers il montre fi clairement que fa creance eftoit telle, il n'en deuoit pas alleguer
autre chofe. D'autre part comme il eft
vray-femblable, Geneure fçauoit bien
que Ronfard eftoit ce Poëte fi renommé
qu'il luy auoit dit, & pourtant il n'auoit

point de raison de parler des Muses,
d'Helicon, & d'Apollon apres s'estre
nommé, ou bien il ne deuoit point auoir
dit ce (*suffise*) s'il auoit enuie de parler de
ses qualitez, & de se faire connoistre par
autre moyen que celuy dont il luy auoit
fait sçauoir son nom.

Ce Poëte est superflu en vne autre part
au XXXVI. Sonnet du second Liure des
Amours, ainsi en la conclusion du sixain,

Plus ie suis abaissé, plus i'espere de gloire,
Plus ie suis en l'obscur, plus i'espere de iour;
Il vaut trop mieux mourir pour si belle victoire,
Que de gaigner ailleurs ce bon enfant Amour,
Qui blanchist, & noircist ma fortune à son tour,
Ie iure par ses traicts, & ie le veux bien croire.

Puis qu'il dit qu'il en iure, c'est vne
grande superfluïté de ce qu'il adiouste a-
pres qu'il le veut bien croire: car les sermens sont vn acte le plus pur & liquide
qui sçauroit iamais partir de la creance &
de la volonté. La conclusion de ce Sonnet n'est pas conduite de la meilleure sorte qu'il est besoin.

La raison oblige aussi les Poëtes de rapporter bien à propos la cause aux effaicts que l'on a proposez; en quoy Ronsard s'est oublié au 11. Sonnet des amours d'Heleine aux deux quatrains,

Quãd à longs traicts ie boy l'amoureuse estincelle
Qui sort de tes beaux yeux les miës sõt esblouys:
D'esprit, ny de raison, troublé ie ne iouys,
Et cõme yure d'Amour tout le corps me chãcelle.
 Le cœur me bat au sein, ma chaleur naturelle
Se rafroidit de peu, mes sens esuanouys
Se perdent tous en l'air, tant tu te resiouys
D'acquerir par ma mort le surnom de cruelle.

Puis que tous ces transports d'amour sont figurez comme procedans de la gloire qu'il a de voir sa maistresse, il n'a point de raison de dire au dernier de ces vers, que cela luy auient de ce qu'elle se resjouit de luy estre rigoureuse: car vne telle cause n'est aucunement bien referee aux effects qu'il descrit aux vers precedens, & desquels la raison du premier s'en atribuë vniquement l'origine. Il erre aussi en ceste faute en la conclusion d'vn Sonnet qu'il a faict en faueur de la Cleonice de Des-Portes, ainsi,

Ie me pasme si fort lors que ie la regarde,
Qu'il me semble qu'Amour coup dessus coup me darde
Tous ses traicts, & ses feux qu'au cœur ie sens couler.
Si ie n'ay dignement sa louange esclaircie,
La faute n'est de moy, mais de l'ame transie
,,Vn homme qui languit ne sçauroit bien parler.

La raison qu'il donne à ces trois premiers vers n'est pas receuable, car c'est le deuoir qu'il faut dire ainsi en ce subject, Ie me pasme si fort lors que ie la regarde qu'il me semble que ie suis du tout mort, tant allors Amour me blesse des traicts de ses yeux. Ces termes, il me semble qu'Amour &c. qu'au cœur ie sens couler. Ne sont pas bons ensemble : car ils se contrairient au sens qu'ils portent, veu que le premier est mis par opinion, & l'autre pour vne chose du tout certaine & experimentee. Il n'y a point de raison aussi en ce terme qui dit que la faute n'est pas de luy, mais de l'ame transie : car il semble à son dire que soit que l'ame soit contente ou affligee, elle n'est pas ce qui faict la proprieté de l'homme : & qu'ainsi luy & son ame sont

Mm iij

deux choses. Aussi il y a autant de raison en ce vers, comme il y en auroit à dire, *Ie ne l'ay pas veu, mais ce sont mes yeux.* Mais suiuant la raison & la bonne coustume des Poëtes, il pouuoit dire que la faute n'estoit pas de luy, mais bien des rigueurs dont elle a tourmenté son ame, & que son ame ainsi affligee n'a sceut si bien dire comme elle eust faict, si elle eust esté reconnuë autrement: ce sont des vices de contradictions qui doiuent estre euitez infiniement: car c'est vne grande erreur de se contredire soy-mesme de la façon. Des-Portes aussi s'est trompé en ce deffaut en la conclusion du XLIII. Sonnet du second Liure des Amours de Diane ainsi,

Puis l'element du feu, de l'air les tirera,
Mais leur humidité pourtant ne tarira,
Car des eaux de mes pleurs la source est eternelle
Ils viédront iusque au Ciel lors les Dieux de pitié
Puniront vos rigueurs, vengeans mon amitié,
Car ils me feröt sage, & vous feront moins belle.

Il a raison de dire au troisieme de ces vers que les pleurs dureront tousiours: mais il se contredit au dernier: Car si les Dieux le font deuenir sage pour le venger des rigueurs de sa maistresse, ses pleurs ne seront pas eternels: car il est impossible qu'vn hôme sage pleure tousiours. Et d'ailleurs il est à considerer icy que les rigueurs & les beautez de sa maistresse sont cause de ses larmes: Or si pour la punition de ceste belle ses beautez en soient beaucoup amoindries, & qu'en suitte de cela, il n'en soit plus transporté les voyant moins aimables, il n'en aura plus de passion, & n'en ayant plus il n'en pleurera plus: car il n'est pas possible de pleurer sans estre poussé de quelque passion. Et aussi, qu'vn homme sage pleure sans cesse, cela ne se peut nullement: car la sagesse & la nature repugnent esgalement à la continuation de cest excez de douleur. Il faut que les Poëtes soient auisez de ne se contredire iamais ainsi par des raisons qui sans raison & par oubliance sont opposees l'vne à l'autre. A ceste occasion i'employeray icy vne digression qui sera tres-conuenable en ce lieu pour la connoissance de ce suject: Car il est besoin de sçauoir qu'il y a des contradictions qui sont du tout bonnes & legitimes en Poësie, & c'est lors que de propos deliberé on propose des choses impossibles, l'vne à l'autre, comme on le peut voir en ceste Stance qui est d'vn ancien Poëte Italien,

>Son muto e parlo, è quando piango io rido,
>Son ciecco; veggio, palpo e non ho senso,
>Son sordo e sento, e tacio, e sempre grido,
>Son priuo d'intelletto e sempre penso:
>Ognun me inganna e de nessun mi fido,
>Nessun m'apprezza, e da ciascun hol censo,
>Liber son yo e son prigion d'ognuno,
>A tutti seruo e non seruo à nessuno.

Petrarque en a faict aussi vn Sonnet aux Amours de Laure, duquel les quatre premiers vers sont ainsi,

>Amor mi sprona in vn tempo, e affrena,
>Assecura e spauenta, arde e agghiaccia:
>Gradisce e sdegna, à se mi chiama e scaccia,
>Hor mi tene in speranza e hor in pena.

Ronsard à imité ce Sonnet au XII. des Amours de Cassandre, duquel en voicy le premier quatrain,

>I'espere & crain, ie me tais & suplie,
>Or ie suis glace & ores vn feu chaud:
>I'admire tout & de rien ne me chaut,
>Ie me delace & puis ie me relie.

DE L'ART POETIQVE. 553

Mais Des-Portes l'a mieux imité au XXVII. Sonnet des Amours d'Hippolyte: il est admirable entre les plus beaux que l'on sçauroit iamais faire, & à ceste occasion ie l'ay mis icy,

SONNET.

Amour en mesme instant m'aiguillonne & m'arreste,
M'asseure & me faict peur, m'ard & me va glaçant:
Me pourchasse & me fuict, me rend foible & puissant,
Me faict victorieux & marche sur ma teste.
Ore bas, ore haut, iouët de la tempeste,
Il va comme il luy plaist mon nauire eslançant:
Ie pense estre eschapé quand ie suis perissant,
Et quand i'ay tout perdu ie chante ma conqueste.
De ce qui plus me plaist ie recoy desplaisir,
Voulant treuuer mon cœur i'esgare mon desir,
I'adore vne beauté qui m'est toute contraire.
Ie m'ẽpestre aux fillets dont ie me veux garder,
Et voyant en mon mal ce qui me peut aider,
Las! ie l'appreuue assez mais ie ne le puis faire.

Toutefois il est vray que ces propos de contrarietez ont plus de grace lors qu'ils sont opposez par des raisons que l'on appelle correction, comme quand l'on dit, *Ie chante mes amours mais plustost vos beautez. O beaux yeux! mais bien vrays Soleils.* Or ce mesme Poëte à triomphé aussi en ceste autre façon de contradiction au sixieme Sonnet du second Liure des Amours de Diane, que i'ay treuué bon de ioindre icy au precedent, puis que ces deux Poëmes sont vn tres-rare & tres-parfaict exemple de ces contradictions legitimes,

Priué des doux regards qui mon ame ont rauie,
Et la vont nourrissant de mille & mille appas:
Ie vy trop mal-heureux : mais non ie ne vy pas,
Où ie vy d'vne vie à cent morts asseruie.
Las! ie vy voirement, mais c'est mourant d'enuie
De voir mourir mes maux qui iamais ne sōt las:
Aussi bien puis ie viure entre tant de trespas
Sans cœur, sans mouuement, sans lumiere & sans
   vie.
Ie ne vy point : si fay : Car s'il n'estoit ainsi,
Sentiroy-i'estant mort tant d'amoureux soucy,
Tant de feux, tant de traicts, qui tourmentent
   mon ame?
Quoy donc ie vy sans cœur contre l'humaine loy

Non, non ie ne vy point, ie suis mort dedans moy!
Helas! si fay, ie vy: mais c'est en vous Madame.

Toutes ces façons de contrarietez ainsi proposees, sont raisonnablement employees par les Poëtes en la descrition de leurs diuerses passions amoureuses. Aussi Muret a escrit aux Commentaires des premieres Amours de Ronsard, que par les raisons de ce Sonnet qui commence, *I'espere & crain &c.* Ce Poëte demontre les contraires effects qu'Amour produict en luy: lesquels nul ne peut au vray entendre, qu'il ne les ait experimentez en soy-mesme.

Mais pour reuenir au subject que i'ay icy en main, ie diray que c'est la verité que les Poëtes s'abusent quelquefois lors qu'ils font que la conclusion d'vn Sonnet ou d'vn Epigramme ne se rapporte pas aux propositions. Comme on voit cela en ceste conclusion d'vn Sonnet de Des-Portes,

Moy plus lourd mille fois, & plus mal auisé,
Sur mer à tous perils ie me suis exposé
Sans promesse d'Amour mõ guide en ce voyage.
Donc ô belle Diane! helas! asseurez-moy,

Si pour vous adorer seule ainsi que ie doy
De toute vielle erreur i'ay purgé non courage.

Les autres vers de ce Sonnet sont cy-deuant, au xv. chapitre. Or il est vray que ces trois premiers vers-icy, sont fort conuenables pour la conclusion, encore que ce terme (*Sur mer*) n'est pas assez bon, car il signifie la propre mer, bien qu'il doiue estre entendu par figure, & non pour vne simple diction : mais il seroit mieux ainsi, *Sur l'amoureuse Mer ie me suis exposé*. La conclusion des trois vers qui bornent ce Poëme, ne le rend point accomply, car il n'y a point de raison de s'enquerir si d'adorer ou seruir vne Dame suiuant que l'on y est obligé on a purgé son courage de tout erreur : Ainsi celuy qui seruant vn maistre à connoissance qu'il le sert suiuant les reigles du deuoir, ne doit pas demander si pour ce respect quelques erreurs sont encore en son ame : veu que celuy qui faict son deuoir ne peche point. Le subject de ce Sonnet est tres-beau : mais pour le construire parfaictement, il faudroit faire vn Sonnet pour ce lauement & adorement de l'Elephant, & vn

DE L'ART POETIQUE. 557
autre pour l'embarquement. Les sentences sont bien souuent vuides de raison, ou bien elles sont cause de la faire sortir des autres paroles qui les voisinent, comme en ceste conclusion d'vn Sonnet des Amours de Diane,

Les trauaux, les rigueurs, la peine & le mal-heur,
Embelliset ma gloire, & n'ay plus grād douleur
Que quād cest œil felon autre que moy tourmēte.
Ie n'ay pas toutefois perdu le iugement,
„Car on dict bien-heureux celuy qui se contente,
Et ie treuue à l'aimer mon seul contentement.

Si tous ceux qui s'estiment heureux & contens estoient sages, la sentence qui est au milieu de ces trois derniers vers yroit tres-bien : mais d'autant que generalement les fous & les insensez ont opinion d'estre les plus heureux du monde, ce n'est pas raison de dire que l'on a du iugement d'autant que l'on s'estime content en amour : car il y a trop peu de vigueur en ce subject pour en tirer vne telle consequence. A ceste occasion il faudroit que pour la raison de ceste conclusion, le penultieme de ces vers fut autrement, ou bien l'autre qui le precede. Ainſi ce quatrieme vers iroit beaucoup mieux en ceſte façon pour conclure proprement auec le ſens des autres, *Ainſi c'eſt mon bon-heur d'en auoir du tourment: Car on dict bien-heureux &c.* La façon dont vne ſentence eſt des-raiſonnable par elle meſme, ſe voit ainſi en ce dernier vers qui eſt au premier couplet des Stances que ledit Poëte fit en faueur du Roy Charles,

Ceſſe Amour tes rigueurs, mets fin à ta pourſuite
Voy que deuant ton vol ie retarde ma fuitte,
Et retourne au chemin que i'auoy delaiſſé:
Comme vn Cerf fugitif l'œil en bas ie m'accuſe,
Ie me iette à tes pieds, les fers ie ne reffuſe,
,,*Vn Dieu doit pardonner quand il eſt offencé.*

Si la ſentence de ce dernier vers eſtoit fondee ſur la raiſon, les mauuais ne ſeroient iamais punis, & les effects de la iuſtice diuine n'auroient point de lieu; veu que la raiſon ordonneroit le pardon à tous ceux qui offenceroient en quelque façon que ce fuſt. Mais quoy? ce n'eſt aucunement equitable de dire ainſi, que Dieu doit pardonner à ceux qui l'offen-

DE L'ART POETIQVE.

cent, par ce que ceste façon de parler est oiseuse & superfluë, si ceste raison n'est en suitte, *Car ils pechent par ignorance.* Ou bien ceste autre, *Car ils se repentent.* D'autant que c'est ainsi que ce terme de pardon ne se doit employer qu'en faueur de ceux qui pechent & qui se repentent, & non à l'endroit de ceux qui ne pechent point: car enuers ceux-cy, en tant qu'on les peut considerer sans estre enlaidis du peché, les faueurs diuines s'appellent graces. Mais le seul & vray temps où Dieu pardonne aux pecheurs, c'est lors qu'ils se repentent des fautes qu'ils ont commises, & qu'en la ferme deliberation qu'ils ont de n'y retourner plus, ils font penitence, & s'humillians enuers la majesté diuine, ils implorent pardon, & requierent sa grace. A ceste occasion ce Poëte eust bien dit, s'il eust fait ce dernier vers en ceste façon de raison, *Vn Dieu doit pardonner quand on s'humillie,* ou bien, *quand on demande pardon.* Car aussi les autres vers qui le precedent sont du tout admirables pour especifier vn cœur qui demande pardon, & qui se repent d'auoir failly.

Les Poëtes escriuent aussi contre la raison, lors qu'ils descriuent confusément la distance & la cituation des lieux, & les mesures du temps : Comme en ce premier subject vn escriuain moderne s'est grossierement trompé, quand il dict en vne sienne Histoire fort petite, qu'vn Cheuallier duquel il descrit les amours, ayant enuie d'aller voir sa maistresse qui estoit en Auignon, partit vn matin de la ville de Ferrare en Italie, & que le soir ensuiuant il arriua en Auignon qui estoit encore grand iour. Il le deuoit monter sur le cheual de Pacolet ou sur quelque autre cheual volant pour faire acroire qu'il fit tant de chemin en si peu d'heure. Vn autre ne s'abuse pas moins en erreur semblable, quand il conte qu'vn vice-roy de Tremisen en Barbarie desirant de se treuuer au Royaume de Hongrie aupres de la personne du grand Turc, print la poste en ladicte ville, & se treuua bien tost en Hongrie : Il semble à l'ouyr dire, qu'il n'y auoit à courir que la moitié d'vn iour, & qu'il ne falloit trauerser aucune mer. Vne autre s'est fouruoyé en la situation des lieux, quand il dict en des
vers

DE L'ART POETIQVE. 561

vers qu'il adresse à vne Princesse, que la Tamise est vne riuiere d'Espagne, qui baigne les murailles de Madril. Mais à confondre le temps d'vne sorte qu'on ny voit aucun ordre aussi peu qu'aux susdits voyages de Ferrare & de Tremisen, ces vers suiuans qui sont de l'auanture d'Eurylas de Des-Portes le marquent fort expressement,

A nuaux argentez la voute est toute peincte,
Là se voit à main droicte vne figure saincte
Du Paradis heureux des amans fortunez,
De leurs longues douleurs à la fin guerdonnez:
Si tost que le Soleil commençant sa carriere
Pour porter aux humains la nouuelle lumiere
Sera sur le midy, lors qu'on n'y pense pas,
Et que chascun s'attend à prendre son repas.

La confusion se treuue fort grande aux cinquieme, sixieme & septieme de ces vers: Car il n'est point raisonnable de specifier ainsi le temps, *Demain quand le Soleil commençant sa carriere pour renouueller le iour sera sur le midy.* Par ce que lors que cest Astre commence sa course, il n'est pas sur le midy: mais bien sur le poinct du matin, où suiuant l'estenduë

N n

de nostre Horison sa carriere est commencee. Que si le Soleil agissoit en son mouuement comme la diuinité en ses actions qui sont effectuees en vn instant, ce Poëte auroit eu raison d'auoir escrit de la sorte qu'il à faict : car dés que le Soleil commenceroit à faire sa course, il se treuueroit en vn instant d'en auoir faict la moitié, ou le tout; & ainsi le matin, le midy, & le soir se feroient tout d'vn coup: mais les parties du iour ne sont pas ainsi, ains elles vont par succession de temps. C'est pourquoy il falloit que suiuant le temps du subject qu'il traittoit, il dict ainsi,

Demain quand le Soleil refaisant sa carriere
Et dorant l'vniuers de sa viue lumiere
Sera sur le midy, &c.

C'est aussi vn propos sans raison d'attribuer vne qualité à quelque subject, comme si au moyen d'icelle, y ayant de la contradiction en ses effects, c'estoit vne merueille qu'elle y fust. Du-Bartas s'est abusé en cela au premier iour de sa premiere Sepmaine, descriuant la condition des mauuais Anges, ainsi,

Car comme il est esprit, il voit bien qu'inuisible
Les menees des grands, il sent bien qu'insensible
Leurs plus ardans desirs, & côme en pareils faits
Exercé de tout temps il iuge des effects.

Puis que c'est la nature des esprits d'estre inuisibles aux yeux corporels, & que les substances estant separees du corps voyent les choses par les yeux de l'entendement, il n'estoit pas necessaire d'adjouster à c'est esprit ce mot (*bien qu'inuisible*) puis que l'inuisibilité des esprits ne les empesche pas en aucune sorte qu'ils ne voyent les choses qui sont au monde: veu que c'est aussi bien leur nature d'estre inuisibles, que d'estre immortels, tres-agiles, subtils & sçauans. La faute que ce Poëte à faicte en ce vers est de mesme que si l'on disoit par merueille, *Ceste boule de Iaspe bien que luisante roule par terre lors qu'on la iettee.* La raison qui commence en la fin du second vers & qui tient la moitié du vers suiuant ne seroit pas aussi receuable, si on la prenoit à la lettre : car ce seroit vne merueille trop estrange en nature, que ce qui est insensible eut du sentiment à connoistre quelque chose, & mesme les desirs. Mais il faut notter que par ce mot (*insensible*) le Poëte entend seulement la priuation des sens corporels. Or il se faut souuenir que les vers qui sont entre-coupez comme le second & troisieme de ceux-là, ne sont pas des meilleurs, comme i'en ay parlé en autre part. C'est aussi vn vice bien grād aux Poëtes de ne garder le respect qui est deub aux personnes à qui l'on parle, & sur tout lors que les paroles peuuent estre aisement interpretees en mauuaise part, comme ledict Poëte s'y est abusé au second iour de ladicte Sepmaine en ces vers suiuans qu'il adresse à la Muse,

Il est temps mon amour, mon vnique soucy,
Il est temps ou iamais de desloger d'icy,
Il est temps ou iamais d'enter tes fortes ailes
Sur les lis immortels de tes vierges aisselles,
Afin que sur ton dos accortement leger
Ie puisse heureusement par les Cieux voltiger:
Ca, ça donc mõ bon-heur, ça preste moy l'espaule
Afin que là dessus des premiers de la Gaule,
I'esbrāche de ma main ce Laurier que les Cieux
Auares ont cellé longuement à mes yeux.

La metaphore de ceste presuposee Ca-

DE L'ART POETIQUE. 565

ualcade est la plus sauuage & impropre que l'on ait iamais veuë en la campagne des Muses. Car il semble qu'au lieu de ceste diuine Vranie qu'il prie, il parle à quelque cheual, & qu'il ne faut que luy tenir l'estrieu. Mais pour accomplir de toute piece vne figure si mal adressee, il ne restoit plus autre chose qu'à prier Apollon de venir d'vn costé pour luy tenir l'estrieu, ou pour luy seruir de montoir. Et dautant que la Poësie est vne peincture parlante, voyez quelle belle imagination porte en l'esprit ceste metaphore? puis qu'elle tasche de faire voir vne belle fille qui porte vn homme sur ses espaules, comme on pourroit voir cela en quelque folastre Comedie en faueur d'vn Arlequin, d'vn Zany ou d'vn Pantalon. Ceste figure ainsi formee est du tout improportionnee pour estre ainsi adressee à la Muse: Aussi Du-Bartas eust bien faict si pour le subject qu'il auoit en cest endroict, il eust demandé aux Muses le cheual Pegase, ou quelque Hyppogriphe: veu que pour voyager par les regions de l'air, l'vn, ou l'autre de ces cheuaux eust esté fort suffisant. Ce mot de

Nn iij

Gaule qui est en ces vers precedens n'est plus en vsage, & ne doit plus estre guere employé, puis que celuy de France luy à faict quiter la place despuis tant de siecles, & touchant la nullité de ce terme (*acortement leger*) i'en ay parlé au xv. chapitre de ce Liure. Mais comme on se peut mesconter ainsi d'approprier indignement les metaphores, aussi l'on s'abuse par fois de vouloir affirmer la verité des choses impossibles, par la comparaison de celles qui peuuent arriuer d'vn iour à l'autre, comme vn escriuain de ce temps qui dit dans la lettre d'vne Histoire amoureuse, que plustost qu'il change d'amour le grand Turc se fera Chrestien. Du-Bartas s'abusant ainsi en vne opinion qu'il auance par similitude, au troisieme iour de la Sepmaine susdicte, quand apres auoir descrit les merueilles du Cocos de l'Isle de Zebut, ayant nommé tant de choses en quoy les fruicts, les fueilles & l'escorce de cest arbre peuuent seruir, il dict, *Qu'il est tout ce qu'on veut, & quand Midas encor' l'auroit entre ses mains ie croy qu'il viendroit or.* Car il apporte ceste alleguation de Midas Roy de Phrygie, comme pour augmenter les merueilles d'vn arbre si rare : mais il est bien esloigné de ce qu'il veut dire, parce que cela ne signifie rien de nouueau & de merueilleux en aucune chose que ce soit d'vn tel arbre, puis que la paille' les pierres: les bois, la viande & toutes autres choses se treuuoient changees en Or, quand elles auoient esté touchees de Midas. C'est pourquoy ce ne seroit pas vne auanture ny rare, ny admirable si ce Cocos estoit changé en or par l'attouchement de ce Roy, veu que ce changement estoit commun à toute chose indifferemment: A ceste occasion ceste allegation n'est pas moins des-raisonnable que si l'on disoit, *Si la saison estoit pluuieuse ie croy que les campagnes seroient mouillees ; Si le Soleil se lenoit il porteroit le iour. Si nous estions à Paris nous serions en France.* Car il n'y a rien de nouueau en tout ce qui est proposé en ces paroles, tout le monde le connoist assez, & mesmes iusques aux petits enfans qui commencent d'auoir connoissance de ce qui se voit en cest vniuers. C'est pourquoy ce seroit trop de vanité de proposer de la sorte ces opinions, veu qu'il est impossi-

ble qu'il pleuue beaucoup &aux champs
sans que les campagnes soient humides
& mouillees: que le Soleil se leue sans apporter le iour: & que l'on soit à Paris sans estre en France, puis que ceste ville est la principale de toutes celles de ce Royaume. Mais comme i'ay dit cy dessus parlant d'Homere & de l'Ariofte, que c'est vne chose mal à propos aux Poëtes de vouloir faire acroire des effects qui sont estimez du tout impossibles quand ils racontent les valeurs de quelques Heros, Du-Bartas a failly en ce subject, au second iour de la seconde Sepmaine au Liure intitulé Babilone, où il chante en ces vers les exercices de Nemrot fils de Chus, premier Tyran,

Quelquefois il s'esbat à vaincre d'vne haleine
L'aspreté d'vn rocher qui domine vne plaine,
A fendre contre-mont vn torrent enragé,
Qui d'Hyades repeu cent ponts à rauagé,
Et d'vn flot bondissant court à bride aualee
A trauers les rochers d'vne estroicte valee,
A ratraper le traict eschapé de sa main,
A prendre à belle course ou la biche, ou le Dain.

Il y a de l'ambiguité aux deux premiers de ces vers : car de dire, *vaincre d'vne ha-*

DE L'ART POETIQVE. 569

leine l'aspreté d'vn Rocher. S'entend aussi tost de l'abatre auec le soufle, comme de le monter tout d'vne course. Et bien que ces quatre sortes d'esbastemens que le Poëte atribuë à Nemrot peuuent estre expliquez en qualité d'essay & non deffect, toutefois à cause de la possibilité du dernier, & que les autres sont tissus par les mesmes termes de cestuy-là, il semble que ce Geant effectuoit les trois autres, ce qui est vne chose extremement impossible à la force d'vn homme. Car il ne peut estre par tous les dons de Nature, qu'vne personne soit si puissante de pouuoir fendre contre mont vn torrent lors qu'il est en la fureur de son desbord, parce qu'en ce temps il va de telle violence qu'il arrache & entraine des quartiers de rochers de la pesanteur de plus de cent mille liures, & les faict rouler fort legerement au sein de la plaine, comme on le voit par fois en des montagnes de la Comté d'Auignon & du Dauphiné, & mesmes en la riuiere de l'Auuese, lors que changee en torrent par les pluyes excessiues, elle descend si terrible & violente des montagnes qui voisinent le Mont-venteux.

La bonté du langage n'est pas obseruee en ce quatrieme vers, car il faut dire, *Cent pont à rauagez*. Mais c'est bien aussi esgaler la course des pieds corporels au vol ou agilité des esprits, de conter que Nemrot s'esbatoit à ratraper le traict qu'il auoit tiré: car cela est si esloigné de ce qui est possible, que s'il se treuuoit vn homme qui courust d'vne promtitude aussi vite que le vol de l'Aigle, il n'entreprendroit pas pourtant de courir iamais apres vne fleche pour la prendre auant qu'elle eust atteinct au lieu plus loingtain où sa force la pourroit conduire, y ayant esté descochee de but en blanc. Les Poëtes se destournent aussi du chemin de l'equité, lors que pour representer quelque subject de leur inuention, ils le peignent tout autrement que la raison le requiert, & que pour amplifier trop quelques qualitez, ils en font vn monstre: en quoy ledict Poëte à manqué en son triomphe de la foy en ces deux Stances,

D'or, d'argēt, de velours la foy n'est point vestuë
Ny d'vn drap dedans Tyr en escarlatte teinct:
Ny moins d'vn subtil fard desguise elle son teinct,

DE L'ART POETIQUE. 571

Ains veut telle qu'elle est d'vn chascun estre veuë.

Só corps que la beauté du pl⁹ beau corps efface
A d'yeux comme vn Paon ses beaux membres couuers:
Yeux, qui d'vn sainct regard contemplent à trauers
Et des airs, & des cieux, l'Eternel face à face.

La façon de peindre ainsi la foy toute nuë est du tout erronnee, & sans aucun bon subject: car la foy n'est pas vn object aux yeux, ny n'est point aussi entretenuë par la veuë: ains elle se conçoit & s'entretient par l'esprit, lors que de toute sa force il se donne à croire en Dieu, & à flechir à ses commandemens. Ainsi Du-Bartas n'a point eu de raison à escrire que la foy est toute nuë, & que telle qu'elle est, elle veut estre veuë d'vn chascun: car elle est si haute & si ornee d'vne lumiere si diuine & si lumineuse que les yeux mortels ne sçauroient iamais estre si bons ny pour la connoistre, ny pour la voir. Aussi les venerables Peres Theologiens traictans de ce subject apres ce qu'en dict Sainct Paul en sa vnzieme Epistre aux

Hebrieux, disent à bon droict, *Que la verité des mysteres de la foy n'est point vne chose apparente, puis que la foy est des choses qui ne se voyent point: mais il est bien vray toutefois qu'il les faut croire.* Ils disent aussi en la glose sur le mesme discours, pour montrer que la foy n'est point vn subject de la veuë, ou de la raison humaine, *Que la foy n'a point de merite lors que l'humaine raison y est portee par les experiences.* Toutefois quelqu'vn me pourroit dire que du Bartas a parlé poëtiquement en descriuant ainsi la foy en ses vers, & que parauenture vn autre ne sçauroit mieux faire. Et ie respondray là dessus, que c'est bien raisonnable que les choses qui sont representees par les Poëtes soient maniees par vne façon qui soit selon l'Art & les formes ordinaires Poëtiques, & qu'ainsi elle soit autre que celles dont les autres sciences & disciplines discourent de leurs subjects, & qu'à cest effect il faut que les Poëtes se seruent de la peincture des fictions pour figurer la verité des choses. Mais pourtant il est requis que ces feinctes ne proposent iamais des subjects auec vne forme du tout contraire à ce qui est de la verité : car on peut bien descrire auec difference; mais non pas auec vne extreme contrarieté. A ceste occasion Du-Bartas eust suiuy les reigles de la Poësie, & l'honneur que l'on doit au vray, s'il eust dit que ceste foy qu'il esleue ainsi en triomphe, estoit si belle & si brillante de lumiere qu'elle surpassoit de beaucoup la clairté du Soleil, & que par ce moyē, les yeux des humains se treuuoient du tout esblouys quand ils taschoient de la voir, & que les seuls esprits qui pour estre du tout vouëz à Dieu, auoient les yeux douëz d'vne grace & d'vne lumiere angelique, la pouuoient contempler & voir clairement. Ainsi il eust satisfaict à la verité de la Religion, & à la raison Poëtique : Aussi ce Poëte se condamne bien luy-mesme audit Poëme, quand il chante qu'au deuant du char triomphant de la foy, la raison humaine marche esclaue : Car qu'est-ce que ceste raison humaine ? que les opinions & fausses propositions des Heretiques lesquels veulent assubjectir les mysteres de la foy Chrestienne à la mesure des sens, comme si ceste vnique & diuine creance estoit vn subject palpable & visible, & que comme en toutes les parties de la Philosophie naturelle, il fust loisible d'en douter, disputer & d'en tirer esclaircissement par des preuues & raisons humaines. Mais apres que ce Poëte à dit que le corps de la foy est si beau, qu'en beauté il surpasse tout autre corps, il ne permet pas qu'il demeure long-temps en ceste beauté, sans luy attribuer vne laideur extreme, & vne defformité nompareille, puis qu'il à raconté au vers suiuant, que les membres de ceste celeste guerriere sont tous couuers d'yeux : car c'est representer vn monstre & non pas vne Deesse du Ciel. Et comme c'est assez aux humains d'auoir deux yeux pour bien voir, il suffisoit à ce Poëte de dire que les yeux de la foy sont si bons & de telle vertu qu'ils contemplent l'Eternel en la façon qu'il dit : aussi comme dit Ronsard, de remplir vn discours tout de sentence, c'est vne monstruosité, comsi la teste se treuuoit couuerte d'yeux de toutes parts. Argus aussi auec les cent yeux qu'il auoit, n'eut pas tant d'esprit que Mercure qui n'en auoit que deux. Mais outre l'impertinence qui se treuue

DE L'ART POETIQVE. 575

à representer ainsi la foy auec tāt d'yeux, & qu'en ceste fiction on la considere du tout effroyable & monstrueuse, veu que si vn corps estoit tout couuert d'yeux, il seroit le monstre le plus horrible que l'on ait iamais veu, & tel que nul ne sçauroit auoir patience à le regarder, ce Poëte descend d'vn erreur à l'autre: car en disant que la foy à les membres tous couuers d'yeux comme vn Paon, il se trompe extremement en ceste comparaison: car il ne dit pas ce qu'il veut dire, parce qu'vn Paon n'est pas fourny d'yeux plus que nul autre des animaux: & s'il les veut entendre par les rouleaux colorez d'or & d'azur qui brillent en la queuë de cest oyseau, il ne s'abuse pas moins pour cela; car ces diuerses couleurs dont les plumes de la queuë du Paon sont esclattantes au bout, tant s'en faut qu'elles soient de vrays yeux, que mesmes elles ne le sont pas en ce qu'on les peut desirer en vne peincture passablement elabourée: tellement qu'il se treuue tousiours beaucoup d'incongruité en ceste comparaison; & en ceste sorte, elle est inutille auec l'erreur de son subject. Ainsi donc il faut dire suiuant la raison que du-Bartas n'est aucunement en ces deux Stances ny bon Theologien, ny bon Poëte.

Les Poëtes faillent aussi quand ils mettent vn terme de preference en vn lieu, où il n'est pas besoing, comme a faict Garnier au premier acte de la Tragedie d'Hippolite, où l'ombre d'Egee parle ainsi contre Thesee,

Tu brigandes Minos, & courſaire, luy pilles
Auecque ſes threſors ſes deux plus cheres filles.

Puis que ce Roy de Crete n'auoit que deux filles, cest auerbe de (*plus*) est superflu : car il est tousiours en vn propos à seruir de consequence qu'il y a quelque chose dauantage que ce que l'on dict. Puis donc que ce Roy n'auoit que deux filles il suffisoit de dire seulement (*ſes filles*) ou bien *Phedre & Ariadne*. Quelques vns se trompent aussi en vn subject semblable, lors qu'ils disent, *ſon fils le plus aiſné, le plus aiſné de ceſte maiſon, le plus meilleur de tous ſes enfans.* Car ils ne se prenent pas garde que ce mot (*aiſné*) signifie celuy qui est le plus agé, ou le premier né d'vne famille. Ce mot de (*meilleur*) est le terme superlatif

DE L'ART POETIQVE. 577

latif en cas de bonté, tout ainsi que (*majeur*) en celuy de grãdeur d'Estat, & si biẽ qu'il n'est pas besoing de les accompagner de ce (*plus*). On s'abuse aussi lors que l'on faict qu'vne personne sacree profere vn terme qui est du tout contre la teneur de son cœur & de sa religion, comme ce Poëte faict parler le Prophete au premier acte de la Tragedie des Iuiues, ainsi,

Ingrate nation, tu as sur les hauts lieux
Osé sacrifier à la Royne des Cieux.

Ce n'est point raisonnable de faire qu'vn Prophete profere si distinctement ce terme de *Royne des Cieux*, puis que par iceluy Iunon qui auoit esté idolastree est entenduë : car en disant cela de la sorte, il semble qu'il auouë que ceste Iunon soit vrayement Royne des Cieux. C'est pourquoy il deuoit accompagner ceste (*Royne*) de quelque adjectif comme, *feincte, fabuleuse, imaginaire*. Et ainsi en condamnant ouuertement l'erreur des Iuifs, il eust parlé proprement suiuant ce qui estoit de son cœur. On se trompe aussi, quand on attribuë quelques effects à la valeur d'vne autre personne que celle à qui les Poëtes qui premiers en ont parlé les ont assi-

Oo

gnez: Le Poëte susdict faillit en cela, suiuant ce qu'il faict dire au secõd acte de la Tragedie de Bradamante au Duc Aymon qui parle ainsi à Renaud son fils.

Ha! que ne suis-j' au temps de ma verte ieunesse,
Quand Mambrin esprouua ma force dõteresse!
Que i'occis Clariel dont les gestes guerriers
Se faisoyent renommer entre les Cheualiers!
Que le geant Almont de qui la teste grosse,
Et les membres massifs ressembloyent vn Collosse
Abatu de ma main à terre tomba mort,
Et ma gloire engraua dessus l'Indique bord!
Vous n'eussiez entrepris ce que vous faites ore,
Combien que ie me sens assez robuste encore
Pour vous bien bourrasser.

La raison est offencee par deux fois en ces vers: car suyuant le Poëte Italien Aspremont, qui a composé vn liure, où il descrit la naissance & les premiers faicts d'armes de Roland & de Renaud de Montauban son cousin, on treuue que Mambrin fut tué de Renaud, & Almont de Roland; sur lesquels Sarrasins vaincus, ces deux Cheualiers Chretiens conquirent ces heaumes enchantez desquels l'Arioste en parle souuent comme aussi le Comte de Scandian en son Roland l'amoureux, qui est le Poëme qui suit les subjects qui sont proposez en celuy dudit Aspremont, tout de mesme que l'Arioste enfile sa poësie dans les propositions de ce Roland l'amoureux. Il se treuue deux fautes aussi au neufiesme de ces vers : car l'ordre du temps & la mesure de la Grammaire ny sont pas: c'est pourquoy il faut dire ainsi à cest effect : *Vous n'auriez pas entrepris*, ou bien ainsi ; *Vous n'entreprendriez pas*. Ce verbe de *bourrasser*, qui est au dernier de ces vers n'est pas bon François, mais il est forgé sur le modelle d'vn terme Prouençal: car on dit au langage de Prouence quand on menace quelqu'vn, *You vou bourraray*, &c. La raison est offencee aussi chez les Poëtes, quand on parle improprement des effaicts de quelque chose, comme celuy qui dict en vne Elegie que les yeux de sa maistresse sont si doux qu'ils enflament les cœurs embrasez. Car de dire, *enflamer vne chose embrasee*. Ce n'est pas moins de superfluité & d'extrauagance, que de se vanter d'auoir faict vn grand effort pour s'estre saisi d'vn Chasteau qui n'estoit deffendu de personne, ou bien d'auoir enfoncé vne porte qui estoit ouuerte, ou bien de dire, qu'apres auoir esté fort moüillé pour estre cheut dans vne riuiere, suruint vne pluye qui le moüilla vn peu. Car de prendre auec grand effort vn Chasteau qui n'est point deffendu, d'enfoncer vne porte ouuerte, & d'estre moüillé de la pluye apres estre sorty d'vne riuiere où l'on seroit tombé, c'est la mesme chose que dire, *d'auoir enflamé vne chose embrasee.* Ce versificateur s'est fort abusé dans vne Elegie, quand il a dict, *Que ses larmes amoureuses ont rendu sensibles les montagnes & les Lyons.* Car il est bien vray que suyuant les reigles & le pouuoir de la Poësie, On peut chanter que les montagnes & les plus dures roches peuuent estre renduës sensibles à la plaincte des Amoureux, ou de quelque autre personne qui se lamête, veu que les roches & les môtagnes n'ont que l'estre simplement: mais de chanter que les Lyons en soient rendus sensibles, cela ne sçauroit estre bien dict en bonne Philosophie; non plus que touchant ce que la Poësie requiert : car ils les sont desia, par ce qu'ils ont l'ame sensitiue : mais c'est tres-bien à propos de dire que les plainctes ont esmeu à pitié les Lyons, les Ours & autres furieux animaux : car il n'est pas impossible qu'ils puissent estre touchez de quelque traict de commiseration. Il est raison aussi que le Poëte s'abstienne d'escrire de ces conceptions trop hiperboliques, qui figurent des chimeres & des choses que la majesté de la Nature ne sçauroit souffrir : comme sont les effects qu'vn amoureux attribuë ainsi aux yeux de sa maistresse par vn Sonnet, *Belle de qui les yeux pleins d'vne claire flame, Mettent les Dieux en cendre, & bruslent le Soleil.* Ce sont des imaginations des-reiglees & trop fantastiques, de dire que les yeux d'vne Dame ont des effects comme cela si contraires à l'honneur & au pouuoir de la Nature. On peut bien dire que les yeux d'vne maistresse bruslent d'amour les Dieux & le Soleil, que les astres admirent leur beauté, que le Soleil emprunte ses plus belles flames des rayons & des amours qui brillent en ses yeux, & que le monde & les Dieux meurent de leurs amours: mais de parler ainsi d'abord de ces cendres & de ce bruslement, c'est vn mensonge trop extrauagant & insupportable. Vn autre Poëte de ce temps ne s'abuse pas moins que cest Amoureux, car il dict en vne chanson, que son amour est si grand & d'vne si forte duree, que comme le temps n'est qu'vn petit grain d'Arene au prix du Ciel, & que le Ciel n'est aussi que ce grain au prix de l'Eternité, que de mesme l'Eternité n'est qu'vne petite bluette de feu, & vn petit grain de sablon à comparaison de son amour. C'est vne prodigieuse reuerie de proposer en ses vers des raisons si extremement ennemies de la verité & du vray semblable. L'Hymne qu'Alexandre de Pontaimery à composé, se voit entraué sur le sueil de la porte, d'vn embarrassement non guere moins fantasque & des-reiglé que cestuy-là: car il dict, que l'Eternité domtee par ses escrits, bronchera sous la gloire de celuy auquel il dedie ce Poëme.

Mais touchant quelque subject de

guerre que le Poëte pourroit traicter, il doit obseruer que toutes les comparaisons qu'il fera, soient prises sur des choses honnestes, ou magnifiques : car de comparer vn cheuallier qui entre furieux dans vn vacarme à vn chat qui se iette sur vne souris, la comparaison est ridicule, le comparer aussi à l'Araigne qui s'eslance sur quelque mouche qui est tombee en ses toiles, c'est la mesme chose en indecence : mais en le comparant à l'Aigle, ou bien au Lyon il escrira bien à propos : Et ainsi pour tout autre subject qui porte anec soy le respect & la gloire, vn Poëte doit comparer les seules choses qui sont honorables : Car de fonder ses comparaisons sur des remarques qui sont infimes & abjectes c'est contre la nature de la Poësie. Et c'est ainsi, que le but du Poëte est la delectation & l'admiration que ses œuures doiuent apporter aux Lecteurs ; mais celuy des bouffons & des farceurs est la risee & la resiouissance desreiglee à ceux qui les entendent. A ceste cause, il faut que le Poëte escriue tousiours auec proprieté & bien-seance, n'entremeslant iamais dans ses vers aucun traict de bouffonnerie ou de propos tant soit peu deshonneste : ains suiuant l'age, les qualitez & le rang des personnes proposer les paroles, les gestes & les fortunes qui leur appartiennent. Or entre quelques escriuains qui se sont abusez à n'obseruer pas ceste raison, vn Poëte de ce temps s'y mesconta en vn Cartel qu'il fit pour vn combat de la barriere : Car il disoit en iceluy que les Paladins Roland & Roger estoient sortis des Enfers au bruit des Cartels des Cheualliers qui estoient les tenans de ce Combat: En quoy ce Poëte erroit grandement : car on doit tousiours assigner au Ciel ou bien aux champs Elysees la demeure & le seiour des bons Heros.

C'est aussi vne chose tres-necessaire aux Poëtes de ne s'entremesler iamais d'escrire des Histoires en vers, comme quelques vns de ce temps se sont lourdement abusez de faire ainsi ; suiuant en ces erreurs les traces de Claudian, de Lucain & d'autres versificateurs Latins qui ont descrit des Histoires en vers. Mais pour employer dignement les vers auec l'Histoire, il faut imiter les Poëmes Epiques d'Homere & de Virgile, & fuiuant l'artifice & l'ornement que deux Autheurs si diuins ont obseruez en leurs ouurages, accompagner de mille choses feinctes & vray semblables ce qui est de la verité de certains subjects particulliers, & non pas dresser tout au long des Chroniques en vers. car le labeur & la tissure de reciter purement & au vray ce qui est auenu d'apparant & d'insigne sous le reigne ou gouuernement d'vn Prince, sont vn affaire qui n'appartient qu'aux Historiens, & lesquels sont obligez d'escrire en prose. Mais ie treuue bon de dire icy, que tout ainsi que les Poëtes ne doiuent iamais s'empescher à faire de l'Historien en leurs Poëmes, afin de ne dresser vne Chronique au lieu d'vne Poësie; de mesme les Historiens ne doiuent point se mesler à faire les Poëtes en leurs proses & narrations. En quoy certains Historiagraphes qui ont escrit despuis cent ans en ça, ont excessiuement fally: Car on en voit qui s'esloignans du vray sentier de l'Histoire, où il est requis de dire la verité simplement, se sont esgarez aux destours des affections particullieres, & se laissans ainsi transporter au vent & à la fureur d'vne passion inconsideree, ont escrit maintenant en Aduocats, tantost en Poëtes, ore en Comediens, & vne autre fois en Philosophes esgarez ; & si bien qu'au lieu d'auoir composé vne Histoire bien veritable & sincere, leurs Liures ne sont autre chose qu'vn procez, vne Eloge & vne Satyre en faueur des Princes dont ils narrent les fortunes, & desquels ils sont subjects ou pensionnaires, & s'engageans ainsi par trop à la partialité, ils esleuent & glorifient impudement iusque au Ciel, & comparent à toutes les valeurs d'Alexandre & de Cesar la prinse de quelque Chasteau qui se fera rendu sans coup ferir, & taisans malicieusement quelques valeureux exploicts que les ennemis auront faicts, & se fourrans illicitement à descrire les secrets mouuemens des plus interieures pensees, ils representent les volontez & les entreprises des vns toutes glorieuses, sainctes & iustes, & celles des autres toutes barbares, estrangeres & tyraniques ; comme si quelque Ange du Ciel leur en auoit porté les memoires de Paradis, & que ce fust raison d'escrire vne Histoire auec vne plume conduicte par vne affection autant passionnee pour le respect d'vn seul, comme obligee à representer sincerement la verité des choses qui sont auenuës.

Et dautant que d'escrire d'amour & à la gloire des beautez d'vne Damoiselle, c'est vne chose qui est presque aussi ordinaire aux Poëtes, que les roses à fleurir au Printemps : Ces nourriçons des Muses doiuent estre soigneux de faire que leurs Poësies amoureuses aussi bien que toutes autres, soient descrittes auec honnesteté, & si bien que si l'on escriuoit en faueur d'vne Minerue on n'escriuist pas auec des termes plus recommandables à l'honneur & à la vertu mesme. C'est de la sorte que les escrits amoureux doiuent estre formez, afin de n'en auoir iamais du regret, car on ne se repent iamais d'auoir bien faict : mais de mettre en lumiere des vers qui publient & magnifient les vices & les affections desprauees; c'est au lieu d'vn beau Chasteau bastir soigneusement vne forte & tres-obscure prison, afin de s'y enfermer à l'auenir pour y languir auec les tourmens & les geines des ennuis & des repentances. Or pour escrire d'vne façon que la vertu ne s'en trouue iamais offencee, il faut aller au train des amoureuses Poësies que Petrarque à composees en faueur de Laure Damoiselle d'Auignon: Car ce sont des vers où l'honneur brille par tout aussi bien que les amoureux desirs. C'est ainsi qu'il est requis de suiure la forme que ce Poëte Florentin à tenuë en la descrition de ses amours si l'on veut assembler la gloire auec le repos de l'ame en l'ouurage des Poësies qui traittent de ces affections amoureuses.

Or ie diray bien à propos en suitte de ce discours precedent, que celuy qui est d'vn esprit naturel à la Poësie, doit se gouuerner tousiours si bien, que la vertu ait tousiours sa demeure en luy, & qu'il n'offence iamais en ses escrits l'honneur & la modestie pour aucun subject que ce soit qu'il pourroit auoir en main. Il doit estre aussi auisé à ne s'esgarer iamais en ceste vaine opinion de laquelle certains versificateurs de ce siecle se flattent & s'orgueillissent: Car on en voit quelques vns qui sont si estrangement agitez d'vne fausse imagination, qu'ordinairement en toutes parts, ils sont les fantasques & les capricieux, cuidans que par leurs actions volages & des-reiglees, ils feront aquisition de la reputatiõ de gens d'excellent sçauoir, & de Poëtes de grand esprit: mais ils s'abusent par trop en ce dessein, car la valeur de la Poësie, ne consiste pas à faire ainsi du furieux, du frenetique & du particullier Diogene: mais bien en la belle & parfaicte composition des Poëmes où la beauté des vers, & l'excellence des raisons reluisent esgalement. Aussi au lieu que ces orgueilleux, ces rimeurs esgarez aquierent par ces bisarreries le renom de grands Poëtes, ils ne gaignent autre chose que le surnõ de grands fous & de pedans sans ceruelle, & de se rẽdre odieux & insupportables dés lendemain qu'on les à veux la premiere fois. Il est bien vray qu'vn Poëte à besoing de la solitude lors qu'il veut sortir de son esprit les idees que la nature Poëtique y a formees; mais apres cela, il est obligé d'estre modeste & autant arresté qu'autre personne que ce soit: Car aussi en toutes pars la renommee d'vn homme discret est beaucoup plus belle que celle d'vn eſtourdy pour ſcauant qu'il ſoit. Or le Poëte qui ſe voit abondamment enrichy de ce don de Poëſie que la Nature influë aux eſprits, doit embellir & augmenter ce don au moyen de l'amour & de la poſſeſſion des bonnes mœurs, & de ſon cœur enuers Dieu : Car en fin parmy tous les plaiſirs dont le monde peut charmer & contenter les deſirs humains, il faut ſe ſouuenir touſiours que l'on eſt Chreſtiẽ, & que la principale fin de l'homme n'eſt pas en ce monde, & que viuant au monde, il faut encore mieux viure en Dieu. Auſſi plus l'eſprit d'vn Poëte s'eſloignera des imperfections de la terre, plus il entrera en l'aquiſition des richeſſes du Ciel, & plus il ſe garantira de trebuſcher ſous les vices, plus il connoiſtra que ſon ame ſera eſleuee en la faueur & en la gloire des Muſes : Car ces Deeſſes qu'à bon droict les premiers Poëtes ont eſtimees Vierges à cauſe de la vertu, ne communiquent point leurs faueurs aux ames vicieuſes, mais c'eſt tant ſeulement aux vertueuſes auſquelles leurs threſors plus recommandables ſont deſpartis liberalement. C'eſt pourquoy tout ainsi que le Poëte doit faire estat d'aquerir tousiours les sciences par la lecture des bons Liures, & de la frequentation des gens qui sont ornez de sçauoir & de vertu ; de mesme, il doit fonder ses plus chers plaisirs à s'illustrer de vertu, afin qu'outre le bien qu'il aura de viure ainsi, son naturel Poëtique ait tousiours plus de force & de moyen à s'esleuer au Ciel, & d'escrire auec plus de repos & de perfections les subjects de ses conceptions & de ses desseins.

Et dautant que c'est aux labeurs & aux difficultez que les moissons de l'honneur sont recueillies, & qu'ainsi la peine & les choses difficiles sont le champ de bataille de la vertu : Ie prieray à tous amoureux de Poësie, de ne s'ennuyer pas de ce que i'ay proposé en ce Liure tant de reigles pour estre obseruees en l'Escole des Muses & d'Apollon : Car vne science ou discipline si haute que la Poësie, ne sçauroit estre exercee parfaictement sans vne tres-exacte obseruation de reigles tres-pures & inuiolables ; & qui toutefois ne pourroient estre descrittes entierement ; puis que la Poësie ne despend pas moins de la viue vertu & du bon deſtin de la nature, que des preceptes, & que comme i'ay dict au commencement de ce volume, elle eſt vn don de Nature perfectionné de l'art. Mais puis qu'il eſt temps de donner à ce Liure ce qui luy eſt deub, ie le finiray icy, auec ceſte priere que i'adreſſe à tous ces cœurs genereux qui honorent les Muſes, de me fauorir à receuoir en bonne part tout ce que i'ay dict en ces eſcrits: puis que l'affection que ie porte à la vertu, & à la Poëſie Françoiſe a eſté la ſeule cauſe qui m'a faict entreprendre de conſtruire de mon labeur les diſcours & les reigles de ceſte Academie.

Fin de l'Academie de l'Art Poëtique.

QVIS ALTIVS COELO?

NAISSANCE ET
offrande d'Amour.

STANCES.

CE n'est pas vn desir des communs de la terre
Le desir qui m'enflame en l'amoureuse guerre,
Mais bien vn doux amour qui volant vers les Dieux:
Et comme enfant sacré d'vne Venus celeste,
Aux esclats de ses feux m'apprend & manifeste
Les gloires que l'esprit recherche dans les Cieux.

Cest immortel Amour en sa flame diuine
Comme se ressentant d'vn si digne origine
Me remplit d'vn penser de si noble destin:
Que voyant la beauté qui me le donne au monde,
Tout en diuins pensers en mes flames i'abonde,
Pour mediter aux Cieux en son ouurier diuin.

Mais entre les beautez sur-humaines merueilles,
Qui decorent ma belle en graces nompareilles
Les beautez de l'esprit la font si renommer:
Que d'esprit & de corps la faisant voir Deesse,
Vaincu de ses beautez à part moy ie confesse
Qu'on ne la sçauroit voir & ne la point aimer.

Voila de quelle grace, & de quelle victoire,
Les beautez de madame ont la force & la gloire
Pour me vaincre d'Amour & me combler d'honneur:
Que si pour l'aimer trop i'endure vn peu de peine,

P p

Ceſte peine eſt d'amour & de gloire ſi pleine,
Que plus i'y ſuis preſſé plus doux eſt mon bon-heur.
　　Ses ſouſpirs, ſes façons & ſon dire angelique,
Ses mœurs, & ſes deſirs où tout honneur s'applique,
Et les rais que ſes yeux influent dans les cœurs:
Sont des perfections dont ce Soleil des Dames
Ainſi qu'en ſe iouant ſçait ſubiuguer les ames,
Et ſurprendre l'Amour ce vaincueur des vaincueurs.
　　La grace, & le ſçauoir dont ſon ame eſt remplie,
Et la diſcretion qui la rend accomplie,
La font d'vn tel honneur iuſque au Cieux eſtimer:
Que ſi par ſes beautez eternelles Carites
Amour ne m'auoit pris à ſeruir ſes merites,
Aumoins pour ſes vertus ie la deurois aimer.
　　Heureux trois fois mon cœur, puis qu'vne telle Dame
En l'allumant ſi bien d'vne celeſte flame,
Luy faict voir que l'amour eſt vn bien immortel:
Auſſi dés que ie vis ceſte beauté ſi belle,
Mon cœur auparauant ſi froid & ſi rebelle,
Tout bruſlant de ſes feux s'offrit à ſon autel.
　　Si donc telle beauté triomphe de ma vie,
Si le but de ſa gloire eſt toute mon enuie,
Si mon cœur par ſes yeux iuſque aux Cieux entreprit:
Ne doy-ic pas l'aimer, & la ſeruir ſans ceſſe,
Et l'ayant à iamais pour gloire, & pour maiſtreſſe,
Offrir à ſon beau nom les biens de mon eſprit?
　　Prouence heureux Pays des plus Royales villes,
En qui le Ciel plus doux & les mœurs plus ciuilles
Font la gloire des Dieux icy bas rayonner:
Que l'honneur de ton nom s'augmente & renouuelle!
De ce que la Nature en te donnant ma belle

De ses plus beaux thresors te voulut couronner!
Que d'vn feu glorieux mon ame fut esprise,
Dés qu'Amour se vouant à si douce entreprise
Par cest Astre si doux se fit maistre de moy!
Mais d'vn amour si grand mon cœur luy sert de temple
Que plus ie voy ses yeux, plus mon ame y contemple
Vn subject tout diuin qui me transforme en soy!
O beauté de nostre âge! ô belle Cleanmie!
Toute mon cœur, mon bien & ma douce ennemie,
Prenez en mes souspirs vne gloire des Cieux:
Si suiuant de l'Amour les vœux & les victoires
Vous cherchez en mon cœur autant d'heureuses gloires,
Que mes feux ont d'amour en adorant vos yeux.

LOVANGES D'VNE BEAVTE' ET de l'amour dont elle est aimee.

STANCES.

Amour pour m'asseruir aux loix de son Empire
Esleue mon esprit vers le Ciel de vos yeux:
Ou de si beaux desirs sa lumiere m'inspire
Que i'en aquiers en terre vne palme des Cieux.
Ainsi vos yeux si beaux d'vne diuine flame
Me despartent la gloire en me donnans le iour:
Car vos regards si doux font sentir à mon ame
Auec mes passions vn paradis d'Amour.
Soudain que ie vous vis ie me vis vostre prise,
Dans les mains de l'Amour qui combattoit pour vous:
Mais i'ayme tant vos yeux en si chere entreprise,
Que plus ils me sont fiers, plus ie tien qu'ils sont doux.

Pp ij

 Beautez douces prisons de la veuë & des ames,
Qui d'attraicts, & de feux blessez & encheinez:
Au tour de vos amours, aux douceurs de vos flames
Vous bien-heurez mon cœur & si l'emprisonnez.
 Beaux yeux, beaux cheueux blons, clair front, riante bouche,
Tous vos attraicts si doux s'unissent contre moy:
Et leur flame d'amour si doucement me touche
Que moins i'y voy d'espoir plus i'augmente ma foy.
 Douce & diuine voix, amoureuse merueille,
Vous m'endormez l'esprit & me donnez le iour:
Car aux effects plus dous ceste bouche vermeille
Paroit vn Paradis de beautez & d'Amour.
 Esprit de ces beautez, ame toute diuine,
Lisez en mes souspirs l'histoire de mon cœur:
Et vous verrez qu' Amour qui par vous m'illumine
Des rais de ces beaux yeux s'establit mon vaincueur.
 O presents de Venus! beautez de ma Deesse!
Ie voy qu'en vos rayons qui font plus beau le iour:
Vous dittes entre-vous ce propos de liesse,
Qui peut nous admirer & ne mourir d' Amour!
 Aussi ie meurs pour vous, ô beautez de Felise!
Et c'est par vos amours que mon cœur en mourant
D'vn bon-heur amoureux sa vie immortallise,
Et qu'en blessant mon cœur vous l'allez secourant.
 La beauté par vos yeux s'esmerueille & vous aime,
Et par vous le bien-dire à sçeut charmer les Dieux:
Aussi vous reluisez diuinement extreme
Pour rauir en amour les ames & les yeux.
 De vos yeux si diuins comme de l'œil du monde
Se seruit en nos iours le berceau du Phenis:

Puis que vostre splendeur de gloires si feconde
Possede en ses beautez des amours infinis.
    C'est par vos yeux aussi que le glorieux Aigle
Retient sa veuë en vous aussi bien qu'au Soleil:
Et que de ses regards vos yeux estans la reigle
Vous seruez à ses yeux d'vn Astre nompareil.
    Mais au iour glorieux de vos beautez premieres,
Qui ne peut s'embraser des plus diuins flambeaux?
Qui n'admire en vos yeux les plus hautes lumieres,
Puis qu'ils sont les plus doux ainsi que les plus beaux?
    Aussi pour vous aimer ma flame est immortelle,
Ma peine en vous seruant m'est vn loyer fort doux:
Et sans fin sur le sort mon amour sera telle
Que tousiours prés ou loing ie n'aimeray que vous.
    Angelique beauté, doux amours & miracles,
Rien que vous n'a mon ame, & ne plaist à mes yeux:
Vos feux, & vos regards me sont autant d'oracles,
Pour me donner l'amour, & me donner aux Cieux.

Preuue de l'eternité d'vn Amour.
SONNETS.

Iurant par vos beaux yeux ma lumiere si belle,
Que mon cœur vous adore en immortallité:
Vous dittes que mon dire est sans proballité.
A vous faire auouër que mon amour soit telle.
    Mais puis qu'en infiny mon amour est fidelle,
Qui peut voir vne fin à ma fidellité?
Car c'est de l'infiny la propre quallité
D'arrester son destin en constance eternelle.
    Puis donc que l'infiny, franc de tout changement,

Ne peut auoir repos, estre, ny mouuement,
Qu'en soy pour son essence, & du tout par soy-mesme.
　Auoüez que mon cœur en ses feux amoureux,
Ne sçauroit se mouuoir que pour eux, & par eux,
Ny vous aimer sans fin que d'vne amour extreme.

Contre la deffiance d'vne Dame.

QV'en aimant vos beautez ie supporte de peine!
　Que ie treuue en aimant vne estrange destour!
Mon cœur gele de crainéte & se brusle d'amour,
Tant ma crainéte est cruelle, & ma flame certaine.
　Las! on dit qu'en Affrique on voit vne Fontaine,
Dont l'onde est du tout froide au plus ardant du iour,
Et durant que la nuiét sur nous refaiét son tour
Son cristal tout bruslant bouillonnant se demeine.
　Mais vostre deffiance, & l'effort de vos yeux,
D'vn effort plus pressé me suiuans en tous lieux
M'eternisent la glace & les feux dedans l'ame.
　Car c'est par vostre doute, & par vostre œil vaincueur,
Que ie voy iour & nuiét au profond de mon cœur
La glace pour la crainéte, & pour l'amour la flame.

En faueur d'vn present de cheueux.

O doux gage d'amour! ô present de ma belle!
　Que vous estes aimable & diuin à mes yeux!
C'est par vous que i'appren que l'amour & les cieux
Ont finy les rigueurs de ce cœur si rebelle!
　Mais quoy? n'estes vous pas ô richesse immortelle!
Ces thresors si brillans la couronne des Dieux?
Car vous estes si belle & si douce en tous lieux,

Que rien n'est icy bas dont la beauté soit telle.
  Ou bien estes-vous point ô beaux nœuds espanis!
Les rais que le Soleil verse au lit du Phenis?
Car vous me renflamez auec vostre lumiere.
  Mais quoy? ne voy-ie-pas ô beau lien vaincueur!
Que vous estes du poil de ma belle guerriere,
Pour m'encheiner le bras aussi bien que le cœur.

D'vn amour tenu recellé.

Las! ie brusle d'Amour, & parmy ses efforts
Ie tien couuert le feu qui me consume en l'ame:
Et qui tel que le foudre en sa celeste flame
M'é tourmente au dedans sans paroistre dehors.
  Aux regards, aux souspirs tesmoins de mes transports
Amour veut bien montrer de quel traict il m'entame:
Mais mon feu retenu du respect de Madame
S'esloignant de ma face au cœur reprend ses bords.
  Ainsi ie brusle & gelle en amour, & en craincte,
Et ces deux passions par diuerse contraincte
Me font souffrir sans fin des tourmens infinis.
  Mais quoy? tay-toy mõ cœur, t'é voudroy tu deffendre?
Recelle vn feu si digne, & t'y rendant Phenis,
Que mon sein soit apres le tombeau de ta cendre.

Sur les effects de l'absence.

Durant l'obscure nuict de cest esloignement,
Qui me priue du iour de ma belle Felise:
En extreme rigueur mon mal s'immortalise,
Mais de souffrir ainsi c'est souffrir dignement.
  Car puis que ses beautez font paroir plainement

Qu'à la beauté des Dieux leur gloire symbolise:
C'est raison que pour elle en mon ame ie lise
Vn mal dont le Ciel mesme en ait estonnement.

Aussi puis que ses yeux m'esclairans à Marseille
Me monstroient des Amours la gloire & la merueille,
Et par vn bien sans fin me faisoient triompher:

Deuoy-ie pas apprendre aux leçons d'vne absence,
Que si mon Paradis viuoit par sa presence,
L'absence de ses yeux me seroit vn Enfer?

Pour vne Marguerite.

Entre toutes les fleurs la belle Marguerite
Tiet mon cœur & mes yeux esmerueillez d'amour:
C'est de son beau Printemps que le basme & le iour
Sur les plus belles fleurs sont d'infiny merite.

Des Cieux les plus heureux la supreme Carite
Moissonnant le plus beau du celeste seiour:
Tout ainsi qu'à l'ennuy de ceste heureuse Cour
En fit voir sa beauté plainement fauorite.

Les merueilles du monde auec celle des Cieux
Ne sçauroient esgaler la gloire de ses yeux,
Tant ses perfections sont par tout nompareilles.

Mais qui de ses Amours peut fuir le chainon?
Puis qu'elle est en effect aussi bien que de nom
La Merueille des fleurs, & la fleur des Merueilles.

D'vne plante d'œillets arrosee par vne D.

O bien-heureux œillets que les mains de ma belle
Arrosent tous les iours d'vn vase de cristal!
Auantureuses fleurs qui d'vn bon-heur fatal

Gaignez par ce moyen vne vie immortelle.
    Mais quoy? ces claires eaux qu'elle donne & ruisselle
Sur vous auec ses mains d'vn soing si liberal:
Sont des eaux de mes yeux le pleur qui general
Distile nuict & iour en la nommant cruelle.
    Aux rais de ce Soleil ô fortunez œillets!
Et d'estre ainsi cheris de ces doigts vermeillets,
Vous viuez glorieux sans que rien vous ennuye.
    Mais croissez iusque au Ciel, car c'est vostre destin,
Puis qu'auec tant d'amour le soir & le matin
Vous auez tout d'vn coup le Soleil & la pluye.

Pour vne reuerie d'amour.

DE reuer nuict & iour en amour pour Madame
C'est tout ce que mon cœur en amour veut treuuer:
Autre faueur des Cieux ie ne veux espreuuer
Que d'y reuer sans fin de la veuë & de l'ame.
    C'est en ce doux reuer qu'Amour auec sa flame
Sçait affliger ma vie & la sçait conseruer:
Et que viuant luy mesme en vn si beau reuer
Il veut qu'en ce beau mal sa douceur ie reclame.
    O belle reuerie? ô doux embrasement?
Qui fais qu'en mes amours reuant heureusement
Iamais de bien aimer mon cœur ne se varie?
    Doux reuer tout remply d'ambrosine saueur,
Qu'il me plaist qu'on m'estime vn amoureux reueur,
Puis que toutes beautez sont en ma reuerie.

D'vn aigle qui voloit à l'entour d'vne Dame.

LE glorieux Oyseau du Monarque celeste
Volant & reuollant à l'entour de vos yeux:

Semble admirer en vous vne beauté des Dieux,
Tant à voir vos beautez son œil se manifeste.
 Mais quoy! ce diuin Aigle en son vol si modeste,
Qui si doux & tremblant s'exerce en ces bas lieux:
Croit que vos yeux si beaux sont le Soleil des Cieux,
Bien que d'vn feu d'amour leur regard le moleste.
 L'Oyseau de Iupiter ainsi medite en vous
Vn Soleil comme aux Cieux diuin, brillant & doux,
Tant pour plaire à sa veuë en vous il tend son aile!
 Mais quoy! d'vn plus haut poinct vos faits sont nom-
  pareils,
Puis que le Soleil mesme en vous voyant si belle,
Iuge que vos beautez sont autant de Soleils!

Sur la voix de Felise.

Alors que ceste voix, ceste vnique merueille,
Desployant ses amours enchante mes desirs:
Vn Demon tout diuin en infinis plaisirs
Me forme vn Paradis au dedans de l'oreille.
 Mais si tost que ie voy ceste bouche vermeille,
Et que i'oy la douceur qui sort de ses souspirs:
Ces œillets pleins d'amour, ces enchanteurs Zephirs
A tous les biens du Ciel font ma gloire pareille.
 Aussi tant de beautez, miracles de nos yeux,
Ornent parfaictement ce chef-d'œuure des Cieux
Qu'Amour, & le Ciel mesme en prise la loüange.
 Mais, qui ne s'y perdroit en admirations,
Puis qu'elle fait paroistre en ses perfections
Vne voix angelique & la bouche d'vn Ange!

Pour l'absence d'Alexandre.
STANCES.

Clair Astre de beauté, qui des beautez plus belles
Portez parfaittement les graces immortelles,
Et de qui le merite estonne l'vniuers:
O beauté qui du Ciel nous monstrez les merueilles!
Doy-ie pas en aymant vos beautez nompareilles
Aussi bien que mon cœur vous dedier mes vers?

O diuine Alexandre! ô beauté que i'adore!
Mon Soleil tout ensemble & ma celeste Aurore,
C'est par vostre beauté la lumiere de tous:
Que mon cœur est à vous d'vne amour si bruslante,
Que bien que ie l'espreuue extréme & violente,
Toutesfois tousiours vne elle dure pour vous.

Mais tout ainsi que Daire ayant perdu sa terre,
S'estimoit glorieux qu'vn si grand chef de guerre
Comme estoit son vainqueur fut son victorieux:
Orgueilleux de ce feu qui mon cœur met en cendre,
Ie dis, ie meurs d'amour, mais c'est pour Alexandre,
Et vn subject si beau rend mon sort glorieux.

C'est ainsi beau Soleil, que vos beautez si rares,
Qui peuuent adoucir les ames plus barbares
Ont sceu ranger mon ame à fleschir à vos loix:
Et qu'au iour de vos yeux ma peine & mes pensees
Sont des myrrhes plus doux au Ciel recompensees,
Et qu'en tous mes propos Alexandre est ma voix.

Autres que vos beautez les Astres de la terre
N'ont sceu rendre mes vœux en l'amoureuse guerre,
Et subiuguer mon cœur & luy donner le iour:
C'est pourquoy mon esprit rauy de vostre gloire,

Ne peut s'imaginer plus illuſtre victoire
Que de ceder ſa force aux loix de voſtre amour.

　Par mon cœur vos beautez ſont la gloire du monde,
Et mon cœur par vos yeux de tant de gloire abonde
Que meſme vn Paradis ſe treuue en mes tourmens:
Et comme en vos appas toutes beautez ſe treuuent,
Ainſi dans mon amour tous les deuoirs s'eſpreuuent,
Pour me rendre pour vous l'vnique des Amans.

　Tant de ſubjects diuers que le Ciel me preſente
Rendent ſans fin ma flame & plus ferme & cuiſante,
Au lieu de la changer, ou bien de l'amoindrir:
Car en me ſouuenant de vos beautez ſi dignes,
Mon cœur eſt vn Phœnix ſur les cœurs plus inſignes
A ſçauoir bien aymer, & ſçauoir bien ſouffrir.

　Au nom de vos beautez belle & braue Alexandre,
Vn amour ſi diuin en mon cœur vient deſcendre,
Qui faict que mon courage eſt vn gouffre de Mars:
Et qu'ainſi qu'au Soleil des plus parfaictes ames,
En vous offrant mes vers, mon eſpee & mes flames,
I'offre ſur vos autels tout l'honneur des Ceſars.

　Car vos yeux ſi diuins où les meſmes Carites,
De tous les dons du Ciel deſcouurent les merites,
Font que par leurs vertus mon feu d'amour eſt tel:
Que pour mieux allumer & conſeruer ſa flame,
Amour en l'allumant tient ſon temple en mon ame,
Et s'y bruſlant ſoy-meſme il le rend immortel.

　De là vient que ce feu qui me bruſle ſans ceſſe,
M'eſt vn poſſedement de toute la richeſſe,
Dont la grandeur des Cieux contente les eſprits:
Et que le ſainct rameau qui mon cœur enuironne
Faict que d'vn tel honneur mon amour ſe couronne,

Que tout l'honneur d'amour y demeure compris.
   Ainsi par vos beautez ceste gloire amoureuse,
Rend sur tous les desirs ma flame bien-heureuse,
Mais le iour de vos yeux tel sort me fait auoir :
Que porté d'vn desir qui tout autre deuance,
Las ! ie meurs à Paris, & ie vis en Prouence,
Tant mon cœur est bruslant de vous aller reuoir!
   C'est pourquoy loin de vous, soucis, plainctes funebres
Pleurs, ennuis & souspirs, solitude & tenebres
Sont de mes tristes iours l'eternel compagnon :
Aussi comme accablé de si dure souffrance
Ie quitte de bon cœur ce beau seiour de France,
Pour reuoir par vos yeux ma gloire en Auignon.
   Mais tandis que le Ciel, & ceste fiere absence
Du iour de vos beautez me voilent la presence,
Voyez en ces escrits mes tourmens & mon mieux :
Et les lisant du cœur ainsi que de la veuë,
Croyez que tout le bien dont ma vie est pourueuë
Ne despend d'autre part que du ciel de vos yeux.

Pour l'absence de Felise de Marseille.
STANCES.

Absent de la beauté qui seule est tout mon bien,
Absent de cest amour qui m'a rendu tout sien,
Absent de ce Soleil dont mon ame est esprise,
Doy-ie pas reclamer ceste belle Felise?
O Felise ma belle ! ô mon astre d'amour!
Qui pourroit esiouyr en ce triste seiour
Mon esprit qui iamais ne vous sera rebelle,
O ma belle Felise ! ô Felise ma belle!
   Mes pleurs ne sont des pleurs que pour me renflamer,

Mes souspirs des souspirs que pour me ranimer
En ces desirs ardants de peine & de liesse,
De reuoir vos beautez ô ma belle Deesse!
Aussi tous mes pensers ne sont qu'en vos beaux yeux,
Et de penser ainsi mon cœur s'embrase mieux,
Mais en tous mes tourments c'est ma gloire immortelle
De vous nommer sans fin ô Felise ma belle!
Aussi ie dis sans fin que de beautez des Cieux,
Que la terre produict de thresors à nos yeux,
Que l'air, & que la mer, embellissent le monde,
Qu'en effects merueilleux la Nature est feconde!
Que ie voy de Soleils dont les cœurs sont espris,
Que ie voy de beaux yeux vaincre les beaux esprits,
Que ie voy de beautez! mais helas! ie m'auise,
Qu'il n'est rien de si beau que ma chere Felise!
Vous vnique Soleil, & vous diuers flambeaux,
Que vous estes brillans, & que vous estes beaux,
Vous n'auez rien en vous qui ne soit tout celeste,
La merueille des Cieux en vous se manifeste!
On ne voit rien en vous que vertus, & clairtez,
Qu'harmonie, & richesse & que mesmes beautez,
Et que flames d'amour! mais helas! ie m'auise,
Qu'il n'est rien de si beau que ma belle Felise!
O gracieux Prin-temps qui te peincts d'vn amour,
Qui rend plus belle Flore & plus beau le beau iour,
Et qui de tes presents amoureuses fleurettes
Dans les cœurs plus glacez glisses les Amourettes!
Que d'aimables douceurs, que d'appas gracieux,
Rendent par tes amours les champs delicieux,
Que de beautez en toy! mais helas ie m'auise,
Qu'il n'est rien de si beau que ma chere Felise!

Et vous airs, & vous eaux dont les changes divers
En leur reiglé discord decorent l'univers,
Vos poissons, vos oyseaux, & vostre doux Zephire
Font voir en toutes parts l'honneur de vostre empire!
Mais la vive couleur qui vous orne le teinct
Faict que de vos amours tout cœur demeure atteinct,
Tant vostre azur est doux! mais helas! ie m'auise,
Qu'il n'est rien de si beau que ma belle Felise!

Tout ce que l'univers de plus beau peut auoir,
Tout ce que d'amoureux l'œil humain sçauroit voir
Est vn diuin thresor dont Nature sans cesse
Feconde en toutes parts, descouure sa richesse!
Se plaisant de la sorte à faire voir tousiours
Que ses biens sont sans fin en infinis amours,
Et de mesme en beauté, mais helas! ie m'auise,
Qu'il n'est rien de si beau que ma chere Felise!

Ha merueille d'Amour, ie contemple en ces lieux
Mille rares beautez qui font la guerre aux Dieux,
Et qui de leurs regards, ineuitables charmes,
Font adorer d'amour le beau nom, & les armes,
O belles, beaux Soleils dont chacun a son Ciel,
Que vos rais ont de feux, que vos traicts ont de miel,
Que vous auez d'amours, mais helas! ie m'auise,
Qu'il n'est rien de si beau que ma belle Felise!

O beaux yeux doux rians, qui de Soleils si beaux
Descouurez à nos yeux tant d'amoureux flambeaux,
Et des traicts si remplis de clairtez & de peines,
Que vous donnez aux cœurs de douleurs inhumaines,
Et de sucrez plaisirs quand d'un regard si doux
Tant de flames d'amour vous faictes voir en vous,
Auec tant de beautez, mais helas! ie m'auise,

Qu'il n'est rien de si beau que ma chere Felise!
En fin ie vois icy des yeux si doux vaincueurs,
Qui pleuuans les amours & les gloires aux cœurs,
Apprennent aux humains que les plus belles choses
Ne sont pas dans les Cieux totalement encloses,
Aussi ces yeux si beaux, ces astres amoureux
Bruslent d'vn seul regard les cœurs plus froidureux,
Si grand est leur pouuoir, mais helas, ie m'auise,
Qu'il n'est rien de si beau que ma belle Felise.

Aussi tant de beautez sont au Ciel de ses yeux,
Qu'vn seul de ses regards est tout le bien des Cieux,
Et tous ses doux souspirs l'amour de l'amour mesme
Tant ma douce Felise est en beautez extréme,
Mais ayant souspiré ce beau nom tant de fois
Amour qui me rauit me fait perdre la voix,
Et me tuant d'amour en mon cœur il m'auise,
Qu'il n'est rien de si beau que ma chere Felise.

Ainsi loin de vos yeux en amour ie me plains,
Ainsi par ce destin mes esprits ne sont pleins
Que de plainctes d'amour, que d'ennuyeuse flame,
O ma douce Felise, ô Soleil de mon ame,
Mais helas, ie mourray de douleur, & d'amour,
Si de voir vos beautez ie tarde encore vn iour,
Car vous estes ma vie & ma gloire immortelle,
O ma belle Felise, ô Felise ma belle.

NIHIL NISI AD SVPREMVM.

FIN.

www.ingramcontent.com/pod-product-compliance
Lightning Source LLC
Chambersburg PA
CBHW071159230426
43668CB00009B/1008